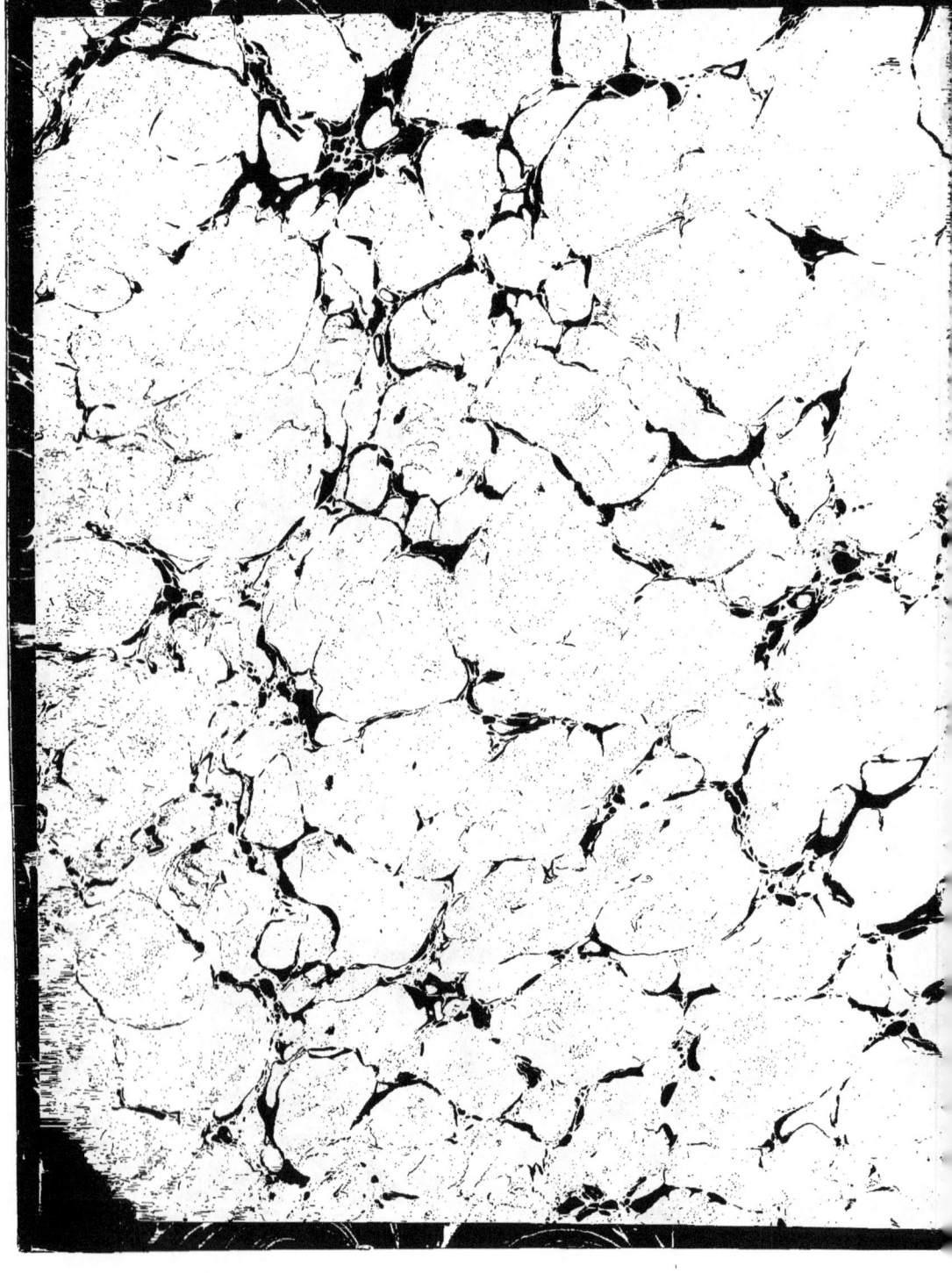

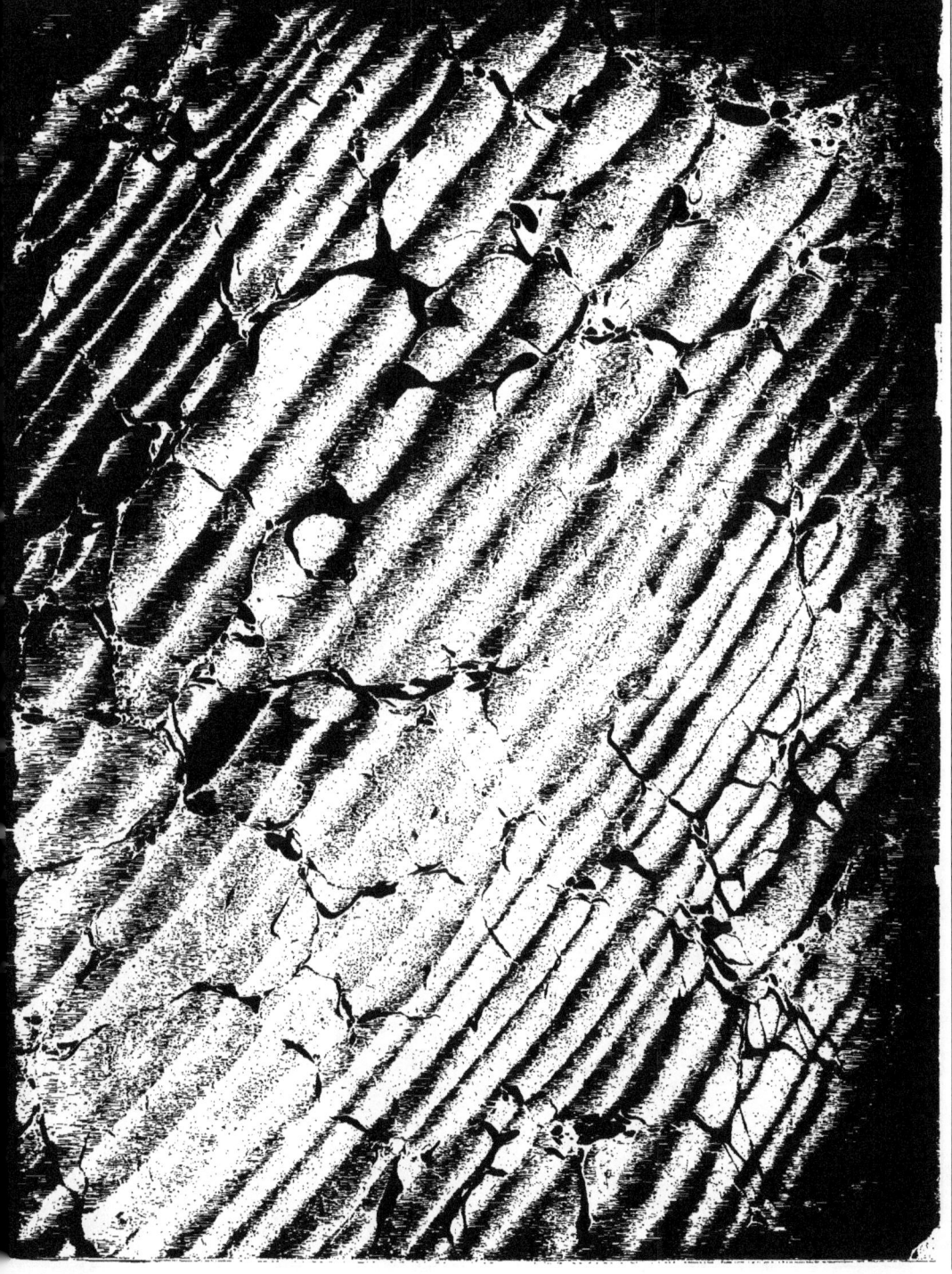

LES CHRONIQUES

DU CHATEAU

DE COMPIÈGNE

IL A ÉTÉ TIRÉ DU PRÉSENT OUVRAGE :

Vingt exemplaires numérotés sur papier du Japon

Droits de traduction et de reproduction réservés pour tous pays

LES CHRONIQUES

DU CHATEAU

DE COMPIÈGNE

PAR

PIERRE QUENTIN-BAUCHART

PARIS
PIERRE ROGER ET Cⁱᵉ, ÉDITEURS
54, RUE JACOB, 54

AVERTISSEMENT

Dans les récits qui composent cet ouvrage, nous n'avons, comme leur titre l'indique, prétendu faire œuvre que de chroniqueur, et non point d'érudit : notre seule ambition a été de faire revivre, dans un cadre que tout le monde connaît (ou devrait connaître), des scènes historiques qui, par leur importance ou leur pittoresque, nous ont paru mériter d'être racontées une fois de plus.

On ne trouvera donc, dans les pages qui suivent, ni une étude archéologique des édifices élevés à Compiègne depuis Clovis jusqu'à Louis XVI, ni une histoire de la construction du palais actuel (à laquelle les Archives nationales fourniraient pourtant des matériaux aussi nombreux qu'intéressants), ni même une énumération de tous les événements historiques que le château de Compiègne a vus s'accomplir. Dans la foule des sujets qui se présentaient à nous, il nous a fallu faire une sélection; nous avons dû tenir compte autant de la nature et de l'importance des faits que des époques où ils se sont passés et que des nécessités même de la documentation : nous espérons que notre choix ne paraîtra point trop arbitraire et que nous ne nous serons point trop écarté du double but que nous nous sommes fixé : la plus grande variété possible jointe au maximum d'exactitude.

**
* **

On s'étonnera peut-être de ne point trouver ici de chapitre consacré à l'héroïne dont le nom paraît cependant intimement lié à celui de Compiègne. En réalité, nous n'avons point été arrêté seulement par la crainte d'aborder un sujet déjà bien rebattu, plusieurs fois traité de façon supérieure, et dont M. Alexandre Sorel en particulier paraît avoir fixé tous les détails dans son ouvrage consacré à la

Prise de Jeanne d'Arc devant Compiègne ; mais à vrai dire, le château, dont la chronique seule doit nous retenir ici, n'apparaît à aucun moment dans l'histoire de la vierge lorraine.

Jetons, en effet, un coup d'œil sur les heures qu'elle vécut à Compiègne, à une époque tragique de son existence : à son premier passage, le 18 août 1429, le roi Charles VII ne lui offre point l'hospitalité dans son Louvre, et elle couche chez le procureur du roi Jean Le Féron. L'année suivante, le 13 mai 1430, elle loge rue de l'Étoile, et quand, le 23 du même mois, après une courte expédition, elle revient de Crépy au petit jour, par la porte de Pierrefonds, pour défendre la ville que menacent Anglais et Bourguignons, ce n'est point non plus vers le château qu'elle dirige ses hommes, mais vers le centre de la ville, où elle leur fait prendre quelque repos avant la sortie qui doit lui devenir si fatale.

Lorsque vers cinq heures, le même jour, elle sort de Compiègne, sur son coursier gris pommelé, vêtue d'un manteau cramoisi tout brodé d'or, suivie du page qui porte sa bannière et de ses compagnons d'armes, c'est du haut des remparts qui dominent la rivière que l'acclament les habitants de la ville.

Margny en effet est son objectif; là sont établis les Bourguignons de Baudot de Noyelles, et elle espère les culbuter avant que les Anglais, campés à Venette, que Jean de Luxembourg, maître de Clairoix, et que le duc Philippe de Bourgogne, installé à Coudun, aient eu le temps de leur porter aide. Elle franchit donc l'Oise, et charge les avant-postes, en criant :

— En nom Dieu, en avant !

Mais, juste à ce moment, Jean de Luxembourg, qu'accompagnent le sire de Créqui ainsi que huit ou dix gentilshommes, chevauche vers Margny, pour aller conférer avec Baudot. Dès qu'il aperçoit Jeanne et les siens, il fait donner l'alarme à son corps de Clairoix, et lui-même, avec ses quelques compagnons, court à la rescousse de ses alliés. La vallée est alors le théâtre d'engagements successifs, au cours desquels Créqui est grièvement blessé au visage. Puis les hommes de Jean de Luxembourg accourent de Clairoix, et la mêlée devient générale. Jeanne, sa bannière à la main, charge l'ennemi vigoureusement et, deux fois, le refoule jusqu'à son camp, puis elle est contrainte de reculer; une troisième attaque échoue : il faut songer à la retraite.

C'est alors que, de Venette, les Anglais arrivent à leur tour, et, par les bords de l'Oise, prennent la petite troupe à revers. La panique s'empare des compagnons de Jeanne, qui lâchent pied presque tous, et courent vers le pont ou vers les bateaux.

Elle-même continue à combattre vaillamment, sans paraître se rendre compte du danger. Une poignée de fidèles l'entoure, qui l'exhortent à la retraite :

— Métez paine de recouvrer la ville, lui crient-ils, ou vous et nous, suymes perdus!

— Taisez-vous! réplique-t-elle. Il ne tiendra qu'à vous que ilz ne soient desconfits! Ne pencez que de férir sur eulx!

Enfin, Jean d'Aulon, son « maistre d'hostel », prend son cheval par la bride, et la ramène vers le pont. Mais elle veut rester en arrière, couvrir la retraite « comme chief et comme le plus vaillant du trouppeau ». Cependant, il est déjà trop tard : les Anglais lui barrent la route. Elle agite sa bannière, elle crie à l'aide, elle voit, sur les remparts, les habitants de Compiègne lui tendre les bras, elle entend les cloches sonner à toute volée... En vain!.. Guillaume de Flavy, qui commande dans la ville, craint de voir forcer la tête du pont : il fait lever le pont-levis et baisser la herse...

A quelques pas de cette porte qui eût été le salut, c'est une mêlée furieuse. Jeanne essaie de charger, mais son cheval, serré de toutes parts, ne peut se dégager.

— Rendez-vous! lui crie-t-on. Baillez la foy!

— Non! non! répond-elle. Je ay juré et baillé ma foy à autre que à vous, et je lui entindray mon serement!

Enfin un archer picard la tire à la renverse, par les pans de son manteau cramoisi, la désarçonne, la jette à terre : elle est prise. Le bâtard de Wandonne, à qui appartient l'archer, accourt, se saisit d'elle, l'emmène à Margny, au milieu des cris de joie des Anglais et des Bourguignons.

Le long martyre de Jeanne est commencé....

LES
INFORTUNES DE MARIE DE MÉDICIS

A la fin de septembre 1630, le roi Louis XIII, revenant de mener en Savoie une campagne victorieuse, fut terrassé à Lyon par la fièvre et la dysenterie, et sa faiblesse devint telle que les médecins le crurent perdu. Sa mère Marie de Médicis et sa femme Anne d'Autriche le soignaient avec dévouement; et lui, se sentant mal, anxieux du salut de son âme, et se souvenant comment, en plusieurs circonstances, il les avait traitées l'une et l'autre, leur demandait en pleurant pardon des chagrins qu'il leur avait causés. Les deux reines s'attendrissaient ensemble à son chevet, protestaient de leur tendresse, et, unies aujourd'hui contre l'ennemi commun, rejetaient toutes deux la charge des fautes et des misères passées sur le cardinal de Richelieu, sur le ministre avide de domination, qui voulait, pour assurer sa puissance absolue, faire haïr la mère par le fils et l'épouse par l'époux. Elles s'y employèrent si bien que Marie de Médicis arracha à son fils, miné par la maladie, la promesse de renvoyer le cardinal, dès que la paix avec l'Espagne serait signée.

Depuis plus d'un an déjà, les relations de ce dernier avec la Reine-mère, à laquelle cependant il devait sa prodigieuse fortune, étaient devenues fort mauvaises. Le ministre s'était vite émancipé de la tutelle de Marie; il avait gouverné seul, et de façon absolue; il lui fallait maintenant se défendre à la fois contre son ancienne protectrice, jalouse de ressaisir le pouvoir, et contre Gaston d'Orléans, frère du Roi, qu'on appelait *Monsieur* : coalition redoutable, à laquelle il ne pouvait opposer que la faveur, jusqu'ici constante, de son maître, coalition servie par tous les mécontents, par tous les rivaux, par tous les jaloux, par toutes les victimes du cardinal, et à laquelle Anne d'Autriche elle-même prêtait son appui.

La promesse arrachée à son fils malade semblait assurer la victoire à la

Reine-mère. Cependant, le Roi allant mieux et Richelieu étant revenu auprès de lui, elle crut plus habile de dissimuler encore et fit bon visage au cardinal; elle accepta même, sans se trahir, toutes les prévenances et toutes les protestations dont celui-ci, inquiet, l'accabla pendant le retour de la Cour à Paris, qu'il tint à faire sur le même bateau qu'elle, par la Loire et le canal de Briare. Il put croire qu'il l'avait reconquise : elle n'attendait en réalité que l'heure favorable pour le perdre.

Elle crut cette heure venue quand, moins d'un mois après, la nouvelle arriva d'une trêve conclue en Italie avec les Espagnols : le 10 décembre au matin, recevant la visite de Louis XIII au Luxembourg, elle le somma de tenir sa promesse; Richelieu, qui les surprit au milieu de leur entretien, dut subir de sanglants reproches et quitter le palais la tête basse. Le soir, Marie triomphait au milieu de la foule des courtisans, accourus pour la féliciter et se disputer sa faveur : elle ignorait qu'à la même heure le Roi, qui s'était retiré à Versailles sans avoir rien décidé, et y avait, après de longues réflexions, fait appeler le cardinal, ordonnait, sur sa demande, l'arrestation du garde des sceaux, Marillac, et de son frère le maréchal, les deux partisans les plus considérables de la Reine-mère. Le lendemain, toute la Cour, abandonnant celle-ci dans le Luxembourg désert, se pressait autour du ministre, plus puissant que jamais, auquel Louis XIII venait de dire :

— Continuez à me servir comme vous avez fait, et je vous maintiendrai contre tous ceux qui ont juré votre perte.

Cette *journée des Dupes*, qui devait coûter la vie au maréchal de Marillac, était pour le cardinal une grande victoire, mais non point une victoire décisive : Marie restait ulcérée de son humiliation et ne rêvait que vengeance; autour d'elle, on cabalait furieusement contre le ministre; la princesse de Conti, les duchesses d'Ognano et d'Elbeuf, toutes trois de la maison de Lorraine, étaient l'âme de l'intrigue, et y attireraient, par leur activité et par leur charme, nombre de personnages importants; Gaston d'Orléans qui, après avoir poussé sa mère, l'avait désavouée au lendemain de sa défaite, restait néanmoins de cœur avec elle; et l'ambassadeur d'Espagne, Mirabel, favorisant secrètement le complot et usant de son influence sur Anne d'Autriche, travaillait activement à la chute du plus dangereux ennemi de son pays.

Pour comprendre les événements qui se préparaient, il faut bien se rappeler quelle était la situation de la France au début du dix-septième siècle et combien elle se rapprochait plus de l'anarchie provinciale des guerres de religion que de la monarchie absolue et centralisée de Louis XIV. Les grands seigneurs, encore très puissants, gouvernaient effectivement et directement les provinces à la tête desquelles le Roi les plaçait; ils y levaient facilement, pour leur propre compte, des troupes capables de tenir la campagne; ils se trouvaient, en outre, propriétaires de régiments ou de compagnies, qu'ils achetaient, qu'ils employaient à leur gré, fût-ce contre le gouvernement central, et dont les officiers et les hommes avaient conscience de leur appartenir avant d'appartenir au Roi. Il existait enfin, dans le royaume, un assez grand nombre de places fortes, dont les garnisons n'obéissaient qu'à leurs gouverneurs, qui pouvaient soutenir de longs sièges, même contre l'armée royale, et dont la possession jouait par conséquent un grand rôle dans la politique intérieure.

Le règne de Louis XIII, dans ces conditions, devient une suite d'intrigues de Cour, soutenues par des prises d'armes dans les provinces, et, malgré les coups portés à la haute noblesse par Richelieu, cet état de choses se perpétue sous Louis XIV jusqu'après la Fronde. Les grands seigneurs luttent d'influence auprès du Roi, forment, contre les ministres, des complots qui finissent parfois par des coups de main et des guets-apens, comme celui dont fut victime Concini; s'ils s'aperçoivent que leurs affaires tournent mal, ils s'enfuient dans leurs provinces, lèvent des troupes, mettent leurs places fortes en état de défense, et offrent ensuite de négocier. En s'unissant, ils font souvent capituler la Cour, qui préfère d'ailleurs traiter, plutôt que de combattre; mais ils ne font leur soumission que moyennant de grosses sommes d'argent, de nouveaux commandements, de nouvelles places qui les rendent plus forts qu'auparavant. C'est ainsi toujours à recommencer, le vainqueur voyant sans cesse se reformer contre lui la coalition des ambitions et des avidités. Les princes de sang, les membres les plus proches de la famille royale, comme Gaston, frère du roi, comme Marie de Médicis, n'en usent pas autrement que les autres, et, en 1619, on a vu la Reine-mère tenir campagne, dans son gouvernement d'Anjou, contre les troupes de son fils, puis négocier sa paix avec Luynes, tout comme Condé ou d'Épernon.

Dans ces conditions aussi, les ministres au pouvoir, toujours sur le qui-vive, se défendent souvent contre les menaces de guerre civile en s'assurant par surprise de la personne de leurs adversaires; et ils ont eux-mêmes à redouter des surprises du même genre. De là une insécurité perpétuelle, qui laisse chacun l'oreille au guet, toujours prêt à sauter à cheval à la première alerte et à galoper vers la forteresse où il se sentira seulement en sûreté au milieu de gens à lui; d'autant plus que le péril n'est ni chimérique ni à dédaigner: les longues années de prison ne sont que le moindre, et nul ne se sent à l'abri, si haut qu'il soit, d'une arquebusade ou même de l'échafaud.

C'est un drame de ce genre qui se livre à la fin de 1630, drame dont le sang de Marillac devait montrer le fond tragique, drame enfin où le sort définitif du pays se trouve en jeu et qui met aux prises, d'une part la mère et le frère du Roi, de l'autre un des plus grands ministres que la France ait connus. Le cardinal, jusqu'ici, a montré dans sa marche vers le pouvoir une souplesse extraordinaire jointe à un sens aigu des réalités; depuis six ans bientôt, il gouverne de façon de plus en plus absolue, et laisse percer sa nature foncièrement autoritaire; mais dans sa lutte contre la mère du Roi, il emploiera surtout la ruse, une ruse persévérante et souvent hypocrite au service d'une volonté implacable; il s'humiliera en paroles et, dans les faits, il ne reculera devant aucun moyen pour arriver à son but; s'il néglige d'employer la violence, c'est simplement qu'il en craint les conséquences possibles, mais que la pauvre femme se laisse prendre à quelque piège, et il se montrera impitoyable.

Ses adversaires sont d'ailleurs plus dangereux par leur naissance que par leur valeur personnelle. *Monsieur* a joué sous Louis XIII un rôle assez piteux : jouet aux mains de favoris ambitieux, il les a suivis dans des aventures mal conçues et mal exécutées qui se sont terminées par des humiliations et souvent par l'abandon de ceux qui s'étaient compromis pour lui; incapable de desseins suivis comme d'entreprises vraiment audacieuses, il est en outre aussi facile à épouvanter qu'à entraîner : en résumé, un prince faible, que couvre seule sa qualité de fils de Henri IV.

Marie de Médicis, jeune fille à l'enfance triste, femme délaissée et humiliée par un mari infidèle dès le lendemain de ses noces, a gardé, des sept premières années de sa régence, le souvenir d'une époque d'épanouissement, de goûts contentés et de vanité satisfaite, et elle les regrettera toujours. Sa chute brusque en 1617, quand de Luynes l'a reléguée à Blois après avoir fait assassiner son favori Concini, l'a rendue à jamais chagrine, intrigante et querelleuse. Elle est ambitieuse, surtout depuis qu'elle a goûté au pouvoir, qu'elle a passionnément aimé, et elle voit aujourd'hui Richelieu, après d'autres, l'en écarter peu à peu, mais définitivement : Richelieu, sa créature ! Elle est généreuse, dépensière, et elle se trouve à court d'argent après en avoir tant dépensé autrefois en largesses. Chez cette femme aigrie, qui vieillit (elle a près de soixante ans), les défauts s'accentuent, de même que sa figure de blonde fraîche et agréable, sinon jolie, s'est empâtée et fanée; plus que jamais elle est nerveuse, sous son apparente froideur, qui ne va pas sans une certaine majesté hautaine; les crises de dépression morne succèdent aux périodes d'activité fébrile et de gaieté un peu nerveuse; son caractère présente un singulier mélange d'hésitation et de ténacité; elle est « irrésolue dans les grandes affaires, intraitable dans les petites »; et quand une fois elle est *butée* à une idée, son orgueil très entier se mue alors en obstination : en résumé, suivant l'expression de M. Batiffol, « une nature assez médiocre et vacillante ».

Puis, derrière ces acteurs principaux du drame, celui dont le dénouement dépend : le Roi, qui, ici comme d'habitude, nous apparaît un peu effacé, assez énigmatique, mélange singulier de faiblesse qui le relègue au second plan, et d'inflexible volonté qui le fait demeurer fidèle au ministre qu'il a élu ; c'est grâce à lui que Richelieu est le maître, mais c'est Richelieu qui est le maître absolu, au point que c'est au ministre que rendent compte les agents envoyés par le Roi lui-même et que c'est sa seule volonté qu'ils cherchent à satisfaire. Entre Louis XIII et sa mère n'ont jamais existé, d'ailleurs, ni intimité véritable ni peut-être tendresse réelle; Marie lui a toujours témoigné pendant son enfance plus de froideur et d'indifférence que d'amour maternel; et si lui-même éprouve à son égard des sentiments filiaux, c'est surtout par devoir « divin et naturel » ; vis-à-vis d'elle il se montrera toujours respectueux, jamais confiant, et parfois inflexible. Richelieu aura peut-être, dans sa lutte contre une mère, à triompher de scrupules, jamais d'une affection spontanée et profonde, et, ces scrupules une fois levés, Louis XIII laissera, sans un cri du cœur, le ministre impitoyable lui dicter sa conduite.

*
* *

Cependant, le cardinal, au lendemain de la journée des Dupes, semble avoir reculé devant des moyens extrêmes et immédiats, et, soit sincèrement, soit plutôt sans doute pour mettre tous les torts du côté de ses adversaires et ménager les sentiments du Roi, il travailla patiemment à une réconciliation avec Marie de Médicis. Il obtint difficilement un semblant de détente à la fin de décembre; des intermédiaires leur ménagèrent une première entrevue, en présence de Louis XIII, du cardinal Bagni et du P. Suffren, confesseur de la Reine-mère; mais celle-ci se montra d'une froideur tellement glaciale que les choses en furent plutôt aggravées. Enfin, sur les instances répétées du P. Suffren, elle consentit, dans une seconde visite, à écouter les explications assez pénibles de Richelieu, qui lui parla longuement, non sans glisser çà et là quelques vérités désagréables dans un discours par ailleurs fort déférent et même fort humble. Le 27 décembre, Marie consentit à se rendre au Conseil des ministres, auquel, depuis la journée des Dupes, elle avait obstinément refusé d'assister tant que Richelieu lui-même y paraîtrait. Elle écouta sans sourciller les mesures qu'y proposa le cardinal, les approuva sans mot dire, bien qu'elles lui déplussent, ... et ne reparut plus au Conseil. La situation, malgré les apparences, ne s'améliorait pas et l'orage, au contraire, se formait rapidement.

Il éclata le 31 décembre : Monsieur, poussé par ses amis, vint trouver le cardinal, lui reprocha avec violence sa conduite envers sa mère, alla jusqu'à le menacer de voies de fait, puis, sans prendre même congé du Roi, partit à franc étrier pour Orléans. Rééditant la tactique ordinaire que nous avons signalée, il alla se fortifier dans son gouvernement du Berry, où l'on apprit bientôt qu'il levait des troupes, afin d'entrer au besoin en campagne, puis de négocier, les armes à la main, la retraite du cardinal, tandis que Marie, restée près de Louis XIII, allait y travailler ardemment de son côté, aidée de tous les mécontents de la Cour et de Paris.

Richelieu comprit alors que le moment était venu de frapper un grand coup : « Le mal, a-t-il dit lui-même, ne se pouvait guérir tandis que la source, qui était en l'animosité de la Reine-mère, demeurait vive et ne tarissait pas. » Le plus pressé était donc, pensa-t-il, de « tirer ladite Reine hors de Paris, qui était la source des mauvais conseils qui lui étaient donnés et le lieu le plus propre pour les cabales qui se faisaient contre l'État ». Et, dans cette intention, il décida brusquement Louis XIII à partir pour Compiègne : une fois là, si Marie de Médicis le suivait, il se trouverait plus à l'aise pour accomplir le coup d'État nécessaire et même pour employer au besoin des mesures de rigueur, impraticables à Paris où la population lui était en grande partie hostile et où il lui eût été impossible aussi bien de garder à vue que d'enlever la mère du Roi.

La pensée du cardinal était en effet, pour ruiner définitivement l'influence de la Reine-mère, de la séparer de Louis XIII ainsi que de Monsieur, et de la reléguer, comme autrefois l'avait fait Luynes, dans un gouvernement éloigné où elle serait réduite à l'impuissance; on lui a même prêté la pensée de la faire reconduire à la frontière d'Italie, ce qui eût été encore plus radical.

La partie peut-être la plus délicate de ce projet était de convertir Louis XIII lui-même à l'éloignement de sa mère. Richelieu s'y employa activement; « il se fit une étude particulière de bien imprimer dans l'esprit scrupuleux de ce monarque cette maxime : Que la conscience l'obligeoit en toutes sortes d'occasions d'avoir infiniment plus d'égard au bien de son Etat, qu'au contentement de sa Mere. » On a raconté que, dans cette tâche, le Père Joseph avait été son inspirateur et son auxiliaire zélé, et s'était offert comme l'un des théologiens qui démontreraient au Roi « que les enfans ne sont pas obligez à garder toujours leurs meres auprès d'eux ». Au moment décisif, Richelieu aurait en effet levé les scrupules de son maître en lui présentant une consultation sur ce *cas de conscience,* signée par le père Joseph et par Achille de Harlai de Sanci, prêtre de l'Oratoire.

Quoi qu'il en soit, le 16 février 1631, Louis XIII partit pour Compiègne avec Anne d'Autriche et les ministres. Le cardinal faisait courir le bruit que la Cour y passerait tout l'hiver et y avait envoyé les appareils qui servaient pour les ballets et les comédies. Quelques jours plus tôt, rencontrant Bassompierre, très avant dans le parti de la Reine, il lui avait demandé ce qu'on disait à Paris; le maréchal avait répondu « que tout le monde jugeait, par les préparatifs, que la Cour passerait agréablement l'hiver à Compiègne ».

— Ne savez-vous que cela? lui aurait dit Richelieu en riant; il y a bien d'autres nouvelles : on va arrêter la Reine-mère et mettre M. de Bassompierre à la Bastille.

Sans attacher à la boutade plus d'importance que le maréchal, Marie de Médicis flairait un piège dans ce voyage en plein hiver, et elle refusa d'abord de partir, en « feignant une incommodité ». Mais, d'un autre côté, elle s'effrayait de se sentir seule, loin du Roi et des machinations qui se tramaient contre elle. Ses conseillers lui rappelaient que, si elle eût suivi son fils à Versailles, le jour des Dupes, elle aurait pu empêcher le triomphe du cardinal; allait-elle renouveler la même faute? allait-elle, en outre, par son absence sans cause, fournir une arme à ses ennemis en même temps qu'elle leur laisserait le champ libre? Après deux jours d'hésitations, elle rejoignit Louis XIII, qui avait inauguré son séjour à Compiègne par une grande battue dans la forêt, où l'on détruisit quantité de loups.

*
* *

Le château était alors absolument différent de celui d'aujourd'hui, et n'occupait qu'une très faible partie de sa surface; les Gabriel, qui le reconstruisirent au dix-huitième siècle, n'en ont presque rien laissé subsister. A l'époque qui nous occupe, c'était toujours « la maison de construction et d'apparence fort simples, acculée aux remparts de la ville » (a dit Pellassy de l'Ousle), que Charles V avait fait construire en 1374 sur les terrains achetés aux religieux de Saint-Corneille; on voyait encore le chiffre de ce Roi, aux multiples fleurs de lys, sur les vitraux de la chapelle, ainsi que les armes de son fils sur les croisées de l'antichambre.

Cet ancien château, qui ne représentait pas le tiers de celui d'aujourd'hui, et qui n'avait même pas l'aspect imposant des demeures féodales, se composait essentiellement de quatre corps de bâtiment, entourant une cour presque triangulaire, située à l'emplacement de la cour d'honneur actuelle, mais beaucoup plus petite. On y pénétrait, dans un angle, par « une grande porte en bois, appuyée des deux côtés sur un grand mur de clôture et ressemblant, dit Escuyer, plutôt à l'entrée d'une ferme qu'à celle d'un palais ». Extérieurement, elle débouchait de travers sur une place d'armes très petite et irrégulière, de chaque côté de laquelle des maisons enserraient le château, séparé d'elles par de simples ruelles. Cette façade plate, qui regardait la ville, couperait aujourd'hui de biais la cour d'honneur ; de l'autre côté de l'entrée, elle se continuait par un autre grand mur, interminable, qui faisait un coude avec elle et qui clôturait un jeu de paume, construit par François Ier.

En entrant par la porte d'angle, on apercevait au fond, vers la gauche, le vaste bâtiment qui contient encore la salle des gardes et qui existait déjà, mais plus étroit ; à droite, la cour était fermée par le corps principal du château, adossé au rempart et où se trouvaient les appartements royaux ; du côté opposé, elle communiquait avec une seconde cour, à peu près carrée, limitée, du côté de la place d'armes, par le grand bâtiment du jeu de paume, et, sur ses autres faces, par des murs et des communs sans étage.

Le corps principal regardait la forêt de son autre façade, fort nue elle aussi, dont un grand toit écrasait l'unique étage et que relevaient insuffisamment des pavillons plus élevés, placés irrégulièrement ; orienté beaucoup plus au sud que le château actuel, il venait se heurter de biais à l'enceinte de Compiègne ; le fossé de celle-ci, creusé à l'emplacement de la terrasse actuelle, séparait complètement le château, englobé dans la ville, de la plaine où se trouve aujourd'hui le jardin et où Catherine de Médicis en avait déjà tracé un. Le rez-de-chaussée, ouvert sur la cour, se trouvait donc en sous-sol du côté du rempart, sur lequel le premier étage, habité par les souverains, ouvrait de plain-pied. On avait aménagé ce rempart en une terrasse, qui, fort étroite à l'extrémité gauche du château, allait rapidement en s'élargissant vers la droite, du côté de la ville, et formait une sorte de jardin triangulaire à l'emplacement des futurs appartements de Marie-Antoinette.

Du côté opposé, la terrasse se prolongeait, comme aujourd'hui, dans la direction de l'Oise et presque jusqu'à la rivière ; le duc de Nevers l'avait fait construire, au lendemain de la bataille de Saint-Quentin, pour commander la plaine qui s'étend jusqu'à l'Aisne. Il y avait ménagé la longue entrée voûtée de la Porte-Chapelle, dont Henri II fit peut-être exécuter la façade par

Philibert Delorme, et qu'on appelait alors *la Connétable*, depuis que le connétable Anne de Montmorency avait fait bâtir au-dessus sa demeure personnelle et y avait fait sculpter ses armes.

Le château, en résumé, ne présentait donc qu'un assemblage, sans grande valeur artistique, de bâtiments très simples, et comme juxtaposés assez irrégulièrement. Le voisinage de la forêt en avait cependant fait aimer le séjour aux rois de France :

> Personne ne sort de Compienne
> Qui volontiers n'y revienne,

affirmait un dicton. Henri IV, en particulier, en avait fait son « séjour ordinaire » et sa « principale retraite », et l'on disait, paraît-il, couramment sous son règne : « C'est cette bonne ville de Compiègne que le Roy aime tant ».

Marie de Médicis, par contre, ne partageait pas les goûts du défunt roi, et n'y séjournait pas volontiers. En y revenant d'ailleurs ainsi, en février 1631, elle n'y pouvait retrouver qu'un souvenir irritant : celui de Louis XIII, six ans auparavant, entrant dans son salon, au retour de la chasse, botté, le fouet à la main, sa meute autour de lui, et lui annonçant qu'il avait décidé de nommer secrétaire d'État, l'évêque de Luçon : l'évêque de Luçon, alors sa créature soumise, aujourd'hui son pire ennemi, et qui tramait sans doute contre elle de nouvelles machinations ! Le château de Compiègne dut lui paraître moins accueillant que jamais, en plein hiver, avec son atmosphère hostile de conspiration, de guet-apens peut-être...

*
* *

Dans l'esprit de Richelieu, la venue à Compiègne devait certainement être suivie d'une prompte et décisive rupture : le temps pressait d'ailleurs, car il allait avoir bientôt à faire face à Monsieur, qui rassemblait des forces en Berry. Il crut cependant utile de tenter de dernières et rapides négociations, pour mettre toutes les formes de son côté et prouver au Roi que seule l'obstination de sa mère rendait la rigueur inévitable.

Marie, un peu inquiète déjà, avait quelques jours plus tôt, à Paris, fait sonder par son médecin Vaultier le maréchal de Schomberg sur les conditions possibles d'un rapprochement avec le ministre. Dès leur arrivée à Compiègne, Schomberg apporta la réponse de Richelieu : la Reine « recevrait les soumissions du cardinal », mais, de son côté, elle accepterait de reprendre sa place aux conseils du Roi ; en outre, elle assurerait par écrit ce dernier « qu'elle ne voulait jamais avoir d'autre pensée que celle du bien de son État, pour lequel elle contribuerait en tout ce qui dépendrait d'elle, et abandonnerait toutes les personnes que le Roi jugerait coupables contre son service, tant dedans la Cour que dehors, avec assurance toutefois que cela ne s'entendait point de ceux qui étaient de sa maison ».

Il était évident que Marie n'accepterait point cette capitulation humiliante : Vaultier, le lendemain, ne rapporta qu'un refus formel d'assister aux conseils ; il n'avait même pas osé lui parler de l'écrit. Schomberg insista, renvoya le médecin auprès de sa maîtresse : celui-ci revint sans avoir rien obtenu de plus, mais lui demanda de patienter deux jours encore, pendant lesquels il tenterait d'agir sur l'esprit de la Reine.

Le cardinal ne vit dans ce délai qu'un prétexte pour gagner du temps et attendre des nouvelles de Paris et d'Orléans : dès le lendemain, il renvoya Schomberg et le Garde des sceaux Châteauneuf, qui, cette fois, allèrent directement supplier Marie de céder. Montglat raconte même que, de son côté, Louis XIII « fit les derniers efforts pour obtenir le pardon du cardinal, jusques à se mettre à genoux devant elle » ; la Reine demeura inflexible, refusant aussi bien de prendre aucune part aux délibérations des ministres que de donner les assurances exigées. Elle « ne répondit autre chose, dit un document des Affaires étrangères, sinon qu'elle estoit contente de l'estat auquel elle se trouvoit et ne se vouloit plus mesler d'affaires ».

Richelieu, alors, dès qu'il connut le rejet définitif de son ultimatum, réunit les ministres en présence du Roi, et réclama des mesures décisives. Tout assuré qu'il fût sans doute du succès, il n'en manœuvra pas moins, dans ce conseil solennel, avec son ordinaire habileté. D'abord, il refusa de prendre la parole :

— Sire, déclara-t-il tout d'abord, je supplie très humblement Votre Majesté de me dispenser de parler dans une affaire où je parais trop intéressé.

Mais, le Roi ayant insisté, il se mit immédiatement à développer ses projets dans un discours très étudié, très serré, où, suivant son habitude, il exposait clairement la situation, puis les différentes solutions qu'elle comportait, avec leurs avantages et leurs mauvais côtés, et dans lequel enfin, sans paraître prendre parti ni peser sur la décision finale, il acheminait adroitement les esprits aux mesures qu'il jugeait nécessaires.

Il commença par tracer un tableau fort noir de la situation créée par la cabale des reines et de Monsieur : danger à l'extérieur, où l'étranger attisait les querelles intestines pour en profiter, où l'Espagne offrait de l'argent au duc d'Orléans ; dangers à l'intérieur, où les Parlements s'agitaient, où les factions entraient en rébellion, où Biscarat, par exemple, neveu de Marillac, se fortifiait dans Verdun contre le Roi; il n'y avait, d'autre part, rien à espérer du temps pour arranger les choses, car la Reine-mère ne céderait jamais, et Monsieur non plus, tant qu'il croirait pouvoir compter sur elle ; par contre le danger croissait tous les jours pour les partisans de Richelieu et surtout pour les ministres, car Marie de Médicis et ses amis, s'ils étaient victorieux, se montreraient impitoyables.

Ayant ainsi caractérisé la situation et prouvé la nécessité d'une solution prompte et décisive, le cardinal-ministre en indiquait cinq comme possibles et les examinait successivement :

D'abord, la paix avec les étrangers : mais pouvait-on l'espérer honorable, tant qu'ils garderaient l'espoir de profiter des divisions intestines ?

En second lieu, la paix avec Monsieur : mais son entourage la rendait impossible.

En troisième lieu, la paix avec la Reine-mère : le ministre la jugeait « très difficile à espérer, vu que les femmes d'ordinaire sont vindicatives, que la Reine était fort dissimulée, qu'elle était d'un pays et d'une maison où l'on pardonne peu à ceux que l'on offense » ; et, après une charge à fond contre elle, il concluait que « jamais elle ne serait contente qu'elle ne fût absolument maîtresse ».

Restait alors le choix entre deux derniers partis à prendre : le premier était son propre éloignement à lui, Richelieu : il s'y résignait certes de grand cœur, mais « il s'agirait de savoir, ajoutait-il aussitôt, si, ayant ôté quelques chiens de la bergerie, on n'attaquerait point le troupeau et ensuite le pasteur ».

L'autre alternative, c'était de « prier la Reine-mère de se tenir quelque temps éloignée de la Cour et de Paris, et écarter d'auprès d'elle les esprits factieux qui étaient les conseillers sinistres de son malheur ».

Le cardinal ne cachait pas d'ailleurs les difficultés que présentait l'exécution de ce dernier projet, et déclarait qu'il ne fallait pas l'entreprendre, si l'on n'était décidé à aller jusqu'au bout. Enfin, pour terminer, il demandait au Roi de le laisser se retirer lui-même.

Tout le Conseil aussitôt de louer « extraordinairement » le discours, mais de supplier son chef de rester au pouvoir. Louis XIII prit alors la résolution de se séparer de sa mère; Capefigue avance que, pour l'entraîner, Richelieu avait mis sous ses yeux un projet arrêté entre Marie de Médicis, Anne d'Autriche et Monsieur, projet qui escomptait sa mort, et préparait le remariage immédiat de sa veuve avec son frère. Ne faut-il pas croire plutôt que ce grand méconnu, que fut peut-être Louis XIII, conscient de son devoir de Roi et du bien réel de son royaume, sacrifia librement et d'une volonté ferme ses scrupules de fils au ministre qu'il n'aimait pas, comme il lui avait sacrifié et lui sacrifiait tous les jours son orgueil de souverain, pour le plus grand bien de ses peuples?

Il voulut, en tout cas, éviter toute scène avec Marie de Médicis, et résolut de partir sans la revoir. Le secret fut bien gardé, et la Reine-mère, auprès de qui le P. Suffren tenta, le soir même, une dernière et inutile démarche, ne se douta de rien avant le lendemain.

*
* *

Le 23 février, de grand matin, Anne d'Autriche est réveillée par des coups légers frappés à sa porte. Qui vient à cet heure? Le Roi sans doute? Anne appelle ses femmes, fait tirer son rideau : c'est à peine s'il fait clair au dehors; le cœur de la Reine se serre, elle craint quelque malheur, quelque vengeance du cardinal; et, dans la tristesse de l'aube livide, elle frissonne de froid et de peur au fond de son lit. Enfin, rassemblant tout son courage, elle ordonne d'ouvrir, d'une voix mal assurée. De l'ombre sort la forme d'un homme : ce n'est point le Roi, et les craintes de la Reine redoublent quand elle reconnaît le Garde des sceaux. Que peut-il lui vouloir à cette heure étrange? que peut-il apporter, si ce n'est un malheur?

Le ministre s'incline respectueusement, et, au milieu d'un silence anxieux, transmet à Anne d'Autriche, toute glacée dans son lit, les ordres formels de Louis XIII : « Le Roi lui mande que, pour certaines raisons, qui regardent le bien de son État, il est obligé de laisser sa mère en ce lieu à la garde du maréchal d'Estrées; qu'il la prie de ne point la voir, de se lever et de le venir trouver aux Capucins, où il est allé devant avec intention de l'attendre. » Le chancelier parti, la Reine respire; certes elle se trouve « surprise », mais aussi « consolée en quelque façon de voir que cette aventure ne la touchait que par la compassion qu'elle devait au malheur de la Reine sa belle-mère ».

Les deux femmes s'étaient autrefois cordialement haïes; aujourd'hui un même danger les avait rapprochées, et elles se trouvaient « dans la meilleure intelligence du monde, à cause de la haine qu'elles se rencontraient avoir pour le cardinal de Richelieu, et parce que leur destinée commençait d'être égale ». Anne n'eut donc point voulu partir sans voir et sans prévenir sa belle-mère; mais, d'autre part, à peine sortie de la frayeur que lui avait causée l'apparition du chancelier, elle ne se souciait nullement de transgresser un ordre formel du Roi. Une de ses dames d'honneur, la marquise de Sénecé, la tira d'embarras : sur son conseil, elle envoya dire à Marie qu'elle désirait l'entretenir, mais que, « pour certaines raisons, elle n'osait entrer chez elle que premièrement elle ne l'envoyât prier d'y aller ». La réponse ne fut pas longue à venir : la Reine-mère occupait le même étage du bâtiment donnant sur la terrasse; presque aussitôt sa première femme de chambre, Catherine, vint chercher Anne, « et cette finesse, dit Mme de Motteville, fut faite seulement afin de satisfaire le Roi ».

« La Reine, raconte-t-elle ensuite, prit seulement une robe de chambre, et, toute en chemise, passa chez la Reine sa belle-mère, qu'elle trouva dans son lit, assise sur son séant. Elle tenait ses genoux embrassés, et, ne sachant que deviner de ce mystère, elle s'écria en voyant la Reine, et lui dit :

— Ah! ma fille, je suis morte ou prisonnière. Le Roi me laisse-t-il ici? Et que veut-il faire de moi? »

La Reine, touchée de compassion, se jeta entre ses bras.

Elles sanglotèrent un bon moment, enlacées; puis Anne, qui tremblait d'attirer sur elle-même la colère du Roi et du ministre, courut s'habiller. Et, tandis qu'elle se hâtait de rejoindre Louis XIII au couvent des Capucins, créé depuis quelques années dans le faubourg Saint-Germain, sur la route de Paris, tout contre les fossés de Compiègne, la pauvre Marie de Médicis, éperdue, regardait se lever un jour triste de février.

Bientôt elle vit paraître son confesseur, le P. Suffren, qui s'étonna de la trouver prévenue. Il venait s'acquitter auprès d'elle d'une mission à lui confiée par le Roi, qui l'avait fait appeler tout exprès à trois heures du matin :

— Quand la Reine ma mère sera éveillée, lui avait dit Louis XIII, ne manquez pas de lui dire que je regrette de partir sans lui dire adieu, et que je lui ferai savoir mes intentions par M. de la Ville-aux-Clercs.

Il n'y avait plus à douter : c'était l'exil de la Cour, la relégation au loin sans doute, la défaite, et même, qui sait? la prison, les mauvais traitements... En attendant, elle était captive de fait; le maréchal d'Estrées vint à son tour le lui annoncer avec tous les ménagements possibles : il avait « charge expresse de Sa Majesté de la prier de sa part de vouloir attendre de ses nouvelles ». Et, pour l'empêcher de sortir de la ville, il n'avait pas sous ses ordres moins de cent cavaliers et huit compagnies de gardes. La Reine se trouvait seule : ses amies, la princesse de Conti, les duchesses d'Ognano et d'Elbeuf, la connétable de Lesdiguières, étaient dispersées, exilées « en leurs maisons », sans avoir pu même lui dire adieu; son confident et son conseiller intime en même temps que son médecin, Vaultier, avait été emmené par le Roi, et la Bastille l'attendait; le maréchal de Bassompierre et l'abbé de Foix devaient bientôt l'y rejoindre. Près d'elle, en dehors de ses femmes et de ses domestiques, Richelieu n'avait laissé que son confesseur, le P. Suffren, un brave homme, simple et droit, mais aussi dévoué au Roi qu'à elle-même, et ne pouvant lui être d'aucune ressource, et son secrétaire Cottignon, un subalterne. La pauvre femme se sentit perdue, sans un appui, sans un conseil, aux mains du maréchal d'Estrées, le propre frère de la belle Gabrielle, sa rivale heureuse d'autrefois, galant homme d'ailleurs, qui lui prodiguait les égards respectueux, mais qui, sans se départir de son extrême civilité, accomplirait avec une fermeté inflexible les instructions du cardinal, quelles qu'elles fussent.

Dans cette extrémité, et n'ayant du Roi aucune autre nouvelle que les brèves et sèches communications du P. Suffren et du maréchal, elle fit la seule chose qu'elle pût faire : elle écrivit à son fils une lettre éplorée :

«... N'ayant par mes actions, ny mesme par ma pensée, fait aucune chose qui aye mérité un si rude traittement, j'espere que Dieu me fera la grace que revenant à vous, vous ne voudrez pas faire perir sans cause, celle dont sa Bonté divine s'est voulu servir pour vous donner l'estre, et que vous ne serez pas moins juste envers moy, que vous voulez que Dieu le soit envers vous. C'est dont je vous supplie tres-humblement, et de ne me faire point ce tort, de croire que je n'aye eu, et n'aye encore pour Vous et pour vostre Estat, les vrayes affections de Mere. Les soins que j'ay pris pour le vous conserver pendant vostre Minorité, et ma vie passée et presente me doivent servir de justification contre les calomnies qui ont donné lieu à une separation si estrange, que je m'asseure quelle ne sera approuvée ny de Dieu, ny des hommes... »

Ensuite, il ne lui resta plus qu'à attendre, en vain, pendant toute une longue journée, puis pendant toute une longue soirée d'hiver, que le Roi lui donnât signe de vie : le lendemain seulement, on vint lui annoncer que le maréchal d'Estrées et le sieur de la Ville-aux-Clercs, secrétaire d'État, lui demandaient audience.

Henri-Auguste de Loménie, sieur de la Ville-aux-Clercs, comte de Brienne, avait été chargé par Louis XIII, et surtout par le cardinal, de la délicate mission d'apporter à la Reine-mère « la prière que le Roi lui faisait d'aller à Moulins », et, « avec toute sorte de civilité », de la décider à y obéir. Il devait lui remettre une lettre de Louis XIII, qui faciliterait sa tâche, et, en outre, l'assurer « que son premier médecin Vaultier lui serait rendu, et elle bien payée de toutes ses pensions ». De même qu'autrefois de Luynes avait relégué la Reine-mère à Blois, le cardinal avait donc résolu, lui aussi, de la faire garder à vue dans une ville du Centre, où, tout en jouissant de tous les honneurs et de toutes les satisfactions d'amour-propre et de confortable possibles, elle serait réduite politiquement à l'impuissance absolue.

Brienne, en arrivant le 24 février à Compiègne, muni de la lettre et des instructions du Roi, s'était rendu d'abord chez le gouverneur de la ville, le vicomte de Brigueil, où se trouvait logé d'Estrées, pour se concerter avec le maréchal. Tous deux ensuite s'étaient rendus au château, où ils furent aussitôt introduits dans la chambre de la Reine.

Le secrétaire d'État lui remit alors la lettre du Roi, qu'elle lut avidement : c'étaient les premières nouvelles, qu'elle attendait si impatiemment et qui devaient la fixer sur son sort :

« Madame, écrivait Louis XIII, je suis parti de Compiègne sans vous dire adieu, pour vous éviter de vous faire une prière qui pourrait vous causer quelque déplaisir. Je voulais vous prier de vous retirer pour quelque temps au château de Moulins, que vous avez choisi vous-même pour votre demeure après la mort du feu Roi. Conformément à votre contrat de mariage, vous y serez, Madame ma mère, en toute liberté, vous et votre maison. Votre éloignement me laisse un véritable regret, mais le bien de mon État m'ordonne de me séparer de vous.

« Louis. »

Marie lut cette lettre si sèche et si froide avec beaucoup d'émotion, puis, la repliant, elle dit simplement :

— Le Roi m'ordonne d'aller à Moulins...

Mais, après un moment de silence accablé, son cœur déborda : ce fut un flot de paroles amères entrecoupées de larmes, des plaintes, des objurgations, une explosion de fureur contre le cardinal, une justification prolixe de sa propre conduite, devant les deux hommes qu'elle prenait à témoin, et qui se taisaient, immobiles et respectueux.

Comme elle reprenait haleine, Brienne, pour détourner le cours de ses idées, lui annonça que Vaultier, son médecin, lui serait rendu aussitôt son départ. Mais alors elle se mit à pleurer, disant d'une voix coupée de sanglots :

— Il y va de ma santé, et le Roi sait bien que, pour peu que je demeure enfermée, ma santé s'altère.

Aussitôt Brienne s'écria qu'elle sortirait tant qu'elle le désirerait « lorsque le temps le voudrait permettre » : « ce qui, remarque-t-il dans son rapport à Richelieu, ne l'a aucunement contentée ».

Elle se remit au contraire à se plaindre, à protester encore de son innocence, à pleurer surtout; puis, brusquement, sur une idée qui lui passa par l'esprit, elle déclara qu'elle n'irait pas à Moulins, car c'était un piège pour l'entraîner au loin et puis la renvoyer en Italie, comme elle savait bien qu'on l'en avait déjà menacée; et, dans une crise de larmes elle s'écria :

— Je souffrirai les derniers outrages avant que de m'y résoudre, jusqu'à me laisser tirer de mon lit toute nue !...

— Mais, Madame, protesta Brienne, si l'on avait l'intention de vous manquer de respect, pourquoi ne l'aurait-on pas fait à Compiègne comme à Moulins?

Elle parut enfin se calmer un peu, et les deux hommes en profitèrent pour lui demander la réponse que le secrétaire d'État devait rapporter au Roi. Mais elle leur répondit seulement qu'elle écrirait, sans préciser le moment où elle le ferait, et, sur ce, ils prirent congé, heureux d'être arrivés au terme de cette scène pénible.

Marie avait besoin de réfléchir : la nuit lui porta conseil, et sans doute son secrétaire Cottignon contribua-t-il à lui faire comprendre qu'il valait mieux gagner du temps plutôt que de heurter de front la volonté royale, qui paraissait absolument arrêtée. La lettre qu'elle remit le lendemain à Brienne protestait de sa soumission : « Je suis résolue, y mandait-elle au Roi, à vous rendre l'entière obéissance que vous demandez de moy, et de me retirer à Moulins, en attendant que Dieu protecteur de mon innocence vous aie touché le cœur. » Mais, aussitôt après, elle objectait que Moulins « a estée infectée de la maladie contagieuse durant cest hiver et n'en est pas à présent du tout exempte », et qu'en outre « le chasteau est si fort ruyné, qu'il n'a pas une seule chambre où je puisse loger ». Elle demandait donc à se rendre à Nevers au lieu de Moulins « en attendant que ce chasteau soit rendu logeable et que la ville soit tellement purgée de laditte maladie que j'y puisse loger sans soubçon ».

En remettant cette lettre à Brienne, elle le chargea de dire à son maître « qu'elle n'avait point de plus forte passion que de lui plaire et de se conformer à sa volonté; qu'elle le priait de se souvenir qu'elle était sa mère; qu'elle avait essuyé beaucoup de peines et de travaux pour lui conserver son État; et enfin, qu'elle lui demandait en grâce de ne point prendre les avis du cardinal de Richelieu dans les choses qui la concernaient, parce qu'elle savait

PLANCHE I

La Reyne-Mère indignée contre le Cardinal de Richelieu et craignant ses mauvais desseins sort de France. (18 juillet 1610.)

(D'après une estampe de l'époque.)

par sa propre expérience que quand il haïssait, il ne pardonnait jamais, son ingratitude et son ambition n'ayant point de bornes ».

Brienne, naturellement, n'eut rien de plus pressé que d'adresser au cardinal un rapport détaillé sur ses entrevues avec Marie de Médicis, rapport qu'il terminait même en lui demandant s'il devait aller prendre ses instructions avant de porter au Roi la réponse de sa mère. Il partit ensuite à cheval le lendemain dès l'aube pour Senlis, d'où Louis XIII l'avait envoyé; mais la Cour en était déjà partie, et il ne put la rejoindre qu'à Paris.

Tandis que Brienne y retrouvait Richelieu « aussi content de sa fortune qu'il paraissait l'être de voir tous les grands seigneurs de la Cour s'estimer heureux de pouvoir entrer dans son antichambre pour lui faire leurs révérences quand il passait pour aller au Louvre », Marie de Médicis se morfondait à Compiègne sous la garde vigilante du maréchal d'Estrées. Celui-ci, se conformant à ses instructions, s'efforçait de lui ôter tout prétexte de se croire, et surtout de pouvoir se dire prisonnière : tous les soirs, il lui demandait le *mot* qu'on donnait aux sentinelles du château, et il voulait même déposer entre ses mains les clefs de Compiègne, mais elle les refusa.

Brienne avait apporté l'ordre formel de Louis XIII de laisser sa mère se promener, même en dehors de la ville, « toutes fois et quantes qu'elle le voudra », mais en laissant à la prévoyance du maréchal « d'y accompagner ladite dame avec le nombre d'hommes qu'il jugera nécessaire pour prévenir tous inconvénienz ». Ce dernier remplit sa mission avec tout le tact possible. Il avait entendu Marie dire à l'une de ses femmes, avant de partir pour sa première promenade :

— Nous aurons tantôt bonne escorte. Le Roi a fait faire exercice à l'infanterie, et moi je le ferai faire à la cavalerie.

Mais il tint, au contraire, à l'accompagner seul avec quelques gentilshommes et sans aucune apparence de surveillance; il se rattrapait, il est vrai, en faisant suivre de près tous ceux que voyaient la Reine ou qui tentaient de l'approcher. Elle-même, d'ailleurs, pendant les premiers temps, profita de la latitude qu'on lui laissait, et fit d'assez fréquentes promenades en voiture dans la forêt.

Cependant, le 27 février, d'Estrées reçut une lettre du Roi, à lui adressée, mais qui répondait à celle de la Reine : ce fut un nouveau sujet de chagrin pour cette dernière, très mortifiée et très peinée que son fils ne voulût point correspondre directement avec elle. Louis XIII cependant, évitant visiblement de la pousser à bout, consentait à la voir se rendre à Nevers plutôt qu'à Moulins; il desserrait aussi la consigne qui l'isolait du reste du monde

et permettait à Cottignon, son secrétaire, ainsi qu'à deux de ses femmes, de s'absenter de Compiègne et d'y revenir. Par contre, il la pressait de partir ; elle avait demandé un délai de huit ou dix jours : il déclarait formellement qu'il n'y pouvait consentir et qu'il n'admettait plus aucun prétexte de retard ; il laissait enfin très bien entendre qu'il connaissait la cause réelle de ses atermoiements, c'est-à-dire son désir de revoir Vaultier et de retrouver ses conseils ; mais il était, lui, décidé à ne pas lui rendre son médecin avant son départ.

D'Estrées apporta aussitôt ces nouvelles à Marie ; elle parut satisfaite du changement de résidence si facilement obtenu, mais, aussitôt, elle remarqua que, de Château-Thierry à Nevers, il faudrait prendre des chemins de traverse, qui seraient bien incommodes en cette saison ; et, le maréchal ayant demandé « le temps et le jour qu'elle voudrait partir », « elle le coupa court » et lui dit simplement qu'elle lui donnerait réponse le lendemain à son lever.

Le lendemain, en effet, elle lui déclara « qu'il pouvait mander à Sa Majesté qu'elle désirait lui obéir », mais... qu'elle avait l'habitude de se purger tous les mois (c'était Henri IV qui la lui avait donnée), « et que dans ce rencontre elle en avoit encore plus besoing ». Or, pour se purger, il lui fallait son médecin ; elle s'indigna une fois de plus qu'on le lui eût enlevé, qu'on refusât de le lui rendre à Compiègne, et elle cria « que si l'on pensait ainsi la faire partir plus tôt, on se trompait » ! Sur quoi d'Estrées, ne laissant pas l'entretien s'égarer, lui demanda de fixer le jour de son départ, afin qu'il pût l'annoncer au Roi :

— Quand je serai purgée et quand ma santé me le permettra, fut la seule réponse de Marie.

Le maréchal insista :

— Sera-ce dans quatre, six, huit jours au plus ?

— Cela dépendra de ma santé, répéta-t-elle obstinément.

D'Estrées n'en obtint rien d'autre. Cottignon, qu'il prit à part, ne put que lui confirmer sa résolution arrêtée de ne point partir avant de s'être purgée. D'ailleurs, ajoutait-il, elle avait trouvé pendant sa promenade en forêt les chemins si mauvais que cela lui faisait appréhender un long voyage ; et le secrétaire, causant ensuite avec des officiers de la garnison, ne leur cachait pas que, si on voulait la faire partir, « il la faudrait mettre dans une charrette pour l'emporter » et « qu'il vaudrait autant la traîner avec une corde dans les boues et les mauvais chemins ».

Il est évident que, dès le début, Marie de Médicis était résolue à ne pas quitter Compiègne : elle avait peur ; elle attendait des nouvelles ; elle avait besoin de conseils, et c'est pour cela qu'elle réclamait Vaultier avec tant d'insistance; elle résolut donc de jouer de sa santé pour refuser de bouger sans l'avoir vu, et, le 1.er mars, elle écrivit de nouveau à Louis XIII, pour le supplier de le lui renvoyer, « affin, disait-elle, que me purgeant je me puisse garantir d'une grande maladie dont je suis menacée à cause des desplaisirs que j'ay receus et reçois tous les jours de me voir séparée de vous ». En même temps, elle lui envoya l'un de ses gentilshommes, M. de Custrioux, pour lui porter ses doléances et insister dans le même sens.

Mais, presque aussitôt, une nouvelle lui parvint, qui ruina tous ces projets : Vaultier venait d'être mis à la Bastille. D'Estrées la trouva « dans son cabinet, assise sur un coffre toute esplourée », et elle lui dit douloureusement :

— Voilà les belles promesses que l'on me fait; il en sera tout de même de tout le reste; et lorsque je serai à Nevers, je serai pis que je ne suis. Ce matin on a mené mon médecin à Paris : ce n'est pas là le chemin de me le renvoyer.

La tâche du maréchal devenait chaque jour plus délicate. Marie « s'aigrissait » contre lui, se plaignait de sa santé, de la cruauté de ceux qui la privaient de médecin. D'un autre côté, Louis XIII prescrivait d' « attendre qu'elle veuille partir », de lui affirmer « qu'elle ne sera pas pressée de sa part », et néanmoins de « hâter son départ ». Richelieu enfin répondait de sa main aux doléances de d'Estrées :

« Monsieur le maréchal, patientez; je connais bien la Reine : à la fin elle cédera. »

En attendant, il n'osait même plus lui parler de son voyage et devait subir ses récriminations incessantes. Ce fut bien pis quand Custrioux revint et raconta son entrevue avec le Roi : celui-ci, aux instances de l'envoyé de sa mère, avait répondu simplement et fermement « que ledit Vaultier lui serait rendu à mesure qu'elle approcherait de Nevers », et comme Custrioux, insistant, exposait qu'elle ne pouvait partir sans s'être purgée et ne pouvait se purger sans médecin, Louis XIII avait coupé court en lui proposant d'en envoyer un autre, ce qu'il s'était naturellement bien gardé d'accepter.

Lorsque la pauvre femme comprit qu'elle ne pourrait rien obtenir de son fils et qu'il restait inflexible à ses supplications, elle s'abandonna au désespoir et pleura abondamment toute la journée, même pendant son dîner :

— On ne veut rien faire de ce qu'on m'avait promis, s'écria-t elle en voyant arriver d'Estrées. Et elle ajouta :

— Tout ce que vous me dites, que mon médecin me sera renvoyé à Nevers, est pour me faire partir d'ici, mais je ne m'en irai point.

Le maréchal protesta : le Roi ne pouvait exiger qu'elle partît avant de s'être purgée; elle n'avait qu'à désigner à Compiègne le médecin qu'elle désirait consulter. Mais elle répondit sèchement :

— Je n'en ai que faire; et, en attendant que j'aie le mien, je m'ordonnerai moi-même les remèdes dont j'aurai besoin.

Là-dessus elle passa dans son cabinet, et Cottignon dit à d'Estrées :

— Savez-vous ce qu'elle va faire : c'est de pleurer tout à son aise.

Cette crise de désespoir se prolongea. Le secrétaire et le P. Suffren, intermédiaires habituels du maréchal, lui avouaient qu'elle était horriblement nerveuse et qu'ils ne parvenaient point à la calmer. D'Estrées, ne sachant plus que faire, lui offrit de faire porter une lettre d'elle au Roi :

— Hé bien, répondit-elle, après ce qu'on m'a refusé, je n'ai rien à mander.

D'autres fois, elle jouait la résignation douloureuse :

— Puisque c'est chose que le Roi veut, disait-elle, je voudrais déjà être à Nevers; mais je voudrais bien remettre jusqu'à ce que la saison soit meilleure, et les chemins plus beaux.

En attendant, elle laissait passer le temps, refusant toujours de partir sans s'être purgée et refusant également de voir aucun médecin de Compiègne ; puis, passant à d'autres objections, elle déclarait qu'elle n'avait ni argent, ni chevaux, elle demandait à changer l'itinéraire primitif. Louis XIII, pour lui ôter tout prétexte, acceptait le changement, et lui faisait avancer un mois de sa pension. Enfin, vers le 7 mars, elle parut se calmer, elle reprit ses promenades en voiture et parla de son départ comme d'une chose prochaine, sollicitant même et obtenant de Louis XIII la promesse de n'être suivie que d'une escorte de cavalerie pendant le trajet, et de se voir absolument libre à Nevers. D'Estrées, qui faisait agir activement Cottignon et le P. Suffren, agents bien peu sûrs d'ailleurs, croyait enfin toucher au but quand, le 12, la Reine devint brusquement invisible, et fit dire au maréchal qu'elle avait attrapé une fluxion en regardant, la veille au soir, ses domestiques jouer aux quilles sur la terrasse.

Trois jours après elle reparut, la figure bandée. Cependant l'histoire de la purgation durait toujours : la fluxion était venue à point pour empêcher de la prendre; maintenant, c'était le commencement de la pleine lune, moment vraiment peu propice. D'Estrées commençait à perdre sérieusement patience et ne croyait qu'à demi à la fluxion de la Reine, qui continuait à sortir par mauvais temps. Enfin, le 16, elle annonça officiellement son intention de se purger dans quatre jours, le jeudi 20, la lune devenant alors plus favorable; elle se reposerait ensuite et partirait au début de la semaine suivante, pas le lundi ni le mardi toutefois, parce que c'était la Notre-Dame, mais sans doute le jour suivant.

Elle se purgea, en effet, à la date fixée, — enfin! Le dimanche suivant, 23, elle avoua au maréchal qu'elle « s'en trouvait assez bien », mais qu'elle voudrait néanmoins retarder encore un peu son départ, « pour se fortifier davantage ». Le pauvre maréchal commençait à désespérer quand, le soir même, il reçut une lettre de Louis XIII, qu'il porta aussitôt à la Reine. Le Roi, perdant patience, ordonnait à d'Estrées de « la presser, et ce. dans les termes les plus civils que vous pourriez, mais tels néanmoins qu'elle connoisse que je désire que sans plus grand dilayement que celui qu'elle a pris de Mercredy prochain, elle se mette en voye ».

Marie lut la lettre deux ou trois fois, avec grande émotion, puis elle déclara au maréchal qu'elle n'avait pas dormi de la nuit précédente et qu'elle partirait seulement quand sa santé serait meilleure. Aussitôt il protesta vivement, invoqua les ordres formels du Roi... Elle l'interrompit : « Son fils n'entendait cependant pas, que dans l'état où elle était, elle se mît sur les chemins, pour en mourir. » Sur ce, d'Estrées, s'impatientant, lui répliqua que le changement d'air lui ferait du bien. Et cette scène, comme toutes les autres, finit par une violente crise de larmes.

Le lendemain, la pauvre femme envoyait une fois de plus au Roi une lettre toute désemparée, un peu incohérente même, qui n'est guère qu'une longue plainte et une douloureuse adjuration. Elle est, dit-elle, malade « des déplaisirs qu'elle a reçus », et c'est cette indisposition qui « ne lui a point pu et ne lui peut encore permettre de se mettre en état d'obéir au commandement que son fils lui a fait ci-devant de s'ajourner à Moulins ». Elle lui rappelle qu'autrefois, quand elle s'est plainte à lui des menaces du ministre « qu'on la traiterait mal, qu'on l'éloignerait du Roi et qu'on lui ôterait ses serviteurs », Louis XIII a pleuré alors, a protesté, a déclaré qu'il aimerait mieux mourir que d'y avoir pensé... Que fait-il d'autre cependant aujourd'hui?... Qu'il la laisse du moins à Compiègne, où elle ne souhaite plus que mourir : « n'ayant aucun repos, ny jour ny nuit, déclare-t-elle, je ne puis plus espérer que la mort, de laquelle seule j'attends la fin de la miserable condition où je me trouve réduite par les conseils de ceux qui ne peuvent trouver leur satisfaction que en ma ruine... »

* *

La Reine-mère avait ainsi, sous des prétextes variés, réussi à gagner un mois entier : elle avait, en somme, adopté la meilleure tactique, qui consistait à attendre les événements en restant le plus près possible de Paris. Fontenay-

Mareuil a dit qu'elle escomptait la mort du Roi, « que tous leurs faiseurs d'horoscopes assuroient estre prochaine », et qui, d'ailleurs, six mois plus tôt, avait paru| imminente. Il n'est pas besoin cependant de chercher une telle hypothèse pour expliquer sa conduite; elle pouvait espérer un brusque retour de fortune par d'autres moyens : Paris se montrait hostile au cardinal, contre lequel le Parlement dirigeait une opposition déclarée; d'un autre côté, Monsieur levait des troupes en Berry et pouvait obtenir la délivrance de sa mère soit d'une campagne heureuse, soit de négociations; la pitié que provoquait le sort de la nouvelle et auguste victime du ministre pouvait lui faciliter la tâche et l'aider à forcer la main au Roi. Pour toutes ces raisons, il était de l'intérêt de Marie de gagner du temps et surtout de ne pas se laisser emmener au loin.

A la fin de mars, il est vrai, elle dut renoncer au principal de ces espoirs, quand elle apprit que Gaston, contre lequel le Roi et le cardinal avaient résolument marché, s'était enfui d'Orléans, et, poursuivi par eux en Bourgogne, avait dû enfin passer la frontière et se réfugier en Lorraine sans opposer aucune résistance; mais alors une autre pensée, qui lui avait déjà traversé l'esprit, prit désormais le caractère d'une idée fixe, et l'ancra définitivement dans sa résolution de ne quitter Compiègne à aucun prix : elle se persuada qu'une fois à Nevers, on la voudrait « faire descendre sur la rivière de Loire à Roanne, et de Lyon sur le Rhône jusqu'auprès de Marseille, où les galères l'attendaient pour la passer en Italie et la faire conduire à Florence ». La crainte de ce renvoi ignominieux dans sa ville natale la hantait; elle se rappelait qu'autrefois Richelieu lui avait dit à elle-même que « si M. de Luynes eût eu de l'esprit, il l'y eût fait aller aussitôt après la mort du maréchal d'Ancre ». Sans aucun doute voulait-il mettre, aujourd'hui, l'idée à exécution pour son propre compte ; et, dominée par cette terreur, la pauvre femme concentra toutes ses forces dans une seule volonté : ne pas se laisser arracher de Compiègne.

De leur côté, le ministre et le Roi commençaient à s'inquiéter de cette résistance et de l'émotion qu'elle soulevait, à Paris surtout. Cette préoccupation de l'opinion publique apparaît aussi bien dans leurs instructions à d'Estrées que dans leurs actes mêmes. Le 23 février, en quittant Compiègne, Louis XIII avait cru bon d'adresser au Parlement, au Prévôt des marchands et aux échevins une lettre dans laquelle il ne craignait pas d'expliquer et de justifier longuement sa conduite aux yeux de ses sujets. Plus tard, Richelieu fit ou laissa publier une lettre peut-être apocryphe mais, en tout cas, répandue avec sa tolérance et sans doute avec son approbation, dans laquelle il s'humiliait hypocritement devant la Reine-mère, se plaignant qu'on l'eût « deschiré » auprès d'elle, déclarant que la vie lui était devenue odieuse depuis qu'il était « privé de l'honneur de ses bonnes grâces, et de cette estime qu'il aimait bien plus que les grandeurs de la terre », se défendant d'avoir jamais rien fait contre elle et, pour finir, offrant de quitter la Cour et le monde, pourvu qu'elle lui rendît sa bienveillance...

L'opinion parisienne n'en demeurait pas moins hostile au ministre : le Parlement prenait ouvertement la tête de l'opposition, et bientôt refusera d'enregistrer une déclaration royale dirigée contre les conseillers de Monsieur ; le Roi devra briser sa résistance par la force. De leur côté, les partisans de Marie redoublaient leurs attaques contre Richelieu et s'efforçaient d'exciter la pitié et l'indignation des masses : « Au grand étonnement de la chrétienté », racontaient-ils, le cardinal l'avait « fait arrêter prisonnière dans le château de Compiègne entre quatre murailles » ; il la faisait « garder par mille hommes de pied et trois cents chevaux, n'ayant pour tout promenoir que soixante pas de rempart de la ville murée de deux côtés et garnie de sentinelles » ; c'était un ingrat, un traître, un hypocrite, qui voulait la faire renvoyer en Italie comme il avait fait chasser de France Monsieur, « pour demeurer absolu maître de la maison » et « pouvoir rétablir dans sa personne la charge de maire du palais, supprimée dès la première race de rois ».

Toutes ces attaques, répétées et grossies, trouvaient écho à Paris et la présence de la Reine à Compiègne, prisonnière à peu de distance de la capitale, y entretenait une agitation que le Roi et son ministre ne trouvaient pas sans danger. Ils résolurent, en conséquence, d'agir plus vigoureusement et de substituer, vis-à-vis de la Reine, l'énergie à la patience.

C'est alors qu'à la lettre éplorée de sa mère, que nous avons citée en dernier lieu, Louis XIII se décida enfin à répondre directement ; mais cette réponse, où l'on retrouve la manière du cardinal, était sèche, froide, précise, sévère et hypocrite ; elle débutait ainsi :

« Madame, je n'ay point besoing de vous faire entendre, puisque vous le sçavez aussy bien que personne, les justes raisons qui m'ont obligé à me séparer de vous pour quelque temps, et combien j'ay pris de soing pour empescher que ce desplaisir ne vous arrivast aussy bien qu'à moy.... »

Puis, après avoir protesté de son « amitié » et de son « respect » tout filiaux, après s'être défendu de toute idée de « résolution violente », il ajoutait :

« J'apprends au reste avec beaucoup de desplaisir que vous retardez de jour en jour vostre partement quoyque vous m'ayez cy devant asseuré y estre disposée. Si vostre indisposition en est la cause, j'en suis doublement fasché ;

mais je n'ay point appris que vous aiez eu aucune incommodité capable de vous empescher de faire voyage. Je prye Dieu de tout mon cueur que vous en soyiez délivrée, et vous prye de partir maintenant sans remise, pour des considérations importantes à mon Estat, et pour faire cesser des bruits que de méchans esprits vont semant, que vous n'estes pas dans Compiègne en entière liberté, qui ne se pourra plus dire ny penser, lorsqu'estant dans vostre maison de Moulins, il n'y aura personne auprès de vous qui vous puisse donner ombrage... »

Pour rendre plus efficace cette semonce, Louis XIII, toujours guidé par Richelieu, la fit porter par un messager de confiance, M. de Saint-Chaumont, chargé, comme autrefois Brienne, de presser vivement la Reine et d'en obtenir une décision ferme. Dans les instructions assez longues qu'il lui remit, on peut aisément distinguer que le Roi et son ministre commencent alors à perdre patience : après avoir écarté comme « ridicules » les craintes de la Reine et épuisé les moyens de persuasion, Saint-Chaumont est, en effet, formellement autorisé à déclarer à celle-ci que « Sa Majesté le veut » et « qu'il veut estre obéy ». En même temps, d'Estrées reçoit l'ordre de ne plus la laisser communiquer avec personne du dehors.

Cet emploi de la manière forte ne réussit pas mieux que la patience. Bien au contraire, Marie de Médicis se raidit davantage en sentant qu'on cherche à la brusquer; poussée à bout, elle cesse d'inventer des prétextes, et elle déclare tout net qu'elle est décidée à ne pas quitter Compiègne, et « qu'on ne la fera jamais partir que par les cheveux ». Désormais toutes les exhortations, toutes les prières, tous les raisonnements seront inutiles ; son parti est pris et elle s'y tiendra avec l'opiniâtreté, l'entêtement même qui sont la contre-partie de son caractère généralement indécis ; elle n'hésite pas d'ailleurs à le déclarer et à le répéter au Roi, dans les nombreuses lettres qu'elle ne cesse de lui écrire ; elle ne lui cache pas non plus que le vrai motif de sa résolution est sa crainte persistante d'être enlevée et exilée à Florence, et qu'aucune promesse n'en aura raison, car elle se défie trop du cardinal. Par conséquent, elle restera à Compiègne jusqu'au jour où il plaira à Louis XIII de la rappeler auprès de lui...

Une seconde ambassade de Saint-Chaumont, au milieu d'avril, n'obtient pas plus de succès que la première. Il est cependant porteur, cette fois, de propositions plus conciliantes : le Roi n'exige plus de départ immédiat; il est décidé à attendre tout le temps qui sera nécessaire à la Reine « pour se détromper des craintes où elle est entrée » ; de plus, il n'insiste pas pour la faire aller à Moulins : il se montre prêt à accepter toute autre ville qu'elle préférera, pourvu qu'elle soit à 50 ou 60 lieues au moins de Paris et « du côté des Provinces non suspectes ». Mais cet essai de retour aux concessions et aux négociations n'obtient aucun succès : Marie de Médicis est définitivement butée.

Elle le montre également à partir de ce moment en modifiant ses habitudes à Compiègne, et, pour bien faire paraître à tous les yeux qu'elle est prisonnière, elle adopte « une façon de vivre estroite et resserrée ». Malgré les exhortations du Roi à « prendre l'air et s'aller promener dans la forêt et autres lieux hors de la ville », ou plutôt à cause même de ces exhortations, elle cesse dorénavant tout à fait ses promenades en voiture, auxquelles elle s'était plu autrefois, en laissant entendre qu'elle craint d'être enlevée de force si elle se risque hors du château. Elle vit donc désormais dans sa chambre, bornant ses sorties à des promenades sur la terrasse et sur le rempart qui descend en pente douce vers la rivière. Elle s'organise ainsi une vie de recluse, se faisant apporter des soies pour travailler, organisant presque sous ses fenêtres un jeu de quilles pour ses filles d'honneur et un jeu de boules « où elle se divertit de voir jouer ses domestiques ». Elle est d'ailleurs, en réalité, prisonnière pour de bon, quoique le Roi et Richelieu affirment partout le contraire, car le maréchal d'Estrées ne laisse plus entrer ni même sortir personne du château sans son autorisation écrite et fait surveiller de très près jusqu'aux étrangers qui ne font que passer à Compiègne; il va jusqu'à prier la Reine de ne plus distribuer d'argent aux sentinelles qu'elle rencontre, comme elle en avait pris l'habitude. Ces exigences et cette surveillance continue exaspèrent l'entourage de Marie : elle-même ne s'en plaint jamais ; elle est en quelque sorte heureuse au contraire de voir redoubler les rigueurs qui la posent en martyre et excitent l'indignation contre Richelieu.

Cette indignation existe d'ailleurs en réalité et ne laisse pas que d'inquiéter le cardinal. Un incident diplomatique s'est même produit : Louis XIII a dû refuser à l'ambassadeur d'Espagne, le marquis de Mirabel, l'autorisation d'aller visiter sa mère ; le marquis a protesté, a osé déclarer « qu'il semblerait par là que la reine est prisonnière ». Le Roi alors s'est emporté; une scène violente a eu lieu; l'ambassadeur a menacé de saisir d'une plainte publique le nonce et le corps diplomatique; Louis XIII et le cardinal se sont crus obligés, le jour même, pour effacer l'effet désastreux de cet incident, d'autoriser l'agent de Florence à Paris et un maître d'hôtel de la duchesse douairière de Lorraine à se rendre à Compiègne.

C'est l'époque, d'autre part, où le Roi doit briser la résistance du Parlement en lacérant solennellement ses décisions favorables à Monsieur révolté et chassé de France, en exilant par lettres de cachet trois magistrats hors de Paris, en *interdisant* pour trois mois la Cour des Aydes. C'est l'époque où il doit envoyer des troupes en Provence contre le gouverneur, le duc de Guise, qui prend le parti de Marie de Médicis et encourage l'agitation en sa faveur. C'est l'époque enfin où, dans Paris, sont répandus à foison contre le cardinal des libelles « pleins des plus sanglantes invectives »; on en jette « dans les salles du Palais, dans les boutiques, dans les places publiques, et même dans les appartements du Louvre ». Une fois de plus, le danger que faisait naître à elle seule la résistance passive de la captive de Compiègne, émut assez le cardinal pour le décider à une nouvelle tentative auprès d'elle; il lui envoya, le 20 mai, le doyen du Conseil d'État, M. de Roissy, auquel il adjoignit un homme à poigne, le maréchal de Schomberg, sur la fermeté duquel il comptait pour briser enfin la résistance de la Reine.

Arrivés à Compiègne le 22 mai dans l'après-midi, ils furent introduits vers cinq heures dans la chambre de Marie de Médicis, en compagnie naturellement du maréchal d'Estrées. Aussitôt Schomberg prit la parole, et, plus soldat que diplomate, marcha droit au but :

« Madame, déclara-t-il, le Roi a déjà fait entendre à Votre Majesté, par diverses personnes, qu'il était important pour le bien de ses affaires qu'il vous plût partir de Compiègne pour aller à Moulins. Il nous a encore envoyés vers elle pour le même sujet, et pour vous dire, Madame, qu'il n'est pas seulement important, mais nécessaire que Votre Majesté prenne cette résolution; qu'elle est importante non seulement à lui, mais à Votre Majesté.

« Au Roi, afin de ne laisser pas plus longtemps courir le bruit si contraire à la vérité et à sa réputation, que vous êtes retenue prisonnière en ce lieu, comme aussi pour ôter à Monsieur, son frère, le prétexte qu'il prend de se plaindre sur le même sujet.

« A vous, Madame, parce que ceux qui voient que Votre Majesté est si affermie à demeurer en ce lieu, dont la demeure vous a autrefois tant déplu, que vous trouviez si contraire à votre santé et dans lequel vous y voyez une garnison qui ne vous est pas agréable, ceux-là, dis-je, ne peuvent juger autre chose, sinon que Votre Majesté ne fait résistance aux volontés du Roi qu'avec quelque grand dessein.

« Et il vous est très préjudiciable, Madame, ajouta-t-il, que le Roi et le public aient cette opinion, qui ne se perdra pas aisément, qu'en vous résolvant de donner le contentement au Roi de partir de Compiègne pour aller à Moulins. »

A ces menaces à peine déguisées, Marie, blessée dans sa fierté, répondit vivement qu'elle désirait obéir au Roi, mais qu'elle n'irait jamais à Moulins, où il y avait la peste, qu'elle n'accepterait jamais de traverser la France, traitée comme une prisonnière, et qu'enfin elle restait persuadée que tout cela n'était qu'un piège pour l'exiler en Italie.

Les envoyés de Louis XIII se récrièrent aussitôt : de telles craintes ne pouvaient être sérieuses ; d'ailleurs, elle voyagerait absolument libre, sans aucune troupe pour la surveiller, et, si elle préférait Nevers à Moulins, le Roi acceptait qu'elle allât à Nevers ..

On en était donc revenu au même point que trois mois auparavant, quand d'Estrées avait commencé à négocier le départ de la Reine. Mais, cette fois, celle-ci déclarait de suite qu'elle refusait de quitter Compiègne, et, d'autre part, dirigée par Schomberg, la discussion prit bientôt un tour extrêmement vif. Celui-ci, en effet, perdant rapidement patience, se mit à parler très « librement » à la Reine ; il lui jeta à la face que « le Roi était bien informé des pratiques et des cabales de quelques-uns de ceux qui étaient auprès d'elle, par les conseils desquels on n'ignorait point que Monsieur ne fût sorti de la Cour et du royaume ».

Marie, aussitôt, se rebella :

— Je ne prends conseil que de moi-même, répliqua-t-elle fièrement ; je me suis trop mal trouvée de ceux qu'on m'a donnés, et s'il m'arrive quelque mal de la résolution que j'ai prise, je n'en accuserai personne que moi-même.

Mais bientôt elle se remit à pleurer, se lamentant sur l'ingratitude de son fils : sur quoi Schomberg lui répliqua durement « qu'il ne se trouve point de loi en l'Écriture sainte qui oblige les enfants de demeurer toujours avec leurs mères, particulièrement quand ils sont en âge pour gouverner eux-mêmes leurs biens, et qu'il y en a une, répétée en divers endroits, qui enjoint d'obéir aux Rois comme aux lieutenants de Dieu sur terre... »

Le ton se montant de part et d'autre, les deux hommes finirent par lui déclarer « qu'ils croyaient être obligés de lui dire que sa désobéissance n'était pas supportable dans un État bien réglé, qu'il n'était pas juste que le Souverain cédât à la résistance qu'elle faisait, et que son procédé forcerait infailliblement le Roi d'user envers elle de plus grande rigueur qu'il n'avait fait. Et M. de Schomberg passa même jusqu'à lui dire qu'il ne craignait point de lui avouer qu'il avait été d'avis de son éloignement de la Cour, tant il estimait que sa présence y était préjudiciable au service du Roi dans la conjoncture des affaires. »

Parvenue à ce diapason, l'entrevue ne pouvait aboutir : Roissy et Schomberg durent sortir sans avoir rien obtenu. La pauvre Marie de Médicis, après leur départ, laissa éclater son désespoir et son exaspération ; elle avait été blessée au vif, au plus profond de sa dignité, par ce Schomberg qui l'avait traitée avec mépris, qui avait osé même la menacer, elle, la Reine, mère du Roi !... Quand d'Estrées vint, comme tous les soirs, lui demander le *mot* pour les sentinelles, elle refusa de le lui donner : puisqu'on la traitait en prisonnière, il fallait le faire jusqu'au bout.

Le lendemain elle dut subir une nouvelle entrevue avec ses deux bourreaux. Elle leur déclara dès l'abord qu'elle aimait mieux mourir que de quitter Compiègne ; mais eux, changeant de tactique, entrèrent dans la voie des concessions, sans plus de succès d'ailleurs : ils lui proposèrent d'abord, si elle voulait donner une promesse ferme de partir sous douze ou quinze jours, de retirer la garnison et de la laisser tout à fait libre. Elle refusa. Ils lui offrirent alors, au lieu de Nevers ou de Moulins, Angers comme résidence, avec le gouvernement de l'Anjou : autrefois, elle avait paru s'y plaire, et, de là, elle ne pourrait vraiment pas craindre qu'on l'exilât en Italie. Elle refusa, elle refusa obstinément, elle refusa toujours, malgré toute l'insistance tenace des deux envoyés.

Une troisième fois, enfin, Schomberg força sa porte et vint « la gourmander jusque dans la ruelle de son lit » ; il n'en put rien obtenir que des refus exaspérés : « Si on lui offrait, déclara-t-elle, d'aller à Monceaux, voire au Luxembourg, elle refuserait. » Et aux menaces à peine voilées du maréchal, elle répliqua simplement :

— Il en arrivera ce qui plaira à Dieu

Sur cette parole, ils se quittèrent.

Délivrée d'eux, elle s'épancha dans une lettre à son fils, se plaignant de ces deux hommes qui « avaient été choisis par le cardinal pour surprendre une pauvre femme destituée de tout conseil, excepté de celui de Dieu », se plaignant aussi du ministre, qui empêchait le Roi d'entendre maintenant un seul mot de vérité :

— Faites moy donc cette grâce, s'il vous plaist, ajoutait-elle, de trouver bon que je demeure en ce lieu où j'ay esté arrestée, et que je ne reçoive pas cette honte et ce desplaisir, qui me seroit esgal à la mort, d'estre pourmenée parmy vostre Royaume en l'estat où je suis..... Vous affirmant que si vous prenez résolution de m'y laisser, et de descharger la Ville des gens de guerre qui y sont, j'aymerois mieux mourir que de manquer à la parole que je vous donneray par escrit, de n'en sortir que par vostre ordre et commandemant. »

La réponse de Louis XIII fut très sèche et très mécontente :

« Je ne vous puis assez tesmoigner le desplaisir que j'ay », lui écrivit-il. Mais en réalité l'obstination de la Reine commençait à triompher des efforts répétés de ses ennemis, et le cardinal lui-même, quelques jours après, parut céder.

Marie vit en effet, tout au début de juin, reparaître Saint-Chaumont, porteur cette fois d'une lettre où Louis XIII annonçait à sa mère le retrait de la garnison commandée par d'Estrées, « afin, lui écrivait-il, que l'on cognoisse le respect dont je veux user en vostre endroit », mais aussi « afin que plus librement vous puissiez vous disposer à ce que j'attends de vous et qui est du tout nécessaire pour le bien de mes affaires. Toutes sortes de considérations, ajoutait le Roi, vous obligent à vous conformer à mes volontez en une chose dont il m'est impossible de me dispenser. » Il concluait en lui fixant, une fois de plus, un délai maximum de quinze jours pour se décider à partir. Saint-Chaumont insista dans le même sens, mais bien vainement cette fois encore.

Cependant le maréchal et ses troupes quittèrent Compiègne. Aubery affirme que ce fut « sur la parole » de la Reine, qui répondit « de la fidélité de sa suite » et promit formellement « qu'elle ne se feroit pas enlever ». Le cardinal, d'ailleurs, eut soin de prendre ses précautions, et fit « loger deux ou trois cents chevaux entre Paris et Compiègne et le régiment de Navarre à Senlis »

Les quinze jours passèrent et bien d'autres après eux, tous mornes et pareils pour Marie de Médicis. Les soldats avaient disparu de la ville, mais elle les savait aux environs. Elle-même, de son côté, continuait à se considérer comme prisonnière et à se confiner dans sa chambre ou sur la terrasse. Au milieu de juin, elle reçut une visite de d'Estrées qui, repassant par Compiègne, avait reçu mission du Roi de saluer sa mère et de la prier « de vouloir bien user pour sa santé de la liberté qu'elle avait de se promener partout où il lui plairait ». Marie accueillit le maréchal « avec civilité », mais, sondée par lui sur ses intentions, se montra toujours aussi résolue à ne point partir.

Richelieu cependant, vaincu dans cette lutte de patience, ne se voyait pas plus avancé après un mois de ce nouveau régime qu'auparavant : avait-il espéré que, laissée à elle-même, s'ennuyant, réfléchissant, elle abdiquerait son obstination et sa défiance et qu'elle accepterait d'aller gouverner le Berry ou l'Anjou? Avait-il escompté un coup de tête qui le débarrasserait d'elle à jamais : déjà, on avait fait courir le bruit de sa fuite, sous un déguisement de paysanne? Le fait était qu'au début de juillet elle était toujours à Compiègne, aussi gênante et aussi dangereuse que jamais.

Il songea bien à lui retirer à nouveau ses gardes particuliers et ses officiers, auxquels avait été rendue la garde du château, et à y replacer une garnison ; mais cela n'eût servi qu'à lui aliéner davantage l'opinion publique et c'eût été en réalité inutile, car, « si le Roi venait à avoir quelque indisposition », celui qu'il aurait chargé de garder la Reine commencerait par « s'accorder avec elle ». Ne pouvant, d'autre part, songer à la mettre en voiture de force, il décida de laisser les choses en l'état, et tenta même de renouer quelques négociations avec elle, en lui offrant de nouvelles concessions. Le Roi en effet proposa à sa mère, si elle consentait à se retirer dans le centre de la France, de la voir au passage, à Chartres ou à Mantes, par exemple. Marie ne repoussa pas l'offre complètement, mais posa pour condition qu'après cette première entrevue elle reprendrait aussitôt sa place auprès de Louis XIII comme autrefois et ne le quitterait plus. Le Roi ne pouvait évidemment accepter ; cependant il répondait évasivement et ne paraissait pas vouloir rompre la conversation quand, le 14 juillet, Marie déclara brusquement que « si son fils voulait la voir, il la verrait à Compiègne ». En réalité, elle venait de prendre une décision qui la perdait et qui allait assurer à Richelieu une victoire qu'elle lui avait disputée cinq mois.

*
* *

Au début de juillet, en effet, un projet d'évasion avait commencé à prendre corps. Marie de Médicis y avait été décidée toujours par la même crainte, si elle restait à Compiègne, où elle n'avait autour d'elle que quelques officiers et quelques gardes, de se voir enlevée par surprise et mise sur la route d'Italie. Le 14 juin, elle avait même eu « très grande allarme sur un faux avis qui luy fust donné, de la marche des Maréchaux de Schomberg et d'Estrée et du Marquis de Brezé, avec 1 200 chevaux, pour la tirer de force de Compiègne... D'où, ajoute Aubery, elle pourrait bien avoir depuis pris prétexte de s'évader. »

Elle ne songeait pas à s'enfuir à l'étranger, comprenant trop bien qu'une fois la frontière franchie tout serait fini pour elle, et que Richelieu ne la laisserait jamais rentrer en France ; mais elle songea à se jeter dans une petite ville de la frontière et à recommencer ce que, vingt ans auparavant, elle avait déjà tenté avec succès dans des circonstances toutes semblables ; en 1619, en effet, reléguée par Luynes à Blois, loin de la Cour, elle s'était enfuie à

Angoulême, où le duc d'Épernon l'avait rejointe, et elle s'était trouvée assez forte pour imposer à son fils et au ministre un traité de réconciliation avantageux pour elle. Ne pouvait-elle, cette fois encore, réussir dans une aventure analogue? Une fois fortifiée dans quelque place avantageusement située, elle attendrait Monsieur et tous les ennemis du cardinal qui « se joindraient à elle pour faire un parti », comme on disait alors; elle se trouverait ensuite en bonne posture pour traiter d'égale à égal avec le cardinal, après une de ces « petites guerres civiles de peu de durée, si conformes au génie des Français », dont parle Fontenay-Mareuil dans ses *Mémoires*.

La Capelle lui sembla répondre assez bien au but qu'elle se proposait : c'était alors une de ces petites villes fortifiées, très capables de soutenir un siège, et, à cette époque, très proche de la frontière des Pays-Bas espagnols, qui englobaient le département du Nord actuel. La garnison en était précisément commandée par un homme sur qui la Reine pouvait espérer agir : le marquis de Vardes, y remplissait les fonctions de gouverneur au lieu et place de son père, dont il avait la survivance, et que son grand âge retenait dans son domaine, en Normandie; et lui-même avait pour beau-fils le comte de Moret, partisan dévoué du duc d'Orléans et, par conséquent, de la Reine-mère. Par l'intermédiaire de ce dernier, Marie de Médicis fit donc faire discrètement des ouvertures au gouverneur de La Capelle. « Or, dit un document conservé aux Affaires étrangères, le marquis de Vardes, qui avoit une grande pente de ce costé à cause du comte de Moret qu'il aimoit extrêmement, et qu'il n'estoit pas trop satisfait du cardinal de Richelieu, s'y porta aisément, ne doutant point de faire de la place ce qu'il voudroit parce que son père qui estoit fort vieux n'y alloit plus. »

Des relations s'établirent ainsi entre La Capelle et Compiègne, par l'intermédiaire d'un certain Bezançon, et un projet d'évasion s'élabora rapidement. Diverses circonstances paraissaient le faciliter : l'âge et l'éloignement du vieux de Vardes qui l'empêcheraient de revenir à La Capelle s'opposer à la défection de son fils; l'entière liberté dont jouissait Marie à Compiègne depuis six semaines; la position des troupes royales, qui, postées pour barrer très fortement la route de Paris, laissaient, par contre, absolument libres celles des Flandres; enfin, le voisinage même des Espagnols : en 1619, dans les circonstances que nous rappelions plus haut, la Reine-mère s'était déjà servie avec succès du danger extérieur comme d'un moyen de pression sur le gouvernement royal, l'absence de scrupule patriotique en cette matière étant alors la règle; elle entretenait d'ailleurs des relations suivies avec sa fille, la reine d'Espagne, et, en cas d'échec, elle était assurée de trouver un refuge dans ses possessions des Pays-Bas, qu'à peine plus d'une lieue séparait de La Capelle : l'infante Isabelle, qui les gouvernait, lui offrit un asile de grand cœur, par l'intermédiaire de l'ambassadeur d'Espagne, avec lequel Marie conservait des intelligences.

Au début de juillet donc, les négociations secrètes, puis les préparatifs de départ commencèrent à se poursuivre activement, et, au milieu du mois, les bagages de la Reine-mère prirent en cachette la route de La Capelle. Mais les allées et venues inévitables finirent par attirer l'attention, ...et Richelieu fut prévenu.

Cette nouvelle le remplit certainement de joie : l'évasion de la Reine, sa fuite aux Pays-Bas étaient les événements qui pouvaient le mieux servir sa politique ; une fois la frontière passée, elle ne reparaîtrait plus en France que de la volonté du cardinal, c'est-à-dire jamais ; elle cesserait dès ce moment d'être dangereuse pour lui : l'exil volontaire de la mère et du frère du Roi assureraient sa puissance de façon définitive et mieux qu'aucune autre combinaison. Il avait même, à la fuite de Marie de Médicis, un intérêt si évident, qu'on l'accusa immédiatement, non seulement de l'avoir favorisée, ce qui est certain, mais encore de l'avoir provoquée. Les partisans de la Reine-mère dénoncèrent le piège qu'il aurait ainsi tendu à sa victime et donnèrent même des détails : ils racontèrent que, pour l'engager à partir, il lui avait fait dire, soi-disant de la part de de Vardes, qu'une armée de dix mille hommes prête à entrer en campagne l'attendait sous La Capelle ; ils ajoutèrent même que Marie y avait envoyé un de ses gentilshommes, qui la trahit et lui affirma avoir vu ces troupes « en très bon état ». Les serviteurs du Roi eux-mêmes soupçonnèrent vivement le cardinal d'avoir tout machiné, et de n'avoir eu que ce but en vue lorsqu'il avait retiré la garnison de Compiègne : « On ne sait point, dit Brienne, alors sous-secrétaire d'État, si ce fut par ordre de cette Éminence que Bezançon proposa à Sa Majesté de se retirer à La Capelle... » Fontenay-Mareuil, par contre, raconte que les préparatifs de la Reine furent éventés au bourg de Sains, relais obligé pour elle, et que Richelieu, ayant ainsi une première confirmation des allées et venues suspectes que lui signalaient ses espions, obtint enfin une certitude en mandant près de lui le jeune de Vardes, qui commença par obéir, puis retourna précipitamment dans la place, à la nouvelle que Marie de Médicis se décidait à partir.

Une fois assuré du proche départ de la Reine, le cardinal avertit d'urgence le vieux marquis de la trahison de son fils ; le vieillard, malgré son âge, fit quarante lieues sans débrider, arriva à l'improviste à La Capelle, « prit le serment de la garnison » et expulsa de la ville son fils, stupéfait, avec sa femme

PLANCHE II

Planche gravée à la gloire du Roy et du cardinal de Richelieu sur l'heureux succès de leurs entreprises.

et tous ses partisans. L'affaire avait été si habilement ou si heureusement conduite par le cardinal qu'il était assuré de la fidélité de la place à l'heure même où Marie de Médicis s'échappait de Compiègne, attirée par l'espoir d'y trouver un refuge : le jeune de Vardes, d'ailleurs, ni aucun de ses amis, n'osèrent pousser jusqu'à cette dernière ville pour la prévenir, de peur d'être arrêtés ; ils se bornèrent à l'attendre sur la route.

Le 18 juillet, à dix heures du soir, Marie de Médicis, accompagnée de M. de la Mazure, lieutenant de ses gardes, et de l'exempt Massé, franchissait la longue voûte de la Porte-Chapelle et le pont jeté sur le fossé de la ville ; à deux ou trois cents pas de là, le portier vit un gentilhomme à cheval et un piéton les rejoindre et s'éloigner avec eux. Les prenant tous pour des personnes de la suite de la Reine, qui venaient souvent le soir prendre l'air jusque-là, il leur cria qu'il était l'heure, et qu'il allait fermer la porte :

— Fermez si bon vous semble : nous ne voulons pas rentrer, répondit un des nocturnes promeneurs.

Pendant que l'homme poussait ses verrous, ils arrivèrent à un carrosse, attelé de six chevaux bais, qui attendait, dissimulé à quelque distance. Quelque temps auparavant les habitants de Compiègne avaient pu le voir sortir par la porte de Pierrefonds et le reconnaître pour celui de Mme Dufresnoy, qui se trouvait d'ailleurs à l'intérieur, avec une demoiselle et un gentilhomme, et qui se montrait ostensiblement à la portière ; un homme, enveloppé dans un manteau de couleur brune, qui lui cachait le visage, le suivait à cheval : c'est lui qui était venu guider la Reine à sa sortie de la Porte-Chapelle. Tout cela se passa si normalement que personne n'eut l'éveil et que, le lendemain seulement, Compiègne apprit avec stupeur que Marie de Médicis s'était évadée.

Les six chevaux de Mme Dufresnoy emportèrent rapidement la Reine vers Choisy-au-Bac ; elle avait hâte de mettre l'Aisne entre elle et ceux qui voudraient la poursuivre. Le soir même, trois gentilshommes étaient venus loger à Choisy, tout à côté du bac ; ils avaient emmené dîner le passeur, et, lui faisant faire bonne chère, l'avaient retenu avec eux jusque vers minuit. Ils l'emmenèrent alors jusqu'au bac, en vue duquel un carrosse ne tarda pas à apparaître ; ils l'obligèrent à le passer, puis, le faisant monter à cheval, ils l'emmenèrent avec eux, le forçant à servir de guide à la voiture. Deux hommes restèrent auprès du bac, pistolets à la main, faisant faire demi-tour, au nom du Roi, à ceux qui, le lendemain matin, voulurent s'en servir, et ne le rendirent à la circulation que vers dix heures.

Aussitôt en quittant Choisy, le carrosse prit à droite, monta sur le plateau du Mont des Singes, longea le parc d'Offémont et atteignit Tracy ; de là, il continua au nord-est, passa à Blérancourt à quatre heures du matin, et, obliquant à droite dans la direction de La Fère, arriva à Rouy vers huit heures. Là, on laissa aller le passeur de Choisy, qu'on renvoya en lui recommandant, s'il rencontrait des cavaliers lancés à la poursuite du carrosse, de bien leur dire que celui-ci était accompagné de cent cinquante chevaux. Rouy appartenait à M. de Bettencourt, qui avait participé à l'évasion de la Reine ; elle y trouva des chevaux envoyés de Sains et repartit aussitôt, ne s'arrêtant que le temps de relayer. Elle passa alors à Servais, franchit la Serre à Pont-à-Nouvion (Pont-à-Bucy) et suivit la vallée du Péron jusqu'à Sains, où elle parvint un peu après midi.

Une grosse déception l'y attendait : deux gentilshommes, envoyés par le jeune de Vardes, y guettaient son arrivée et lui apprirent les événements imprévus qui s'étaient passés à La Capelle. Tout s'écroulait pour la malheureuse femme : Que faire ? A aucun prix, elle ne voulait retourner à Compiègne et retrouver les humiliations de la captivité, encore aggravées par cette évasion manquée ; elle préféra se jeter dans les bras des Espagnols : le baron de Crèvecœur, gouverneur d'Avesnes, lui avait fait offrir un refuge dans cette ville. Elle décida de l'accepter, dîna rapidement à Sains dans son carrosse, pendant qu'on y mettait des chevaux frais, et repartit aussitôt.

Pour gagner Avesnes, elle se voyait néanmoins forcée de monter tout droit vers La Capelle, qui se trouvait placée entre elle et cette première place espagnole. Elle poursuivit cependant son voyage, passa à Sorbais sans s'arrêter, puis, quittant la grande route, elle évita, par des chemins de traverse, la petite place forte sur laquelle elle avait fondé tant d'espérances vaines. Le gouverneur put écrire à Richelieu que, des remparts, il l'avait vue passer à moins d'une demi-lieue, n'ayant « pas grands gens avec elle » ; il « l'eût bien arrêtée ; mais n'en ayant point de commandement du Roi, il n'osa l'entreprendre ». Presque aussitôt après, elle franchissait la frontière à l'endroit où se trouve encore aujourd'hui la ferme de Bellevue et venait ensuite coucher en sûreté à Étrœung, à trois lieues de là. Le lendemain, elle arriva à Avesnes, où des gens envoyés par l'Infante vinrent la chercher avec des carrosses pour la conduire en grande pompe jusqu'à Bruxelles. Elle y fut rejointe bientôt après par son fils Gaston, dont elle partagea dès lors l'exil.

Moins heureuse que lui, elle ne devait pas revoir la France. L'émotion provoquée par sa fuite ne tarda pas en effet à se calmer ; malgré ses efforts pour empêcher l'oubli de se faire sur son nom, malgré ses lettres publiques à Louis XIII, ses requêtes au Parlement, ses plaintes et ses intrigues, elle ne put contraindre Richelieu à lui rouvrir le chemin de la Cour. Quand, en 1635, la guerre éclata entre la France et l'Espagne, elle dut même quitter les Pays-Bas et demander asile à son gendre Charles Ier d'Angleterre ; celui-ci tenta bien une réconciliation entre elle et son fils ; mais Louis XIII déclara s'en rapporter à son conseil, qui réclama la relégation de Marie de Médicis à Florence. Elle préféra séjourner en Angleterre, puis à Cologne, où elle continua d'intriguer sans succès. Elle y mourut le 13 juillet 1642, après onze ans d'exil : le cardinal devait la suivre dans la tombe moins de six mois après.

Il était demeuré inflexible jusqu'au bout : « La sortie de la Reine Mère et de Monsieur, a-t-il écrit dans son *Testament politique*, furent comme une purgation salutaire qui garantit le royaume des maux dont il était menacé. » Jamais, de fait, partie n'avait été aussi décisive pour lui que celle qu'il avait alors jouée, jamais il ne s'était senti plus près de la chute et jamais aucune victoire ne fut si complète que celle qui lui assura onze ans de pouvoir absolu, tandis que la mère du Roi finissait misérablement sa vie en exil.

SOURCES

Manuscrits. — *Lettres et instructions de ce qui s'est passé en l'affaire de la Reyne mere du Roy depuis le 23e février 1631 qu'elle fut detenue en la Ville de Compiegne, jusques au jour de son évasion hors le Royaume, qui fut le 18e juillet ensuivant.* Mss de Brienne, vol. 176 (conservés à la BIBLIOTHÈQUE NATIONALE). A la même Bibliothèque, cf. également les manuscrits du fonds français, n°s 17545, 17546 et 23400, qui en sont des copies, comme les *Lettres et instructions sur l'affaire de la Reine Mère Marie de Médicis, depuis le 23 février jusqu'au 18 juillet 1631*, du fonds Du Puy, vol. 49, publiées par Aubery dans ses *Mémoires* cités *infra*.

Relation qui comprend tout ce qui se passa dans la Rupture du Cardinal de Richelieu avec la Reine Mere et dans sa sortie du Royaume (ARCHIVES DES AFFAIRES ÉTRANGÈRES, fonds FRANCE, vol. 19, f° 60). Cf. également fonds FRANCE, vol. 800.

Aux ARCHIVES NATIONALES, consulter : service des Bâtiments, carton O¹ 1384 (correspondance) et O¹ 1408 (plans).

Imprimés. — *Mémoires pour l'histoire du Cardinal Duc de Richelieu*, recueillis par le sieur AUBERY, advocat au Parlement et aux Conseils du Roy (Du cabinet de M. du Puy) ; *Déclaration du Roy sur la sortie de la Royne sa Mere et de Monseigneur son Frere, hors le Royaume* ; *Lettres, instructions diplomatiques et papiers d'Etat* du CARDINAL DE RICHELIEU, recueillis et publiés par M. Avenel ; *Pièces curieuses pour la defence de la Royne Mere du Roy Louys XIII*.

Mémoires du COMTE DE BRIENNE, ministre et secrétaire d'État ; FONTENAY-MAREUIL, *Relation de la rupture du Cardinal de Richelieu avec la Reine Mère* ; *Mémoires* de François de Paule de Clermont, MARQUIS DE MONTGLAT ; de MADAME DE MOTTEVILLE ; de P. DE LA PORTE, premier valet de chambre de Louis XIV ; *Mémoires du CARDINAL DE RICHELIEU sur le règne de Louis XIII depuis 1610 jusqu'à 1638* ; *Memorie recondite* di VITTORIO SIRI ; *Anecdotes du ministere du cardinal* de *Richelieu et du règne de Louis XIII avec quelques particularitez du commencement de la Régence d'Anne d'Autriche*, tirées et traduites de l'Italien du *Mercurio* de SIRI, par M. DE ***.

L'Histoire du Cardinal Duc de Richelieu, par le sieur AUBERY, advocat au Parlement et aux Conseils du Roy ; P. BATIFFOL, *Au temps de Louis XIII* ; *Marie de Médicis*, par M. CAPEFIGUE ; *Histoire du règne de Louis XIII, roi de France et de Navarre*, par LE PÈRE H. GRIFFET, de la Compagnie de Jésus ; *Histoire du règne de Louis XIII, roi de France et de Navarre*, par Mgr MICHEL LE VASSOR.

Nous indiquerons en outre, une fois pour toutes, en tête de ce livre, les ouvrages généraux à consulter sur l'histoire du château de Compiègne : l'*Histoire de Compiègne et des environs*, par *Gaspard Escuyer*, manuscrite, conservée à la Bibliothèque de l'Hôtel de Ville de Compiègne (ms. du Palais 1-4) ; *Compiègne et ses environs*, par LÉON EWIG ; LAMBERT DE BALLEYER, *Compiègne historique et monumental* ; LEFEBVRE-SAINT-OGAN, *Compiègne* ; *Histoire du Palais de Compiègne, Chronique du séjour des souverains dans ce palais*, écrite d'après les ordres de l'Empereur par J. PELLASSY DE L'OUSLE ; L. TARSOT et M. CHARLOT, *les Palais nationaux* ; *Souvenirs historiques des résidences royales de France*, tome VII : *Château de Compiègne*, par J. VATOUT ; *Séjour royal de Compiegne depuis Clovis premier Roy chrestien, jusques à Louis Dieu-donné, a present regnant*, par A. CHARPENTIER (publié par le COMTE DE MARSY dans les *Pièces rares de l'Histoire de Compiègne*) ; *les Souverains russes en France, notes sur Compiègne*, par le COMTE FLEURY *Nouvelle Description de la France...* par M. PIGANIOL DE LA FORCE ; *Compiègne, sa forêt, ses alentours, études et souvenirs historiques et archéologiques...*, par EDMOND CAILLETTE DE L'HERVILLIERS.

AU TEMPS DE LA FRONDE

I

Le 1ᵉʳ avril 1649, Paris célébrait par des feux de joie et des *Te Deum* la paix que son Parlement venait de signer avec Anne d'Autriche et Mazarin et qui mettait fin à ce qu'on appela la *Fronde parlementaire*. La grande majorité de la population se montrait fort satisfaite de voir terminé le blocus de la ville par le prince de Condé : le vainqueur de Rocroy et de Lens mettait en déroute les milices parisiennes dès qu'elles s'avisaient de tenter une sortie, et les *bons bourgeois*, dégoûtés de jouer au soldat, craignant pour leurs maisons de campagne dans la banlieue, désireux de voir renaître avec la tranquillité le commerce et la prospérité de la ville, commençaient, après plus d'un an de troubles, de harangues, de cris contre *le Mazarin*, d'émeutes, de barricades, d'impôts nouveaux, de négociations et de guerre civile, à désirer très vivement la fin des agitations et le rétablissement d'un état de choses normal.

Pour eux, le symbole et la condition même de cet état de choses devait être le retour dans sa capitale du jeune roi Louis XIV, avec sa mère, la Régente, et tout son gouvernement. Le 6 janvier précédent, en effet, Anne d'Autriche et Mazarin, se sentant impuissants, depuis la journée des barricades, à lutter dans Paris même contre une insurrection parisienne, s'étaient enfuis, pendant la nuit, à Saint-Germain, dont ils avaient fait leur quartier général ; de là, appuyés sur l'épée de Condé, ils avaient pu défier leurs adversaires, combattre et négocier avec avantage. A la fin d'avril, six semaines après la paix de Rueil, ils s'y trouvaient toujours et semblaient ne pouvoir se décider au retour, conséquence pourtant toute naturelle de la paix.

C'est que Mazarin, le ministre tout-puissant sur l'esprit et le cœur de la Reine, éprouvait une répugnance marquée à se remettre, pour ainsi dire, dans la gueule du loup, quand il s'en était échappé deux fois déjà, avec plus de peine encore la seconde que la première. Il se rendait compte que la cessation des hostilités armées n'avait pas amené la pacification des esprits et que les haines qu'il avait soulevées n'étaient point apaisées : bien au contraire, elles s'étaient exaspérées de leur échec et jamais son impopularité n'avait été plus violente dans ce Paris qu'il avait assiégé, affamé et enfin amené à s'incliner de mauvaise grâce, sans l'avoir véritablement vaincu. Le succès des pamphlets dirigés contre lui, de plus en plus nombreux, de plus en plus violents, et qui confondaient souvent dans une commune injure la Reine avec son favori, lui était à lui seul une preuve que l'hostilité des Parisiens ne désarmait pas à son égard.

La grande ville continuait d'ailleurs d'être menée par deux hommes, extrêmement populaires, qui avaient refusé de traiter avec la Cour, et dont l'énorme influence était faite précisément de la haine qu'ils témoignaient au cardinal. Le premier était le duc de Beaufort, fils du duc de Vendôme et petit-fils de Henri IV : bel homme, hardi, ne doutant jamais de lui, fort infatué de sa personne, par ailleurs assez borné et beaucoup plus tapageur qu'intelligent, il avait conquis le petit peuple par ses allures de grand seigneur démagogue, et les femmes surtout, grisées par la familiarité de ce joli garçon de race royale, en avaient fait une idole : il méritait amplement son surnom de *roi des Halles* et se trouvait de taille à provoquer une véritable insurrection populaire. L'autre était Paul de Gondi, coadjuteur de l'archevêque de Paris, son oncle ; extrêmement intelligent, remuant, avisé, entreprenant, aussi fertile à inventer des intrigues qu'adroit à les poursuivre, agitateur de premier ordre, orateur éloquent qui prononçait des sermons de guerre civile, chef du clergé parisien qu'il tenait bien en main et qu'il savait faire agir opportunément, aussi prêt à se mêler à la foule indigente et à se faire adorer d'elle, qu'à courir les aventures sous un déguisement, en même temps passablement « ridicule avec sa face basanée, ses jambes torses, ses maladresses de myope et son goût pour les costumes de cavalier, les étoffes voyantes et les fanfreluches, ses allures de petit maître et ses sempiternelles aventures galantes », il n'en tenait pas moins, lui aussi, dans sa main le Paris pauvre ; et l'alliance de ces deux forces suffisait à dominer la capitale.

Or, ces deux chefs de la plèbe demeuraient sur leurs positions vis-à-vis de la Cour : seule la bourgeoisie, seuls les éléments modérés de la population, avides de repos et assez effrayés, avaient traité à Rueil et acceptaient de subir Mazarin. Retz, Beaufort et leurs troupes populaires représentaient au contraire le parti de la guerre à outrance, en même temps que le parti démagogique et remuant ; il avaient combattu très violemment les parlementaires lors de leurs négociations avec Mazarin, et tout tenté pour faire échouer celles-ci. A l'époque où nous sommes arrivés, ils restaient à Paris, tenant leurs partisans en haleine, refusant d'entrer en rapports avec la Cour, où les autres principaux Frondeurs allaient les uns après les autres apporter leur soumission. Ils n'avaient pu empêcher la paix, mais ils n'avaient point eux-mêmes désarmé, et témoignaient, à l'encontre de Mazarin, de la même hostilité déclarée et violente, sur laquelle d'ailleurs ils avaient fondé leur popularité.

Le cardinal se souciait donc assez peu de revenir dans la grande cité toute bouillonnante encore ; un chariot à ses armes et chargé de ses bagages venait encore d'être pillé par une populace qui poussait des cris de mort contre lui ; ses adversaires, il est vrai, affirmaient que l'émeute avait été montée de toutes pièces par lui-même pour effrayer la Reine et retarder ainsi le retour de la Cour ; il n'en est pas moins certain, en tout cas, qu'il craignait pour sa sécurité.

Ce fut là sans doute la principale raison qui fit prendre à la famille royale, vers la fin d'avril, le chemin de Compiègne plutôt que celui de Paris ; en même temps cependant, le Chancelier, ainsi que les ministres, Mazarin excepté, regagnèrent leurs postes dans la capitale, témoignant par là que la guerre civile était finie et laissant par leur propre retour espérer comme prochain celui du Roi. A cette détermination d'une villégiature dans une résidence aimée de la Reine et de ses fils, le cardinal ajoutait d'ailleurs à sa crainte personnelle d'affronter les Parisiens d'autres motifs fort valables. Le premier était le désir de faire profiter des beaux jours de mai à la Régente, fatiguée par les émotions et les préoccupations des derniers temps, ainsi qu'à ses enfants que fortifieraient et amuseraient les jeux et les promenades sur les bords de l'Oise et dans la forêt. En second lieu, le cardinal projetait une grande opération militaire contre les Espagnols, qui avaient profité de la guerre civile pour gagner du terrain sur la frontière du nord ; il voulait frapper en Flandre un grand coup, qui dérouterait les ennemis et lui rendrait à lui-même quelque popularité, par le prestige d'un succès extérieur ; ce plan, nous le verrons, comportait de grosses difficultés pour un ministre à court d'argent et ne disposant que de troupes mercenaires et indisciplinées ; il se rendait compte que sa présence serait sans doute indispensable pour le faire réussir et il tenait à se trouver à proximité des opérations ; comme aussi, d'un autre côté, il désirait beaucoup, pour des raisons aussi bien politiques que sentimentales, ne point se séparer de la Reine, le séjour à Compiègne conciliait à merveille ces diverses préoccupations. Enfin, dernière pensée très politique, il jugeait « très expédient, comme le dit Nicolas Goulas, de faire désirer aux Parisiens le retour du Roy, et de leur faire comprendre qu'il leur procurerait ce bien quand ils se radouciraient et ne pesteraient plus son Éminence ».

En conséquence, il fit écrire par Louis XIV au Parlement et au Corps de Ville de Paris une lettre, « par laquelle Sa Majesté leur donnoit à entendre, qu'estant preste de retourner en cette ville, avec la Reyne Régente sa mère », Elle avait appris l'invasion des Espagnols en Flandre et le siège par eux des deux petites villes d'Ypres et de Saint-Venant, « ce qui avoit fait résoudre Sa Majesté de s'y acheminer au premier jour,... Leurs Majestés préférans la fatigue de ce voyage si nécessaire au bien de l'Estat, à la douceur du repos qui les attend » dans leur capitale. La Cour quitta ensuite Saint-Germain, et, après avoir couché à Chantilly, arriva le 3 mai à Compiègne.

Le Roi avait fait connaître sa volonté expresse d'y être reçu sans aucune pompe : aussi en fut-il quitte pour une harangue et quelques salves d'artillerie, quand le Présidial, le Corps de Ville, l'Élection et les autres autorités le reçurent à l'entrée du château, au milieu des acclamations de la foule.

> Ils crient tous : Vive le Roy.
> Vive le Roy. Vive le Roy.

raconte le premier *Mercure de Compiègne*.

> Les Tambours avec la Trompette
> Par leur grand bruict rendent la Feste
> Recommandable en tous les lieux,
> Où son Peuple est ambitieux
> D'ouïr de ses bonnes nouvelles :
> On vit les Feux, les estincelles
> Des Canons voller parmy l'aer :
> Après il entendit parler
> Le Fameux Advocat de Ville,
> Qui dans sa Harangue Civille
> Faisoit sçavoir à nostre Roy
> Le Zelle, l'Amour et la Foy
> De ses Concitoyens sinceres
> Et leurs ambitions prosperes.

Le jeune Roi dut goûter infiniment plus la petite fête qu'on lui offrit

> Le lendemain dessus le soir,

et dans laquelle

> On fit à Sa Majesté voir
> Dix jeunes belles Damoyselles
> Habillées en Pastorelles
> Qui danserent d'un air fort gay
> Des dances que le mois de May
> On a coustume de produire.

Le petit Louis XIV, qui avait onze ans, et son frère, le duc d'Anjou, furent enchantés de ces sortes de vacances, où la forêt et la rivière devinrent pour eux l'occasion de promenades, d'excursions, de bains, de jeux sans cesse renouvelés ; car, selon l'expression de Mme de Motteville, « étant tous deux trop jeunes pour prendre part aux maux de l'État, ils ne pensaient qu'à chercher du plaisir partout où ils se trouvaient ». Anne d'Autriche elle-même, que les préoccupations du gouvernement abandonnaient moins facilement, put y « délasser son esprit des affaires qui en avaient troublé le repos », et y passer quelques « agréables heures ».

Elle aimait d'ailleurs Compiègne, son château et sa forêt. Elle y avait autrefois séjourné des étés entiers avec Louis XIII, et elle avait conservé pour cette résidence la même prédilection que le feu Roi. On rapporte en effet que celui-ci, tout à la fin de sa vie, avait dit au marquis de Gèvres, capitaine de ses gardes, en se promenant avec lui sur la terrasse :

— Je me plais fort ici : je m'y porte bien.

Il avait songé à agrandir le château, et Anne avait commencé à réaliser son projet : « Cette grande Reyne, écrit en effet en 1647 A. Charpentier, advocat à Compiègne, dans son *Séjour royal*, fait assez connoistre l'estime qu'elle fait d'un séjour si délicieux par ces grands appartements nouveaux qu'elle a fait bastir dans le Chasteau, qui est à présent en meilleur Estat qu'il ne fust jamais. »

Une première amélioration avait donc été déjà réalisée, à cette époque, et les agrandissements, fort utiles pour permettre à la famille royale de se loger tout entière, se continuèrent les années suivantes.

Ce fut en 1650 en effet, d'après Pellassy de l'Ousle, que le corps principal, où habitaient les souverains, fut augmenté de façon importante et prolongé dans la direction de l'Oise, le long des remparts ; cette nouvelle construction, forcée d'épouser la forme de l'enceinte, se trouvait donc un peu en retrait sur la façade principale, et orientée assez différemment ; mais elle ouvrait également, au premier étage, de plain-pied sur la terrasse. A la différence de l'ancien corps du château dont elle était la continuation, elle n'a d'ailleurs point complètement disparu : c'est elle en effet qui, au dix-huitième siècle, a contenu les appartements de Louis XV, que Gabriel se contenta d'agrandir, de transformer, et de porter à l'alignement actuel. Dès le règne de Louis XIV, cette addition avait en outre permis la création d'un jardin, faisant pendant à la cour d'honneur, de l'autre côté de la salle des gardes, jardin sur lequel ouvrait le rez-de-chaussée du nouveau bâtiment, et que des murs achevaient de clore sur ses deux autres faces.

Dans ce château, la Cour du futur Roi-Soleil n'était d'ailleurs guère brillante, en cette seconde année de la Fronde. L'argent manquait, et les impôts ne rentraient pas ; « la maison du Roi était mal entretenue, sa table était souvent renversée ; une partie des pierreries de la couronne était en gage ; les armées étaient sans solde... Les grands et les petits officiers, sans gages, ne voulaient plus servir ; et les pages de la Chambre étaient renvoyés chez leurs parents, parce que les premiers gentilshommes de la Chambre n'avaient pas de quoi les entretenir. » Mais les enfants royaux n'en passaient pas moins de bons moments dans la forêt et sur les bords de l'Oise ; ils s'y baignaient fréquemment entre la ville et l'embouchure de l'Aisne, dans une petite crique que l'on surnomma la baignoire du Roi. Au mois de juillet surtout, qui fut très chaud, les parties de pleine eau furent fréquentes et la reine, avec ses dames, et aussi les gentilshommes de la Cour, y accompagnèrent les enfants. Hommes et femmes revêtaient alors de grandes chemises de toile grise, qui tombaient jusqu'à terre et sauvegardaient la décence. Anne d'Autriche, très dévote, employait également son temps à de multiples offices religieux, ou bien, comme le dit la *Gazette*, « se divertissait à visiter les Maisons Religieuses et les autres lieux de plaisance, qui rendent le séjour de cette ville fort agréable ».

*
* *

Le cardinal Mazarin cependant gardait pour sa part bien des soucis, et les plus graves peut-être lui venaient du prince de Condé, maintenant le personnage le plus considérable du royaume et, par là seul, à cette époque d'intrigues et de perpétuelles luttes d'influence, devenu dangereux. Dès 1646, à la mort de son père, Mme de Motteville avait déjà pu écrire que « cet air victorieux que lui donnaient les batailles de Rocroi et Fribourg, et les prises de Furnes, de Mardick et de Dunkerque, le faisaient considérer », et que « la plupart cherchaient plutôt sa protection que celle du duc d'Orléans... Sa Cour était fort grosse ajoutait-elle, et quand il venait chez la reine, il remplissait sa chambre des personnes du royaume les plus qualifiées. Ses favoris..., jeunes seigneurs qui l'avaient suivi dans l'armée,... avaient été appelés les petits-maîtres, parce qu'ils étaient à celui qui le paraissait être de tous les autres. » A plus forte raison encore le paraissait-il trois ans plus tard quand, après avoir dégagé la frontière par sa retentissante victoire de Lens, il venait d'amener les Parisiens à résipiscence et de sauver l'autorité royale.

Au physique c'était, a dit Mme Arvède Barine, « un prince efflanqué et mal peigné, poussiéreux, avec un visage d'oiseau de proie et un regard flamboyant, difficile à supporter »; au moral, à cette époque, un jeune homme de vingt-huit ans, homme de guerre génial et intrépide, mais prodigieusement orgueilleux, très méprisant, et ne doutant de rien, emporté d'ailleurs et peu maître souvent de ses paroles comme de ses actes, aspirant visiblement à dominer la Cour et le pays, mais sans avoir de politique bien nette, et recherchant moins le pouvoir lui-même que des satisfactions d'amour-propre.

Dans les moments difficiles que venaient de traverser la Régente et son ministre, il avait joué le rôle d'un protecteur indispensable, mais nullement sûr ni dévoué. Il n'avait jamais éprouvé aucune sympathie pour le cardinal, bien au contraire; il ne l'avait défendu qu'à contre-cœur, parce que l'autorité royale se trouvait en jeu, et qu'il n'admettait pas que des bourgeois pussent la mettre en péril; mais une fois qu'il l'eut raffermie, il ne cacha pas au favori son hostilité dédaigneuse; à Compiègne, une lutte sourde ne tarda pas à se déclarer et à s'envenimer entre ces deux hommes si dissemblables, lutte où le cardinal apportait toute sa souplesse, toute sa fausseté doucereuse, tout son talent de l'intrigue souterraine, et qui, pour Condé, consistait à railler son adversaire par des propos piquants, à contrecarrer en face ses projets et à mortifier son amour-propre chaque fois que l'occasion s'en offrait. Pierre Coste dit que Mazarin voulait rejeter sur Condé tout l'odieux du siège de Paris, qui avait tant éprouvé les bourgeois, et que, de son côté, Condé « prit le parti de mépriser ouvertement le cardinal, afin de regagner l'affection des peuples qu'il avait perdue en protégeant celui qui était l'objet de leur haine ». Caressé à Saint-Germain par mille attentions d'Anne d'Autriche, qui le cajolait parce qu'elle avait besoin de lui, il se flattait peut-être même de supplanter Mazarin dans ses bonnes grâces.

En attendant, pendant tout le mois de mai, il régenta la Cour. En excellents termes avec le duc d'Orléans, fait rare, car la rivalité des deux branches de sang royal avait toujours été de tradition, il se réconciliait avec sa propre famille, et avec les princes qui avaient combattu dans les rangs des Frondeurs. Il vint, entre le séjour de Saint-Germain et celui de Compiègne, passer quelques jours à Paris, bravant la rancune des Parisiens en se promenant seul à travers les rues dans son carrosse, et il en profita pour renouer chez sa mère des relations intimes avec son frère le prince de Conti, avec son beau-frère et sa sœur, le duc et la duchesse de Longueville, et leurs amis; puis il exigea de Mazarin qu'il se réconciliât avec eux, et l'obligea même à accorder le gouvernement de la Champagne au prince de Conti.

Les Frondeurs de qualité, à l'exception de Beaufort et de Retz, ne demandaient d'ailleurs qu'à faire leur soumission, et il s'adressaient à Condé pour négocier leur rentrée à la Cour. Celui-ci les accueillait toujours avec plaisir, imposait leur pardon au cardinal et accroissait d'autant sa clientèle. C'est ainsi que le duc de Bouillon lui fit ses offres de services, et obtint de lui qu'il réconciliât avec la Reine son frère le maréchal de Turenne : ce dernier avait dû se réfugier en Hollande, après avoir vainement tenté d'entraîner dans le parti de la Fronde l'armée d'Allemagne, qu'il commandait. Mazarin n'osa pas refuser à Condé de le laisser revenir : Turenne, mandé, « descendit chez le prince comme chez son protecteur, lequel le présenta à leurs Majestés et au cardinal, desquels il fut fort bien reçu ». Le maréchal d'ailleurs, furieux d'avoir perdu son commandement par sa propre faute, tenu toujours quelque peu en suspicion et dépourvu d'emploi, restait mécontent et intriguait contre son successeur, d'Erlach.

Condé, de défenseur de l'autorité royale, commençait donc peu à peu à devenir, en quelque sorte, le chef des mécontents et des ennemis du ministre : ses rapports avec celui-ci, déjà tendus, devinrent presque impossibles lorsqu'il apprit un projet nouveau de Mazarin, qui lui parut d'une insolence insupportable : le cardinal, en effet, ne visait à rien moins qu'à faire entrer sa nièce, l'aînée des Mancini, dans la famille royale, en lui donnant pour mari le duc de Mercœur.

Celui-ci, fils du duc de Vendôme, se trouvait donc avoir pour grand-père Henri IV, et cette branche, tout illégitime qu'en fût l'origine, n'en tenait pas moins sa large place, à la Cour et dans la politique, parmi les princes du sang. Vendôme s'était laissé entraîner dans la Fronde ; mais, après la victoire de la Cour, « lassé de ses malheurs et, suivant l'expression de Montglat, prévoyant que les rois demeurent toujours les maîtres, il s'en alla droit à Compiègne saluer la Reine, après lui avoir fait trouver bon » ; de ses deux fils, l'un, Beaufort, le *roi des Halles*, demeurait irréconciliable et continuait d'agiter Paris, mais l'autre, Mercœur, l'accompagna à la Cour, et accepta le projet d'union que son père, pour rentrer en grâce auprès du ministre tout-puissant, ne craignit pas de lui proposer.

Ce mariage Mancini fut le gros événement, et presque le scandale du début du séjour à Compiègne ; quelque inouïe qu'eût été la fortune du favori d'Anne d'Autriche, cette alliance de famille entre un aventurier italien et les enfants de Henri le Grand sembla passer la mesure à bien des personnages de la Cour ; mais tandis que tous, ou presque tous, courbaient la tête devant la puissance toujours croissante du cardinal, Condé, humilié dans son orgueil de prince du sang et furieux de voir son rival plus en faveur que jamais, ne cacha pas son mécontentement et le témoigna même par des éclats publics.

Quand la reine Anne lui avait appris le projet, il n'avait pas osé le désapprouver, « par respect » ; mais aussitôt après il « s'emporta en invectives » contre le cardinal, l'accablant « de railleries sanglantes », aussi bien en présence du duc d'Orléans, qui restait neutre, que devant les amis de Mazarin, qui s'empressaient de les rapporter à celui-ci. Il déclara publiquement « qu'il continuerait à défendre l'autorité royale contre les entreprises des magistrats, mais qu'il saurait aussi défendre ses amis et lui-même contre le despotisme et l'insolence d'un favori ». Il finit par faire dire au cardinal « qu'il ne pouvait être son ami s'il concluait ce mariage ».

Mazarin, trop habile et trop souple pour heurter de front un tel adversaire, laissa dormir le projet de mariage; mais l'irritation subsistait et la lutte sourde s'envenimait. Condé finit par y mettre un terme, en cédant la place et en quittant la Cour, dont l'atmosphère d'intrigues lui devenait irrespirable ; s'y sentant mal à l'aise et en état d'infériorité, plutôt que de lutter de ruses sur un terrain défavorable, il préféra aller commander ailleurs. Un moment on crut qu'il allait se mettre à la tête de la grande armée du Nord en voie de création, car, les 6 et 7 mai, il avait été avec Mazarin à La Fère, passer la revue des troupes d'Allemagne, que d'Erlach avait ramenées à travers la Champagne ; mais le ministre imposait un plan de campagne précis, une guerre de sièges ; Condé, dégoûté par un échec récent devant Lérida des opérations contre les places fortes, préconisait une campagne rapide, au cœur du pays ennemi et, sans doute aussi, ne désirait nullement contribuer personnellement à raffermir, par un succès militaire, la position du cardinal : il refusa donc le commandement, et préféra partir pour la Bourgogne, dont il était gouverneur et où il se sentait indépendant.

Il prit donc congé du Roi et de la Régente, au début de juin. « Elle lui dit tout haut qu'elle croyait qu'ils se séparaient bons amis, et qu'elle tenait pour assuré que leur amitié demeurerait entre eux aussi parfaite qu'elle avait été depuis la régence, ajoutant qu'il fallait que cela fût malgré ceux qui désiraient le contraire. » Condé ne put que protester de son dévouement, mais il n'abdiqua rien de son ressentiment contre le ministre. Pendant un court séjour qu'il fit à Paris, avant de se rendre dans son gouvernement, il vit les principaux Frondeurs et affecta même une grande intimité avec eux, avec Beaufort en particulier ; « il fit débauche avec tous » et « donna comme eux sur le cardinal ». A sa mère lui rapportant qu'on le disait mécontent, il répondit amèrement :

— Je ne sais pourquoi ces bruits courent, car ne voit-on pas que nous avons tous les sujets du monde de satisfaction, puisque voilà le sang royal honoré de l'alliance des Mancini?

Il menaçait donc de devenir le chef d'une nouvelle Fronde, plus dangereuse encore que la première (une Fronde princière qui devait, en réalité, éclater quelque six mois plus tard), et ce dut être pour le cardinal un soulagement que de le savoir parti pour la Bourgogne. Sans doute pouvait-on craindre, comme le bruit en courait, qu'il n'en revînt à la tête d'une armée ou qu'il ne s'y taillât, en conquérant pour son compte la Franche-Comté voisine, une principauté indépendante : le ministre n'en avait pas moins cependant quelques semaines de répit : devait-il demander plus dans un temps aussi troublé ? Il pouvait, en tout cas, se donner complètement à son grand projet militaire contre Cambrai, dont il espérait un si grand effet moral, aussi bien à l'intérieur qu'à l'extérieur.

*
* *

Il quittait Compiègne, au milieu de juin, avec toute la Cour, pour aller surveiller et pousser en personne les opérations qui venaient de commencer, quand, à Paris, un incident se produisit entre courtisans et Frondeurs, qui, futile en lui-même, n'en prit pas moins une réelle importance dans l'état troublé des esprits, et creusa davantage encore le fossé entre les deux partis. Depuis la signature de la paix et l'installation de la famille royale à Compiègne, les courtisans pouvaient revenir dans la capitale, et ils ne se faisaient pas faute d'y passer quelques joyeux moments. Ils y rencontraient souvent, surtout aux Tuileries, rendez-vous du monde élégant, des Frondeurs de qualité, anciens amis, parents même, dont les passions politiques avaient fait des ennemis. Ces passions n'étaient pas éteintes, et les deux camps ne frayaient pas; ils se saluaient froidement, ou se bravaient mutuellement, les partisans du cardinal, par exemple, arborant des écharpes vertes, à ses couleurs, et buvant tumultueusement à sa santé dans les lieux publics.

Entre ces jeunes gens fiers, susceptibles et batailleurs, il suffisait de l'imprudence d'un exalté pour amener un choc. Cet exalté se rencontra dans la personne d'un gentilhomme très tapageur et un peu fou, René du Plessis de la Roche-Pichemer, marquis de Jarzé, alors capitaine des gardes du duc d'Anjou, et qu'un certain nombre d'aventures n'avaient fait qu'exciter davantage. Jeune, bien tourné, spirituel, grand diseur de bons mots et parfaitement casse-cou, il s'était un beau jour posé en rival du duc d'Orléans en personne, auquel il avait prétendu disputer le cœur de Mlle de Saint-Mégrin, si bien que le duc, impatienté, avait une fois voulu le faire jeter par les fenêtres du Luxembourg. Maintenant il s'affichait ouvertement comme amoureux de la reine Anne, ce qui ne l'empêchait point d'être devenu l'intime de Mazarin, qui le considérait comme un fou sympathique. Sa dernière aventure, au début du séjour à Compiègne, avait été moins heureuse : il avait, pendant la guerre civile, commandé quelques troupes dans le Maine et manœuvré contre le marquis de la Boullaye; la paix avait interrompu les opérations restées indécises, mais Jarzé, depuis son retour à la Cour, se moquait de son ancien adversaire et se vantait de l'avoir réduit à merci ; le marquis, aux oreilles de qui les propos étaient revenus, l'avait provoqué, s'était battu avec lui dans la forêt, et l'avait désarmé. Jarzé, profondément mortifié, cherchait ailleurs une revanche éclatante, et, toujours aussi présomptueux, il alla s'attaquer au duc de Beaufort, prince du sang et idole des Parisiens.

Au moment où la Cour partit pour Amiens, il s'apprêta donc à « faire une petite course dans Paris », avec toute une bande joyeuse de jeunes seigneurs avides de tapage, et brûlant de « faire connaître à Beaufort qu'ils ne craignaient ni lui, ni sa cabale ». Parmi eux se trouvaient d'ailleurs des gens considérables par leur naissance, comme le beau duc de Candale, petit-fils lui aussi de Henri IV, et comme le comte de Boutteville (le futur maréchal de Luxembourg), fils de ce duc de Montmorency dont Richelieu avait fait tomber la tête. Ils vinrent prendre congé de la Reine avec quelque solennité, et Jarzé lui déclara « qu'ils allaient bien soutenir son parti ».

— Mon Dieu, répondit Anne, qu'effrayaient ces étourdis, soyez tous bien sages et vous ferez bien.

Dès leur arrivée à Paris, le 17 juin, la bande tapageuse, animée et provocante, se mit à parcourir la grande allée des Tuileries, arborant ses écharpes vertes et parlant haut. Beaufort qui, de son côté, s'y promenait avec le duc de Retz, frère du coadjuteur, et quelques conseillers au Parlement de ses amis, vit venir vers lui cette troupe nombreuse et bruyante; il avait été averti par Mme de Montbazon, alors à Compiègne, du petit complot ourdi contre lui; tout brave qu'il fût, il ne jugea pas à propos de se compromettre en quelque échauffourée; prenant donc par le bras un jeune conseiller près duquel il se trouvait, il lui dit :

— Passons par cette autre allée, car voilà des visages qui me déplaisent.

Et, tout en causant, il évita très simplement la rencontre.

Le soir même, Jarzé, tout fier « d'avoir fait quitter le haut du pavé au *roi des halles* », s'en vanta « chez les dames » et accabla Beaufort de railleries. Le lendemain, il continua de plus belle ; tout Paris en fut plein, et le duc, qui n'était point patient de nature, sentit la colère le prendre contre ce petit gentilhomme, à peine *né*, qui se permettait de telles insolences et méritait une sérieuse leçon.

Le coadjuteur de Retz s'empressa de jeter de l'huile sur le feu ; lui aussi, était d'avis que les *mazarins*, qui devenaient encombrants, avaient besoin de voir leur morgue rabattue. Beaufort, facilement violent, peu intelligent d'ailleurs, mais prince du sang, c'est-à-dire à peu près inviolable, lui parut un excellent instrument, à condition qu'il fût dirigé et qu'on lui traçât soigneusement la besogne. Il s'appliqua donc à lui grossir les choses, ainsi qu'à quelques amis qu'il réunit avec lui : la Mothe-Houdancourt, Brissac, Vitry, Fontrailles, son frère Retz ; il leur prouva qu'ils étaient ridicules, les monta fort contre les courtisans, ce dont ils n'avaient guère besoin d'ailleurs, et, finalement, leur proposa son plan de campagne. Il savait que Jarzé et ses amis devaient, à la fin de la journée, se réunir pour dîner, au son des violons, dans le jardin Renard, à l'extrémité des Tuileries, et y faire une petite fête, où ils porteraient certainement la santé de Mazarin. Il conseilla donc à Beaufort, qui adopta de suite l'idée, de s'y rendre avec une centaine de gentilshommes à lui, de marcher droit aux partisans du cardinal quand il les verrait à table, et, « après avoir fait compliment à M. de Candale et aux autres », de se tourner vers Jarzé et de lui dire sévèrement que, « sans leur considération, il l'aurait jeté du haut des remparts pour lui apprendre à se vanter ». Enfin, pour terminer la chose, on pourrait casser quelques violons « lorsque la bande s'en retournerait et qu'elle ne serait plus au lieu où les personnes qu'on ne voulait point offenser y pussent prendre part ». En somme, il s'agissait de donner une leçon à Jarzé, dont la naissance « n'était pas fort bonne », et qu'on étrillerait au besoin quelque peu, en évitant soigneusement d'y mêler les gens de qualité, et surtout Candale, dans les veines de qui coulait le sang royal.

Ce plan de campagne était adroit et bien digne du coadjuteur ; mais son exécution exigeait un doigté que Beaufort se trouvait loin de posséder : il ne sut qu'être brutal.

Au moment de son arrivée au jardin Renard, les convives achevaient de se laver les mains avant de prendre place devant les potages déjà dressés. Ce jardin Renard ou Regnard était à l'époque le restaurant à la mode ; il appartenait à un valet de chambre de l'évêque de Beauvais, qui avait su s'attirer les bonnes grâces de la reine Anne en lui offrant des fleurs chaque matin, et se faire accorder par elle la jouissance d'un terrain à l'extrémité des Tuileries ; il y avait bâti un *réduit* où venaient souper les personnes de qualité.

PLANCHE III

Portrait de Louis XIV enfant.

(*D'après Falck.*)

C'est là que Jarzé et ses amis se mettaient à table quand Beaufort arriva. Parmi eux l'on comptait, outre Candale et Boutteville, Saint-Mégrin, Jacques de Souvray, de Fiesque, le comte de Moret, le marquis d'Estourmel, Romainville, le commandeur de Jars et Vigneul, cet ami de Condé, bel esprit mi-homme de lettres et mi-homme du monde. Au moment où ils s'asseyaient, on remit en cachette à Souvray un billet de sa nièce Mlle de Toussi, qui l'avertissait du complot. Il le lut à voix haute : tous décidèrent de « faire bonne mine ». D'ailleurs Beaufort entrait déjà, entouré d'une foule de gentilshommes ; et, derrière eux, l'on pouvait distinguer un grand nombre de laquais et de pages, qui portaient des armes.

« Cette grande troupe parut en ce lieu public avec un grand bruit et beaucoup d'éclat. » Beaufort, l'air distrait et préoccupé, s'approcha lentement, suivi de ses amis, qui enveloppèrent peu à peu les dîneurs, et « les salua, avec un peu de trouble sur son visage ».

On lui rendit son salut. Puis, après un moment de silence et d'attente :

— Messieurs, fit-il, vous dînez de bonne heure !

Candale répondit poliment, mais brièvement, en laissant voir qu'il ne tenait pas à lier conversation.

Beaufort hésita encore quelques instants. Puis tout à coup :

— N'avez-vous point de violons ?

Ils firent signe que non.

— Tant pis ! cria-t-il alors avec éclat, je les aurais cassés !

Et, au milieu de la stupeur générale, tout balbutiant de colère, il clama encore qu'il aurait fait danser deux grands coquins qui étaient là : il désigna Souvray et Jarzé, et il répéta, en regardant celui-ci :

— Le dernier coquin du royaume !

Déjà Candale était debout pour faire respecter ses amis. Mais Beaufort, aveuglé de fureur, continuait rageusement :

— Il y a ici, paraît-il, des gens assez hardis pour se vanter de m'avoir fait quitter le pavé. C'est faux ! C'est faux ! Mais pour leur apprendre le respect, je vais les envoyer souper ailleurs !

Et, brusquement, « prenant la nappe, il la tire rudement par le coin, et renverse les plats, dont quelques-uns de la compagnie sont salis ». Tous les courtisans, d'un bond, sont sur pied et courent à leurs épées. Candale, en arrachant une à un page, charge les Frondeurs ; « on lui porte quelques coups ». Tout le monde dégaine, les lames brillent. Beaufort se jette au milieu d'elles, les écarte, court à son cousin Candale qu'il dégage, lui fait des excuses, « lui dit que cela ne le regarde pas, qu'il est son serviteur », qu'il n'en veut qu'à Jarzé; mais l'autre, exaspéré, crie qu'on lui a fait injure, qu'il en veut raison, et finit par sortir en provoquant Beaufort.

Pendant ce temps, les amis du *roi des Halles* s'en donnaient à cœur joie sur le dos des *mazarins*; Jarzé, pour sa part, reçut des coups de plat d'épée « sur les oreilles »; « l'on coiffa d'un potage le pauvre Vineuil, qui n'en pouvait mais, dit Retz, qui exagère peut-être... Le pauvre commandeur de Jars eut la même aventure ». D'Estourmel se vit arracher son épée; Boutteville se fraya un passage les armes à la main; et les Frondeurs, finalement, après avoir étrillé les convives de moindre importance, restèrent maîtres du champ de bataille jonché de débris.

Cette équipée, comme bien on pense, fit un bruit énorme. A la Cour, l'indignation se déchaîna : c'était un outrage inconcevable que ce guet-apens tendu à des gens de qualité, que ces insultes ignominieuses aux amis de la Reine, à un prince du sang. Anne d'Autriche « fulmina de colère » et voulut poursuivre judiciairement Beaufort pour « voie de fait commise dans une maison royale », puisque le terrain du jardin Renard lui appartenait. Mais, peu à peu elle se calma, sans doute sous l'influence de Mazarin, trop souple pour ne pas savoir digérer un affront de plus: plutôt que d'ameuter la populace en touchant à son idole, il préféra calmer les esprits, la Cour ayant assez de difficultés sans s'en créer de nouvelles; et c'est à quoi l'on s'employa.

« Jamais, écrivait Vineuil à Condé quelques jours après, on n'a vu plus grand *altibaxo* que celui de la Cour dans l'affaire de Renard, laquelle ils ont prise durant sept jours pour un attentat à l'autorité royale, un second parti qu'on veut former dans l'État, et une Saint-Barthélemy de tous les bons serviteurs de la Reine, la crème des Mazarins; et le huitième, ils protestent que la conscience, les ordonnances et l'autorité pressent Sa Majesté d'accommoder ce démêlé, qui consiste en des plats renversés. »

Cet accommodement, cependant, n'allait pas sans peine. Jarzé avait aussitôt provoqué Beaufort; Beaufort avait refusé tout net de lui rendre raison : là n'était pas la difficulté, car un petit gentilhomme comme le premier ne pouvait contraindre un prince du sang à une rencontre; on le fit disparaître quelque temps et tout fut dit. Mais, par-dessus sa tête, Candale s'était trouvé offensé, et, dès le lendemain, il avait envoyé Saint-Mégrin *appeler* son cousin et lui dire qu'il l'attendait au bois de Boulogne. Beaufort refusa, par mesure de sécurité, de passer les remparts, mais proposa un combat dans les rues de Paris : c'était, pour son adversaire, une quasi-certitude de se faire écharper par la populace; il déclina donc l'offre et continua à réclamer un duel. Beaufort, de son côté, ne sortit plus qu'entouré d'amis armés jusqu'aux dents;

pour plus de sûreté, il se réfugia même rue Quincampoix, au centre du Paris populaire, et se fit recevoir marguillier de Saint-Nicolas-des-Champs.

Peu à peu cependant, l'émotion se calma; d'autres événements plus importants vinrent faire oublier cette échauffourée assez ridicule. Candale fut le plus long à apaiser : le duc d'Orléans dut s'entremettre avec son autorité reconnue de tous; les négociations toutefois se prolongèrent, et ce ne fut guère moins de deux mois plus tard qu'il parvint à réunir chez lui, à Nanteuil, les principaux adversaires, à faire lire par Beaufort une lettre d'excuses préparée à l'avance et à réconcilier enfin les deux cousins, qui s'embrassèrent.

Pour Mazarin, cette affaire, par contre-coup, apporta cependant un nouveau déboire, car le duc de Mercœur, qu'il se flattait de voir épouser sa nièce, prit le parti de son frère Beaufort, et ce fameux mariage, qui avait excité tant d'espoirs de sa part, tant d'indignation ou de jalousie chez ses adversaires, vit cette fois ses chances s'envoler rapidement.

*
* *

Au moment même où quelques-uns de ses amis se compromettaient à Paris dans cette équipée, Mazarin poursuivait avec ténacité son grand dessein du siège de Cambrai. Depuis les traités de Westphalie, qu'il venait de ratifier en février, la guerre continuait en effet avec l'Espagne seule, et traînait en longueur. Les deux adversaires, à court d'argent et à court d'hommes, ne disposaient que de très faibles effectifs, et encore les troupes qu'ils réunissaient difficilement et ne payaient guère, outre qu'elles vivaient sur le pays en le pillant affreusement, menaçaient toujours de se débander. Les ennemis se trouvaient plus à bout de forces encore que les Français; leur principal atout, jusqu'ici, avait été la guerre civile entre la Régente et les Parisiens; à la fin d'avril et au début de mai, l'archiduc qui les commandait en avait profité pour reprendre l'offensive en Flandre avec sa petite armée et avait enlevé les deux villes de Saint-Venant et d'Ypres.

La paix avec les Frondeurs permit à Mazarin de faire refluer vers la frontière les troupes qui avaient bloqué Paris sous Condé et que commandait maintenant le maréchal du Plessis-Praslin. Mais elles se trouvaient très fatiguées par leur campagne d'hiver, en mauvais état, impayées, et affaiblies par les désertions. Heureusement les traités de Westphalie rendaient disponibles les forces qui, jusque-là, avaient opéré en Allemagne; Mazarin les appela, et d'Erlach, successeur de Turenne, les amena à travers la Lorraine et la Champagne, qu'elles dévastèrent au passage, soulevant les plaintes et les malédictions des populations, épouvantant à l'avance les pays où elles menaçaient de passer et jusqu'aux Parisiens, qui craignaient chaque jour de les voir arriver dans la banlieue.

Le cardinal, qui voyait dans cette armée le meilleur de ses troupes, ne pouvait cependant pas faire fond complètement sur elle : les mercenaires allemands qui la composaient n'acceptaient qu'avec répugnance de venir combattre en Flandre, exigeaient de l'argent (dont Mazarin était fort à court), se montraient mécontents de ne plus avoir Turenne à leur tête, et se trouvaient, en somme, toujours prêts à passer à l'ennemi s'ils y voyaient un avantage, ou, pour le moins, à refuser de marcher si l'on ne se pliait pas à leurs exigences. Il fallait donc les traiter avec toutes sortes de ménagements, et le cardinal n'y manqua pas : lorsqu'au début de mai d'Erlach les eut amenés jusqu'à Saint-Quentin, il vint en personne, accompagné du prince de Condé, comme nous l'avons vu, les passer en revue ; et, pour réchauffer leur zèle, « il traita les principaux de ces troupes, lesquels, dit Montglat, s'enivrèrent tous, à la mode d'Allemagne ». Grâce à ces libations opportunes, les deux armées de d'Erlach et de du Plessis finirent par opérer leur jonction au Catelet.

Restait à les employer pour le mieux, et nous savons que le but de Mazarin était de frapper un grand coup en enlevant Cambrai. Le cardinal estimait que le siège pouvait en être entrepris avec succès si la garnison ne dépassait pas deux mille hommes ; or, elle n'en comprenait qu'un millier à peine ; l'occasion paraissait donc propice de s'emparer d'une place très importante, qui couvrirait la frontière et dont la prise produirait un gros effet moral. Les ennemis de Mazarin prétendaient même qu'il poursuivait un but personnel : il voulait, racontaient-ils, se faire nommer évêque de ce fief impérial et se proclamer ensuite prince souverain du Saint-Empire ; on ajoutait qu'il allait arrondir à l'avance ses États, en se faisant livrer par la Régente le gouvernement d'Amiens et de la Picardie.

L'intérêt de la France, cependant, justifiait à lui seul sa tentative ; au surplus, le cardinal donnait, dans une lettre à Condé, des raisons purement militaires, qui jettent un jour curieux sur les guerres de cette époque. Dans ce document, en effet, il dit bien : « qu'une entreprise hardie, suivie d'un bon succez, pouvoit estre un moyen de restablir notre reputation dedans et dehors le royaume » ; mais cet argument ne vient qu'au second rang ; le plus fort, le plus décisif est la nécessité d'occuper les troupes, et de les occuper d'autant plus qu'on les paye moins : « Chacun est demeuré d'accord que, laissant les armées oisives, il seroit plus difficile de reprimer la licence qu'elles ont prise et empescher les mutineries et les seditions en la matière du payement, que si elles estoient engagées à ce siege. » Quant à les employer à pousser une pointe sur Bruxelles en bousculant un ennemi certainement plus faible, comme l'eût voulu Condé, le cardinal formulait à l'encontre une objection qui a bien sa valeur : « Quelque succez bon ou mauvais qu'eust cette grande marche, les troupes s'y seroient infailliblement de beaucoup affoiblies, ou par la resistance des ennemis, ou par la desertion des soldats avec le butin. »

La question d'argent dominait donc tout, étroitement liée à celle de la discipline, ou plutôt de l'indiscipline des troupes ; mais il y avait là un cercle vicieux, car s'il fallait chercher dans un siège, comme le voulait Mazarin, le meilleur moyen de tenir l'armée en main, il fallait aussi, par contre, beaucoup d'argent pour en entreprendre un ; les soldats, impayés depuis longtemps, ne marchaient qu'argent comptant : on se voyait obligé à leur payer les travaux à tant la toise de tranchée ; au milieu de juin, dix compagnies de Suisses avaient refusé de partir pour Cambrai avant d'avoir reçu leur solde ; si ces corps d'élite se mutinaient ainsi, que penser des autres, des mercenaires allemands surtout, pour qui la guerre n'était qu'un métier lucratif?

Aussi le cardinal écrit-il, au début de juillet, à Le Tellier, préposé aux Finances : « J'attends en grande dévotion les arrests de la vie ou de la mort, que vous me debvez envoyer, c'est à dire si nous aurons, et quel jour, l'argent qui est nécessaire pour conduire le siege de Cambray à bon port. » Sa correspondance avec lui n'est qu'une suite d'objurgations de ce genre ; il le supplie sans cesse de trouver des fonds par n'importe quel moyen ; lui-même a mis en gage ses propres bijoux, sa vaisselle, négocié tous les emprunts possibles ; maintenant il a recours à des ventes de fonctions publiques, dans lesquelles il se livre à des marchandages et à des combinaisons invraisemblables : c'est, par exemple, tel financier qu'il sollicite d'acheter pour 200 000 francs la charge de surintendant des finances de *Monsieur* ; au besoin, il la lui laissera à moins ; et, pour l'allécher, il lui promet, s'il consent au marché, de lui signer la promesse d'une charge de secrétaire du conseil, c'est-à-dire de ministre, valable dans un an ; mieux encore, s'il le désire, on lui remboursera alors la somme qu'il aura versée aujourd'hui pour sa charge ; mais, par grâce, qu'il se hâte de l'apporter de suite!... Le cardinal, qui fait flèche de tout bois, va jusqu'à faire *chanter* les titulaires des fonctions publiques, en les menaçant d'en créer de nouvelles en concurrence avec les leurs... Enfin, grâce à toutes ces pratiques, beaucoup moins scandaleuses d'ailleurs aux yeux des contemporains qu'aux nôtres, quelque argent rentre, et le siège est commencé.

La question du commandement n'avait pas été une moindre source de difficultés. Condé paraissait indiqué, mais nous avons vu qu'il n'accepta pas et préféra se retirer dans son gouvernement de Bourgogne. A son défaut, les troupes, les Allemands surtout, réclamaient Turenne ; mais Turenne arrivait alors d'exil, après avoir voulu se joindre aux Frondeurs ; il avait bien demandé son pardon et la Régente le lui avait bien accordé à la requête de Condé ; mais il restait suspect et l'union même des deux grands hommes de guerre ne faisait que les rendre plus dangereux aux yeux du cardinal. Aussi, dès le refus du premier, celui-ci offrit-il de suite le commandement en chef au maréchal d'Harcourt, « avec grand empressement, écrit Nicolas Goulas, et une envie extrême de montrer au prince et au reste du monde qu'il se pouvoit passer de luy et qu'on feroit toujours de grandes choses bien qu'il ne s'en meslast pas ».

Ayant ainsi concentré les forces disponibles et réuni quelques fonds, Mazarin, au milieu de juin, estima que le moment d'agir était venu, et partit en personne pour le Nord, accompagné du duc d'Orléans, afin de donner l'impulsion aux opérations : ce voyage à l'armée du premier ministre et du premier prince du sang semblait d'autant plus nécessaire que des commencements de mutinerie s'étaient, disait-on, produits parmi les troupes françaises cette fois et notamment dans la cavalerie. « Ils croient, écrivait de Compiègne Mazerolles au prince de Condé, en parlant du duc et du cardinal, ils croient que leur présence et quelque argent qu'ils portent pour distribuer aux officiers, les remettra dans une entière obéissance et les obligera à marcher pour entreprendre quelque grand siège, dont il est icy grand bruit. »

Soit qu'il ne jugeât même pas sa propre venue suffisante, soit qu'il ne voulût pas se séparer de la Reine, il tint aussi à ce qu'elle l'accompagnât dans ce voyage avec le Roi ; bien que ce déplacement ne lui plût guère, non plus qu'à ses enfants, Anne finit par obéir, et partit le 15 juin pour Amiens, où elle arriva le surlendemain, après avoir couché à Montdidier ; Mazarin et le duc d'Orléans, qui firent le trajet d'une seule traite, ne quittèrent Compiègne que le 16.

Le petit Louis XIV n'avait laissé qu'avec regret cette dernière ville, où il s'amusait fort. Cependant, à Amiens, on ne négligea rien pour le distraire : il assista en particulier à un combat d'enfants armés d'épées de bois, qui se livrèrent une vraie bataille rangée sous ses yeux, puis à un feu d'artifice au *bouquet* ingénieux et compliqué :

> Ce feu d'artifice admirable
> Formoit un dragon formidable

> Qui Medus vouloit manger,
> Et Jupiter pour le vanger
> Lançoit sur ce dragon sa foudre.
> Les fusées plaines de poudre
> Formoient par leurs divers replis
> Dans l'air trois belles fleurs de Lys.

Puis ce fut à l'Hôtel de Ville un somptueux dîner où l'on avait mis sur la table

> Un sanglier lardé, des perdreaux
> Encor avecque quatre veaux.

Enfin un bal, où Mazarin lui-même ne craignit pas de montrer ses talents chorégraphiques :

> Il dança selon sa façon,
> Aussi dispos qu'un limaçon,

affirme le *Troisième Mercure de Compiegne et d'Amiens*, auquel nous laisserons la responsabilité de sa comparaison.

Le voyage d'ailleurs fut écourté. Le 24 juin, le maréchal d'Harcourt ouvrit la tranchée devant Cambrai et, le même jour, le retour de la Cour à Compiègne fut décidé. Mazarin y arriva lui-même le 2 juillet; Anne, avec Louis et son frère, enchantés de retrouver forêt et rivière, le rejoignirent le lendemain, ayant couché à Montdidier comme à l'aller. Le projet de pousser jusqu'à Arras avait été brusquement abandonné, parce que l'argent avait manqué, affirmait-on dans l'entourage royal.

Le lendemain même du retour, Mazarin apprenait l'échec de son grand projet. Dans la nuit du 3 juillet en effet, l'archiduc espagnol, qui ne disposait pas de forces suffisantes pour attaquer l'armée de siège, parvint cependant à jeter, par surprise, près de 1 200 hommes dans la place. On crut d'abord que les officiers allemands, mécontents de n'être pas commandés par Turenne, s'étaient laissé acheter par l'ennemi; en réalité ils avaient laissé forcer leurs lignes dans des conditions bien révélatrices de la discipline d'alors. Les Espagnols avaient dessiné une fausse attaque contre les tranchées voisines; les Allemands, malgré leur consigne, y avaient couru aussitôt, abandonnant leur poste; à ce moment une troupe ennemie s'y était portée, criant : « Vive Turenne! » dans l'espoir de créer des défections; on ne lui répondit pas, mais elle réussit à capturer un officier, et à se faire donner le *mot* par lui; les sentinelles une fois surprises et enlevées, les Espagnols ne trouvèrent plus personne devant eux et entrèrent tranquillement dans la place sans tirer un coup de fusil. Le plus typique est que, peu de jours auparavant, le commandement français avait intercepté une lettre du gouverneur de Cambrai, dans laquelle ce dernier indiquait au général espagnol l'endroit par où il devait tenter de faire passer le secours, — et par où il passa en effet.

Le lendemain matin, d'Harcourt, désemparé par cette surprise, se défiant de ses propres troupes, et perdant quelque peu la tête, jetait ses approvisionnements dans l'Escaut, levait précipitamment le siège et battait en retraite sur la Sambre, où il s'établit, entre Cateau-Cambrésis et Landrecies et resta immobile tout juillet.

*
* *

Cependant, peu de jours après le retour de la Cour à Compiègne, le palais et la ville prenaient un air de fête : il s'agissait de recevoir un hôte royal, dont le passage, très rapide d'ailleurs, devint ainsi une sorte d'intermède au milieu des difficultés où se débattait le cardinal. Les circonstances qui amenaient en France Charles II d'Angleterre et son frère, le duc d'York, étaient loin pourtant de donner prétexte à des réjouissances : leur père, Charles Ier, venait d'avoir, moins de six mois auparavant, la tête tranchée sur l'échafaud de Whitehall, et le nouveau roi, roi sans couronne, allait travailler à une restauration qu'il devait attendre vingt ans. La reine Anne n'en tint que plus sans doute à entourer le fils d'une illustre victime, apparenté de si près à la famille royale de France, de tous les honneurs et de toute la somptuosité compatibles avec l'état précaire du trésor.

Le 12 juillet, les princes anglais, qui venaient de Hollande, avaient trouvé à Péronne le duc de Vendôme, avec des carrosses, parmi lesquels se trouvait celui du Roi ; le soir, ils avaient couché au château de Monchy, « superbement paré de très-riches tapisseries », où ils prirent une somptueuse collation dont le commandeur de Souvray leur fit les honneurs, en l'absence du maréchal d'Humières, gouverneur de Compiègne, et propriétaire du château.

Le lendemain matin, vers neuf heures, toute la famille royale de France monta en voiture pour se rendre au-devant d'eux. De tous ceux qui la composaient, la plus agitée et la plus émue, malgré l'indifférence qu'elle affectait, était certainement Mlle de Montpensier, fille du duc d'Orléans, qui bientôt devait mériter le surnom de la *Grande Mademoiselle*. Elle se préoccupait fort alors de projets de mariage, et une sorte de petit complot avait été ourdi autour d'elle pour lui faire épouser le jeune roi d'Angleterre. A son dernier séjour à

Saint-Germain, on avait commencé à la préparer à cette idée; son père lui avait transmis les ouvertures que lui avait faites, en faveur de son fils, la veuve de Charles Ier, mais en gardant une sage réserve, suivant son habitude; par contre, la reine Anne et Mazarin semblaient pousser à cette union, tandis que deux Anglais, lord Percy et lord Jermyn, au nom de leur jeune Roi, « lui faisaient soigneusement leur cour ».

Il y avait, dans ce projet, un côté romanesque de trône à reconquérir, bien fait pour séduire Mademoiselle; mais d'autres idées lui trottaient alors par la tête, et, en réalité, elle était loin de se sentir transportée d'enthousiasme. La personne et le caractère du prince devaient certainement jouer un grand rôle dans sa détermination, et elle se promettait d'étudier attentivement, ne fût-ce que par curiosité, celui dont on voulait faire son fiancé...

Les deux cortèges royaux se rencontrèrent sur la hauteur de Margny. Le carrosse de Charles II, où se trouvait le duc de Vendôme, vint se placer à côté de celui de Louis XIV; puis tous descendirent et les deux rois s'embrassèrent « avec de mutuels témoignages d'affection et de tendresse ». Mlle de Montpensier put alors constater que le prétendant à sa main était un adolescent de seize à dix-sept ans, assez grand, « la tête belle, les cheveux noirs, le teint brun, et passablement agréable de sa personne ». Elle lui préféra cependant, au premier coup d'œil, son frère, le duc d'York, de deux ans plus jeune, charmant adolescent à tête blonde et de bonnes manières. Les effusions et les présentations achevées sur la route, Charles II monta dans le carrosse de Louis et prit place entre la Reine et lui. La grande voiture contenait en outre le petit duc d'Anjou, le duc et la duchesse d'Orléans, Mademoiselle, la comtesse de Fiesque, sa gouvernante, enfin le cardinal Mazarin.

Le cortège redescendit sur Compiègne après avoir contemplé des hauteurs de Margny un superbe panorama « dans son plus beau jour et comme un abrégé des merveilles du monde. Car, décrit la *Gazette*, en descendant du côté de Monchy, on voit la ville au milieu des forêts de Cuise et de Laigue, des belles rivières d'Oise et d'Aisne, d'une spacieuse prairie, de petites îles, de verdoyantes campagnes et des vignobles élevés sur de petites collines, qui lui donnent dans cette distance où elle paraît dans une agréable perspective, de si riches agréments, que si l'Empereur Charles-Quint l'eût ainsi vue lorsqu'il y passa sur la fin de l'an 1539, avec François Ier, il ne faut point douter qu'il n'eût cru dire avec beaucoup plus de raison comme il fit lors en sa faveur, qu'il ne s'étonnait pas si tous les Rois de France se plaisaient si fort dans un milieu si délectable. »

Dans le carrosse royal cependant, le jeune Louis XIV entama bientôt la conversation, qu'il mit sur les chasses du prince d'Orange, ses chiens et ses chevaux. Charles « répondit en français » avec un visible plaisir ; mais quand « la reine lui voulut demander des nouvelles de ses affaires, il ne répondit rien ; et comme on le questionna plusieurs fois sur des choses sérieuses et qui lui importaient assez, il s'excusa de ne pouvoir parler notre langue ». Ce début impressionna assez mal Mademoiselle, qui, dès lors, considéra le roi d'Angleterre comme un jeune homme frivole, plus propre aux divertissements qu'aux grandes pensées dont elle-même était hantée.

On arriva à midi dans la cour du château, où des fanfares, auxquelles se mêlaient les acclamations de la foule, accueillirent les souverains. Charles *mena* alors la reine Anne dans « son grand cabinet », où ils se reposèrent quelques instants, jusqu'au moment où le sieur de Gilliers, Maistre d'Hostel du Roy, depuis vingt ans préposé aux réceptions des têtes couronnées, vint, son bâton à la main, annoncer que Leurs Majestés étaient servies pour le dîner.

Les deux rois et la reine régente pénétrèrent alors dans « l'antichambre du Roi », qui se trouvait sans doute à l'extrémité de la salle des gardes, du côté de la terrasse, à l'emplacement approximatif de la salle à manger de famille sous Napoléon III (et que les plans du dix-huitième siècle indiquent comme antichambre de la Reine). Dans cette pièce assez vaste, où l'on avait tendu des tapisseries, une longue table était dressée, « au haut bout de laquelle on avait mis une Nef pour le Roy, avec trois cadenats pour les trois têtes couronnées et quatre assiettes parées pour les autres ».

La reine et les deux rois commencèrent, selon l'usage, par se laver les mains, et le firent en même temps, tournant ainsi une difficulté protocolaire, « par une adresse particulière du sieur de Gilliers qui leur présenta si subtilement une serviette mouillée sur trois assiettes accommodées à un bassin fait exprès, que chacune de Leurs Majestés s'en put servir en même temps ».

On s'assit ensuite, Charles II à la place d'honneur, dans un fauteuil de velours cramoisi, à côté de Louis XIV dans un fauteuil de velours jaune, et d'Anne, sur une chaise de velours noir, « ayant auprès d'elle, toutefois dans quelque distance », sur de simples tabourets de velours rouge, le duc d'Anjou, frère du Roi, le duc et la duchesse d'Orléans, puis Mademoiselle. Les viandes furent présentées « en vingt-quatre plats découverts à chaque service », et le dessert, « composé de toutes sortes de fruits crus et confits », était « disposé en tours, pyramides et autres figures » que l'on admira fort. Pendant le repas, on entendit un ravissant concert de violons, exécuté par les musiciens du prince de Condé, qui les avait laissés à Compiègne, pendant que, dans la cour, des fanfares de trompettes, de fifres et de tambours y répondaient. En même temps, « les mylords » de la suite de Charles II étaient traités, au rez-de-chaussée, dans la salle des Suisses, « pareillement bien tapissée ».

À l'issue du dîner, on se rendit dans les appartements royaux et sur la terrasse. C'est le moment qu'on choisit pour ménager un tête-à-tête entre le jeune roi d'Angleterre et Mademoiselle; celle-ci, pendant tout le dîner, n'avait cessé de l'observer, et elle n'avait pas manqué de remarquer que, dédaignant les ortolans, il s'était jeté « sur une énorme pièce de bœuf et sur une épaule de mouton, comme s'il n'eût eu que cela ». Elle y vit l'indice d'un goût bien peu délicat, et se trouvait décidément de moins en moins bien disposée à son égard quand on les laissa seuls après le repas. L'attitude du jeune roi ne fut point pour la reconquérir : « Il y fut un quart d'heure sans me dire un seul mot, raconte-t-elle; je veux croire que son silence venait plutôt de respect que de manque de passion. J'avoue le vrai, qu'en cette rencontre j'eusse souhaité qu'il m'en eût moins rendu. Comme l'ennui me prit, j'appelai M. de Comminges en tiers pour tâcher de le faire parler : ce qui réussit heureusement. M. de la Rivière me vint dire :

« — Il vous a regardée tout le temps du dîner et vous regarde encore incessamment.

« Je lui répondis :

« — Il a beau regarder devant que de plaire, tant qu'il ne dira mot.

« Il me répliqua :

« — C'est que vous faites finesse des douceurs qu'il vous a dites.

« — Pardonnez-moi, lui dis-je; venez auprès de moi, quand il y sera, et vous verrez comme il s'y prend.

« La Reine se leva; je m'approchai de lui, et, pour le faire parler, je lui demandai des nouvelles de quelques gens que j'avais vus auprès de lui : à quoi il répondit, mais point de douceurs ».

Désappointée dans ses avances par la timidité de cet adolescent, Mademoiselle, déjà peu disposée à ce genre de mariage, fut tout à fait décidée à refuser. Les deux jeunes gens se quittèrent en bons termes, mais froidement. « L'heure de son départ vint : l'on monta en carrosse et on l'alla conduire jusqu'au milieu de la forêt, où l'on mit pied à terre comme à son arrivée. »

On était parti du château à trois heures, ce qui prouve que le repas n'avait point été fort long. Les adieux se firent au Puy-du-Roy, où Louis XIV fit admirer à son hôte « la belle symétrie et proportion des sept routes qui y sont à perte de vue et toutes directes, ce qui fait regarder avec admiration ce lieu-là, ordinairement appelé le carrefour des routes ».

Puis Charles II, qui devait coucher à Chantilly « prit congé du Roi, raconte Mademoiselle, et vint à moi, avec Germin (lord Jermyn) et il me dit :

« — Je crois que M. Germin, qui parle mieux que moi, vous aura pu expliquer mes intentions et mon désir ; je suis votre très obéissant serviteur.

« Je lui répondit que j'étais sa très obéissante servante, Germin me fit beaucoup de compliments, ensuite le roi me salua et s'en alla. »

*
* *

Les Parisiens, cependant, se préoccupaient fort peu de la venue du roi d'Angleterre ; par contre, l'échec du cardinal devant Cambrai leur avait causé une joie inexprimable ; sans songer un instant que c'était un succès remporté par les étrangers sur une armée française, ils n'y voyaient qu'une défaite *du Mazarin*, et « peu s'en fallut qu'ils n'en chantassent un *Te Deum* ». Du moins l'événement donna-t-il naissance à cent pièces de vers, qui toutes daubaient le ministre et venaient enrichir encore la collection, déjà si riche, des *mazarinades*. En même temps, on racontait sur son compte une foule d'histoires généralement controuvées, dont ses relations avec la reine fournissaient le thème le plus général. On racontait, par exemple, pour en choisir une parmi les plus anodines, qu'un jour, dans la forêt de Compiègne, il avait, étant à pied, rencontré la Reine en voiture ; elle avait fait arrêter et ouvrir la portière ; mais lui disait-on, avait, d'un bond, sauté par-dessus « avec une ridicule familiarité, toujours condamnable en un serviteur, déclare gravement Goulas, et très messéante en un cardinal, premier ministre ».

Aussitôt tout Paris de chantonner les cruels triolets suivants :

> Devant la Reine, Mazarin
> A fait une *trivelinade*;
> Il sauta comme un arlequin
> Devant la Reine, Mazarin.
> Mais devant Cambrai le faquin
> N'a fait qu'une *mazarinade*.
> Devant la Reine, Mazarin
> A fait une *trivelinade*.

La violence des pamphlets devint telle, et la Reine, à côté du favori, s'y trouva tellement éclaboussée, que la Cour crut devoir agir. Le duc d'Orléans partit pour Paris, réunit le prévôt des marchands et les échevins, « leur dit que le Roi avait intention de revenir à Paris, mais que le peu de respect avec lequel on parlait de lui et de ses ministres l'empêchait d'y retourner », et il exigea une répression efficace des excès de presse. Le prévôt protesta aussitôt que « les marchands et riches bourgeois étaient bien intentionnés et souhaitaient avec passion de revoir Leurs Majestés dans leur ville », et que seule « la canaille » était insolente. Mais c'était précisément cette « canaille » qui, mobilisée par Retz et Beaufort, continuait à tenir le haut du pavé.

De son côté le Parlement, en majorité acquis aux idées modérées et très désireux du retour du Roi, se résolut à faire acte d'énergie, et il prit un arrêt contre les auteurs et imprimeurs de libelles. Mais les esprits étaient fort montés et, depuis l'échec de Cambrai, une grande effervescence régnait ; comme une réponse aux menaces de répression parut le pamphlet peut-être le plus licencieusement violent en même temps que le plus attentatoire à la majesté royale. Beaucoup plus ordurier que spirituel d'ailleurs, il était intitulé *le Custode* (rideau) *du lit de la Reine qui dit tout*, et sortait des presses d'un vieillard de soixante-dix ans nommé Claude Morlot. Le scandale fut grand et le Parlement saisit cette occasion de frapper fort : le 20 juillet, « la Grand'Chambre, l'Edit et la Tournelle », s'étant réunis, condamnèrent Morlot « à être pendu après avoir fait amende honorable devant l'église Notre-Dame ; et son garçon à l'assister au supplice et être fustigé au pied de la potence comme criminel de lèse-majesté ». Ils condamnèrent en même temps toute une autre famille d'imprimeurs, la veuve Musnier et ses enfants, éditeurs d'un libelle intitulé *la Vérité cachée,* les fils aux galères et la mère à assister au prononcé de leur peine.

A cette tentative de répression le petit peuple, acharné contre le cardinal, répondit par un commencement d'émeute : pendant qu'on le conduisait au supplice dans une charrette, derrière laquelle on avait lié son fils, Morlot se mit à appeler au secours, criant qu'il n'avait jamais imprimé que contre le Mazarin, et qu'il allait être une nouvelle victime de l'intrigant et du fourbe. La foule, émue par le grand âge du condamné, emportée aussi par sa haine contre le cardinal, se mit à attaquer à coups de pierres l'exempt et les douze archers, qui lâchèrent pied ; puis elle délivra l'imprimeur et son fils, abattit la potence, la jeta dans la Seine avec la charrette, et finit par aller briser toutes les vitres du prévôt des marchands.

La ville semblait donc de plus en plus agitée et de plus en plus hostile au cardinal ; l'autorité royale elle-même n'était pas épargnée et, ouvertement bafouée, ne parvenait pas à se faire respecter. Un soir, trois jeunes seigneurs, Brissac, Mathé et Fontrailles, sortant de chez Termes après avoir trop bien dîné, rencontrèrent deux valets de pied du Roi, et, par passe-temps de gens ivres, s'amusèrent à les rosser ; ceux-ci « leur dirent qu'ils s'étonnaient qu'étant au Roi ils en usassent de la sorte » :

— C'est justement pour cela, répliquèrent les Frondeurs. Portez cela à votre maître, à la Reine et au cardinal Mazarin.

L'un des valets s'alita, sérieusement blessé ; Anne, outrée, fit venir l'autre, l'interrogea et ordonna au chancelier et au premier président « d'en informer, leur mandant que pour cette fois elle voulait que justice en fût faite et très exactement ». Les poursuites furent commencées contre Fontrailles et Mathé ; on n'y comprit pas Brissac, parce que, duc et pair, il avait droit d'être jugé par le Parlement et qu'on voulait à tout prix éviter une réunion plénière de celui-ci ; mais Brissac protesta, exigea d'être traité comme ses amis ; les ministres, fort préoccupés, firent démarches sur démarches auprès de la Reine qui, le cœur ulcéré, finit par laisser tomber les poursuites.

Tous ces outrages non réprimés semblaient atteindre la monarchie elle-même et l'on se demandait si elle n'allait pas chanceler, comme de l'autre côté de la Manche. Les valets de Brissac avaient crié à ceux de Louis XIV « que les rois n'étaient plus à la mode et que cela était bon du temps passé. On ne parlait publiquement dans Paris que de république et de liberté, en alléguant l'exemple de l'Angleterre ; et on disait que la monarchie était trop vieille et qu'il était temps qu'elle finît ». Mazarin surtout, quelque certain qu'il se sentît de la fidélité de la Reine, s'effrayait de ce déchaînement d'insultes et de haine ; Condé, d'autre part, continuait à l'inquiéter et, à Compiègne même, il se demandait parfois si le terrain ne se déroberait pas quelque jour sous ses pieds. Ses espions, un jour, « lui rapportèrent que le Roi, comme il passait accompagné d'un grand cortège, avait dit : « — Le voilà qui passe, de même que le Grand Turc, avec sa suite », comme s'il eût eu jalousie déjà que chacun allât à lui », remarque Goulas en rapportant cette anecdote. Il y avait là un symptôme inquiétant ; on eut beau chercher qui avait pu inspirer cette réflexion au jeune Louis XIV, on ne trouva rien, « si bien que la Reine jeta quelques larmes de cette dureté du Roi, son fils ».

Le souple Italien, d'ailleurs, ne désespérait pas de la fortune : il en attendait patiemment les retours ; et, cette fois, la réaction fut presque immédiate. Les excès même de la populace parisienne, comme ceux des pamphlétaires anonymes, firent renaître et fortifièrent le loyalisme monarchique chez les *bons bourgeois*, anxieux d'une paix complète et désireux du retour de la Cour, qui, pour eux, signifierait seul la fin véritable des troubles. L'émeute qui délivra Morlot les contraria fort, car ils comprirent fort bien que des violences de ce genre retarderaient indéfiniment cet événement tant espéré. Pour en atténuer l'effet, « la Ville » décida de députer au Roi, afin de lui présenter ses excuses de la licence du « menu peuple » et de le supplier de revenir néanmoins.

La députation se composa du prévôt des marchands, Gérôme Le Féron, de deux échevins, Gabrielle-Antoine Fournier et Pierre Helyot, accompagnés du greffier Martin le Maire, de deux conseillers de Ville, Barthélemy et Guilloys, enfin des députés de la milice, Myron, représentant les colonels, et Tartarin les quartiniers. Ils partirent le 29 juillet, en deux carrosses à six chevaux chacun, escortés de dix cavaliers, dont six archers de la Ville « ayant leurs hocquetons, pistolletz et carabine ». Ils dînèrent à Louvres-en-Parisis, couchèrent à Verberie, « à l'hostellerie de l'Espée Royalle » et, le lendemain, parurent à Compiègne à neuf heures du matin.

Anne leur donna audience, à l'issue de sa messe quotidienne, et les reçut à côté du Roi son fils, en présence du petit duc d'Anjou, du duc d'Orléans, de Mlle de Montpensier, du duc de Joyeuse, grand chambellan, du maréchal de Villeroy, capitaine des gardes du Roi, « et autres personnes de qualité au derrière du roy et de la reyne ». Le prévôt des marchands mit un genou en terre et prononça un discours ému, dans lequel il assura Leurs Majestés « qu'il ne s'est trouvé aucun bourgeois qui ayt trempé en cette occasion », et que l'attentat dont ils venaient s'excuser était « un crime commis par l'insolence de quelques vagabons, sans nom, sans lieu et sans exercice ». Il termina en suppliant le Roi et la Reine de revenir dans leur bonne ville, où leur présence pourrait seule arrêter la licence qu'on y voyait présentement.

La Régente répondit en termes évasifs, « les asseurant de sa bonne volonté tant en général qu'en particulier », et les députés parisiens durent se contenter de ces protestations sans grande portée; après avoir rendu visite au duc d'Orléans, ils revinrent de la même manière qu'ils étaient venus et par le même chemin.

Cette démarche, pour ne point obtenir de résultat immédiat, n'en marquait pas moins une détente entre la Cour et Paris. Cette détente fut encore accentuée, au début d'août, par l'arrivée à Compiègne d'une nouvelle série de Frondeurs de qualité, désireux soit de se faire pardonner en s'humiliant, soit d'essayer de négocier en sauvegardant leur amour-propre.

Parmi les premiers, Mme de Chevreuse, redoutable intrigante que Richelieu autrefois avait dû combattre comme sa rivale la plus dangereuse, Mme de Chevreuse, vieillie et repentante, venait demander à la Reine, dont elle avait été jadis tant chérie, d'oublier l'égarement qui l'avait jetée en de nouvelles aventures. Elle était revenue d'exil à la paix, et avait attendu à Dampierre le bon plaisir du cardinal. Le Tellier avait facilité son « accommodement », qu'une maladie avait retardé. « Elle arriva le huit d'août à Compiègne, dit Mme de Motteville, le visage pâle de sa maladie et le cœur soumis, à ce qu'il parut, à toutes les volontés de la Reine et de son ministre. » Elle était lasse de l'exil, et paraissait aspirer enfin au repos ; elle supplia Anne d'Autriche de lui pardonner et lui promit « pour l'avenir une grande fidélité ». La Régente la reçut avec douceur, « sans reproches », mais en montrant une froideur qui contrastait avec les effusions d'autrefois. Mme de Chevreuse alla saluer le Roi, vit le cardinal et repartit pour Paris ; on la trouva très vieillie, ne gardant « plus guères de traces de sa beauté passée » ; mais on se pressa sur son passage pour admirer sa fille, dont l'éclatante jeunesse fit sensation.

Le lendemain, 9 août, le prince de Conti et la duchesse de Longueville arrivèrent à leur tour, accompagnés du prince de Marsillac, le futur duc de la Rochefoucauld, qui devait plus tard écrire les *Maximes*, mais qui, pour le moment, ne regardait que les beaux yeux de l'exquise et blonde duchesse, beaux yeux, d'ailleurs, qui ne lui paraissaient point trop farouches. Anne, après avoir, paraît-il, manifesté un moment le désir de les faire arrêter, se contint et montra bon visage au frère et à la sœur du terrible Condé, dont on venait d'apprendre le retour à Paris.

Conti, d'ailleurs, ne venait pas en vaincu, comme Mme de Chevreuse ; il se trouvait convié à Compiègne, comme le dit Mme de Motteville, « par la bienséance, par Monsieur le prince son frère, et par son intérêt particulier », mais la démarche coûtait à son amour-propre et, de crainte de paraître s'humilier, il se montra arrogant. « Il vint à la Cour à dessein d'y faire parade de sa fierté », ne cacha pas ses sympathies pour les Frondeurs, ni son mépris pour Mazarin, prit ouvertement le parti de Beaufort dans l'affaire du jardin Renard et publia même « qu'il s'était offert à lui en cette occasion ». « C'était alors, remarque ironiquement Mme de Motteville, avoir l'âme belle et généreuse, que de montrer de l'opposition aux sentiments et aux intérêts de la Reine. » Conti, en tout cas, réussit parfaitement à se faire exécrer de celle-ci.

Il avait, en quittant Paris, juré ses grands dieux qu'il n'adresserait pas la parole à Mazarin ; mais, par malheur, il avait, sur la ville de Liége, des ambitions personnelles que seul le ministre pouvait faire réussir. Et comme celui-ci, de son côté, désirait beaucoup le rencontrer pour marquer sa réconciliation avec tous les membres de la famille royale, il finit par céder : « On l'y força doucement, et il le souffrit doucement aussi » : un beau jour, le Roi, qui dînait chez le cardinal, envoya le duc d'Orléans et Condé, alors de retour

PLANCHE IV

« Les justes devoirs rendus au Roy et à la Reyne sa mère. »
Les principaux chefs du parti de la Fronde admis à saluer Leurs Majestés.

(D'après une estampe de l'époque.)

depuis peu à Compiègne, le prier d'y venir également ; il lui devenait difficile de s'y dérober « et il le fit de bonne grâce ».

Le vent tournait décidément en faveur de Mazarin ; à Paris même, le désir toujours grandissant de voir revenir le Roi commençait à prévaloir sur la haine que lui-même inspirait ; Condé, de retour de Bourgogne le 31 juillet, s'était arrêté dans la capitale et avait travaillé à y ramener la Cour ; les intransigeants eux-mêmes s'adoucissaient, quand ils étaient habiles : ainsi faisait Retz. Beaufort seul s'entêtait ; l'influence de son père le duc de Vendôme avait été impuissante, au début du séjour de Compiègne, à l'entraîner à aucune démarche de conciliation ; la duchesse de Chevreuse, Mme de Montbazon ne furent pas plus heureuses ; sa mère elle-même le supplia vainement, mains jointes ; il refusa obstinément d'aller à la Cour, « frappant des pieds, mordant et déchirant ses gants, et faisant plein d'autres grimaces qui témoignaient sa désobéissance ». Anne d'Autriche, d'ailleurs, s'apprêtait à répondre par un refus à ses demandes d'audience.

Par contre, le coadjuteur de Retz, l'autre chef de la plèbe frondeuse, avec son sens politique très fin, eut parfaitement conscience de la réaction qui se dessinait et comprit que Paris tout entier passerait outre à sa répugnance à l'égard du ministre pour pouvoir posséder le Roi ; il sentit là un sentiment très fort qu'il préféra servir habilement, plutôt que de le combattre ; quand il apprit par Mme de Bouillon et par le duc lui-même que Condé était décidé à ramener Louis XIV à Paris, il n'hésita plus, et, avec la confiance qu'il possédait dans sa propre adresse, il décida, déclare-t-il lui-même, de « se donner l'honneur de ce retour, qui était, à la vérité, très souhaité du peuple ».

Il s'agissait cependant de manœuvrer habilement : il fallait à la fois paraître accepter un rapprochement avec Mazarin, sans compromettre sa popularité, puis se poser, d'une part, vis-à-vis de la Reine, comme le sauveur qui apaiserait la Fronde, de l'autre, vis-à-vis des Frondeurs, comme le seul homme capable de ramener le Roi. Il ne lui fut pas très difficile de persuader à Beaufort qu'il devenait utile de négocier et de le laisser aller à Compiègne ; du côté de la Cour, il n'eut de même qu'à écouter les « négociations que Mazarin ne manquait jamais de hasarder de huit jours en huit jours, par différents canaux ». Cette fois, ce fut le ministre Servien qui fit les ouvertures ; Retz lia conversation avec lui et se mit à discuter les conditions de son voyage auprès de la Reine.

Le point délicat était la volonté formelle du coadjuteur de ne point voir Mazarin, par souci de sa popularité, tandis que le ministre, de son côté, tenait beaucoup, pour des raisons du même ordre, à l'amener à une démarche auprès de lui ; ils jouèrent au plus fin : Retz finit par partir en laissant entendre au cardinal qu'il irait lui présenter ses devoirs, mais sans prendre à ce sujet d'engagement formel. Il quitta donc Paris, malgré les instances de ses amis, qui jugeaient l'aventure périlleuse, coucha à Liancourt chez Roger du Plessis, qui tenta aussi vainement de l'arrêter, en lui prédisant que ses ennemis le feraient assassiner, et arriva le lendemain « au lever de la Reine ».

Anne d'Autriche n'avait pas accepté sans répugnance l'idée de rencontrer un homme qui s'était montré peut-être son adversaire le plus acharné et le plus dangereux ; mais Mazarin tint à ce qu'elle le reçût, et le reçût aimablement, de façon à essayer de le conquérir. De son côté, Retz n'était pas sans appréhension, et ne laissait pas que de craindre un guet-apens ; il a, dans ses *Mémoires*, insisté avec beaucoup de complaisance sur les grands dangers qu'il avait intrépidement affrontés ; il affirme que l'abbé Foucquet, frère du futur surintendant, homme fort violent d'ailleurs, avait proposé à Anne d'Autriche de l'assassiner chez Servien où il dîna ; il rapporte que le duc de Vendôme, après le repas, le pressa de partir promptement en l'avertissant « qu'on tenait des fâcheux conseils » contre lui. Il est d'ailleurs le seul à avoir ainsi dramatisé son voyage, qui se passa fort normalement, malgré le récit suivant qu'il fait de son arrivée chez la Reine :

« Comme je montais l'escalier, raconte-t-il en effet, un petit homme habillé de noir que je n'avais jamais vu et que je n'ai jamais vu depuis, me coula un billet dans la main où ces mots étaient écrits en lettres majuscules : Si vous entrez chez le Roi, vous êtes mort. J'y étais ; il n'était plus temps de reculer. Comme je vis que j'avais passé la salle des gardes sans être tué, je me crus sauvé. »

Il ne trouva en effet devant lui que des sourires : la Reine se montra aimable, comme elle savait l'être quand elle le voulait. Lui-même l'assura aussitôt « de ses obéissances très humbles, et de la disposition où était l'Église de Paris de rendre à Leurs Majestés tous les services auxquels elle était obligée ». Puis, dit-il lui-même, « j'insinuai, dans la suite de mon discours, tout ce qui était nécessaire pour pouvoir dire que j'avais beaucoup insisté pour le retour du Roi ».

La Reine « lui témoigna beaucoup de bonté et même beaucoup d'agrément », mais ne le tint pas quitte pour ses compliments. « Cette princesse qui, dit Mme de Motteville, tournait agréablement toutes les choses qu'elle voulait dire, lui fit des reproches obligeans sur sa conduite, et lui dit qu'elle ne pouvait pas être satisfaite de lui, tant qu'il ne verrait point celui qu'elle voulait soutenir contre toutes leurs factions. Elle lui dit, de plus, qu'il pouvait penser qu'elle ne le croirait jamais dans ses intérêts s'il n'entrait dans ses sentiments, et qu'elle demandait de lui cette preuve de sa reconnaissance. »

C'était fort bien dit, mais Retz était résolu, une fois à Compiègne, à ne pas voir Mazarin; sa popularité était en jeu : il fut intraitable et répondit catégoriquement à la Reine que « cette visite le rendroit inutile à son service » en lui faisant perdre tout crédit auprès des Parisiens. « Elle rougit beaucoup », mais se contint. L'entretien n'avait plus guère d'objet désormais, et Retz partit le lendemain sans le renouveler (quoique le bruit ait couru à Paris qu'il avait eu, pendant la nuit, avec Mazarin, une longue conférence de plusieurs heures). Il s'applaudissait de son succès, qu'il s'exagérait d'ailleurs, et qu'il étala complaisamment :

« Je revins à Paris, écrit-il, ayant fait tous les effets que j'avais souhaité. J'avais effacé le soupçon que les Frondeurs fussent contraires au retour du Roi; j'avais jeté sur le Cardinal toute la haine du délai; je m'étais assuré l'honneur principal du retour; j'avais bravé le Mazarin dans son trône. Il y eut, dès le lendemain, ajoute-t-il, un libelle qui mit tous ces avantages dans leur jour. »

Dès lors, les choses se précipitent. Condé, après quelques jours passés à Chantilly, arrive le 6 août à Compiègne, et, tout de suite, se prononce énergiquement pour un prompt retour de la Cour. Partout, en Bourgogne et ailleurs, il a été accueilli par des transports d'affection, et partout aussi il a rencontré, très impérieusement exprimés, les vœux unanimes du pays tout entier en faveur d'une paix décisive, d'un repos durable. Et, comme l'écrit le duc d'Aumale, « cette aspiration au repos a trouvé sa formule : Que le Roi revienne à Paris ! Voilà le gage de paix que l'on attend de Condé. »

Celui-ci a bien compris ce rôle, et parle à Compiègne non seulement en prince du sang écouté, mais en interprète de la nation; d'ailleurs, les craintes de Mazarin à son endroit paraissent vaines; Monsieur le Prince revient de Bourgogne comme rasséréné; dès son arrivée, après avoir salué Louis XIV dans la prairie, sur les bords de l'Oise, il a été voir le cardinal et lui a fait bon visage; il est allé ensuite rendre ses devoirs à la Reine et lui a déclaré en riant qu'il n'est devenu « ni frondeur, ni dévôt »; il a même ajouté que sa famille est un peu « gâtée », mais qu'il saura la ramener dans le droit chemin. Bref, il se montre parfait, mais il exige qu'on revienne à Paris et il est bien difficile de le lui refuser. Ce n'est pas que Mazarin ait abandonné ses craintes : il ne se résout au départ qu'à contre-cœur et jusqu'au dernier moment on s'attendra à un contre-ordre; mais, en réalité, il a fini par se décider et il tiendra sa promesse.

Il n'y a plus qu'à préparer sa réapparition au milieu des Parisiens :

quelques distributions d'argent ou de vin rendent le menu peuple moins hostile. Reste Beaufort : on négocie avec Mme de Montbazon « qui le gouverne absolument », et l'on obtient d'elle la promesse qu'il se tiendra tranquille ; par contre, de même qu'il a refusé absolument de se rendre à Compiègne, il ne veut à Paris aucun contact avec le cardinal : Mme de Montbazon avertit franchement celui-ci que « ce prince croyait être obligé pour sa gloire de ne le point voir » et qu'en conséquence, après avoir été saluer le Roi et la Reine seuls, à leur arrivée, il quittera Paris. « Le cardinal, qui depuis longtemps était accoutumé à de telles douceurs, consentit à ce qu'il désirait et crut faire une action de prudence de lever cet obstacle de son chemin ».

Ce fut le dernier : les autres difficultés étaient aplanies, et les esprits un peu calmés ; le duc d'Orléans avait fini de réconcilier Candale et son cousin ; la duchesse de Chevreuse avait fait sa soumission ; le prince de Conti avait dîné avec Mazarin ; Retz garantissait la tranquillité de Paris. Un léger succès du maréchal d'Harcourt, qui reprit l'offensive, força le passage de l'Escaut entre Bouchain et Valenciennes, et culbuta l'arrière-garde ennemie, permit de colorer le retour d'un prétexte et de le teinter d'un peu de gloire militaire.

En conséquence, le 12 mai, le maître des cérémonies Sainctot apporta solennellement, au prévôt des marchands et aux échevins, une lettre de Louis XIV. Le Roi y annonçait son retour prochain, retour réclamé par les Parisiens avec tant de « passion », et que permettaient maintenant, affirmait-il, « les affaires qui nous avoient donné subject de s'avancer sur notre frontière de Picardie », puisque les armées royales avaient « passé au delà de l'Escaut, avec reputation et advantage, ayant obligé celles des ennemis, où l'Archiduc estoit en personne, à se retirer avec perte et confusion ». Le 17, la Cour prit donc le chemin de la capitale et coucha à Senlis ; le 18, elle dîna au Bourget « où une grande affluence du peuple de Paris vint pour voir le Roi ». L'entrée se fit le même jour au milieu de démonstrations enthousiastes et d'une joie populaire très sincère ; un « magnifique feu de joye » célébra l'événement tant attendu, et si Paris ne se mit pas en frais davantage, c'est qu'une lettre du 15 avait expressément prié la ville, de la part de Louis XIV, de s'épargner « la despense » d'une entrée solennelle. « Nous nous contenterons des témoignages de son affection », y déclarait le jeune Roi.

Ces témoignages ne lui manquèrent pas : toute la population se porta pour l'acclamer vers le faubourg Saint-Denis, à l'extrémité duquel le reçurent le duc de Montbazon, gouverneur, le prévôt des marchands et les échevins. Puis le carrosse royal, où Condé, assis à la portière à côté de Mazarin, semblait le couvrir de sa protection, s'avança à la clarté des torches, en fendant une foule si dense, qu'à peine pouvait-il s'y frayer un chemin ; « toutes les fenêtres étaient pleines de monde, et les gouttières et toits des maisons étaient couverts de gens à cheval dessus ».

« L'enthousiasme tint de la crise de nerfs, raconte Arvède Barine. Les vivats couvrirent le canon de la ville, qui exécutait une salve à quelques pas de là ; au grand dépit des échevins, on ne s'aperçut pas qu'il tirait. Les gens du peuple passaient la tête par la portière du carrosse royal et faisaient leurs remarques à haute voix. Le succès de la journée fut pour Mazarin ; les femmes le trouvaient beau et le lui disaient, les hommes lui donnaient des poignées de main... La belle mine de son ami avait rendu à la reine l'estime des halles. »

Au Palais-Royal, Anne d'Autriche vit Beaufort et Retz lui apporter leurs hommages et leur soumission, et elle dit à Condé, qui la complimentait :

— Le service que vous avez rendu à l'État est si grand que, le Roi et moi, nous serions des ingrats s'il nous arrivait de l'oublier jamais.

La journée s'acheva par cette réconciliation générale, à laquelle faisaient écho les acclamations populaires... Cinq mois plus tard, Condé était prisonnier à Vincennes, une nouvelle Fronde, plus dure et plus longue que la première, commençait, et la Cour s'apprêtait à quitter de nouveau Paris, qu'elle allait, une seconde fois, avoir à reconquérir.

II

Trois ans se sont passés, trois ans pendant lesquels la guerre civile a de nouveau fait rage et affreusement dévasté le pays, trois ans de combats et surtout d'intrigues, entre ces quelques grands personnages dont les ambitions, l'orgueil, l'esprit d'aventure ou les amours ont si profondément troublé le pays. Entre eux les coalitions se sont nouées et dénouées, les guets-apens ont suivi les traités d'alliance et les haines furieuses ont succédé aux accolades et aux promesses ; il semble que le cycle des combinaisons soit épuisé, tant ils ont, les uns et les autres, changé de parti et d'alliés, sinon de convictions, car ils n'en ont jamais eu d'autres que leur intérêt, leur vanité ou le désir de plaire à quelque belle. La Cour a été ballottée de revers en succès, et de succès en revers, traînant toujours comme un poids mort l'impopularité de Mazarin : le cardinal a dû, une fois déjà, prendre le chemin de l'exil, et puis il en est revenu à la tête d'une armée, comme les autres. Paris a de nouveau fermé ses portes devant un Roi et une Reine inféodés à un ministre haï, et Condé, devenu leur principal ennemi, a failli les enlever près de Bléneau ; à peine la famille royale est-elle en sûreté derrière l'épée de Turenne, et elle reste errante, autour de sa capitale, qui finit par offrir un refuge à ses ennemis, mais non pas à elle-même.

Dans ces conjonctures difficiles, Louis XIV a écrit « à ses bons habitants de Compiègne, pour savoir si on le recevrait avec M. le cardinal Mazarin » — et les représentants de la ville, au nom de tous les habitants, se sont empressés de répondre que Sa Majesté pouvait venir avec qui bon lui semblerait, et qu'ils l'y recevraient toujours avec amour et reconnaissance. Compiègne se fait honneur de toujours mériter sa devise : *Regi et regno fidelissima*.

Cependant, à l'époque où la Cour se dispose à y revenir, à la fin d'août 1652, on n'y voit plus le cardinal : il a, pour la seconde fois, délivré le Roi, légalement majeur maintenant, de l'embarras de son impopularité ; d'un autre côté aussi, la situation s'est beaucoup améliorée pour le pouvoir royal, et cette fois encore, Louis XIV vient y recevoir des soumissions et y préparer son retour dans Paris.

Il existe donc certaines analogies entre ces deux séjours de 1649 et de 1652, mais à cette dernière date, la situation ne laisse pas d'avoir bien changé, et, beaucoup plus tendue, elle est en outre infiniment plus compliquée. A la fin de la Fronde parlementaire en effet, Anne d'Autriche et Mazarin, appuyés sur l'autorité du duc d'Orléans et du prince de Condé, hésitaient simplement à revenir dans une ville peu sûre, qu'agitaient encore Retz et Beaufort. Aujourd'hui, ces deux chefs du mouvement parisien restent de même enfermés dans la capitale : ce dernier, par ses violences, a d'ailleurs perdu de sa popularité, tandis que l'habile coadjuteur, resté puissant sur son clergé et sur le peuple, a su gagner dans tous ces troubles la dignité de cardinal : il ne lui reste plus au contraire qu'à en recevoir les insignes, c'est-à-dire la barrette, des mains du Roi, et nous verrons cette cérémonie s'accomplir à Compiègne.

Paris, où l'influence de Retz continue donc à s'exercer, était resté neutre pendant la plus grande partie des guerres civiles, et avait fermé ses portes, le plus longtemps possible, aussi bien à l'armée royale qu'à l'armée des princes, commandée par Condé. Le duc d'Orléans, tandis que la Cour battait la campagne, était resté enfermé dans la capitale, où son nom lui assurait la plus haute autorité, et lui aussi, d'accord avec Retz, se tenait dans cette sorte de neutralité armée à laquelle il encourageait la ville.

Les choses ont duré ainsi jusqu'à la bataille du faubourg Saint-Antoine, qui a été décisive à bien des points de vue. Turenne, d'abord, en écrasant l'armée des princes, malgré les prodiges de valeur accomplis par Condé, a sauvé la Cour du danger et hâté la fin de la Fronde. Mais, d'autre part, un acte impulsif de Mademoiselle, fille de Gaston d'Orléans, qui a fait tirer le canon sur l'armée royale et ouvrir les portes aux Frondeurs vaincus, a non seulement empêché le succès décisif de Turenne, mais encore entraîné Paris dans la guerre contre le Roi.

Au moment où Louis XIV va revenir à Compiègne, à la fin d'août 1652, il y a donc encore en présence, d'un côté la Cour, appuyée sur l'armée victorieuse de Turenne, et, de l'autre, Paris, où se concentre la rébellion. Mais, à Paris même, bien des éléments se mélangent, qui sont loin d'être unis, et plusieurs partis s'agitent, avec des vues, des intérêts différents et une attitude très dissemblable vis-à-vis de l'autorité royale.

Condé et ses amis, introduits dans la ville par la pitié de Mademoiselle, y ont pris la première place et y règnent par la terreur : ils ont déchaîné les bas-fonds contre les bourgeois trop tièdes, et, dès le 4 juillet, ont laissé, sinon fait, massacrer ceux-ci par une émeute dans l'Hôtel de Ville, qu'on a en partie incendié. Ils ont entraîné Gaston d'Orléans, toujours timoré et indécis, qui n'a pas osé refuser de s'associer à leurs excès, et, le tirant de sa neutralité prudente, ils en ont fait un des chefs de la guerre civile, en le nommant lieutenant général. Mais Condé et Orléans, quoique alliés officiellement et compromis dans la même aventure, négocient chacun de leur côté avec la Cour et se trahiront au besoin. De plus, parmi les Frondeurs, Retz représente une troisième tendance : dès le début des troubles, il s'est posé en ennemi de Mazarin et de la Reine, il est leur adversaire peut-être le plus haï, mais, pour sa part, il n'est nullement irréconciliable, surtout depuis que la pourpre romaine a couronné son ambition : il négocie également pour son compte, prêt à traiter d'accord soit avec Condé soit avec Orléans, en abandonnant l'autre, ou même, au besoin, à les trahir tous les deux.

Les adversaires de la Cour sont donc loin de former un parti homogène : chacun d'eux est le centre d'un réseau très embrouillé de négociations, qu'il poursuit tant avec ses alliés qu'avec les ministres du Roi, qu'avec la Reine personnellement et qu'avec Mazarin, alors séparé de la famille royale, mais la dirigeant de loin. Et encore n'avons-nous esquissé que les tendances principales ; mais il faudrait faire place à d'autres personnages, à coup sûr importants, comme Châteauneuf ou Chavigny, ou Mme de Chevreuse, qui, eux aussi, dirigent des intrigues, moitié comme agents de tel ou tel prince, moitié pour leur compte personnel ; il faudrait tenir compte des parlementaires exaltés et irréconciliables, groupés derrière Broussel ; il faudrait aussi ne point oublier ces belles dames, comme Anne de Gonzague, princesse palatine, ou la princesse de Guéméné, qui, également bien vues dans les deux camps, servent d'intermédiaires adroits et discrets ; penser qu'à la Cour, il est des personnages comme Villeroi, hostiles à Mazarin, quoique dévoués au Roi, et disposés à prêter volontiers les mains à des accords qui feraient rentrer en grâce tel Frondeur d'aujourd'hui en écartant définitivement le favori. De plus, pour compliquer encore la situation, Condé a traité avec les Espagnols, qui opèrent dans le Nord de concert avec lui, et dont un corps de troupes est entré dans Paris à sa suite et sert sous ses ordres ; enfin il y a Charles IV, duc de Lorraine, sorte de *condottiere*, qui vend au plus offrant ses mercenaires, et qui fait camper son armée aux portes de Paris : lié par traité jusqu'à la fin de septembre, il opère de concert avec les Espagnols et les Frondeurs, mais il offre au roi de France de passer le 1er octobre à son service, s'il veut y mettre un meilleur prix...

Tout cela a créé une situation terriblement embrouillée, presque inextricable, et la Cour, pressée par l'armée de Condé, pressée par l'armée du duc de Lorraine, pressée par l'armée espagnole, se trouverait dans une posture difficile pour la dénouer, si, d'une part, elle ne s'appuyait sur le talent militaire de Turenne, et si, d'autre part, elle ne trouvait pas un appui considérable, et bientôt décisif, dans le sentiment populaire qui, de plus en plus nettement, se prononce pour elle.

Paris a été immédiatement dégoûté de la domination des princes, qu'a inaugurée le *feu* de l'Hôtel de Ville ; « la fatigue de la guerre civile, déjà grande la veille du massacre, parut intolérable le lendemain », et, suivant l'expression d'Arvède Barine, « le rideau acheva de se déchirer sur l'immense duperie qu'avait été la Fronde pour le pays ». Les bourgeois paisibles, depuis longtemps revenus des enthousiasmes belliqueux des premiers temps, se voient lésés dans leurs intérêts par ce nouveau gouvernement imposé par la violence et acculé aux expédients, qui fait main basse sur l'argent déposé à la Monnaie, annonce de nouvelles et lourdes taxes, et ne peut empêcher son armée, rongée par la misère, qui pille atrocement la banlieue, de fondre entre ses mains chaque jour. On commence à réfléchir aussi à tout ce que cette interminable guerre civile coûte au royaume : « L'Archiduc [espagnol] reprit, cette année-là, Graveline et Dunkerque, écrit Retz lui-même. Cromwell prit, sans déclaration de guerre et avec une insolence injurieuse à la couronne, sous je ne sais quel prétexte de représailles, une grande partie des vaisseaux du Roi. Nous perdîmes Barcelone et la Catalogne, et la clef de l'Italie avec Casal. Nous vîmes Brisach révolté, sur le point de retomber entre les mains de la maison d'Autriche ; nous vîmes les drapeaux et les étendards d'Espagne voltigeant sur le

Pont-Neuf; les écharpes jaunes de Lorraine parurent dans Paris, avec la même liberté que les isabelles et que les bleues [Condé et Orléans]. L'on s'accoutumait à ces spectacles et à ces funestes nouvelles de tant de pertes. »

Cependant, le sentiment de cette misère matérielle et de ces désastres nationaux devient chaque jour plus intense chez « ceux qui ne sont ni Frondeurs ni mazarins, et qui ne veulent que le bien de l'État. Cette espèce de gens, dit encore Retz, ne peut rien dans le commencement des troubles : elle peut tout dans les fins. » Comme trois ans plus tôt, ces honnêtes gens ne voient de salut que dans le retour de Louis XIV ; ce désir, de jour en jour, devient plus général : « Paris, tout soulevé qu'il est, souhaite avec passion la présence du Roi. »

Il ne manque à ce tiers-parti qu'une organisation, que des encouragements, que des chefs surtout : il en trouve dès le lendemain de l'entrée des princes; le conseiller Le Prévôt de Saint-Germain groupe des prêtres, des parlementaires, des marchands, des bourgeois, des artisans, les tient en haleine, entre en contact avec la Cour par des intermédiaires sûrs comme le P. Faure, évêque de Glandèves, et le P. Berthod. Dès le début d'août, ils offrent au Roi, s'il veut annoncer son retour, d'entraîner à sa rencontre quarante mille Parisiens, et de créer un enthousiasme populaire qui forcera les princes à s'enfuir. La Cour n'a pas voulu courir cette aventure, mais ils n'en restent pas moins actifs et entreprenants : au début de septembre, ils proposent de tenter un coup de main sur la Bastille et sur l'Arsenal; ils demandent seulement qu'on leur envoie trois cents hommes décidés, et qu'on fasse approcher l'armée. L'inertie des ministres, qui se bornent aux encouragements verbaux, les attriste quelque peu, mais cependant, pendant tout septembre, leur nombre grossit, tant de Parisiens qui se joignent à eux, que d'officiers et de soldats sûrs, envoyés un à un de Compiègne et qui, le cas échéant, constitueront un cadre solide. De se sentir ainsi les coudes, de se savoir aussi appuyés par le sentiment public, las de la guerre et las des princes, leur audace croît; ils commencent, malgré les interdictions, à se réunir publiquement et à élever la voix : ce mouvement, qui prend de plus en plus de force, commence à inquiéter les Frondeurs; d'autre part, il tient une large place dans les calculs du gouvernement royal et contribue, pour la plus grande part, à encourager sa politique très ferme.

Mazarin, de son côté, a fort habilement manœuvré pour diviser ses ennemis et donner au pouvoir royal l'appui de l'opinion publique. Pendant que les Princes, terrorisant Paris, se jetaient de plus en plus dans la révolte ouverte contre le Roi lui-même, en nommant le duc d'Orléans lieutenant général, Condé, commandant des armées, Beaufort, gouverneur de Paris, et Broussel, prévôt des marchands, le ministre transférait, le 6 août, le Parlement à Pontoise, pour le soustraire à l'influence des Frondeurs et s'appuyer sur sa haute autorité morale ; les magistrats, naturellement, se partagèrent, et il y eut deux Parlements qui s'excommunièrent réciproquement ; un Parlement frondeur à Paris, et un Parlement royaliste et modéré à Pontoise ; mais celui de Pontoise, que présidait le premier président Mathieu Molé, en même temps garde des sceaux, parvint à réunir un nombre important de magistrats, et à s'affirmer, de plus en plus, comme le seul légal et régulier, au grand détriment des parlementaires qui demeuraient avec les rebelles.

Mais le cardinal fit mieux encore : sur sa propre suggestion, le nouveau Parlement de Pontoise demanda son éloignement ; lui-même s'empressa de s'incliner devant ce vœu, et, le 19 août, prit la direction de Metz, dont il s'était fait nommer évêque, et où il se réservait de se retirer en cas de besoin. Par cette heureuse résolution, il ôtait tout prétexte aux Frondeurs de continuer la lutte ; s'ils s'obstinaient, ils feraient désormais la guerre non plus au ministre impopulaire, mais au Roi lui-même, et tous les bons citoyens devraient les abandonner. Une amnistie, offerte à ceux qui déposeraient les armes, et à laquelle les princes opposèrent des conditions inacceptables, acheva de perdre ces derniers dans l'opinion publique. Les conseillers du jeune Roi, au premier rang desquels Servien et Le Tellier dirigeaient désormais toute la politique, sous l'inspiration de Mazarin, resté en correspondance plus que quotidienne avec eux, n'avaient plus, en quelque sorte, qu'à attendre une inévitable réaction parisienne en leur faveur ; et ils l'attendirent très fermement et très patiemment, sans se laisser entraîner dans les multiples intrigues que ceux de Paris, se sentant perdus et anxieux de tirer leur épingle du jeu, essayaient sans cesse de nouer avec eux, en promettant de trahir leurs alliés.

**

Dans ces conditions, le séjour de Louis XIV à Compiègne prit, malgré les difficultés toujours existantes, une apparence en quelque sorte triomphale, surtout après les moments critiques que venait de traverser la Cour. Le 21 août, quand il entra « à cheval, au milieu de ses Gens d'armes et Chevau-légers et environné de tant de Seigneurs et si lestes, que jamais entrée n'a été si magnifique, ni rien plus agréable au peuple », la foule qui se pressait sur son passage « ne témoigna pas moins sa joie par les cris de « Vive le Roi ! », que par son empressement de voir ce jeune Monarque dont elle ne se pouvait lasser d'admirer la majesté et la bonne grâce ». Ce fut donc au milieu des acclamations populaires que le lieutenant général Thibault d'Arneval, suivi des échevins et du corps de ville, lui offrit les « présens ordinaires de vin et d'hypocras », ainsi que les clefs de la ville, en les accompagnant d'une « fort belle harangue ». L'enthousiasme redoubla quand Louis XIV rendit les clefs, en déclarant aux habitants « qu'il leur confiait volontiers la garde de leurs portes, puisqu'ils savaient si bien se garantir eux-mêmes de l'esprit de faction ».

Dès lors, chaque jour, accoururent de partout, des villes comme des campagnes, des députations qui vinrent aux pieds du roi protester de leur fidélité ou témoigner de leur repentir. Le grand mouvement d'opinion en faveur de la royauté se manifestait avec une force rapidement grandissante ; en même temps la Cour se repeuplait aussi et redevenait promptement plus brillante qu'elle n'avait jamais été.

« Il y avoit tant de monde, dit la *Gazette*, qu'il arrivoit quelquefois en un seul jour jusqu'à vingt carrosses remplis de personnages de toutes conditions ; et nonobstant que la ville de Compiègne fût des plus logeables de la France pour sa grandeur, ceux qui s'y promettoient une chambre étoient bienheureux d'avoir leur part d'un galetas. »

De son côté, Loret écrivait, dans sa *Muse historique* :

> On a, de Compiégne, nouvelle
> Que la Cour est brillante et belle,
> Et, qu'illec, on peut voir au Cours,
> Tant de satin, que de velours,
> Du moins, cent ou six-vingts carosses,
> Dont les chevaux ne sont pas rosses,
> Mais ont le pied vite et gaillard,
> Et le dos gras comme du lard ;
> Quand le jour devient un peu sombre
> On y voit des beautez, sans nombre,
> Et quantité de Courtizans,
> Fort braves Gens, ou soy-dizans ;
> Enfin, certain Quidan proteste
> Que la Cour est tout-à-fait leste...

Louis XIV commençait d'ailleurs à montrer son goût pour la pompe et les magnificences royales. Pendant que la Reine sa mère, selon sa coutume, visitait les communautés et multipliait les exercices religieux, il entraînait à sa suite, dans de solennelles promenades, près de cent carrosses et huit cents cavaliers ; et quand il se dirigeait ainsi vers Saint-Jean-au-Bois, vers le Mont Saint-Pierre, où des cénobites vivaient dans des ruines romaines, ou vers les restes encore formidables de Pierrefonds, démantelé depuis peu, la population entière de Compiègne et des villages voisins envahissait la forêt pour voir passer ces cortèges comme on ne se souvenait point d'en avoir jamais vu. Elle garda surtout un souvenir grandiose du jour où tous ces carrosses et tous ces cavaliers se suivirent sur la route ou se répandirent dans la plaine, se dirigeant vers Monchy, où le maréchal d'Humières reçut magnifiquement le souverain.

Promenade, chasse, pêche absorbaient donc le temps du monarque adolescent chez qui perçait déjà le Grand Roi. Ses goûts de bâtisseur se révélaient aussi ; et dès son séjour de 1649, malgré l'extrême pénurie du trésor, il avait tracé les plans de nouvelles constructions :

> Vous sçavez qu'après quelques jours
> Pour rendre plus beau son séjour
> Luy-même traça l'édifice
> Qu'il vouloit que pour son service
> On bastit soudain dans ce lieu,

racontait *le Premier Mercure de Compiègne*.

Nous avons vu plus haut ce qu'étaient ces travaux et qu'ils furent commencés en 1650, selon Pellassy de l'Ousle ; il est probable qu'ils se poursuivirent lentement, avec des intermittences, sans doute, pendant les deux ans de guerre civile, où la Cour ne dut pas disposer fort souvent des fonds nécessaires aux constructions. Ils duraient encore en 1652, et le Roi, à en croire une lettre conservée aux Affaires étrangères, « prenait un grand plaisir à ses ouvrages et s'y divertissait très agréablement ». Ils n'étaient point finis que déjà il agitait d'autres projets ; il voulait « faire bastir une escuerie de cinquante chevaux d'un rang avec des logements au dessus pour les pages, valletz de pied et officiers de l'escuerie », et aussi agrandir encore le château lui-même en prolongeant la nouvelle construction qu'il achevait en ce moment. Son dessein, en effet, était de « faire eslever huit pavillons le long du rempart attenant à son cabinet et de donner les places à des personnes que Sa Majesté choisira, lesquels les feront bastir à leurs despens ». Le moyen était élégamment choisi pour soulager le budget royal tout en faisant honneur aux heureux élus, en un temps où les caisses royales ne regorgeaient point d'or. On se demande même, quand on se rappelle la détresse financière du trésor à certains moments de la guerre civile, comment on pouvait se procurer l'argent nécessaire à ces constructions et au luxe nouveau de la Cour.

Il est vrai que les ministres, à l'époque, connaissaient plus d'un expédient, et que, d'autre part, quand les royalistes de Paris réclamaient des subsides pour gagner « le petit peuple » à leur cause, « les réponses de la Cour, au lieu de parler d'argent, disaient toutes autres choses ».

* * *

Cependant les Frondeurs, qui commençaient à sentir le terrain se dérober sous leurs pieds, se trouvaient de jour en jour plus disposés à négocier leur soumission en échange de faveurs ou simplement de sûretés. Si les grands chefs, Condé surtout ou Orléans, se fiant tant à leur propre puissance qu'à leur sang royal, maintenaient encore des prétentions élevées, il se trouvait, immédiatement au-dessous d'eux, nombre d'importants personnages beaucoup moins rassurés sur l'avenir et anxieux de trouver un accommodement qui sauverait leur propre situation.

C'est ainsi, par exemple, que Châteauneuf, par l'intermédiaire de Villeroi, faisait proposer à Anne d'Autriche une réconciliation générale et la formation, de concert avec Condé, le duc d'Orléans et le duc de Lorraine, d'un gouvernement assez fort pour chasser les Espagnols : il sous-entendait d'ailleurs que lui-même y jouerait un des tout premiers rôles et supplanterait Mazarin, maintenu en exil. Cette combinaison restait vouée à l'insuccès, parce que la Reine n'eût jamais consenti à se séparer pour toujours du cardinal, et que Servien et Le Tellier, tout aussi dévoués à la cause de ce dernier, n'avaient jamais cessé de travailler à préparer son retour.

C'est ainsi encore que, plus perspicace peut-être, Chavigny entrait directement en relations avec Mazarin lui-même, alors réfugié à Sedan, et lui proposait également de négocier un accord avec les princes. Et Mazarin, moins ferme que les ministres de Compiègne, se montrait, pour sa part, fort tenté d'accepter. Il se rendait compte que la situation, évidemment meilleure, restait cependant fort loin d'être satisfaisante : les Espagnols assiégeaient Dunkerque et serraient la place de si près, qu'elle capitula le 16 septembre; l'armée des Frondeurs, toujours campée sous Paris, venait d'être renforcée par celle du duc de Lorraine, qui, malgré ses offres à Louis XIV, n'en avait pas moins opéré sa jonction avec Condé; et Turenne, qui les tenait difficilement en échec avec des forces très inférieures en nombre, pouvait, d'un moment à l'autre, se trouver dans une situation tout à fait critique ; lui-même, Mazarin, errant dans l'est de la France, se sentait quelque peu à la merci de Charles de Lorraine et de ses alliés, et tenait, par conséquent, à les ménager ; enfin, tout en suivant attentivement et en encourageant de loin le mouvement spontané de réaction en faveur de l'autorité royale, le cardinal ne perdait pas non plus de vue son propre intérêt, et sans doute eût-il préféré un bon traité, dans lequel il eût été compris, à une victoire remportée en dehors de lui. Ces diverses considérations le rendaient plus accommodant que Servien et Le Tellier, auxquels il conseillait de ne pas se montrer intransigeants : quand bien même, leur écrivait-il, vous parviendriez à chasser Condé de Paris, la guerre civile en serait-elle finie ? Ne vaudrait-il pas mieux s'entendre avec lui, fût-ce au prix de quelques concessions même « peu raisonnables », et puis, toutes les forces de la France enfin réunies, courir sus aux Espagnols et les écraser ? « Pour un si grand bien, mandait-il à Le Tellier, je suis d'avis qu'on se doit laisser tromper en quelque chose. »

Mais, à Compiègne, les ministres, qui n'avaient pas les mêmes raisons de préférer une transaction à une victoire qu'ils espéraient décisive, restèrent inébranlables malgré les avis de « l'oracle » et continuèrent, avec la même fermeté patiente, à laisser le temps travailler pour eux... et pour lui-même. D'ailleurs, Condé persistait à exiger des conditions tellement inacceptables, que les négociateurs de la Fronde finirent eux-mêmes par l'abandonner et essayèrent désormais de traiter sans lui : le duc d'Orléans devint alors le pivot de ces nouvelles combinaisons ; la venue de Retz à Compiègne, qui fut l'événement capital de cette période, marqua la plus importante tentative en ce sens.

Le coadjuteur, devenu le cardinal de Retz, se trouvait alors inspiré par des sentiments sensiblement pareils à ceux qui l'avaient guidé trois ans auparavant, dans des circonstances analogues. Tout comme au mois d'août 1649, il voyait en effet se créer sous ses yeux un vif courant en faveur de la paix, du rétablissement de l'autorité royale et du retour de Louis XIV dans sa capitale ; il comprenait parfaitement que la partie était perdue pour les Frondeurs, et cette fois définitivement, que le retour de Mazarin lui-même, en raison des sentiments intimes de la Reine, deviendrait rapidement inévitable, et que les plus puissants, tôt ou tard, se verraient obligés de traiter avec lui et de s'incliner devant lui. De son côté, le nouveau cardinal, très désireux, après tant d'aventures, de jouir en paix de ses nouveaux honneurs, se savait lui-même fort compromis et peut-être plus détesté encore que redouté à la Cour. Pour échapper à la catastrophe finale qui menaçait ses alliés et lui-même, il jugea qu'il ne lui restait qu'une ressource : devancer l'inévitable, et, rééditant avec plus d'ampleur sa manœuvre de 1649, négocier coûte que coûte, à Compiègne, un accommodement, au nom des Parisiens et du duc d'Orléans, quitte à sacrifier au besoin Condé et ceux qui persisteraient dans leur intransigeance. Ainsi, non seulement il tirerait opportunément son épingle du jeu, en sauvant la face, mais il terminerait même dans une véritable apothéose cette étrange aventure de la Fronde, aux acclamations de Paris, qui bénirait en lui le sauveur et le pacificateur.

Pour réussir dans cette tentative suprême, il lui fallait d'abord l'aveu du duc d'Orléans ; il ne lui fut pas très difficile de l'obtenir : depuis l'entrée des princes dans Paris, Retz, tout en affectant de se retirer des affaires publiques, ce qui dégageait sa responsabilité des excès commis et sauvegardait sa popularité, n'avait point cependant perdu contact avec le duc, qu'il continuait à conseiller en sous-main. Gaston, toujours irrésolu, facile à influencer et prompt à s'effrayer, se laissa persuader aisément que le temps était venu de faire ses offres personnelles de soumission à la Cour; il promit, si le Roi le jugeait nécessaire, de se retirer à Blois et de ne plus s'occuper de politique ; puis, sur l'insistance de Retz, il se décida enfin à se séparer de Condé, et à le sacrifier à son propre salut : le cardinal fut autorisé à déclarer au besoin, de sa part, que « si Monsieur le Prince ne se voulait contenter de demeurer en repos dans son gouvernement, il l'abandonnerait ».

De ce côté, le complot prenait donc bonne tournure; mais encore fallait-il être reçu à la Cour, où les ministres refusaient impitoyablement d'entrer en communication ouverte avec la ville rebelle; les Princes, le Parlement, les Six Corps, avaient en vain essayé de députer au Roi, et n'avaient pu obtenir de passeports. Personnellement, Retz possédait un excellent prétexte pour forcer les portes de Compiègne : il venait d'être promu par le Pape au cardinalat; le Roi devait maintenant lui donner l'investiture en lui remettant solennellement la barrette rouge, insigne de sa nouvelle dignité, et ne pouvait guère s'y dérober, s'il le priait de procéder à cette cérémonie. Mais cela ne suffisait pas au nouveau cardinal : il voulait plus et mieux que négocier secrètement, en son nom personnel, ou comme agent du duc d'Orléans ; il prétendait se présenter solennellement à Louis XIV, comme le chef suprême du clergé, et aussi comme le pasteur et le protecteur du peuple parisien tout entier, lui parler au nom de Paris et de la France, s'élever au-dessus des partis pour pouvoir s'interposer entre eux, et rapporter enfin, en quelque sorte, dans les plis de son manteau rouge, la paix, suprême bienfait que lui devraient le Roi, les princes et les peuples, et dont ils le béniraient à jamais...

Le plan était grandiose et digne de son auteur, qui, pour le faire réussir, ne négligea aucune de ses petites habiletés coutumières. Il commença par s'emparer d'une idée que venait de lancer un agent dévoué de la réaction royaliste, le chanoine Prévost, et qui consistait à faire nommer une grande députation du clergé parisien, chargée d'aller à Compiègne remercier Louis XIV du renvoi de Mazarin, et protester des sentiments de fidélité et d'obéissance de la capitale. Cette démarche impliquait, en somme, une sorte de désaveu des princes frondeurs, qui ne pouvaient lui être favorables, et Retz lui-même l'avait d'abord déclarée extravagante. Mais dès qu'il eut compris qu'elle pouvait servir ses vues, et l'avantage qu'il trouverait à se présenter devant le Roi à la tête d'une immense députation, il ne prit plus de repos qu'il n'eût échauffé les esprits en faveur de cet admirable projet, et obtenu du duc d'Orléans l'autorisation de convoquer en assemblées les différents corps du clergé. Ces assemblées se tinrent le 31 août, et nommèrent avec enthousiasme un grand nombre de députés qui, « ayant su que ledit sieur cardinal [de Retz] devait venir à la Cour », le prièrent tout naturellement de devenir leur chef et leur porte-parole. En sorte que, le 3 septembre, l'abbé Charrier, envoyé à Compiègne, suppliait les ministres d'accorder des passeports « à ceux du clergé de Paris qui ont prié ledit seigneur cardinal de les amener vers le Roi pour l'assurer de la continuation de leurs obéissances ».

Retz était donc parvenu rapidement à organiser son ambassade solennelle ; mais, pour réussir à la Cour, il fallait y préparer soigneusement le terrain. Il crut l'avoir fait suffisamment, et posséder toutes les chances de succès quand il eut envoyé un ami sûr exposer son plan à la princesse palatine, Anne de Gonzague, qui, ayant des amis dans les deux camps, servait obligeamment à Compiègne d'intermédiaire pour les négociations délicates. Elle lui envoya une réponse favorable, mais lui conseilla de brusquer sa venue pour éviter qu'on n'eût le temps de consulter l'*oracle*, auquel les *prêtres des idoles* souffleraient sa réponse, car ceux-ci, écrivait-elle, « aiment mieux que tout le temple périsse, que vous y mettiez seulement une pierre pour le réparer ». Elle lui demanda cependant cinq jours, pendant lesquels elle s'efforcerait d'agir directement sur Mazarin, en évitant l'intermédiaire de ces *prêtres des idoles*, qui s'appelaient Servien, Le Tellier, Ondedei et l'abbé Foucquet. Quand, après avoir fait attendre trois jours sa réponse, la Reine remit les passeports sollicités à l'abbé Charrier, en y ajoutant même « beaucoup d'honnêtetés », Retz demeura persuadé que la Palatine avait heureusement disposé l'*oracle* en sa faveur.

L'habile diplomate, en quittant Paris, se croyait donc sûr de l'entier appui d'Anne de Gonzague, sur laquelle il comptait beaucoup, et demeurait, en outre, persuadé que si les ministres de Compiègne, jaloux et autoritaires, lui restaient très hostiles, l'habile cardinal, qui, de loin, continuait à diriger la Reine, se relâcherait de sa défiance à son égard, et peut-être même lui viendrait en aide au moment opportun. Or, il se trompait lourdement dans ses prévi-

PLANCHE V

La magnifique et somptueuse entrée faicte à Paris à Leurs Majestés par les bourgeois et habitants de leur bonne ville.

(D'après une estampe de l'époque.)

sions, et les splendides projets qu'il étayait sur cette base n'en avaient en réalité aucune. Les archives des Affaires étrangères nous prouvent en effet que la princesse palatine, pour accueillante qu'elle fût à tous, était absolument dévouée aux intérêts de Mazarin ; et quant à Mazarin lui-même, sur qui Retz comptait pour intervenir en sa faveur auprès des ministres, voici ce que, le 6 septembre, il écrivait à Nicolas Foucquet :

« Je vous conjure de vous appliquer à rompre, par toutes sortes de voyes, les desseins du cardinal de Retz, et de croire comme un article de foy que, nonobstant toutes les belles choses qu'il fera et les protestations de sa passion au service de la Reyne et de vouloir me servir sincerement et pousser [dehors] Monsieur le Prince, il n'a rien de bon dans l'âme, ny pour l'Estat, ny pour la Reyne ny pour moy. Il faut donc bien garder les dehors et empescher qu'il ne s'introduise et qu'il ne puisse jouer, ny à la Cour ny à Paris, le personnage de serviteur du Roy bien intentionné ; car il est incapable de l'estre jamais en effect. Vous n'aurez pas grande peine avec la Reyne sur ce subject, ajoutait-il, car Elle le cognoist trop bien pour s'en fier jamais. »

Les ministres n'avaient pas besoin d'être encouragés ainsi : Retz, qui partait pour Compiègne avec une si belle confiance dans son éloquence et sa force de persuasion, allait jouer une suprême partie perdue à l'avance, et se heurter à une hostilité implacable, à peine cachée par Servien ou Le Tellier, mais dissimulée, chez la Reine ou chez la princesse palatine, sous des sourires trompeurs auxquels il se laissera prendre.

Il quitta Paris, le 9 septembre, magnifiquement escorté par douze chanoines de Notre-Dame, quatre de la Sainte-Chapelle, une foule de curés et de députés des communautés religieuses, et aussi par deux cents gentilshommes dévoués, et cinquante gardes du duc d'Orléans, chargés tant de lui faire honneur que de pourvoir à sa sûreté. Il coucha à Senlis, et parvint le 10 au matin à Compiègne.

Il n'y arriva pas toutefois sans quelques inquiétudes sur le résultat de sa démarche et même, s'il faut l'en croire, sur sa propre sécurité : tout comme trois ans auparavant, il soupçonnait les ministres de méditer son assassinat, alors qu'ils ne songeaient guère qu'à l'éconduire poliment. Mais plusieurs faits lui avaient paru l'indice d'une mauvaise volonté affichée par le gouvernement royal : ainsi, lorsqu'il s'était annoncé avec une suite aussi nombreuse et aussi imposante, on l'avait prévenu qu'on ne pourrait loger que quatre-vingts chevaux et il avait été sensible à cette tracasserie mesquine ; de même encore, et c'était plus grave, il était arrivé jusqu'à la ville sans rencontrer l'habituelle escorte de gardes du corps qu'il était d'un usage établi d'envoyer au-devant des cardinaux : cherchait-on donc à lui faire injure publiquement ?

L'accueil de la Reine, qu'il alla visiter le jour de son arrivée, ainsi que le Roi et le duc d'Anjou, dissipa quelque peu ses appréhensions. Anne d'Autriche savait dissimuler à merveille : elle « le reçut fort bien et se fâcha devant lui contre l'exempt des gardes qui ne l'avait pas rencontré et qui s'était égaré, lui dit-elle, dans la forêt ». Il y avait peut-être quelque chose de louche dans cette affaire, mais Retz, qui y soupçonnait la main des ministres, s'imaginait pouvoir gagner la confiance de la Reine, et comptait surtout beaucoup sur les indications de la Palatine pour agir sûrement et efficacement.

Cette dernière le reçut le soir même, et les négociations secrètes commencèrent ; il l'avait prévenue par écrit qu'il lui apportait « quelque chose de considérable » : c'étaient les offres de soumission du duc d'Orléans ; mais Retz, travaillant en même temps pour lui-même et voulant prendre des sûretés, exigeait préalablement la révocation de l'édit qui transférait le Parlement à Pontoise : moyennant quoi, il s'engageait à traiter au nom de Gaston en abandonnant Condé et « à faire la paix dans huit jours » ; huit jours encore, ajoutait-il pour séduire la Reine, et Mazarin reviendrait sans difficulté. Au fond, il demandait des concessions et des avantages et n'offrait en échange que des promesses ; or, pouvait-on avoir grande foi aux promesses du cardinal de Retz ? La Palatine ne le pensa pas, car elle écrivit à Mazarin qu'elle n'avait vu là « aucune sûreté » pour lui ; et elle s'exprima dans le même sens auprès de la Reine et des ministres, auxquels elle rapporta l'entretien le lendemain matin.

Ceux-ci, d'ailleurs, s'ils cherchaient à évincer Retz, et s'ils étaient fort décidés à le laisser partir les mains vides, ne voulaient nullement le rebuter ni le décourager au point de le jeter à des résolutions désespérées et peut-être dangereuses en raison de l'influence qu'il gardait sur Paris. Il fut donc convenu qu'Anne d'Autriche lui accorderait l'audience qu'il sollicitait et qu'elle continuerait à se montrer aimable. Elle le reçut donc le 11, mais auparavant eut lieu, le matin, la cérémonie de la remise de la barrette, qui avait motivé la venue à Compiègne du nouveau cardinal.

Cette cérémonie se fit avec la solennité accoutumée. Vers onze heures, le sieur de Berlize, Conseiller ordinaire du Roy en son Conseil et Conducteur des Ambassadeurs et Princes estrangers, alla chercher chez eux, avec les carrosses du Roi et de la Reine, le cardinal de Retz ainsi que le camérier du Pape, chargé par Sa Sainteté d'apporter le bonnet, et arrivé à Compiègne en même temps que lui.

Les deux prélats, amenés au château, furent introduits d'abord dans une des salles, où Berlize pria Retz d'attendre quelques instants. Le conducteur des ambassadeurs introduisit alors le camérier auprès du Roi, qui reçut de ses mains le bref du pape conférant la dignité cardinalice à Paul de Gondi. On prit ensuite le chemin de la chapelle, où le bonnet fut placé sur l'autel, dans un bassin d'argent, et recouvert d'un voile de taffetas cramoisi.

Louis XIV, sa mère et toute la Cour assistèrent ensuite à la messe. Lorsqu'elle fut terminée, le camérier, allant chercher le bassin, le présenta au Roi, tandis que Retz s'agenouillait aux pieds de celui-ci. Louis alors prit le bonnet et le posa sur la tête du nouveau cardinal en lui disant :

— Je vous donne le bonnet que j'ai demandé pour vous au Pape.

Et, en même temps, il lui remit le bref.

Retz remercia, puis, s'éclipsant un instant, dépouilla son camail violet « un peu à l'écart et hors la vue du roi », revêtit les insignes du cardinalat, et, maintenant tout habillé de rouge, s'en vint à nouveau remercier Leurs Majestés de la faveur qu'elles avaient obtenue pour lui du Souverain Pontife.

Cette cérémonie, toujours grandiose, empruntait aux circonstances politiques qui l'accompagnaient une importance toute particulière et Paris était prêt à s'en réjouir comme d'un symptôme heureux de la réconciliation espérée. Loret écrivait, en vers déplorablement faciles :

> Monsieur le cardinal de Rets
> Chargé des communs intérêts,
> Un des jours de cette semaine,
> Alla voir le Roy, la Reyne,
> Dont il fut, si le bruit ne ment,
> Receu trés-favorablement ;
> Et pour lui faire mieux la feste,
> Le Roy, mesme, lui mit en teste,
> Avec un port grave et royal,
> Le beau Bonnet de Cardinal,
> Qu'un Camérier, assez bon-Homme,
> Avait, à grands frais, aporté
> De la part de Sa Sainteté.
> Lors on luy fit la révérence,
> Chacun le traita d'Eminence,
> Luy parla, le congratula,
> Et certes, il fut ce jour-là
> Complimenté de tout le monde,
> Sur sa dignité rubiconde.

Cependant, tandis que M. de Berlize reconduisait chez lui le camérier du Pape, Retz accompagnait les souverains dans leurs appartements et suivait Anne dans « son petit cabinet », où elle lui accorda, en tête à tête, l'entretien politique qu'il désirait tant.

Abordant d'emblée le fond de la question, il lui déclara tout d'abord qu'il venait de la part du duc d'Orléans et « qu'il était dans la résolution de la servir réellement et effectivement, promptement et sans aucun délai » : pour la convaincre, il lui montra un billet signé Gaston.

La Reine parut enchantée, ou feignit de le paraître :

— Je savais bien, Monsieur le Cardinal, lui dit-elle, que vous me donneriez à la fin des marques de l'affection que vous avez pour moi.

Retz, prenant ces politesses pour argent comptant, croyait déjà avoir partie gagnée, quand on gratta à la porte. Ondedei apparut ; Anne s'excusa, sortit, ne revint qu'au bout d'un quart d'heure, et, dès lors, lui parut « embarrassée et changée dans sa manière de parler. J'observai, dit-il encore, que, quand elle rentra, elle se mit auprès d'une fenêtre dont les vitres descendent jusques au plancher, et qu'elle me fit asseoir en lieu où tout ce qui était dans la cour la pouvait voir et moi aussi. »

Il demeura persuadé que la conquête de la Reine était aux trois quarts faite, quand, apprenant leur entretien, les ministres, jaloux et inquiets, s'étaient empressés de l'interrompre et de rappeler Anne d'Autriche à l'ordre en invoquant le nom de Mazarin. L'audience en effet fut dès lors très courte, et, après l'avoir remercié de ses sentiments, la Reine, sans vouloir discuter, lui dit de suite :

— Comme les conversations particulières feraient philosopher le monde plus qu'il ne convient à Monsieur et à vous-même, à cause des égards qu'il faut garder vers le peuple, voyez la Palatine et convenez avec elle de quelque heure secrète où vous puissiez voir M. Servien.

L'entrevue, non seulement avec Servien, mais encore avec Le Tellier, eut lieu, en effet, le soir, vers onze heures, chez Anne de Gonzagne. Elle fut longue et dura près de deux heures ; on parla un peu de tout, mais on n'aboutit à rien de précis, les ministres étant décidés à ne prendre aucun engagement et même à ne pas entamer de véritables négociations : « Nous nous étions engagés à cette conférence, écrivaient-ils eux-mêmes à Mazarin, avec résolution de ne rien faire, mais seulement d'essayer de nous bien séparer d'avec lui, sans qu'il lui restât aucun soupçon qu'on ne voulût pas se servir de lui dans l'accommodement. »

Retz sentit le parti pris, mais ne le crut pas aussi enraciné qu'il l'était en réalité, et, pour le vaincre, il multiplia les protestations, les promesses, et les discours. Il commença sans succès par insister pour le retour à Paris du Parlement de Pontoise et par mettre en avant les intentions du duc d'Orléans, en affirmant qu'il consentirait à traiter au besoin sans Condé ; puis, pour échauffer la froideur persistante de ses interlocuteurs, il abonda exagérément dans leur sens, se fit plus royaliste que le Roi et plus *mazarin* que le cardinal exilé, de qui il se déclara le serviteur zélé avec « force protestations ». « Il a juré un grand serment qu'il voulait être bien avec Son Éminence parce qu'étant dans la dignité où il est, il aimerait mieux mourir que de choquer désormais la Reine, et qu'au reste ses affaires sont trop délabrées pour prétendre à une autre place que celle qu'il a. » Faut-il des gages ? il en donnera : si l'on ne parvient pas plus à un accommodement avec le duc d'Orléans qu'avec Condé, il est prêt « de se mettre à la tête de ceux qui sont bien intentionnés pour le Roi et de chasser Monsieur le Prince de Paris ». Qu'on le pousse un peu, et « il s'oblige à faire, dans trois jours, tout ce qui se peut, par ses gens à Paris, pour porter les choses à un point qui puisse étonner le duc d'Orléans et le prince de Condé et fortifier ceux qui prennent le parti du Roi ».

Mais les ministres, sans le rebuter de front, éludaient ses propositions : ils avaient peu de foi dans sa sincérité, ils croyaient n'avoir pas besoin de lui pour opérer la contre-révolution à Paris et ne tenaient nullement à recruter sans nécessité un pareil allié ; ils s'inspiraient des idées de Mazarin lui-même, qui leur écrivait : « Si le cardinal de Retz doit estre l'instrument des advantages du Roy dans Paris, je crois que c'est un tres-grand malheur...; mais il faut empescher, par toutes sortes de voyes, qu'il ne s'erige pas en chef de party du Roy dans Paris, veu que ce n'est pas luy qui l'a formé, et qu'il ne s'y jette presentement que par pure necessité. »

Aussi Servien et Le Tellier, en présence de la Palatine impassible, le laissèrent-ils, sans sortir de leur réserve polie et glacée, s'agiter, discourir, entasser promesses sur projets, perdre visiblement son sang-froid en face de celui de ses adversaires, et prodiguer un flux de paroles parfois incohérentes : « Je puis vous dire, en vérité, écrivait Le Tellier à Mazarin, qu'il n'a aucune connaissance des affaires,... et qu'il a des yeux de fol, qu'il ne parle que d'intrigue, de résolution, des habitudes qu'il a dans Paris, des moyens qu'il sait pratiquer pour se maintenir en la créance qu'il y a acquise, de son aversion pour M. de Beaufort et du peu de cas qu'il fait de Monsieur le Prince. » Cet homme, qui avait tenu tant de place, qui se présentait encore entouré de tant de pompe, se sentait peu à peu couler au fond, dans le grand naufrage de la Fronde ; il se débattait désespérément, et, pour qu'on lui tendît la main, il cherchait fiévreusement à créer des illusions sur sa véritable conduite... mais ce fut en vain.

L'entretien, dans ces conditions, ne pouvait aboutir à grand'chose : pour paraître prendre une décision, il fut convenu que Retz approfondirait encore les intentions du duc d'Orléans et resterait en communication avec la princesse palatine : c'était une fin de non-recevoir, et le cardinal, de fort méchante humeur contre ces ministres sans souplesse et, à son avis, sans intelligence des affaires, dut s'avouer que sa grande ambassade avait manqué son but secret..., le plus important d'ailleurs.

Par contre, les manifestations extérieures ne manquèrent pas de grandeur et lui-même remporta un réel et grand succès quand, le lendemain, 12 septembre, il parut devant le Roi à la tête du clergé parisien.

A quatre heures après dîner, le maître des cérémonies Sainctot vint le chercher ainsi que les députés, et les introduisit dans le grand cabinet de la Reine, où Leurs Majestés siégeaient, dans des fauteuils placés sous un dais ; derrière les souverains se tenaient debout le marquis de Gesvres, capitaine des gardes du corps du Roi ; M. de Guitaut, capitaine des gardes de la Reine ; le marquis de Créqui, premier gentilhomme de la Chambre et le marquis de Roquelaure, grand-maistre de la Garde-robe. A côté de Louis XIV avait pris place le chancelier Séguier, et à côté d'Anne d'Autriche, le garde des sceaux Mathieu Molé ; « des deux côtés, en bordant l'ouverture » par où devaient pénétrer les membres du clergé, on pouvait remarquer le prince Thomas, les ducs d'Elbeuf et d'Anville, les maréchaux d'Estrées, de Villeroi et du Plessis, le sieur de Senetère, le comte de Servien, ministre d'État, la princesse palatine, la duchesse de Chaulnes, « et une infinité d'autres personnes de qualité ».

Le secrétaire d'État Guénégaud et Sainctot introduisirent le cardinal de Retz, qui dut, dans cette pièce relativement petite, « fendre la foule assez difficilement, tant l'affluence était grande » ; et, après avoir « fait ses révérences », il commença son discours. Cette harangue, dont ses adversaires firent courir à Paris une contrefaçon d'ailleurs pitoyable, est, en réalité, fort bien faite et souvent d'une belle allure ; Retz y trace, du rôle et de l'influence légitimes de l'Église, un beau tableau ; il proteste de sa fidélité, mais réclame hautement la paix en son nom et avec l'autorité qu'elle doit avoir ; il se porte aussi garant des sentiments loyaux de Paris tout entier et rappelle heureusement à Louis XIV son aïeul Henri IV et la clémence dont il usa à l'égard de sa capitale révoltée ; enfin, après avoir consacré un mot discret et juste de ton au duc d'Orléans et au prince de Condé, le cardinal n'hésite pas, en terminant, à se comparer à saint Ambroise intervenant auprès de Théodore.

Son succès fut grand et mérité. Louis XIV se borna à répondre « qu'il ferait entendre sa volonté ». On reconduisit Retz et la séance solennelle fut levée. Le lendemain, à midi, Guénégaud apporta la réponse écrite du Roi.

Le cardinal, dans ses *Mémoires*, la qualifie d' « honnête, mais générale » ; nous sommes plutôt de l'avis du P. Léon qui écrivait à Mazarin : « La venue du clergé, non par députation, mais par tourbe et union, a apporté de belles paroles, et en a remporté de fortes. » Le jeune souverain, en effet, déclarait bien qu'il reviendrait volontiers à Paris et annonçait même qu'il faisait préparer Saint-Germain pour se rapprocher de sa capitale ; mais, parlant de ce retour désiré, il ajoutait sévèrement : « Il est très nécessaire que les bons sujets de ladite ville, pour se mettre en état de profiter de ce bien, se délivrent des obstacles qui les en ont privés jusqu'à présent, et qu'ils n'y souffrent plus le pouvoir violent de ceux qui, pour faire durer les troubles qu'ils ont excités, n'ont d'autre but que de tenir toujours les principaux membres de l'État séparés de leur chef. »

Retz, après la réception de ces « fortes paroles », se présenta, à trois heures, en audience de congé, puis reprit le chemin de Paris. Il était temps, d'ailleurs, que son séjour prît fin, car il s'y fût ruiné : pour faire montre de sa magnificence et relever l'éclat de son ambassade, ou bien, comme disaient ses ennemis, « pour satisfaire à son humeur fastueuse », il s'était fait, nous l'avons vu, accompagner d'une escorte nombreuse : à Compiègne, il tenait sept tables servies en même temps et dépensait huit cents écus par jour. Anne d'Autriche, d'ailleurs, et avec elle les ministres, ne se gênaient pas pour se moquer ouvertement de cette ostentation ; Retz se sentait en atmosphère hostile ; on lui prêtait des phrases et des attitudes qui étaient loin de le montrer à son avantage, et on ne lui épargnait pas beaucoup les railleries dont il se trouvait extrêmement mortifié. L'échec de ses démarches n'était point fait en outre pour rendre son humeur meilleure.

Il prit donc congé volontiers, ayant hâte de retrouver sa bonne ville. La Reine lui dit, en le quittant, « qu'elle remerciait Monsieur, qu'elle se sentait très obligée, qu'elle espérait qu'il continuerait à suivre les dispositions nécessaires au retour du Roi, qu'elle l'en priait et qu'elle ne ferait pas un pas sans le concerter avec lui ».

— Je crois, Madame, qu'il aurait été à propos de commencer dès aujourd'hui, répliqua Retz avec un à-propos qui n'était pas exempt de mauvaise humeur.

« Elle rompit le discours », et il partit. Cette fois, cent gardes du corps l'accompagnèrent jusqu'à Senlis, et bientôt l' « applaudissement incroyable » dont l'accueillirent les Parisiens, le consola un moment de l'accueil assez différent qu'il avait reçu à Compiègne.

***

Conformément à l'intention de se rapprocher de Paris, qu'il avait manifestée dans sa réponse au clergé, Louis XIV, quatre jours plus tard, quitta Compiègne et partit pour Mantes. En guise de remerciement à la ville qui s'était toujours montrée si prompte à l'accueillir, il laissa au collège une rente de 3 000 livres, à prendre sur le produit des ventes de bois dans la forêt, « afin que cet établissement, jouissant de plus d'aisance, fût plus en état de perpétuer dans les cœurs des enfants les bons sentiments qui animaient leurs pères ». Le 17, à dix heures du matin, il reçut en audience de congé le lieutenant général Thibault d'Arneval, qui, au nom de tous les habitants, lui exprima la gratitude de Compiègne « pour l'honneur que cette ville avait reçu par la présence de Sa Majesté ».

— Je suis assuré de votre fidélité, répondit Louis. Assurez-vous aussi de mon amitié.

Le lieutenant alla de même porter « son compliment à la Reine, qui le reçut avec les témoignages d'une entière satisfaction ». Puis le Roi monta à cheval, et sa mère dans son carrosse. Suivis de la foule des seigneurs qui, désormais, ne fera que grossir autour d'eux, ils allèrent entendre la messe à Saint-Jacques, puis partirent aux acclamations d'une foule épaisse, qui les accompagna longtemps de ses cris de : Vive le Roi !

La Fronde agonisait. Chaque jour, le parti royaliste devenait plus nombreux et plus entreprenant ; les ministres commençaient à l'encourager plus ouvertement. « Il faut flatter Paris et ayder le peuple, avec les armes et les autres moyens que l'on jugera les meilleurs, à secouer le joug des princes et revenir au Roy, ainsy qu'il paroist tres-disposé à faire », écrivait Mazarin. Servien et Le Tellier avaient encore plus confiance que lui dans ce mouvement, et de là venait leur assurance quand ils repoussaient les propositions de Retz et des autres. Ils envoyèrent aux bourgeois parisiens, qui réclamaient leur appui, des officiers déterminés, tout prêts à risquer un coup de main décisif avec l'appui de l'opinion publique ; ceux-ci, nommés Rubentel de Mondétour, de Bournonville, du Pradel, introduisirent un à un près de trois cents soldats sûrs, noyau solide pour l'action entrevue. Enfin les ministres se décidèrent, en faisant intervenir le Roi en personne, à donner un appui moral et une base légale à l'agitation contre les Frondeurs.

La veille même de son départ de Compiègne en effet, Louis XIV envoya aux chefs du mouvement un message qui leur ordonnait formellement d'agir, et qui, destiné à être publié, devait servir à intimider le gouvernement des princes, au cas où ceux-ci eussent voulu tenter une répression : « Sa Majesté, disait ce document, étant bien informée de la continuation des bonnes intentions des habitans et bons bourgeois de sa bonne ville de Paris pour son service et pour le bien commun de ladite ville, ...a permis et permet auxdits habitans et à chacun d'eux en particulier, et en tant que besoin est. Elle leur enjoint et ordonne très expressément, de prendre les armes, s'assembler, occuper les lieux et postes qu'ils jugeront à propos, combattre ceux qui voudront s'opposer à leurs desseins, arrêter les chefs et se saisir des factieux par toutes voies et généralement faire tout ce qu'ils verront être nécessaire et convenable pour rétablir le repos et l'ancienne obéissance envers Sa Majesté, ...laquelle leur donne tout pouvoir de ce faire par la présente qu'Elle a signée de sa main, et y a fait apposer le cachet de ses armes, voulant qu'elle serve de décharge et commandemant à tous ceux qui agiront, en quelque sorte et manière que ce soit, pour l'exécution d'icelle... »

Ce vigoureux appel aux armes, signé du Roi lui-même et coïncidant avec sa marche vers Paris, galvanisa ses partisans et entraîna les indécis. Le 24 septembre, les bourgeois royalistes se réunirent ouvertement au Palais-Royal et lurent l'appel que nous venons de reproduire. Le duc d'Orléans, lieutenant général, et les autres autorités nommées par les Frondeurs, essayèrent vainement de négocier ; le prévôt des marchands, Broussel, et le corps de ville, irrégulièrement nommés par les rebelles, se sentirent débordés et démissionnèrent ; la nouvelle municipalité, régulière et loyaliste, fut reçue par le Roi et le pria officiellement de revenir dans sa capitale. Le 13 octobre, le duc de Lorraine, menacé par Turenne, et auquel les Parisiens commençaient à couper les vivres, battit en retraite vers ses États ; Condé, préférant l'exil à la soumission, partit avec lui ; le lendemain Beaufort se démit à son tour du gouvernement de Paris ; le duc d'Orléans, timoré et indécis, se tenait coi, malgré Retz, qui, répudié par les royalistes, le poussait encore à résister.

Rien ne s'opposait plus dès lors au retour du Roi, qui s'effectua solennellement le 21. Le 22, Gaston partit pour Limours expier sa faiblesse par une longue retraite loin de la Cour ; le cardinal de Retz, pour sa part, paya d'audace ; il se présenta avec sérénité devant le Roi et témoigna d'une satisfaction qu'il était loin d'éprouver : la paix s'était faite sans lui, malgré lui et contre lui ; comme il continua d'intriguer, on le lui fit bien voir, et quelque assuré qu'il se montrât d'être intangible au milieu de ses Parisiens, il fut, bel et bien, le 19 décembre, arrêté et mis à Vincennes... Le 3 février suivant,

Mazarin, plus puissant que jamais, et cette fois, sûr du lendemain, rentrait au milieu de l'enthousiasme général.

Deux ans plus tard, Compiègne était, une fois de plus, témoin de son triomphe. N'est-ce point, en effet, comme un épilogue des événements qui précèdent, comme un symbole aussi de l'insolente fortune du cardinal, que le mariage de sa nièce, Laure Martinozzi, avec Alphonse d'Este, duc de Modène, et prince souverain? Et ce n'était point encore la plus brillante des unions qu'il avait obtenues pour sa famille, puisque dès 1651, le duc de Mercœur avait fait entrer Laure Mancini dans la famille royale, après des péripéties dont nous avons raconté les débuts, et puisque le prince de Conti et Eugène de Savoie étaient devenus ses neveux. En sorte que le poète-journaliste Loret, après avoir décrit les cérémonies

> De l'hymen enfin réussi
> De la belle Martinozy,

le ballet « plaizant et nouveau », qui, parmi

> Les bals, les festins, les musiques,

dura plus de trois heures et montra

> ... les danseurs les mieux connus,
> Légers comme des girrouètes,

Loret n'était-il pas fondé à conclure, qu'

> Ainsi le ciel, malgré l'envie
> Bénit les desseins et la vie
> De monseigneur le cardinal,
> Illustre et grand original?

SOURCES

Manuscrits. — Aux Archives nationales, carton K 1000. Aux archives du Ministère des affaires étrangères, *France*, vol. 884, 885, 887, 888.

A la Bibliothèque nationale : *Papiers d'État de* Le Tellier (ms. français nos 6881, 6889, 6890); *Mémoires de M.* le Mareschal d'Estrées *sur ce qui s'est passé en France pendant la régence de la reyne Anne d'Austriche, finissans au mois de mars... 1650* (ms. français n° 16057); *Remarques journallieres et veritables de ce qui s'est passé dans Paris et dans quelques aultres endroits du Royaume, et ailleurs* (ms. français nos 10273 et 1652 (10275).

Imprimés. — *Lettres du* CARDINAL MAZARIN *pendant son ministère*, recueillies et publiées par M. A. Chéruel; *Registres de l'Hôtel de Ville de Paris pendant la Fronde; Harangue faite au Roi par* MONSEIGNEUR LE CARDINAL DE RETZ, *en présence de Monseigneur le nonce du Pape, assisté de Messieurs du clergé, pour la paix générale. Faite à Compiegne, le onzieme septembre 1652; La véritable harangue faite au Roi par* MGR LE CARDINAL DE RETZ, *pour lui demander la paix et son retour à Paris, au nom du clergé et accompagné de tous ses députés, prononcée à Compiègne le 12 septembre 1652; La véritable réponse du* ROI *à la Harangue du cardinal de Retz et MM. du Clergé.*

Le Premier Mercure de Compiegne, depuis l'arrivée du Roy en ceste Ville, jusques à jeudy 10. jour du mois de juin 1649. En Vers Burlesques; Le troisieme Mercure de Compiegne et d'Amiens, depuis le dix-neuf Juin, jusques au 1. jour de juillet 1649; La Muze historique, ou recueil des Lettres en Vers, contenant les Nouvelles du temps. Écrites à Son Altesse Mademoizelle de Longueville, par le Sr LORET; *Recueil des gazettes, nouvelles ordinaires et extraordinaires* par THÉOPHRASTE RENAUDOT.

Mémoires du père BERTHOD; *Histoire de Louis de Bourbon, II*^{e} *du nom, prince de Condé, premier prince du sang, par* P... [PIERRE COSTE]; *Mémoires de* NICOLAS GOULAS, *gentilhomme ordinaire de la Chambre du duc d'Orléans; Mémoires de* GUY JOLY; LA ROCHEFOUCAULD, *Mémoires et Portrait du cardinal de Retz; Mémoires de François de Paule de Clermont,* MARQUIS DE MONTGLAT; *Mémoires de* MLLE DE MONTPENSIER, *petite-fille de Henri IV; Mémoires de* MADAME DE MOTTEVILLE; *Journal* d'OLIVIER D'ORMESSON; *Mémoires de Jacques de Chastenet, seigneur de* PUYSÉGUR; *Mémoires de* OMER TALON, *avocat général en la Cour du Parlement de Paris, continués par* DENIS TALON, *son fils; Mémoires du* CARDINAL DE RETZ.

Histoire des princes de Condé pendant les XVIe *et XVII*^{e} *siècles,* par M. LE DUC D'AUMALE, *de l'Académie française;* ARVÈDE BARINE, *La jeunesse de la Grande Mademoiselle;* A. CHÉRUEL, *Histoire de France pendant la minorité de Louis XIV, et Histoire de France sous le ministère de Mazarin;* SAINTE-AULAIRE, *Histoire de la Fronde; La jeunesse du Maréchal de Luxembourg,* par PIERRE DE SÉGUR.

UN CAMP DU ROI-SOLEIL

Compiègne, en 1652, avait vu les débuts de la pompe royale que Louis XIV adolescent commençait à déployer avant même que fussent finies les guerres de la Fronde et qu'il pût rentrer en maître dans sa capitale : pompe qui, aux contemporains, avait pu sembler magnifique, après les années de troubles, de vie errante et de pénurie d'argent, mais que devaient infiniment dépasser les magnificences du Grand Siècle. De ces magnificences, la vieille ville « très fidèle à ses rois » et le vieux château que tant de souverains, depuis Charles V, avaient habité, restauré, agrandi, sinon beaucoup embelli, devaient avoir très largement leur part ; et le grand *camp* de 1698, qui est resté comme l'exemple et le symbole du luxe le plus excessif, ainsi que des prodigalités les plus folles, en marque l'apogée, comme il marque l'apogée de la puissance et de la majesté de Louis XIV.

Si Compiègne ne tint pas, dans la vie du grand Roi, la même place que Versailles, par exemple, on ne peut dire cependant qu'il l'ait négligée, car on a pu compter qu'il y fit jusqu'à soixante-quinze séjours : c'est dire qu'il y vint presque tous les ans et même plus d'une fois par an. Bien des souvenirs s'y rattachaient aussi pour lui, souvenirs charmants que l'éloignement dans le passé rendait sans doute un peu mélancoliques : n'était-ce point là qu'avait débuté sa liaison avec Mme de Montespan, sous les yeux mêmes de la Reine, à qui seule échappaient les combinaisons propices des appartements ? N'était-ce point pendant une course dans la forêt que la jolie Fontanges, décoiffée par le vent, avait rattaché tant bien que mal ses cheveux blonds avec un ruban, et que Louis avait été séduit par ce négligé qu'il avait déclaré charmant : si bien qu'aussitôt les coiffures *à la fontange* avaient fait fureur à la Cour?...

Le château, cependant, restait fort indigne du maître de Versailles :

— Je suis logé à Versailles en roi, disait-il, à Fontainebleau en prince, à Compiègne en paysan.

Nous avons vu qu'il avait, de bonne heure, apporté à cette maison « de paysan » des améliorations importantes et qu'il avait fait construire tout un corps de bâtiments nouveau, où il installa ses appartements personnels. Il fit également restaurer en son entier la façade qui, le long de la terrasse, regardait la forêt; et, de l'autre côté du fossé, qui courait toujours au pied de cet ancien rempart, il avait fait tracer un jardin à l'emplacement de celui d'aujourd'hui. Il dota, en outre, le château d'un grand escalier, moins monumental d'ailleurs que celui d'aujourd'hui, qui se trouvait, non pas au milieu de la façade, mais dans l'angle gauche de la cour, et qui aboutissait, au premier étage, en face de la chapelle. Enfin, s'il ne modifia pas très profondément l'aspect extérieur, et s'il se borna en somme à ajouter, à un ensemble irrégulier, un appendice plus irrégulier encore, il décora et meubla du moins très richement l'intérieur, où il prodigua, paraît-il, les tentures et les mobiliers somptueux, ainsi que les tableaux, les statues, voire même les pierres précieuses. La forêt, qui constituait certainement le grand agrément du séjour, fut, de son côté, l'objet d'aménagements et d'améliorations importantes : c'est alors que l'on créa le grand octogone, en même temps qu'on perçait cinquante-quatre nouvelles routes, qu'on jetait des ponts de pierre sur les ruisseaux, qu'on construisait des maisons de gardes et des faisanderies.

La ville elle-même connut, grâce aux fréquents séjours du Grand Roi, une période de prospérité, et se couvrit de constructions neuves : on bâtit la grande et la petite chancellerie, les écuries du Roi et de Monsieur, les hôtels de la Guerre, des Menus, etc. Les particuliers, entraînés par la contagion de l'exemple, profitant de l'afflux d'argent provoqué par la venue de la Cour et escomptant en outre des profits importants, construisaient aussi, et les environs eux-mêmes voyaient s'élever des châteaux neufs ou se transformer les anciens. Les habitants de la ville d'ailleurs, bourgeois ou artisans, profitaient du grand nombre des personnages qui suivaient le Roi ou que sa présence attirait, et dont les trente appartements du château, restés insuffisants, ne logeaient qu'une faible partie, pour louer leurs maisons à très haut prix, quitte à aller eux-mêmes, pendant ce temps, coucher dans leurs greniers ; la location des écuries était, elle aussi, une excellente spéculation, et l'on disait que la ville pouvait abriter vingt mille chevaux, ce qui est sans doute exagéré.

Quelles que fussent cependant les capacités de logement de Compiègne, elles furent loin de suffire à l'énorme affluence, à l'invasion de courtisans et de badauds qui se produisit au mois d'août 1698, quand Louis XIV vint assister aux exercices militaires du *camp* qu'il avait ordonné pour l'instruction de son petit-fils le duc de Bourgogne.

Ces *camps* de l'ancienne monarchie étaient l'équivalent des grandes manœuvres modernes, et les troupes, réunies aussi nombreuses que possible, y procédaient, tout comme aujourd'hui, à des évolutions et à des combats, soit contre un ennemi figuré, soit entre deux partis ; mais, au lieu de changer de cantonnements chaque jour, on les réunissait toutes sous la tente, en un vaste camp, qu'elles regagnaient ordinairement chaque soir. Ces exercices, en outre, souvent exécutés en présence du souverain, de la Cour, des dames, quoique tout aussi sérieusement conduits sans doute, au point de vue militaire, que ceux de maintenant, et tout en ayant bien comme but réel l'instruction des soldats et des chefs, devenaient l'occasion de réceptions, de fêtes, de revues, où le goût du luxe et des plaisirs se donnait libre carrière. Ils avaient donc, pour ainsi dire, deux faces, l'une sérieuse et guerrière, l'autre toute mondaine, à la réunion desquelles ils devaient un attrait particulier.

Sous ce double rapport, celui de 1698 marqua dans les fastes de l'ancienne monarchie. Louis XIV, au lendemain des traités de Ryswick, qu'avaient précédés de brillantes victoires sur la ligue d'Augsbourg, venait de tenir tête à l'Europe entière coalisée contre son orgueilleuse puissance ; et s'il ne tirait point, en définitive, d'avantages bien marqués de campagnes longues et coûteuses, sa gloire restait intacte, accrue même du prestige de nouveaux triomphes militaires ; jamais non plus sa Cour n'avait paru plus brillante, jamais le luxe ne s'y était donné plus libre carrière sous l'œil bienveillant du maître dont il rehaussait encore la grandeur ; et lui-même, entouré des pompes les plus grandioses de la monarchie absolue, s'imposant au respect universel autant par sa majesté personnelle que par le prestige d'une étiquette inflexible et compliquée, semblait vraiment une sorte de demi-dieu et méritait son surnom éclatant de Roi-Soleil. A la veille des échecs militaires de la guerre de succession d'Espagne, des deuils de la famille royale, d'une vieillesse dominée par l'influence austère de Mme de Maintenon, ce camp de 1698 est comme l'apothéose d'un règne magnifique dont l'éclat ne pourra plus que décroître.

« Le Roi, désormais en pleine paix, écrit Saint-Simon, voulut étonner l'Europe par une montre de sa puissance, qu'elle croyait avoir épuisée par une guerre aussi générale et aussi longue, et en même temps se donner, et plus encore à Madame de Maintenon, un superbe spectacle sous le nom de Mgr le duc de Bourgogne : ce fut donc sous le prétexte de lui faire voir une image de la guerre et de lui en donner les premières leçons, autant qu'un temps de paix le pouvoit permettre, qu'il déclara un camp à Compiègne, qui seroit commandé par le maréchal de Boufflers, sous ce jeune prince. »

Des trois raisons que donne le duc, dans ses *Mémoires*, à ces splendides exercices militaires, il nous semble cependant que la dernière, qu'il qualifie de prétexte, était, à vrai dire, la principale. Que Louis, lorsqu'il réunissait aux environs de Compiègne 50 bataillons d'infanterie et 52 escadrons de cavalerie, soit en tout une soixantaine de mille hommes, avec 40 canons, quand il inquiétait les puissances voisines par la réunion, en pleine paix, de forces aussi considérables pour l'époque, ait obéi, dans une certaine mesure, à une pensée d'intimidation diplomatique, nous n'y contredirons pas, non plus qu'au goût qu'il montra toujours pour les spectacles brillants et grandioses. Mais, outre qu'il est injuste, comme nous le verrons plus loin, de faire intervenir ici Mme de Maintenon, et de lui prêter un rôle en contradiction formelle avec son attitude et ses goûts, il semble vraiment que le but principal visé par le Roi ait bien été un but d'éducation.

Nous en trouverions au besoin une preuve dans ce fait qu'il rédigea de sa propre main les instructions relatives au camp, et surtout dans le caractère essentiellement pratique et utilitaire qu'il leur donna. Nous ne croyons même pas sans intérêt de reproduire assez largement cet autographe royal, dont l'original a été détruit en 1871, mais dont plusieurs copies subsistent, tant au Ministère de la Guerre qu'à Compiègne et que dans l'ouvrage de Vatout ; en outre de sa valeur historique, il ne laisse pas d'ailleurs que d'offrir d'intéressants rapprochements avec les *thèmes* de nos modernes manœuvres.

Voici, par exemple, les principaux exercices que prescrit le Roi :

...«... III. Une marche ordinaire de toutte l'armée et de l'artillerie, avec une halte posant de petites gardes pour n'estre pas environnés de partis ennemis.

« IV. Un fourage avec les troupes nécessaires pour faire un cordon autour du lieu où l'on devra fourager.

« Une allarme avec une fuite de fourageurs, après un coup de canon que l'on tirera du camp pour les rapeller.

« L'escorte se retirera en bon ordre devant les troupes qui auront paru vouloir tomber sur les fourages.

« V. Séparation de l'armée en deux, et marche des deux armées s'observant et essaiant de prendre quelque [avantage] l'une sur l'autre, avec plusieurs partis sur les aisles et aux arrières gardes ; les armées se mettront en bataille dans les postes qu'elles choisiront ; l'on recannera et l'on escarmouchera à la teste des gardes entre les deux armées ; quelques officiers demanderont à parler sur parole.

« VI. On poussera les gardes de l'armée qui seront soustenues par le piquet, qui obligera ceux qui auront poussé à se retirer un peu brusquement, mais avec quelque ordre, au corps qui les aura destachés ; l'allarme sera dans le camp, l'infanterie prendra les armes, la cavalerie montera précipitamment à cheval, et quand le piquet se retirera, les troupes rentreront dans le camp.

« VII. On pourra faire gaigner diligeament quelque poste par des dragons, soutenus par un corps de troupes considérable ; à la veue des ennemis, un combat général ; après, se postant de part et d'autre le mieux que l'on pourra, se servant de l'infanterie, des dragons et du canon dans les lieux où ils pourront servir utilement, une des armées pourra se retirer, avec ordre, devant l'autre. Dans tous les mouvemens que l'on fera, on marquera bien les lieux jusques où l'on devra pousser, et ceux d'où l'on devra se retirer. Il faut en bien instruire les officiers, afin qu'il n'y ait point de confusion ny de désordre, et qu'il n'arrive rien de fâcheux.

« VIII. Un passage de rivière en marchant aux ennemis et en se retirant.

« IX. Une armée se retranchera, et l'autre attaquera ; les lignes seront forcées, mais l'armée chassera l'autre des retranchements, et l'obligera à se retirer.

« X. On investira une place, on ouvrira la tranchée, on fera une batterie, le canon tirera de part et d'autre, la cavalerie portera les fassines, les travailleurs aussi avec leurs outils ; on battera une chamade, on fera une capitulation ; et s'il y a du temps, on prendra les postes et l'on verra sortir la garnison.

« XI. Un convoy avec son escorte inquiestée à la teste, dans les flancs et la quëue de la marche, par des partis.

« XII. On changera de camp, marchant sur plusieurs collonnes avec les destachemens à l'ordinaire, pour assurer sa marche et pour aller au campement. On fera remarquer comment la cavalerie s'esbranle, et comment touttes les troupes doivent passer des défilés en confusion et sans desordre. »

Les détails ne sont d'ailleurs pas sacrifiés aux évolutions d'ensemble, et nous lisons, de la main du Grand Roi, les indications suivantes : « manière de donner des ordres, — police de l'armée, — destail des distributions de poudre, de plomb, d'outils et de toutte autre chose, de quelque nature que ce soit », et encore, par deux fois : « voir le maniement des armes », puis : « avoir soin de l'hospital, et le visiter, — une revue du commissaire ». Louis tenait à ce que son petit-fils reçût une instruction sérieuse et approfondie et ne négligeât aucun côté, même peu glorieux, de son éducation de chef.

Il avait reporté une affection particulière, et sans doute de grandes espérances, sur ce petit duc de Bourgogne, qui promettait d'ailleurs beaucoup. Nature ardente et vive, il se montrait déjà attentif à se surveiller lui-même.

PLANCHE VI

Le camp de Coudun près Compiègne ou l'art de la guerre enseigné par le Roy à Messieurs les Princes, enfants de France (1698).

(D'après une estampe de l'époque.)

et à briser son caractère impétueux à force de volonté. Au physique, c'était un adolescent de seize ans, plutôt petit, mince et même maigre, avec une jolie jambe et un joli pied, mais légèrement contrefait, une épaule plus haute que l'autre, et commençant à boiter légèrement; il avait, par contre, une figure attachante, « le visage long et brun, le haut parfait, avec les plus beaux yeux du monde, dit Saint-Simon, un regard vif, touchant, frappant, admirable, assez ordinairement doux, toujours perçant, et une physionomie agréable, haute, fine, spirituelle jusqu'à inspirer de l'esprit; le bas du visage assez pointu, et le nez long, élevé, mais point beau, n'alloit pas si bien; des cheveux châtains, si crépus et en telle quantité, qu'ils bouffoient à l'excès; les lèvres et la bouche agréables ».

Il avait toujours témoigné aux choses militaires un intérêt passionné, et Sourches raconte qu'à sept ans, déjà initié au maniement des armes et affecté à une compagnie de mousquetaires, il avait tenu à passer à son rang, sous une pluie battante, une revue de son grand-père, et qu'il fit devant lui l'exercice « avec une application, une justesse et une dextérité infiniment au-dessus de ce que peuvent faire ordinairement les enfants de son âge ». Aussi témoigna-t-il une joie extrême quand il se vit appelé à commander l'armée considérable que Louis XIV avait réunie pour lui près de Compiègne, et s'y prépara-t-il avec une véritable ferveur, rééludiant les principes de l'instruction militaire et s'entraînant aux marches forcées par les plus grandes chaleurs.

Il venait, quelques mois à peine auparavant, en décembre 1697, d'épouser une petite fille de treize ans, fort vive, fort gentille, très enjouée, et d'ailleurs très gâtée : « Marie-Adélaïde de Savoie, écrit Sourches, étoit extrêmement petite, mais d'une taille très jolie et très adroite, et toutes ses actions, jusqu'aux moindres, faisoient paraître de l'esprit. Elle avait les cheveux très beaux et très longs, d'un châtain cendré, qui selon les apparences, devoit devenir noir. Son teint étoit fort beau et fort vif; ses yeux très grands, mais un peu trop ouverts en haut; son nez un peu étroit par le haut et un peu court, mais fait de manière à devenir grand; son front trop grand et trop avancé, ce qui lui faisoit paraître les yeux un peu creux; sa bouche assez grande et fort grosse, qui n'étoit pas désagréable quand elle ne rioit pas; ses dents assez blanches, mais grandes et mal arrangées; sa gorge très bien faite, autant qu'on le pouvoit connaître à son âge. » Tel était le petit démon gracieux et infiniment intelligent qui, « encore enfant jusqu'à avoir des poupées et jouer à colin-maillard », fit rapidement la conquête de Louis XIV; et le Roi raffolait déjà de sa petite-fille quand il lui offrit le spectacle de soixante mille hommes commandés par son mari de seize ans.

Compiègne avait été très naturellement choisi comme lieu de ces manœuvres : sa proximité de Versailles permettait à la Cour de s'y rendre assez facilement; le séjour en avait toujours paru agréable à Louis XIV; son fils, pour qui la chasse restait, avec la bonne chère, la principale raison de vivre, pouvait se livrer à cœur joie, dans la forêt, à sa passion dominante; enfin, les grandes plaines qui avoisinaient la ville, sur la rive droite de l'Oise, présentaient un terrain approprié à l'établissement de l'immense camp, en même temps qu'elles se trouvaient juste assez vallonnées et coupées de bois pour rendre les manœuvres intéressantes, et que le voisinage d'une rivière importante aussi bien que d'une ville fortifiée permettait de varier les exercices et de rendre l'instruction plus complète.

Ce caractère des environs de Compiègne les prédisposait à revoir souvent d'importants rassemblements de troupes ; ceux-ci y furent fréquents au dix-huitième siècle : un grand camp, marqué par d'intéressantes épreuves d'artillerie, y fut créé en 1739, et suivi ensuite d'autres en 1750, 1753, 1764, 1765, 1766, 1767, 1769. On y vit encore des revues après la Révolution, en 1803 et 1805, et surtout sous le règne de Louis-Philippe, où de fréquentes manœuvres eurent lieu, entre 1833 et 1847.

Sous Louis XIV même, le grand rassemblement de troupes de 1698 avait déjà été précédé, en 1666, de la revue de dix-neuf bataillons et trente-trois escadrons, destinés à faire l'année suivante la campagne de Flandre. Le Roi l'avait passée, toujours sur le plateau qui s'étend entre Monchy et l'Oise, suivi de la Reine, des princesses et des dames de la Cour, toutes à cheval. Un grand luxe avait déjà été déployé, de grandes dépenses faites par les officiers, et le sage Colbert s'était élevé, avec juste raison, contre ces camps de plaisir, inutiles et coûteux. Louis l'avait approuvé, mais si le nouveau camp, qu'il réunit au même lieu, ne fut plus sans utilité militaire, il fut, par contre, encore infiniment plus coûteux que celui qui l'avait précédé.

*
* *

« Le Roi, dit Saint-Simon, témoigna qu'il comptoit que les troupes seroient belles et que chacun s'y piqueroit d'émulation ; c'en fut assez pour exciter une telle émulation qu'on eut, après tout, lieu de s'en repentir. » Déjà pareille lutte à qui dépenserait le plus s'était engagée, quelques mois auparavant, à l'occasion du mariage du duc de Bourgogne et les courtisans s'y étaient magnifiquement ruinés. Pour paraître devant le souverain, les officiers, à Compiègne, « s'épuisèrent par des uniformes qui auroient pu orner des fêtes ». Louis, d'ailleurs, avait quelque peu prévu ces excès, puisque, peu de temps auparavant, il avait « défendu qu'on habillât les soldats et cavaliers dont les habits pouvoient encore servir, et interdit toute dorure neuve aux officiers, voulant ménager la bourse de gens qui, sans ses défenses expresses, ne l'auroient pas ménagée ». Mais, entre l'ordre du Roi de ne point faire de folies, et son désir que les troupes fussent « belles », il était certain que le désir serait obéi aux dépens de l'ordre. « Ce camp, dit Sandras de Courtilz, acheva de ruiner les officiers qui commençoient déjà bien à l'être par la dépense qu'il leur avoit fallu faire pendant la guerre. Cependant, comme chacun ne songeoit qu'à plaire au Roi, ni plus ni moins que si c'eût été une Divinité, il n'y eut jamais rien de si leste ni de si magnifique que tous les Officiers, depuis le premier jusques au dernier. Ils avoient même fait habiller tous les Cavaliers et tous les Soldats de neuf, et il y eut des Régimens qui n'en furent pas quittes pour vingt-cinq mille écus », qui représenteraient aujourd'hui près de 300 000 francs. Et la *Gazette d'Amsterdam* raconte que le chevalier de Beuil (ou de Veuil), capitaine au régiment de la Vallière, victime d'un accident et confessé par le P. de La Chaise, lui avoua qu'il ne lui restait plus que six louis d'or, car il avait employé tout ce qu'il possédait à mettre sa compagnie sur un bon pied.

Le luxe des uniformes n'était cependant rien encore auprès des autres luxes qui se déployèrent pendant la durée du camp, et entraînèrent pour tous une dépense « inouïe ». Le principal, et le plus coûteux, fut de tenir table ouverte, et il gagna presque tous les grades. Non seulement le maréchal de Boufflers, général en chef, qui hébergeait le duc de Bourgogne, voire même le Roi et le Dauphin, non seulement les six lieutenants généraux et les quatorze maréchaux de camp, mais encore les colonels, et jusqu'à beaucoup de capitaines tinrent à honneur de se ruiner de cette façon. « Tout le monde y tient table, dit la *Gazette*, et la peine n'est que de trouver des mangeurs ; on s'arrache les uns aux autres les gens qui vont dîner au camp, et c'est ici que l'on pratique agréablement le : *Contrains-les d'entrer*. Il arriva, il y a quelques jours, chez le marquis de Créquy et M. le général Rosen, qui tiennent chacun deux tables soir et matin, que, n'ayant point de conviés, ni de gens qui se présentassent à manger avec eux, ils firent venir tous leurs valets et les firent manger en leur présence. »

Mais toutes ces prodigalités, où chacun rivalisait, furent éclipsées par la magnificence du maréchal de Boufflers, désigné par Louis XIV pour commander en chef sous l'autorité nominale du duc de Bourgogne. « Il étoit homme à s'y rüiner pour répondre à l'honneur qu'il lui faisoit de le choisir préférablement à tout autre pour un emploi de si grande distinction. » Le Roi le savait; peut-être même l'avait-il choisi pour cela plutôt que pour ses talents d'homme de guerre, qui jusqu'ici avaient paru assez médiocres; en tous cas, il prit la précaution de lui faire présent avant son départ de cinquante mille écus (qui représenteraient aujourd'hui 570 000 francs[1]).

« Ce camp néanmoins ne devoit durer que trois semaines, dit Sandras; aussi cette somme sembloit être bien forte, pour si peu de tems. Mais ce Maréchal, qui a toûjours aimé la dépense, et qui dès ses premiers Emplois affectoit de paroître semblable à Mr. de Turenne, c'est-à-dire, de ne faire cas que de la gloire, sans se soucier aucunement de l'argent, y fit une si grosse dépense, qu'il lui en fallut bien encore autant pour y subvenir. »

La *Gazette d'Amsterdam* affirme qu'il dépensait par jour pour sa table 6 000 livres qui vaudraient aujourd'hui plus de 20 000 francs. « Le maréchal de Boufflers, raconte de son côté Saint-Simon, étonna par sa dépense et par l'ordre surprenant d'une abondance et d'une recherche de goût, de magnificence et de politesse qui, dans l'ordinaire de la durée de tout le camp et à toutes les heures de la nuit et du jour, put apprendre au Roi même ce que c'étoit que donner une fête vraiment magnifique et superbe, et à Monsieur le Prince, dont l'art et le goût y surpassoit tout le monde, ce que c'étoit que l'élégance, le nouveau et l'exquis. Jamais spectacle si éclatant, si éblouissant, il faut le dire : si effrayant ; et en même temps rien de si tranquille, que lui et toute sa maison dans ce traitement universel, de si sourds que tous les préparatifs, de si coulant de source que le prodige de l'exécution, de si simple, de si modeste, de si dégagé de tout soin, que ce général qui néanmoins avoit tout ordonné et ordonnoit sans cesse, tandis qu'il ne paroissoit occupé que des soins du commandement de cette armée. »

Le quartier général est à Coudun, et le maréchal de Boufflers y a élu domicile dans la maison de M. la Borie, autrefois major de Dunkerque; mais, « voyant que le logement est trop petit pour son dessein, qui est d'y donner à manger matin et soir à tous les Officiers de l'Armée qui s'y présenteront », il a fait construire, contre la maison, et communiquant avec elle, une vaste salle en planches, de dix mètres sur seize, qu'il a fait peindre extérieurement de façon à imiter des briques encadrées par de la pierre de taille. L'intérieur est très richement tapissé, tout autour, de damas cramoisi, sur lequel courent verticalement des galons d'or, à raison d'un entre chaque lé; un ruban pareil, mais beaucoup plus large, borde partout la tenture. A l'une des extrémités de

---

[1]. Nous donnons toutes ces évaluations en tenant compte du pouvoir d'achat de la livre de 1698 comparée au franc moderne, tel que l'a déterminé le vicomte d'Avenel.

la salle, sous un dais de même étoffe, rehaussé d'une haute crépine d'or, un fauteuil est placé sur une estrade, et, derrière, se dresse un grand portrait en pied de Louis XIV, peint par Rigault; à l'autre bout, celui du Dauphin, par de Troy, lui fait face; et, sur les côtés, « en des distances proportionnées », figurent d'abord le duc et la duchesse de Bourgogne, par Gobert, puis les ducs d'Anjou et de Berry, par Largilière.

La salle est éclairée par quatre vastes croisées, qui donnent moitié sur le jardin de la maison et moitié sur la cour ; quatre grandes portes à deux battants la font communiquer tant avec l'extérieur qu'avec la maison elle-même. Dans les panneaux, le maréchal a fait disposer des tables de marbre, des bureaux somptueux, qui supportent des porcelaines, des bronzes, « une pendule magnifique », des objets d'art nombreux apportés, de même que les miroirs pendus aux murs, de son hôtel de Paris; par contre, toutes les tentures, les sièges et jusqu'à la vaisselle d'argent, ont été faits spécialement pour le camp. Trois grands lustres en bronze doré et des girandoles posées sur de larges guéridons, éclairent la pièce le soir.

La maison, d'ailleurs, est aussi somptueusement aménagée que la construction provisoire qui lui sert de salle à manger; quand on y pénètre, en sortant de celle-ci, on trouve d'abord une grande chambre tapissée de damas rouge à galons d'or comme la pièce voisine, où se dresse un lit « à la duchesse », de même étoffe, également « garni partout de galons d'or »; des sièges, pareillement recouverts, divers beaux meubles, un bureau, une pendule, un miroir, « dont la glace est d'une hauteur extraordinaire », achèvent de donner une impression de richesse majestueuse. A côté de la chambre, « une manière de galerie » est toute remplie de tables à jeu, qu'on porte après le repas dans la grande salle, où les « Officiers les occupent agréablement pendant les après-dînées, pour passer le temps, que l'on trouve toujours fort long dans un Camp ». Au premier étage enfin, deux appartements complets, « meublés très proprement », sont réservés à Boufflers et à son beau-père le duc de Grammont.

Ce n'est cependant pas tout encore, car, au bout du jardin, de l'autre côté d'un ruisseau, « l'équipage de tentes » du maréchal est dressé, et il a tenu à ce qu'il soit, lui aussi, somptueux, bien qu'il ait par ailleurs un logement dans la maison. Cet « équipage », dit Nodot, « consistoit dans une grande salle à quatre mats, qui avoit des Pavillons à droite et à gauche, où l'on entroit par de petits passages couverts. On voyoit du milieu de la salle dans la chambre à coucher : elle étoit meublée d'un lit à la Duchesse de satin de la Chine fort historié, les sièges de même parure, et toutes les tentes étoient doublées d'une étoffe des Indes fort belle » à fond blanc, qui donnait à l'ensemble une note claire et soyeuse, en contraste avec la tonalité rouge et or qui régnait dans toute la maison.

Si l'on ajoute les quatre cuisines spacieuses installées contre le mur du jardin, et qui servaient respectivement pour les potages, les entrées, les rôts et les entremets ; l'office pour les fruits ; l'office pour les compotes ; l'office « pour le liquide » ; la lingerie ; les différentes « serres » (nous dirions res-serres) « et autres lieux commodes pour chaque chose » ; et encore la pièce pour les liqueurs où se tenaient sept serveurs toujours prêts à verser à tout venant, l'on aura une idée approximative de ce que pouvait être l'installation du maréchal de Boufflers à Coudun, et du luxe qui y présidait. Il nous reste, pour montrer qu'il méritait pleinement le surnom de Lucullus qu'on lui donna en cette occasion, à dire un mot des repas qu'il offrait à quiconque voulait bien devenir son hôte.

Tenir table ouverte était, nous l'avons vu, le grand luxe de l'époque, et Boufflers, là, comme ailleurs, éclipsait tout le monde. De cinq heures du matin à dix ou onze heures du soir, les tables étaient dressées, « servies tout aussi splendidement l'une que l'autre » ; s'y asseyait qui voulait, et les convives s'y relayaient ; la grande salle en planches en contenait deux de vingt-cinq couverts chacune, et l'on en ajoutait d'autres au besoin dans la galerie, ou même ailleurs, si cela devenait nécessaire ; Saint-Simon a décrit « les tables sans nombre et toujours neuves, et à tous les moments servies à mesure qu'il se présentoit ou officiers, ou courtisans, ou spectateurs. Jusqu'aux bayeurs les plus inconnus, tout étoit retenu, invité, et comme forcé par l'attention, la civilité et la promptitude du nombre infini de ses officiers. Et pareillement toutes sortes de liqueurs chaudes et froides, et tout ce qui peut être le plus vastement et le plus splendidement compris dans le genre des rafraîchissements, les vins françois, étrangers, ceux de liqueurs les plus rares, y étoient comme abandonnés à profusion ; et les mesures étoient si bien prises, que l'abondance de gibier et de venaison arrivoit de tous côtés, et que les mers de Normandie, de Hollande, d'Angleterre, de Bretagne, et jusqu'à la Méditerranée, fournissoient tout ce qu'elles avoient de plus monstreux et de plus exquis, à jours et points nommés, avec un ordre inimitable, et un nombre de courriers et de petites voitures de poste prodigieux. Enfin jusqu'à l'eau, qui fut soupçonnée de se troubler ou de s'épuiser par le grand nombre de bouches, arrivoit de Sainte-Reine [Alise Sainte-Reine], de la Seine [peut-être Saint-Seine-l'Abbaye] et des sources les plus estimées. Et il n'est possible d'imaginer rien, en aucun genre, qui ne fût là sous la main, et pour le dernier survenant de paille, comme pour l'homme le plus principal et le plus attendu ; … tout cela formoit un spectacle dont l'ordre, le silence, l'exactitude, la diligence et la parfaite propreté ravissoit de surprise et d'admiration. »

« On ne peut manger plus délicatement, raconte de son côté Nodot. Les Veaux de Gand, Veaux de Riviere, Perdrix rouges, Gélinottes, Faisandeaux, Poulles de Campine, enfin ce qu'il y a de meilleur nous fut servi d'une propreté et d'un goût admirable, on n'épargne rien pour en avoir… Nous bûmes les meilleurs Vins de France, du Rhin et de Moselle. Nous étions entourez de Garçons d'Office et de Valets qui servoient au moindre signe, changeoient d'assietes, et ne laissoient manquer de rien. Ce grand ordre que Monsieur le maréchal fait voir jusques dans les moindres choses, regnoit par tout. Il y eut trois Services sans compter le Fruit, et chacun étoit composé de trente plats, ou hors d'œuvres. A la desserte de l'entre-mets, on enleva tous les couverts avec la nape que les Maîtres d'Hôtel ramasserent en roullant un Tapis de cuir de Maroquin de Levant qui étoit dessous, et couvroit une autre nape blanche; cela s'executa fort promptement, et dans le même instant on nous donna des couverts de vermeil doré : ensuite on servit un Fruit magnifique couronné de fleurs les plus rares, et cette Pompe étoit accompagnée d'un air gratieux qui paroissoit dans toute la personne de Monsieur le Maréchal.

« Après le dîné, ceux qui aimoient le Caffé, le Thé, le Chocollat, en trouverent de tout préparé. Il y a une Office prés de la grande Salle, avec une Chambre à côté, où l'on en sert à tous ceux qui s'y presentent, et ce lieu est ouvert pendant la journée. »

On imagine quel personnel il avait fallu réunir pour suffire à un pareil service; on avait dû le diviser en deux équipes, l'une travaillant le matin seulement, et l'autre, l'après-midi. Boufflers avait 72 cuisiniers et 340 domestiques, dont 120 en livrée, habillés de neuf; chaque table était placée sous la surveillance de deux maîtres d'hôtel, et toute cette armée de serviteurs était commandée par un surintendant qui avait été autrefois « à feu Mr l'Archevêque de Paris ». « Comme c'étoit, dit Sandras, celui de tout le Royaume qui entendoit le mieux ces sortes de choses, et qu'il n'avoit qu'à parler pour être obéi, tout cela se passa avec une somptuosité si extraordinaire qu'il est impossible de le bien représenter. » Peut on bien se représenter, en effet, ces énormes et luxueuses mangeailles qui exigeaient 80 douzaines d'assiettes d'argent, et autant de cuillers, de fourchettes, de couteaux, plus 6 douzaines de couverts en vermeil, et « toutes sortes de plats à proportion, et des corbeilles pour le fruit », et 400 douzaines de serviettes, auxquelles il faut ajouter les nappes? Peut-on se représenter ces beuveries énormes qui engloutissaient en un seul jour 50 douzaines de bouteilles, et même 80 douzaines les jours où le Roi et les Princes venaient avec leur Cour ; ces sortes de buffets ouverts à tous, où l'on prenait en une journée 1 500 ou 2 000 tasses de café, et où disparaissaient dans le même laps de temps près de 300 litres de liqueurs ?

Se rend-on compte aussi de la difficulté des approvisionnements, quand le maréchal prétendait offrir à ses hôtes, à point nommé, les plus succulentes spécialités, non seulement de la région, mais encore de Normandie, des Flandres, de la France entière ? S'imagine-t-on la quantité énorme de voitures, de chevaux et de gens nécessaires ? Rien que pour la glace, il y avait deux fourgons, qui, chaque jour, l'apportaient de Paris, et qui nécessitaient un relais à moitié chemin. Sur les principales routes, aussi bien vers Lille ou vers Bruxelles que vers la France, des organisations analogues étaient nécessaires. Quatorze chevaux, avec un relais, apportaient de Paris quotidiennement, les légumes et les fruits. Le maréchal avait, non seulement dans la capitale, mais dans toutes les villes à vingt ou vingt-cinq lieues à la ronde, des pourvoyeurs qui lui envoyaient par exprès les ortolans, les perdrix rouges, les gelinottes, les faisans, les chapons de Bruges et autres spécialités. Les jours maigres, le poisson de mer arrivait de Dieppe, de Calais, de Dunkerque ; et, en outre, « il y avoit des gens à Gand et à Bruxelles, qui n'y estoient que pour envoyer des esturgeons et des saulmons ».

Le luxe du maréchal de Boufflers dépassait donc, dans ses moyens comme dans ses résultats, tout ce qu'on pouvait imaginer, et l'on comprend l'admiration étonnée, presque effrayée, des contemporains. Louis XIV lui-même renonçait à lutter avec lui : « Le Roi, raconte Dangeau, avait d'abord résolu que Mgr le duc de Bourgogne tiendrait une grosse table au camp, dans ses tentes qui sont tendues devant le quartier général qui est à Coudun ; mais Sa Majesté, après avoir su et vu la magnificence de M. de Boufflers, dit le matin à Livry qu'il ne fallait pas que Mgr le duc de Bourgogne tînt de table, « parce que, dit-il, nous ne pourrions mieux faire que le maréchal, et Mgr le duc de Bourgogne ira dîner chez lui quand il ira au camp ».

*
* *

On juge si l'annonce de ces réceptions somptueuses, se greffant sur celle des revues passées par le Roi en personne, des évolutions militaires et de la *petite guerre* faite par des troupes exceptionnellement nombreuses et brillantes, surexcitèrent la curiosité et l'ardent désir d'assister à un spectacle comme sans doute on n'en reverrait jamais plus. La Cour tout entière brûlait d'une envie ardente de venir, d'autant plus qu'accompagner Louis XIV dans ses déplacements était un privilège, conféré par lui, qu'on se disputait âprement. Pour les dames surtout, l'attente fut anxieuse : mais, pour cette fois, « le Roi lâcha la main et permit à celles qui voudroient de venir à Compiègne ». Ce n'était point tout à fait ce qu'elles désiraient, car elles tenaient surtout à une faveur restreinte à un petit nombre d'entre elles, et « elles vouloient toutes être nommées et la nécessité, non la liberté du voyage », comme l'observe finement Saint-Simon.

Quant aux hommes, dit-il encore, « la Cour fut extrêmement nombreuse, et tellement que, pour la première fois à Compiègne, les ducs furent couplés ». On juge par là ce que durent accepter, en fait de logement, les seigneurs de moindre importance. D'ailleurs, malgré les tapissiers venus de Paris avec des meubles tout exprès pour arranger les appartements loués pendant la durée du camp, l'inconfort et la fatigue devinrent tels, dans cette ville regorgeant de curieux de toute espèce, que les dames de la Cour, si désireuses de venir, ne se montrèrent pas moins ravies de partir, et, malgré toutes les distractions, ne tardèrent pas à trouver le temps fort long.

La présence du roi détrôné d'Angleterre Jacques II, traité avec beaucoup d'honneur par Louis XIV, rehaussa encore l'éclat de ce séjour fameux. Par contre, les ambassadeurs étrangers s'abstinrent d'y paraître, pour une question d'étiquette qui nous paraît bien puérile, mais qui fit cependant couler beaucoup d'encre : ce fut la grande querelle du *pour*. « Cette distinction du « Pour », dit Sourches, quoiqu'une véritable chimère, ne laissait pas de faire une grande différence dans la dignité des gens de la Cour. Quand les maréchaux des logis du Roi marquaient les logis à la craie, ils mettaient sur les portes des maisons qu'ils marquaient pour les princes : Pour Monsieur le prince un tel, et, sur les portes des ducs et pairs, ils ne mettaient que : M. le duc un tel. Les ambassadeurs prétendaient que, représentant les têtes couronnées, on devait en cela leur faire tous les honneurs qu'on aurait fait à leurs maîtres s'ils y avaient été; mais ces sortes de choses se devaient régler par l'usage, et, dans la vérité jamais on n'avait donné le « Pour » aux ambassadeurs ».

Ceux-ci s'obstinèrent cependant à exiger ce mot écrit à la craie sur une porte, qui ne conférait d'ailleurs aucun privilège matériel, car, avec ou sans lui, les logements étaient exactement les mêmes. Il paraît que c'est le vieux Ferreiro, représentant de la Savoie, qui souleva le litige. « Le fait était, observe Saint-Simon, que les ambassadeurs sentirent l'envie que le Roi avoit de leur étaler la magnificence de ce camp, et qu'ils crurent en pouvoir profiter pour obtenir une chose nouvelle. » Mais leur calcul fut déjoué; ils eurent beau envoyer courrier sur courrier au ministre et discuter vivement les précédents avec les introducteurs des ambassadeurs, Pomponne et Torcy, ainsi qu'avec Cavoye, grand-maréchal des logis de la maison du Roi, « le Roi tint ferme; les allées et venues se poussèrent jusque dans les commencements du voyage, et ils finirent par n'y point aller ». Louis XIV, qui éprouvait certainement les sentiments orgueilleux qu'ils lui avaient prêtés, ressentit vivement le procédé. Il en fut « si piqué, raconte Saint-Simon, que, lui si modéré et si silencieux, je lui entendis dire à son souper, à Compiègne, que, s'il faisoit bien, il les réduiroit à ne venir à la Cour que par audience, comme il se pratiquoit partout ailleurs », au lieu d'être reçus par lui chaque semaine.

Si les ambassadeurs brillèrent par leur absence, il y eut par contre à Compiègne, pendant ce mois de septembre, beaucoup d'officiers étrangers, même des généraux anglais et espagnols; ils dissimulaient leur qualité d'ailleurs, et étaient visiblement inspirés par le désir de connaître les forces militaires d'un ennemi possible. On avertit Louis XIV de leur présence; il ne pouvait au fond qu'être satisfait de cette sorte d'espionnage qui servait son dessein d'impressionner l'Europe, et il ordonna de leur laisser toute liberté d'examiner les troupes.

Mais, à côté de la Cour et des étrangers, ce fut surtout une véritable invasion de Parisiens, bourgeois et bourgeoises, gentilshommes, de toute fortune comme de tout âge, poussés autant par une ardente curiosité que par l'espoir d'aventures, amoureuses ou autres. Les femmes se faisaient remarquer, semble-t-il, par l'un et l'autre sentiment :

— Il y a morgué de ces masques-là, dit un personnage de Dancourt, qui avons fait garder la maison aux Procureux, pendant qu'elles s'en venont icy courir la prétentaine avec des Maistres Clercs.

Et le même Dancourt, en des couplets tantôt grivois, tantôt satiriques, chantait cette sorte de kermesse au camp, dans ses *Curieux de Compiègne* :

> On a parlé de Camp et de Reveües,
> Bourgeoises sont aussi-tost accouruës... Pour
> Travailler à des recruës
> Qui pourront servir un jour.

> D'exploits guerriers on voit icy l'image
> Et si d'assaut on prenait quelqu'ouvrage... les
> Bourgeoises du voisinage
> Verroient l'action de prés.

> Le bruit éclatant des Trompettes,
> Et le son bruyant des Tambours,
> Dans ces aimables retraites
> Ne menacent point nos jours,
> Venez Bourgeois, venez Grisettes,
> Venez Guerriers, venez Coquettes,
> Tout invite aux plaisirs, aux festins, aux amours.

La pusillanimité du bourgeois qui affecte des airs belliqueux est une source intarissable de plaisanteries :

> Que de Bourgeois venoient à l'avanture,
> Voir dans le Camp la guerre en mignature,... qui
> Si ce n'étoit en peinture,
> Se tiendroient bien loin d'ici ;

comme aussi les cris de joie de leurs épouses, rien qu'à la vue des uniformes :
— Que de chevaux! que de chariots! que de mulets!... Quel ordre! Quelle magnificence!... Y a-t-il rien de plus grâcieux que tout ce que j'ay vû : ce mélange de bataillons confus, ces escadrons épars, ces Officiers, ces valets, ces Vivandiers, ces gens de Condition!... On ne doit plus se soucier de mourir quand on a vu cela!... Je ne me sens pas, je suis ravie, je meurs de plaisir!

« Ce fut, dit Sandras de Courtilz, à proprement parler, comme une procession de Paris jusques à Compiegne », et, dans cette dernière ville, où la Cour elle-même n'avait pu se loger convenablement tout entière, de nouveaux arrivants venaient s'engouffrer chaque jour. Le pire est qu'on avait « fait défense aux Hôtelliers d'y donner retraite à personne, soit qu'on voulût conserver leur logement pour les gens de la Cour, soit qu'on ne voulût pas remplir cette Ville d'un nombre de personnes inconnuës, et éviter par là ce qui en pouvoit arriver de fâcheux ». On se disputa à prix d'or le moindre réduit, jusqu'aux greniers et jusqu'aux granges, sans compter ceux qui, ayant leur carrosse, couchèrent dedans. Dancourt, dans la pièce que nous citions plus haut, a mis en scène un personnage pittoresque, très représentatif, le Picard Guillaume, un paysan des environs, qui doit exagérer de peu quand il déclare :

— Je me suis avisé de tenir Cabaret dans nostre Farme, c'est un bon mestier, n'an gagne ce qu'on veut; j'avons morgué eu du monde jusques dans nos étables, et si ils y couchoient tretous sur de la littière à vingt sols par teste tant qu'ils en vouliont : oh morgué j'ay bien vendu mes danrées.

— Et n'est-il pas juste, reprend une bourgeoise, que ces Curieux de Paris payent un peu cher le plaisir de voir un Camp?

— Parguienne, réplique le paysan, ils seriaient encore trop heureux quand il leur en coûteroit dix fois davantage ; ils avont vu une Armée une fois comme alle campe, comme alle file, comme alle marche, comme alle décampe, comme alle… que sçais-je tatigué ; quand ils seront retournez chez eux, comme ils debagouleront tout ça dans leur voisinage…

En attendant, Paris se déversait dans Compiègne : déjà, « quinze jours ou trois semaines avant que le Camp se formât, l'on ne vit que ballots aux portes des Marchands, que l'on venoit charger de moment à autre. Il est impossible aussi de dire combien il sortit de toutes sortes de provisions de bouche de cette grande Ville, pour transporter de ce côté-là. Aussi cela eût été capable de l'affamer, si les Marchands ne se fussent précautionnez de longue main. »

Si donc les officiers se ruinaient dans l'unique espoir d'un coup d'œil satisfait du Grand Roi, si les bourgeois écornaient leurs économies pour permettre à leurs femmes de s'extasier devant les uniformes, le Camp du moins fit couler des flots d'or non seulement sur Compiègne, mais aussi sur Paris, et même sur toutes les contrées voisines, dont Boufflers et ses pareils drainaient à tout prix les produits.

*
* *

Louis XIV quitta Versailles le jeudi 28 août, à neuf heures du matin, passa par Saint-Cloud, où il vit quelques instants *Monsieur*, son frère, avec *Madame*; puis, dînant dans son carrosse pour gagner du temps, il arriva d'assez bonne heure à Chantilly, où il coupa, d'un séjour de vingt-quatre heures, son voyage de Compiègne ; il y trouva le Dauphin, qui arrivait de Meudon. Avec le Roi voyageaient le duc et la duchesse de Bourgogne, celui-là très ému et très impatient d'assumer son premier commandement, celle-ci insupportable selon son habitude, et « gâtée absolument par Louis XIV et Mme de Maintenon ». « En voiture, elle ne reste pas un instant en place, elle s'assied sur les genoux de tous ceux qui se trouvent dans le carrosse et elle voltige tout le temps comme un petit singe. Tout cela, on le trouve charmant… Un autre donnerait le fouet à son enfant, s'il se conduisait de la sorte », bougonne la duchesse d'Orléans.

La journée du lendemain se passa à chasser, et le 30 août, Louis XIV, ayant dîné à onze heures, partit pour Compiègne. Un peu avant d'y arriver, il trouva sur la route Boufflers, venu au-devant de lui « avec les principaux officiers ». A peine fut-on parvenu au château que le duc de Bourgogne, « pressé extraordinairement » par le désir de voir le Camp, monta à cheval, ainsi que ses frères, et, suivi des officiers, alla parcourir le terrain où devaient s'établir les troupes. Celles-ci n'étaient point encore arrivées, mais l'emplacement était choisi et soigneusement repéré. L'immense camp devait s'étendre, en deux longues lignes, face au sud, sur le plateau qui domine la rive droite de l'Oise, avec Coudun pour centre et pour quartier général. La première de ces lignes avait son extrémité droite à Lachelle, et son extrémité gauche entre Margny et Bienville. La seconde s'allongeait, parallèlement derrière elle, entre Baugy, où se trouvait un grand magasin, et le château de Bienville, qui contenait la boulangerie. L'artillerie devait se placer en arrière, au centre, et la réserve se masser à droite de la première ligne, près du parc de Monchy; la boucherie était établie près de Coudun, de l'autre côté de l'Aronde, et l'hôpital était installé un peu à l'écart, à Choisy-au-Bac. On avait élevé, en avant de Coudun, sur une hauteur, la tente du duc de Bourgogne, composée de deux salles, « l'une à quatre mats, l'autre à deux, une antichambre, une chambre, un cabinet de menuiserie, et une garderobe ».

C'est à peine si ce vaste emplacement, nécessaire au campement de 60 000 hommes, était débarrassé des récoltes : le 25 août, les moissons se trouvaient encore sur pied, tant sur le plateau que dans les environs immédiats de Compiègne, et Phelypeaux, intendant de l'armée, dut prendre des mesures pour tout enlever d'urgence; deux bataillons de Stappa, spécialement payés pour cette tâche, vinrent aider les paysans à « couper, voiturer et serrer » toute la récolte qui, en moins de cinq jours, disparut du sol tout entière.

Les premiers régiments ne devaient arriver que le surlendemain : la Cour, et surtout le Dauphin, passèrent donc la journée à la chasse ; mais le petit duc de Bourgogne, impatient d'apprendre son métier de chef et d'exercer sérieusement son commandement, retourna au camp matin et soir; il visita les magasins et examina la qualité des fourrages; il alla voir les fours, goûta le pain, et se fit expliquer la manière dont on le cuisait; il inspecta la viande, et s'enquit de la quantité qu'on en donnait à chaque soldat (une demi-livre par tête). Il ne rentra que le soir au château, après avoir « laissé partout des marques de sa libéralité ».

Le 1er septembre, les troupes commencèrent à affluer et à s'installer. Le Roi vint les passer en revue à leur entrée dans le camp. Elles défilèrent devant lui, sous les ordres du duc de Bourgogne, très fier et très grave, qui se mettait à la tête de chaque corps, pour le présenter en qualité de général en chef, « et salüoit le Roy de l'épée à cheval, quand c'estoit un régiment de cavalerie, et à pied, avec la pique, quand c'estoit un regiment d'infanterie ». Le Dauphin, les ducs d'Anjou et de Berry prirent également le commandement des compagnies qui portaient leur nom, au moment où elles passèrent devant Louis XIV.

Ayant ainsi défilé, raconte un témoin, « les troupes entrent dans le Camp, au bruit des Tambours et des Trompettes. Chaque Corps a son terrain marqué par deux Piquets, au haut desquels le nom de chaque Regiment est écrit. En entrant, le Regiment se met en bataille entre ces deux Piquets, qui sont ainsi disposez de toute la longueur de la ligne. Ils plantent en terre leurs Drapeaux ou Etendards à dix pas devant eux, ils y posent une Garde ou une Sentinelle, chaque Soldat pose son bagage ou ses armes au lieu où il se trouve en bataille, et en un moment ils travaillent tous à dresser leurs Tentes par ruës derrière eux : et deux heures après, on croirait qu'il y ait deux mois que chaque Regiment est campé dans son poste. »

Vers cinq heures, la duchesse de Bourgogne et les dames arrivèrent au quartier général ; Boufflers les reçut dans sa maison, dont elles admirèrent fort le luxe et l'ingénieuse installation. Louis XIV alors regagna Compiègne, tandis que le maréchal offrait à la jeune princesse une collation naturellement magnifique ; le duc de Bourgogne cependant, infatigable et ravi, rentrait à regret le soir, après un jour tout entier passé à cheval.

La journée du lendemain se passa exactement de même ; les troupes continuèrent à arriver et à défiler devant le Roi, sous les ordres de leur jeune général ; quant à la duchesse, elle avait été si contente de son goûter chez Boufflers, qu'elle voulut y revenir, et elle s'y amusa si bien, cette fois encore, qu'elle ne rentra au château qu'à neuf heures du soir. Toujours aussi ardent, le duc de Bourgogne passait encore la matinée du jour suivant, 3 septembre, à visiter l'hôpital de Choisy, et à surveiller les distributions de bois et de fourrage faites aux troupes sur les bords de l'Oise ; il dînait ensuite chez Boufflers et allait présider, vers trois heures, à l'arrivée des dernières unités. Louis XIV et la petite duchesse, pour leur part, avaient fini par se lasser de voir défiler des soldats, et se promenaient dans la forêt. La chaleur était excessive d'ailleurs et le temps extrêmement lourd : le duc de Bourgogne, qui n'en passa pas moins six heures à cheval, dut, au milieu de la journée, changer de linge sous sa tente. Le soir, l'orage éclata avec beaucoup de violence ; des torrents d'eau, mêlés de grêle, noyèrent la plaine, et changèrent les chemins en marécages ; le jeune duc reçut l'averse tout entière en revenant le soir au château, et fut complètement transpercé ; son cheval même prit peur et se cabra, au moment de passer le pont sur l'Oise ; il fallut qu'un officier de ses gardes vînt se jeter à sa tête et le prendre par la bride.

Cet orage détraqua le temps, qui devint extrêmement pluvieux. Le sol détrempé rendit très difficiles les mouvements des troupes, et empêcha toute évolution ; le 5 septembre, on devait célébrer par une grande revue le soixantième anniversaire de Louis XIV, mais il plut toute la journée, et l'on dut, pour toute solennité, tirer trois salves d'artillerie. L'inspection royale avait été remise au lendemain, mais Louis trouva en arrivant le terrain tellement mauvais qu'il dut se contenter de passer sur le front de la ligne. Dans ce cas, « les Troupes ne se mettent point en bataille. Les Officiers et les Soldats sortent de leurs Tentes, et se mettent sur une ligne à la teste du Camp, et à pied sans armes que l'épée ; les Officiers sont sans chapeau. Les Soldats ne saluënt point. Il n'y a que la Garde du Camp, qui est devant chaque Corps à la portée du fusil du Camp, qui se met en bataille, et dont les Tambours battent aux champs ; et devant la Cavalerie toutes les Trompettes se mettent auprés des Officiers quand le Roy passe, et elles sonnent la marche de chaque Escadron de Cavalerie legere à quatre Trompettes. »

C'est ce jour-là, raconte gravement Dangeau dans son *Journal*, que « le Roi a ordonné à Tessé, colonel général des dragons, de prendre le bonnet quand il le salue à la tête des dragons. Cela ne se fait jamais que pour le Roi ». Les circonstances qui provoquèrent ce grave événement ont été racontées par Saint-Simon d'une façon très vivante et très humoristique, et jettent un jour amusant sur les mœurs de la Cour de Louis XIV :

« Ce bonnet de Tessé, pour saluer le Roi, écrit-il, fut la suite d'une malice noire que lui fit M. de Lauzun, pour qui la charge de colonel général des dragons qu'avoit Tessé fut érigée. Il lui demanda deux jours auparavant, avec cet air de bonté, de douceur et de simplicité qu'il prenoit presque toujours, s'il avoit songé à ce qu'il lui falloit pour saluer le Roi à la tête des dragons ; et là-dessus entrèrent en récit du cheval, de l'habit et de l'équipage. Après les louanges :

— Mais le chapeau ? lui dit bonnement Lauzun ; je ne vous en entends point parler.

— Mais non, répondit l'autre, je compte avoir un bonnet [coiffure d'ordonnance des dragons].

— Un bonnet ! reprit Lauzun, mais y pensez-vous ? Un bonnet ! Cela est bon pour tous les autres ; mais le colonel général, avoir un bonnet ! Monsieur le comte, vous n'y pensez pas.

— Comment donc ? lui dit Tessé ; qu'aurois-je donc !

Lauzun le fit danser, et se fit prier longtemps... Enfin, vaincu par ses prières, il lui dit qu'il ne lui vouloit pas laisser commettre une si lourde faute » et « il lui apprit avec autorité qu'il étoit de sa charge de saluer en cette occasion avec un chapeau gris ».

« Tessé, surpris, avoue son ignorance, et, dans l'effroi de la sottise où il seroit tombé sans cet avis si à propos, se répand en actions de grâces, et s'en va vite dépêcher un de ses gens à Paris pour lui rapporter un chapeau gris ».

Le matin de la revue, on vit donc, au lever du Roi, Tessé « avec un chapeau gris, une plume noire et une grosse cocarde » blanche; très fier, « il piaffoit et se pavanoit de son chapeau », qu'il « présentoit en avant ». Tout le monde le regardait avec étonnement, car Louis XIV, depuis plusieurs années, avait « détruit l'usage » de cette couleur, qu'il avait prise en aversion et que personne ne portait plus. Le Roi cependant, après s'être chaussé, et avoir parlé aux uns et aux autres, avisa Tessé, et lui demanda « de quoi il s'étoit avisé avec ce beau chapeau. Tessé, souriant et piétonnant, marmottoit entre ses dents et Lauzun, qui étoit resté tout exprès, rioit sous cape », laissant le colonel des dragons, très satisfait de lui, expliquer que ce couvre-chef arrivait de Paris.

« — Et pourquoi faire? dit le Roi.

— Sire, répondit l'autre, c'est que Votre Majesté nous fait l'honneur de nous voir aujourd'hui.

— Eh bien! reprit le Roi, de plus en plus surpris; que fait cela pour un chapeau gris?

— Sire, dit Tessé, que cette réponse commençoit à embarrasser, c'est que le privilège du colonel général est d'avoir ce jour-là un chapeau gris.

— Un chapeau gris? reprit le Roi; où diable avez-vous pris cela?

— M. de Lauzun, Sire, pour qui vous avez créé la charge, qui me l'a dit.

Et à l'instant le bon duc à pouffer de rire et s'éclipser.

— Lauzun s'est moqué de vous, répondit le Roi un peu vivement; croyez-moi, envoyez tout à l'heure ce chapeau-là au général des Prémontrés », moines en effet vêtus de gris.

« Celui des dragons ne demanda pas son reste, conclut notre auteur, et ne fut pas sitôt délivré de la risée et des plaisanteries des courtisans. »

Le lendemain de cette terrible plaisanterie faite au pauvre Tessé par ce mauvais sujet de Lauzun, que la Grande Mademoiselle allait prochainement épouser, le temps, devenu meilleur, permit enfin la première manœuvre, qui consista en un combat de cavalerie. Après un dîner de vingt-deux couverts, particulièrement somptueux, offert par Boufflers au Dauphin, qui l'apprécia en fin connaisseur, on fit en effet attaquer l'armée au repos par un fort détachement de cavalerie, que commanda M. de Pracomtal, maréchal de camp. Ses hommes, pour figurer l'ennemi, avaient, en place du *manchon* moderne, attaché des branches d'arbres à leur chapeau, et lui-même, par-dessus sa casaque de buffle, avait ceint une écharpe rouge. Ses dragons, à l'avant-garde du parti, attaquèrent par surprise et sur plusieurs points à la fois les gardes

PLANCHE VII

Marie-Adélaïde, duchesse de Bourgogne.

(*D'après de Troy.*)

avancées, les mirent en fuite et les poursuivirent jusqu'au camp, enlevant même en route un carrosse rempli de dames que la curiosité avait entraînées un peu loin,... et qui durent être ravies de l'aventure.

Cependant l'alarme est donnée au camp; chacun court aux armes; M. de Rosen, lieutenant général, prend un piquet de cavalerie, charge les assaillants et « recouvre les Dames, parmy lesquelles étoit Madame Rosen ». L'ennemi recule pas à pas en faisant le coup de feu; Pracomtal vient soutenir son avant-garde, et déploie toute sa cavalerie, restée jusque-là en réserve; Rosen en fait autant, et un combat général s'engage. « Mais, raconte Sourches, la chose fut mal exécutée, parce que personne ne voulait reculer. Il y arriva même quelques accidents, car il y eut un dragon tué, un mousquetaire blessé d'un coup de sabre au visage et un capitaine du régiment de la Vallière, nommé le chevalier de Veuil, qui reçut un coup de feu au derrière de la tête, duquel il tomba de son cheval, et on le crut mort; mais il revint quelques temps après, et il fallut le trépaner le lendemain ». Enfin, l'arrivée du duc de Bourgogne en personne, à la tête de renforts importants, décida le parti ennemi à se replier, et toute la Cour rentra à Compiègne, un peu attristée par ces accidents qui motivèrent des ordres sévères pour les futurs combats.

Le surlendemain, 9 septembre, vit une des plus brillantes journées du camp. Le roi d'Angleterre, qui avait couché à Louvres, arriva à onze heures au château, et, aussitôt le dîner fini, Louis XIV l'emmena, dans un petit carrosse, passer la revue générale que la pluie lui avait fait reculer jusque-là. Les deux rois, arrivés à Coudun, montèrent à cheval, ainsi que le Dauphin, venu de son côté, et passèrent au pas le long des deux immenses lignes que formait l'armée tout entière rangée en bataille, « chaque escadron étant de quarante Maîtres par files sur trois de hauteur, et les Bataillons de 120 hommes sur cinq ». La duchesse de Bourgogne se faisait conduire immédiatement derrière eux, dans son carrosse, « que quantité d'autres suivoient, avec un nombre infini de gens à cheval et à pied ». Les étrangers étaient nombreux, et, parmi les principaux on remarquait les deux fils du landgrave de Hesse-Cassel, et un frère du duc de Parme.

Le duc de Bourgogne, accompagné du maréchal de Boufflers, présenta ses troupes; il était vêtu d'un habit « si couvert de broderies qu'on ne pouvait distinguer le fond »; le maréchal montrait une richesse sobre dans son justeaucorps de velours noir, brodé d'or sur les coutures. Dans la plaine, c'était une masse imposante et variée d'uniformes éclatants : gendarmes rouges galonnés d'argent, carabiniers bleus à parements rouges et à « bandoulières » blanches; dragons rouges, bleus ou verts; cuirassiers étincelants; grenadiers à cheval aux vestes rouges soutachées, aux bonnets fourrés ; cavaliers des régiments particuliers, tout gris avec de grosses aiguillettes sur l'épaule, etc. Puis c'était l'infanterie, tout entière coiffée du feutre gris à cocarde blanche, brodé d'or ou d'argent, mais dont l'uniforme changeait avec les régiments : gris à parements et vestes bleues, avec *agréments* feuille-morte pour celui du Roi ; gris, doublé de rouge, avec veste bleue, boutons d'étain et rubans rouges sur l'épaule pour celui de la Reine ; bleu doublé de jaune avec bord blanc, pour Graeder Allemand ; vestes rouges et boutons de cuivre pour Navarre ; parements bleus, rubans rouges et feuille-morte pour Languedoc ; vestes et rubans rouges pour Picardie ; parements, vestes et bas bleus et rubans rouges pour Dauphin ; gris, à parements bleus pour Maine, pour la Couronne et Toulouse ; tout gris pour Bourbonnais ; brun, avec veste et rubans jaunes pour le Royal Italien... et d'autres encore. L'artillerie alignait 44 pièces de canon, 22 chariots couverts, 6 pontons et 100 charrettes chargées de 800 bombes, 16 000 boulets, 40 000 engins en carton, 100 milliers de poudre... Le Royal Artillerie arborait son uniforme blanc, doublé de bleu, aux vestes, bas et culottes rouges, au ceinturon de buffle, à la cocarde rouge...

La revue dura quatre heures entières et fut splendide, de l'aveu général. « Tous les Princes parurent alternativement à la tête de leurs Régiments en habits uniformes : ainsi ils en changeoient autant de fois que les corps qu'ils commandoient étoient différents ; et ils saluèrent le Roy, tantôt à pied, tantôt à cheval. » Parmi les officiers, les généraux se distinguaient par leurs grandes écharpes d'argent « à raiseaux, mises en baudrier ».

Louis XIV parut enchanté et se montra d'excellente humeur ; il « s'arrêta devant certains Regimens où il y avoit des choses extraordinaires ; par exemple les mines assurées et les moustaches des Grenadiers à cheval, qui avoient des bonnets à la dragone, arrêterent les yeux de ce Monarque. Il trouva un air fort guerrier dans l'Escadron des Polacres, que le Regiment Royal a conservé de Konismarck. La tête de Greader Allemand, où tous les Soldats n'avoient que des haches pour armes, plut aussi à Sa Majesté. Deux Timbaliers Mores, l'un de Noüailles, l'autre de Cossé, qui surprenoient par leurs mines extraordinaires, par la richesse de leurs Turbans, garnis de belles égrettes, et par leurs habillemens superbes, attirerent les regards des deux Roys, et de toute leur suite.

« Enfin la revuë étant finie, leurs Majestez monterent sur une hauteur, d'où l'on découvroit l'Armée entiere, il se fit aussitôt une décharge de toute l'Artillerie, et à peine la derniere pièce achevoit de tirer, que la droite de la première ligne [d'infanterie] commença son feu, qui fut continué jusqu'au bout, et repris sans interruption par la gauche de la seconde ligne, de sorte qu'il sembloit que c'étoit le même feu qui parcouroit les deux lignes sur la pointe des armes. Ces décharges furent faites par trois fois, et les ombres de la nuit leur donnerent tout l'agrément qu'on pouvoit souhaiter.

« On a remarqué que le Ciel épargna le terrain, où tant de pompe guerriere étoit renfermée, car il pleuvoit à droit, à gauche et derriere, lorsque le champ de bataille étoit sec. »

Pour lui témoigner sans doute sa satisfaction, Louis XIV accepta de dîner le lendemain chez Boufflers en compagnie du roi d'Angleterre. « Il y avait plus de trente ans que le Roi n'avait fait l'honneur à un particulier de manger chez lui, et la singularité de traiter deux rois ensemble fut grande. » Louis voulut faire asseoir le maréchal à sa table, mais celui-ci le supplia de le laisser le servir ainsi que Jacques II; le duc de Grammont servit le Dauphin. Est-il besoin de dire que le repas fut vraiment royal? « On posa d'abord sur la table trente-six plats, raconte Nodot, sans compter la machine du milieu qui y étoit déjà placée ; le service consistoit en huit potages, huit moyennes entrées, seize hors-d'œuvres et le reste ; ensuite on releva les potages par autant de hors-d'œuvres ; et tout cela fut encore relevé dans le tems par trente-six plats d'entre-mets et de Rôt. Les Violons et les Haut-bois, placez à une distance proportionnée, marquoient par des intermedes, la deserte des services. On releva devant le Roy huit hors-d'œuvres d'entre-mets par huit autres assiettes, dont il y en avoit deux de trente-six Ortholans chacune ; le fruit répondoit par son arrangement, sa diversité, sa profusion, à la magnificence du festin, et l'on y but les vins les plus exquis et les plus rares. » Louis XIV déclara publiquement, le soir, « qu'il n'avait jamais fait un si grand repas ».

Pendant que les deux rois dînaient dans la vaste salle rouge et or, Boufflers faisait également servir de façon somptueuse les officiers, tant de la suite des souverains que de l'armée; trois tables, d'au moins douze couverts chacune, étaient dressées sous les tentes, deux autres dans la galerie de la maison et deux encore dans les chambres du premier étage; « mais une chose surprenante, c'est que du moment qu'elles furent déservies, on les vit couvrir aussitôt de viandes neuves, et tous ceux qui n'avoient point trouvé place aux premières, furent invitez à ces secondes, et à plusieurs autres petites volantes qu'on y ajouta. »

A l'issue de ce dîner fameux, Louis assista à quelques exercices à feu, et, le lendemain, un exercice de « décampement » clôtura ce qu'on peut appeler la première partie des manœuvres. Dès l'aube, malgré un fort brouillard, le duc de Bourgogne, qu'accompagnaient ses frères, se trouva sur les lieux et prit le commandement ; l'armée alors, tout entière, leva rapidement le camp et s'ébranla. Elle marchait sur neuf colonnes : quatre d'infanterie, enfermant l'artillerie et les bagages au centre, et deux de cavalerie sur chacune des ailes. L'infanterie s'avançait par masses compactes, les bataillons se suivant, au nombre de douze ou treize par colonne, avec chacun dix hommes de front sur une soixantaine de profondeur.

Le Roi, qui avait dîné à onze heures, vint assister à l'arrivée des troupes sur l'emplacement désigné pour le nouveau camp, d'ailleurs fictif, où elles prirent leur repos. C'était près de la ferme de Pieumel, où Boufflers offrit aux princes une superbe collation, tandis que Rosen traitait de son côté les officiers généraux. L'armée se reposa jusqu'à quatre heures. Alors « on entendit un coup de canon, qui fit rendre tous les soldats à leurs files ; au signal d'un second coup, ils prirent les armes ; au troisième, ils se mirent en bataille, et, au quatrième, l'armée reprit sa marche vers le Camp dans le même ordre, et par les mêmes routes qu'elle était venue ».

Elle y rentra sous les yeux du Roi, que la duchesse de Bourgogne venait de rejoindre dans son carrosse. Celle-ci, d'ailleurs, semblait porter beaucoup d'intérêt... ou de curiosité enfantine, à ces choses militaires qui passionnaient tant son mari ; on la voyait souvent au camp, où elle se montrait volontiers aux soldats enchantés, et allait parfois assister aux diverses distributions, dont le pittoresque l'amusait.

*
* *

Les opérations qui commencèrent le 12 l'intéressèrent bientôt encore infiniment plus : car, cette fois, il ne s'agissait de rien moins que d'un siège en règle de Compiègne par l'armée presque entière, siège qui dura quatre jours et que marquèrent de terribles canonnades et de furieuses mousqueteries.

La place était défendue par le marquis de Crenan, auquel on avait donné une garnison assez importante, et quatorze pièces de canon ; l'attaque, commandée par Rosen, sous les yeux du duc de Bourgogne et de Boufflers, devait être dirigée contre la partie de l'enceinte comprise entre l'Oise et le château ; on l'avait donc aménagée, tant pour la mettre en état de défense, que de façon à rendre possible une manœuvre, au cours de laquelle on ne pouvait réellement faire brèche au rempart pour permettre l'assaut ; on avait donc « rasé la muraille jusqu'à la hauteur d'un parapet ordinaire », aménagé une route permettant d'amener de l'artillerie sur le rempart, réparé et fortifié la demi-lune qui défendait alors la place en avant du fossé, entre la Porte-Chapelle et la rivière, établi une *contre-garde* sur la berge, à l'extrémité du Mail ou promenade qui descend en pente douce depuis la terrasse, construit, à la pointe de l'île voisine, un épaulement, avec une pièce de canon pour commander le passage de l'Oise enfin creusé en avant du tout « un chemin couvert bien palissadé, avec son glacis, qui regnoit depuis la rivière jusqu'à cinquante pas de la Porte-Chapelle », et sur lequel devait porter le principal effort des assiégeants. Crenan avait disposé son artillerie sur tout ce front : cinq pièces devaient battre la campagne, trois défendre le fossé et la demi-lune; deux étaient placées « sur l'angle flanqué de cette demi-lune », une à la contre-garde du Mail, une, nous l'avons vu, dans l'île, et deux enfin, pour protéger le flanc droit, dans une autre demi-lune située au delà de la Porte-Chapelle.

Pour se rendre compte des opérations qui vont suivre et du spectacle qu'elles présentaient aux spectateurs placés sur la terrasse, il faut se rappeler que toutes les constructions, tous les jardins et tous les arbres qui forment maintenant une importante agglomération depuis l'Oise jusqu'au château, et qui masquent à peu près complètement la vue dans la direction de l'Aisne, n'existaient point alors, et que, sous les remparts, s'étendait une large plaine qu'on découvrait tout entière; la lisière même de la forêt se trouvait moins rapprochée de la ville qu'aujourd'hui, et était précédée d'une bande de terrain à peu près inculte, que Louis XV planta au siècle suivant, mais où ne poussaient guère alors que des bruyères. Il y avait donc là, entre l'Oise, l'Aisne, la forêt et la ville, un superbe champ de manœuvres, qu'encadraient fort joliment les hauteurs boisées, et où, seuls, quelques pâtés de maisons, pas bien nombreuses, à quelque distance sur la route de Soissons, constituaient le faubourg de la Porte-Chapelle : cette agglomération portait peut-être déjà son surnom d' « à tous les diables », qu'il devait soit aux courtisans, qui n'avaient pas trouvé logement ailleurs et qui pestaient d'habiter si loin, soit, d'après une autre version, à la présence de protestants, chassés de la ville en 1685, qui s'y étaient réfugiés et y avaient établi un *prêche*; sous la Révolution, on devait l'appeler le faubourg des Piques, et, sous l'Empire, le faubourg d'Ulm.

Cette grande plaine et ce faubourg avancé furent le premier objectif de l'armée assiégeante, qui, le 12 au matin, quitta le camp de Coudun pour venir attaquer Compiègne. On vit d'abord, du côté de Clairoix, la cavalerie descendre vers l'Oise; le canon de l'île, puis celui des remparts commencèrent alors à tonner, ce qui n'empêcha pas l'ennemi de jeter un pont de bateaux, un peu en amont de la ville, et de se déployer en demi-cercle, depuis ce point jusqu'en face du faubourg de Pierrefonds; la cavalerie, formée en deux immenses lignes, couvrit le mouvement de l'infanterie, qui prit position en arrière, à la lisière de la forêt, toujours poursuivie par le feu de la place.

Cette manœuvre préparatoire remplit toute la matinée; on attendit, pour la continuer, que les deux rois, sortis du palais après dîner, eussent pris place sur le rempart, d'où ils découvraient tout le panorama du champ de bataille. C'est de là que Louis XIV assista, pendant les quatre jours du siège, aux travaux d'approche et aux combats, et c'est là que, le dernier, il se tint près de Mme de Maintenon, dans la scène que Saint-Simon a rendue fameuse et que nous rappellerons en son temps; le rempart communiquait par une porte avec la terrasse du château, dont il n'était en somme que la continuation; il n'avait en cet endroit ni banquette ni mur d'appui, et un sentier « taillé en marches roides » le faisait communiquer avec la plaine située au-dessous. Le Roi s'y tenait sur un *cavalier*, endroit plus élevé qui servait ordinairement à placer l'artillerie, non loin d'un moulin à vent qui fut, vers 1740, remplacé par un réservoir, puis, en 1825, par une serre tempérée; il était donc placé à l'endroit où, aujourd'hui encore, le rempart commence à s'infléchir au-dessus de la Porte-Chapelle.

Lorsque, vers quatre heures, les deux monarques et la Cour se furent installés à ce poste d'observation, « une fumée » donna le signal de l'action. Les assiégeants aussitôt se portèrent sur les faubourgs avancés de la Porte-Chapelle et de Pierrefonds, dont ils voulaient faire leur base d'opérations; mais aussitôt les troupes montées des défenseurs sortirent et coururent au-devant d'eux; après quelques escarmouches entre les éclaireurs, les deux cavaleries se chargèrent; celle des assiégeants d'abord lâcha pied, mais les assiégés, en la poursuivant, furent à leur tour surpris et ramenés par un escadron caché derrière un rideau d'arbres. Enfin, après un engagement assez vif, auquel prit part le canon de la place, les troupes du duc de Bourgogne parvinrent à s'établir et à se maintenir dans les deux faubourgs.

Jusqu'ici l'avant-garde seule des assiégeants avait donné : quand elle se fut assurée d'un point d'appui et eut refoulé l'ennemi dans la ville, l'armée de siège proprement dite, avec ses travailleurs munis d'outils, déboucha à son tour des hauteurs de Clairoix, et franchit l'Oise sous le feu de la place, dont toutes les pièces tonnèrent en même temps contre elle; elle fila rapidement et prit position derrière les premières lignes, qui couvraient sa marche.

A la tombée de la nuit, on ouvrit la tranchée, non loin du pont, sous les yeux du duc de Bourgogne et de Boufflers, tandis que les pionniers de l'artillerie établissaient hâtivement trois batteries, de six pièces chacune, sur une hauteur « vis-à-vis le corps de la place ». Bientôt, dans l'obscurité croissante, que rayaient les décharges incessantes parties des remparts, on remua fiévreusement la terre, d'un bout à l'autre de la ligne ; les chevaux apportaient les fascines ; « l'Infanterie, le genouil en terre, tenoit derrière elle les travailleurs en seureté, contre les sorties qu'on pouvoit faire, et la Cavalerie étoit de garde à la tranchée ». La place cependant ne cessait de tirer, tandis que les assiégeants se hâtaient en silence, et le contraste était saisissant, entre le fracas des décharges d'un côté, le silence absolu et impressionnant de l'autre.

La manœuvre finit tard, sous les yeux d'une foule immense accourue pour la voir. Louis, le dauphin et la duchesse de Bourgogne étaient sortis de la ville, pour assister à l'ouverture de la tranchée. Ils rentrèrent vers huit heures ; mais, comme ils passaient sous la longue arche de la Porte-Chapelle, alors tout à fait obscure, « la foule des gens de toutes sortes de conditions qui avaient été présents au spectacle, voulant rentrer en même temps sous cette voûte, s'y engagea de telle manière que le Roi lui-même fut poussé contre une des murailles de la voûte, où il se trouva très embarrassé, comme il le dit lui-même en entrant dans sa chambre, et ne sortit de cet embarras que quand un soldat du corps de garde apporta une chandelle, à la lueur de laquelle chacun se mit en marche et lui donna un libre passage ».

L'assaut se continua le lendemain matin par un duel d'artillerie, où les dix-huit canons de l'armée assiégeante et les quatorze canons de la place se foudroyèrent mutuellement à grand fracas :

« Je n'aurais jamais cru, écrivait la petite duchesse de Bourgogne à Madame Royale, me trouver dans une ville assiégée, et estre éveillée par le bruit du canon comme je l'ai esté ce matin. J'espère que nous sortirons bientost de cet estat. Il est vray que j'ay de grands plaisirs icy. »

L'attaque de la place par l'infanterie recommença l'après-midi, quand Louis eut repris son poste sur le rempart ; le roi d'Angleterre ne l'accompagnait plus cette fois, et venait de quitter Compiègne. La première opération fut l'attaque des ouvrages avancés, et la prise des *lunettes* par les Suisses ; puis le régiment de Navarre donna l'assaut au chemin couvert, cependant qu'on menait vivement les travaux d'approche :

« Les Assiégeans, raconte Nodot,... attaquerent le chemin couvert, pour donner temps aux travailleurs de pousser derière eux une tranchée, le plus prés qu'il se pourroit, ce qui s'executa avec tant de promptitude, qu'on ne s'en trouva qu'à dix pas.

« Ces heureux commencemens enflerent le courage de Assiegeans ; ils sortirent de leurs retranchemens, et parurent tout le long de la ligne, marchans avec une fierté étonnante, droit au chemin couvert, qu'ils attaquerent par tout.

« ... Le canon étoit servi aussi promptement que la mousqueterie. Les Grenades lancées des deux côtez, faisoient mille et mille cercles en l'air, qui étans sans cesse reiterez, formoient un berceau de feu, depuis la riviere, jusqu'à la Porte-Chapelle. Enfin, les Assiegeans parurent aux palissades, les arracherent en cent endroits, et se firent passage. On les repoussa neanmoins dans le commencement : mais s'animans de plus en plus, ils s'empererent du chemin couvert, et les travailleurs les suivans de prés, ils s'y logerent en peu de tems : cette action finit par les cris ordinaires des Victorieux ».

La première partie des opérations se termina par cet assaut fort pittoresque, mais où l'ardeur des soldats, comme il arrive presque inévitablement dans les manœuvres, les entraîna souvent, dit Sourches « au-delà du vraisemblable ». Le lendemain, qui était un dimanche, fut jour de repos pour l'armée. « Le Roi ne voulut pas que les troupes restassent à la tranchée, de peur qu'elles ne perdissent la messe, prétendant que ce qu'il faisait par pure nécessité et pour son plaisir, ne devoit mettre personne dans le cas de manquer aux devoirs de la religion. »

L'attaque décisive de la place eut donc lieu le lundi 15. Elle commença par l'assaut de la demi-lune placée en avant de la Porte-Chapelle, que soutinrent de leur feu les assiégeants restés maîtres du chemin couvert; après les fusillades ordinaires, les assaillants parvinrent jusque sur le parapet de l'ouvrage, et y plantèrent leurs drapeaux, criant : Vive le Roi ! de toutes leurs forces, et jetant leurs chapeaux en l'air. Le combat continua dans l'intérieur de la demi-lune, que les défenseurs disputèrent pied à pied; mais leurs adversaires, toujours suivis d'ouvriers, qui fortifiaient à mesure le terrain conquis, finirent par s'en rendre complètement maîtres ; les assiégés n'eurent plus d'autre ressource que de se jeter dans le fossé et de s'enfuir, toujours en tiraillant.

On considéra, dès lors, la garnison comme réduite aux abois, et les manœuvres de siège se terminèrent par un exercice de capitulation : le gouverneur de la place fit battre la chamade ; le feu s'arrêta ; un parlementaire vint annoncer que la ville se rendait; on échangea des otages, et les généraux rédigèrent un acte en règle, n'oubliant aucun des articles en usage, et réglant non seulement l'évacuation de la place, mais encore l'usage des fortifications et les frais de la guerre.

Du haut du rempart, Louis XIV avait assisté, entouré de toute la Cour, à cette brillante journée de manœuvre; et c'est en cette circonstance qu'il y aurait donné, selon Saint-Simon, par son étrange assiduité auprès de

Mme de Maintenon, « un spectacle qui demeura peint et imprimé dans la tête de ceux qui le virent, bien des années après », qui « fit grande impression sur chacun, et plus de bruit que la prudence ne le devoit permettre », qui prit, enfin, s'il fallait en croire le chroniqueur sur parole, l'importance d'un véritable scandale. Il a fourni, dans tous les cas, au brillant conteur des *Mémoires* le sujet d'une de ses pages les plus vivantes ; et, quelque connue qu'elle soit, on nous permettra de la rappeler en partie :

« Le roi, écrit-il, étoit sur le cavalier, c'est-à-dire sur un endroit un peu plus élevé du rempart de Compiègne ou de la terrasse qui est de plain-pied à son appartement, qui sert d'unique jardin, et qui a vue sur une vaste campagne qui est entre la ville et la forêt. Toute la cour, hommes et femmes, étoit en haie sur plusieurs rangs, debout le long de cette terrasse, et toute l'armée en plusieurs lignes au bas ; ainsi, le roi étoit vu à découvert de toute l'armée et de toute sa cour. Il étoit debout, un bras appuyé sur le haut d'une chaise à porteurs fermée, dans laquelle étoit madame de Maintenon, à qui il expliquoit tout, et lui parloit à tout moment ; à chaque fois il se découvroit, se baissoit à la hauteur d'une glace de côté dont madame de Maintenon tiroit quatre doigts au plus, et la repoussoit dès que le roi se relevoit, et le nombre de fois que cela arriva fut innombrable. » « Quelquefois, dit encore Saint-Simon, elle ouvroit pour quelque question au Roi ; mais presque toujours c'étoit lui qui, sans attendre qu'elle lui parlât, se baissoit tout à fait pour l'instruire, et, quelquefois qu'elle n'y prenoit pas garde, il frappoit contre la glace pour la faire ouvrir… Le Roi mit souvent son chapeau sur le haut de la chaise pour parler dedans, et cet exercice si continuel lui devoit fort lasser les reins. »

La duchesse de Bourgogne était assise sur un des bâtons de la chaise, en avant et à gauche. Mme de Maintenon « lui parloit par signes de temps en temps, sans ouvrir la glace de devant, à travers laquelle la jeune princesse lui crioit quelque mot ». A côté de la duchesse de Bourgogne, *Madame la Duchesse* se tenait debout, puis la princesse de Conti, « et toutes les dames, et derrière elles les hommes. A la glace droite de la chaise, le Roi debout, et un peu en arrière, un demi-cercle de ce qu'il y avoit, en hommes, de plus distingué ..

« Vers le moment de la capitulation, Mme de Maintenon, apparemment, demanda permission de s'en aller ; le Roi le cria :

« — Les porteurs de Madame !

« Ils vinrent et l'emportèrent. Moins d'un quart d'heure après, le Roi se retira, suivi de Mme la duchesse de Bourgogne et de presque tout ce qui étoit là. »

« Plusieurs, ajoute Saint-Simon, se parlèrent des yeux et du coude en se retirant, et puis à l'oreille, bien bas : on ne pouvoit revenir de ce qu'on venoit de voir ». Il avait déjà dit, en décrivant les attitudes des assistants pendant cet après-midi : « Elles marquoient une surprise honteuse, timide, dérobée, et tout ce qui étoit derrière la chaise et les demi-cercles avoient plus les yeux sur elle que sur l'armée ; et tout dans un respect de crainte et d'embarras. » Il ajoute encore que « jusqu'aux soldats demandoient ce que c'étoit que cette chaise à porteurs et le Roi à tous moments baissé dedans : il fallut doucement faire taire les officiers et les questions des troupes. On peut juger de ce qu'en dirent les étrangers et de l'effet que fit sur eux un tel spectacle. Il fit du bruit par toute l'Europe, et y fut aussi répandu que le camp même de Compiègne avec toute sa pompe et sa prodigieuse splendeur. »

Le récit de Saint-Simon est aussi discuté qu'il est célèbre ; l'écrivain, qui est si souvent mauvaise langue, et qui n'a jamais montré aucune sympathie pour Mme de Maintenon, semble insinuer que, pour la première fois, en ce jour de septembre, sur les remparts de Compiègne, la veuve de Scarron afficha une scandaleuse fortune à la face de la Cour, de l'armée, de l'Europe... Or, il paraît fort évident que si la Cour, l'armée,... et l'Europe témoignèrent une telle surprise, c'est qu'elles étaient véritablement bien mal renseignées, car Mme de Maintenon était devenue l'épouse morganatique du Grand Roi depuis une quinzaine d'années déjà, et vivait depuis publiquement dans son intimité. En présence de l'invraisemblance de cette partie du récit, quelques auteurs semblent même tentés de révoquer en doute la description tout entière d Saint Simon ; ils font remarquer que, seul, il rapporte cette scène, dont on ne trouve nulle trace dans les autres écrits du temps, et que Mme de Maintenon en particulier, n'est nommée, ni par Dangeau, ni par Sourches, qui notent cependant d'habitude la présence des personnages importants, et signalent la sienne en d'autres circonstances ; le *Mercure*, la *Gazette*, ou même l'ouvrage de Nodot, tous si prolixes d'ordinaire, restent également muets sur ce spectacle que les *Mémoires* présentent cependant comme sensationnel.

Il semble bien, en réalité, que les détails matériels donnés par Saint-Simon soient exacts ; Mme de Maintenon était bien à Compiègne pendant la durée du camp, et M. Boislisle fait observer qu'une estampe de la collection Hennin la représente, sur la fameuse terrasse, assise à côté du Roi, au milieu de la Cour, et corrobore ainsi, de façon intéressante, le témoignage de l'historien. Quant aux appréciations dont celui-ci accompagne sa description, et aux sentiments qu'il prête aux spectateurs, c'est autre chose. Il est certain, d'une part, que cette sorte d'exhibition aux côtés de Louis XIV était loin d'être voulue, ni même désirée par Mme de Maintenon : pendant tout le séjour de

Compiègne, elle paraît fort dolente au contraire, presque tout le temps malade, très désireuse d'échapper aux dîners, aux revues, à toute la représentation, moralement fatiguée aussi des exigences de son auguste maître :

« Je n'ai point de repos ici, écrit-elle le 9 à l'archevêque de Paris... Je voudrois m'occuper partout de bonnes œuvres. Il me semble qu'une assemblée de charité me siéroit mieux que d'aller au camp avec une princesse de douze ans ; mais *on* veut tout par rapport à soi, et je vois avec douleur que le goût du bien ne vient pas, ni pour celui qu'*on* pourrait faire, ni pour celui qu'*on* devrait laisser faire aux autres. »

On comprend donc combien peu elle désirait trôner au milieu de la Cour, et combien il est peu exact aussi d'insinuer que le camp ait eu lieu pour elle, et « pour lui donner un superbe spectacle ». D'un autre côté, aux côtés de Louis, sa présence n'avait certainement rien d'anormal, non plus que son apparition à une revue. Ce n'était point, certes, la première fois qu'ils se trouvaient ensemble, ni la première fois que des troupes manœuvraient en leur présence : déjà, trois ans auparavant, à Compiègne même, elle avait, en compagnie du Roi, assisté à leurs évolutions, et Dangeau, à cette occasion, note une observation typique : « Le Roi, dit-il, fait toujours la revue des troupes avant que les dames arrivent, et quand elles sont arrivées, il demeure à cheval à la portière de leurs carrosses, et leur fait voir les troupes en bataille, et les fait défiler devant elles. » N'y a-t-il point là analogie frappante avec son attitude sur la terrasse ? Ces lignes de Dangeau sont du 4 mai 1695, et le 6 mai, deux jours après, il note que Louis XIV a été se promener en forêt dans le carrosse de Mme de Maintenon...

Saint-Simon, s'il avait, à quelque quarante ans de distance, gardé dans son œil si observateur, avec une admirable précision, les détails de la scène de Compiègne, avait, par contre, oublié qu'à cette époque le Roi et sa directrice de conscience formaient déjà un vieux ménage.

* *

Au siège de Compiègne succédèrent des combats entre deux armées, à peu près d'égale force, l'une, commandée par le duc de Bourgogne, comprenant 27 bataillons et 83 escadrons ; l'autre, figurant l'ennemi, sous les ordres de Rosen, et comptant 26 bataillons et 69 escadrons ; les officiers de cette dernière portaient des écharpes rouges, « pour montrer à monseigneur le duc de Bourgogne, dit Dangeau, ce qui distingue dans un combat les ennemis d'avec nous, qui portons toujours du blanc ».

Après un jour consacré par le Roi à des revues de détail, qui prouvent une fois de plus l'attention qu'il portait au côté utile de ces exercices, on représenta, le 17 septembre, l'un des thèmes que ses instructions indiquaient ainsi : « Une armée se retranchera et l'autre attaquera; les lignes seront forcées, mais l'armée chassera l'autre des retranchemens, et l'obligera à se retirer. » Le duc de Bourgogne commandait naturellement l'armée retranchée, qui devait rester à la fin victorieuse. Arrivé au camp de très grand matin, il la mit en marche sur trois colonnes et l'amena dans la plaine d'Hémévillers, où, vers dix heures, elle prit sa formation de combat, et creusa des retranchements.

Rosen vint l'y attaquer l'après-midi, sous les yeux de Louis XIV et de la petite duchesse. Il commença par faire donner ses dragons, qui, appuyés par l'artillerie, enlevèrent, après un vif combat, un village où s'appuyaient les lignes qu'il devait forcer ; en même temps, sur tout le front, ses éclaireurs refoulaient ceux de l'autre armée jusqu'aux tranchées. Alors le duc de Bourgogne fit à son tour tirer son artillerie et avancer sa première ligne d'infanterie ; lui-même « était à la tête avec M. le maréchal de Boufflers et donnait ses ordres ». Mais l'infanterie de Rosen, elle aussi, arriva ; exécutant la manœuvre convenue, celle du duc peu à peu lâcha pied et ses bataillons, rompant le combat les uns après les autres, allèrent se reformer successivement derrière la deuxième ligne.

« Alors, raconte Nodot, les Ennemis se rendirent maîtres du retranchement et le comblèrent partout, pour faire passage à leur Cavalerie... Cependant la seconde ligne d'infanterie de Monseigneur le duc de Bourgogne, s'avança pour reprendre le poste : mais elle fut aussi repoussée, et n'eût que le tems de se renger derière sa Cavalerie, qui attendit avec fermeté celle des Ennemis, qu'elle voyoit venir à elle pour l'attaquer, et faisoit entendre le canon qui marchoit à sa tête.

«... Les Escadrons de part et d'autre, vinrent plusieurs fois à la charge ; enfin les Ennemis ne pouvans soûtenir les efforts de la Maison du Roy pliérent, et furent menez battant au de-là du retranchement, où leur Infanterie arrêta les Victorieux, par une furieuse décharge : ensuite, les Ennemis se retirerent en bon ordre ; et de tous ces grands combats, il n'y eût que quelques visages brûlez... »

Le surlendemain, après une autre journée employée à des revues, une nouvelle bataille fut livrée par les deux mêmes armées, mais cette fois en rase acmpagne, dans la plaine d'Ornavillers, où le duc de Bourgogne déploya ses troupes depuis Gournay jusqu'à Hémévillers ; le Roi se tint, tout le temps de l'action, sur une hauteur entre les deux partis.

Après les habituelles escarmouches de cavalerie, et le combat d'avant-garde, mené de chaque côté par les dragons, les infanteries en vinrent aux mains, tandis que les artilleries tonnaient avec fureur. Des deux côtés, les premières lignes, successivement repoussées, disparurent et allèrent se reformer en arrière. Les deuxièmes lignes se heurtèrent à leur tour, mais, cette fois, aucune d'elles ne céda le terrain, et le combat se prolongea. La vérité est que le moment était venu pour Rosen, conformément au thème, de battre vivement en retraite ; mais, piqué au jeu, il ne pouvait s'y résoudre.

« M. de Boufflers, raconte Saint-Simon, lui manda plusieurs fois, de la part de Mgr le duc de Bourgogne, qu'il étoit temps : Rosen entroit en colère et n'obéissoit pas. Le Roi en rit fort, qui avoit tout réglé, et qui voyoit aller et venir les aides de camp et la longueur de tout ce manège, et dit :

« — Rosen n'aime point à faire le personnage de battu.

« A la fin, il lui manda lui-même de finir et de se retirer. Rosen obéit, mais fort mal volontiers et brusqua un peu le porteur d'ordre. » Le duc alors prit l'avantage, culbuta successivement les deux lignes qui s'étaient reformées et mit en fuite toute la cavalerie ennemie. « La chose fut assez mal exécutée » d'ailleurs, au dire de Sourches. Rosen, sans doute, y mettait de la mauvaise volonté ; mais il eut bientôt l'occasion de prendre sa revanche et d'étonner les spectateurs par ses talents militaires : en effet, privé de sa cavalerie, qui s'était dispersée, il sauva la situation en formant toute son infanterie en carré, comme avaient fait les Espagnols à Rocroy. « Les premières files des quatre faces étoient composées de Piquiers ayant chacun un Grenadier à leur côté, la baïonnette au bout du fusil. Le feu que cette Infanterie faisoit... éloignoit si bien les Troupes de Monseigneur le Duc de Bourgogne, qu'il y avoit un grand espace entre elles. M. de Busca à la tête de la Maison du Roy vint le tâter de tous côtez, et le trouva si hérissé, qu'il ne put l'entamer.

« Sa Majesté voulut voir la forme de ce Bataillon extraordinaire ; Elle passa à travers le feu pour aller le considérer ; Elle le visita dans les quatre faces, et fut fort satisfaite de sa contenance et des mouvemens que le General se donnoit pour soûtenir de toutes parts. » Le Roi commanda lui-même quelques décharges, puis regagna son poste d'observation. Sourches, d'ailleurs, observe qu'il ne s'aventura ainsi entre les deux armées en action, qu' « au grand regret de ses bons serviteurs, qui trouvaient avec raison qu'il s'exposait trop à la discrétion d'un grand nombre de soldats étourdis, et parmi lesquels il pouvait y en avoir de mal intentionnés ».

Ces craintes pourtant restèrent vaines et Louis essuya sans dommage le feu des cartouches à blanc. Dès qu'il se fut éloigné, « Monseigneur le Duc de Bourgogne voyant que sa meilleure Cavalerie étoit rebutée, fit avancer le Canon et l'Infanterie pour forcer ce Bataillon. M. de Rosen en soûtint les premières volées ; mais connaissant qu'il alloit être foudroyé, il demanda à capituler, et se rendit prisonnier de guerre ».

Le dernier exercice du camp eut lieu le 24 : ce fut un fourrage commandé par Albergotti, maréchal de camp, que devait essayer de surprendre Pracomtal. Le terrain une fois reconnu par le maréchal, près de Fontaine-Française, et les postes de cavalerie et d'infanterie installés sur les hauteurs et dans les bois pour protéger l'opération et assurer la retraite, on amena les fourrageurs « montez à poil sur leurs chevaux ». Malgré le mauvais temps et la pluie continuelle, Louis XIV vint et parut prendre beaucoup d'intérêt à l'exercice ; en particulier, dit Sourches, « il rit beaucoup des figures grotesques des mousquetaires qui s'étoient déguisés en valets, dont il y en avoit quelques-uns en robe de chambre et en bonnets de nuit ».

« Dès qu'ils ont mis pied à terre, raconte Nodot, les uns ont fait semblant de faucher, les autres de ramasser le fourage, ceux-cy de le porter sur les cordes étendues par terre ; ceux-là de s'efforcer de charger les trousses sur leurs chevaux. Mais dans ces entrefaites les Ennemis ont paru : les Vedettes ont donné l'alarme ; on a crié *alerte* aux troupes, et *sauve* aux fourrageurs ; ils ont été contraints d'abandonner toute leur recolte. Cependant l'escorte a soutenu l'effort des attaquans, et a mis les fourrageurs à couvert pendant qu'ils se retiroient au Camp », pas assez cependant pour que Pracomtal, les poussant vivement, ne pût en enlever quelques-uns et les emmener prisonniers.

**

Le lendemain, Louis XIV repartait pour Chantilly, puis, vingt-quatre heures plus tard, regagnait Versailles « après qu'il eut fait de grandes libéralitez à toutes les troupes ». Chaque capitaine d'infanterie reçut cent écus en témoignage de la satisfaction royale, et chaque capitaine de cavalerie ou de dragons, deux cents. Il était temps d'ailleurs que le camp finît, car, malgré cette distribution finale, tout le monde eût achevé de s'y ruiner. Du moins, affirme Sourches, « la magnificence qui y avoit paru acheva de détromper les étrangers de la prévention qu'ils avoient apportée de leur Païs, que la France étoit entièrement épuisée d'hommes et d'argent. Ils avoient déjà bien vû le contraire par ce qui s'étoit passé au mariage de M. le duc de Bourgogne, et par la grande affluence de Peuples qu'ils avoient trouvé à Paris. Mais ce dont ils venoient encore d'être témoins eux-mêmes achevant de les en désabuser tout à fait, ils commencèrent à regarder le Roi comme un Crésus, dont les richesses étoient intarissables. »

Il n'en était point malheureusement ainsi dans la réalité, et si des flots d'or coulaient encore autour du Roi, le pays souffrait déjà ; le prix du blé augmentait ; des terres restaient incultes, faute de capitaux, et, à commencer par la « pauvre noblesse », que ruinaient ses prodigalités forcées, on commençait un peu partout en France à crier misère. « Il y en eut beaucoup, remarque Sandraz de Courtilz, qui crurent que Sa Majesté eût fait quelque chose de bien avantageux pour son Royaume, si au lieu de faire tant de dépense à ce Camp, il eût répandu cette somme parmi ses Peuples, pour leur avoir des bestiaux. » La guerre de succession d'Espagne, dont ces démonstrations militaires provoquaient déjà la crainte, allait bientôt accroître encore cette détresse populaire et tarir en même temps la magnificence royale.

Le Roi cependant, voyant son petit-fils grandir et se distinguer ainsi, plaçait sur sa tête des espérances que la mort, hélas ! allait bientôt faucher, tandis qu'à l'envi courtisans et poètes célébraient en vers légers ce camp, où Louis XIV avait trouvé comme une apothéose :

> Par un jeu digne d'un Heros,
> Loüis réveille Mars dans le sein du repos,
>   Après avoir calmé la Terre.
> Celuy qui fit goûter à ses heureux Sujets
> Une charmante Paix au milieu de la Guerre,
> Leur fait revoir encor, mais avec plus d'attraits,
> Une charmante Guerre au milieu de la Paix...

SOURCES

Manuscrits. — *Copie du Mémoire écrit par la main du Roy, pour le camp de Compiègne* (trois exemplaires aux archives du MINISTÈRE DE LA GUERRE ; un à la bibliothèque de Compiègne).

Imprimés. — *Ordre de bataille de l'Armée du Roy commandée par Monseigneur le Duc de Bourgogne ; Instruction Pour les Regimens qui doivent camper cette année 1698 à Compiegne :*

donnée par le Directeur général de l'Infanterie de Flandres à chaque Regiment le 25 Juin 1898.

*Gazette d'*Amsterdam ; *Mercure galant, dédié à Monseigneur le Dauphin ; Recüeil des nouvelles ordinaires et extraordinaires, relations et récits des choses avenues tant en ce royaume qu'ailleurs, pendant l'année mil six cent quatre-vingt-dix-huit; Annales de la Cour et de Paris pour les années 1697 et 1698,* [par Sandras de Courtilz].

Les curieux de Compiègne, comédie de M. Dancourt; *Journal du* marquis de Dangeau..., *avec les additions inédites du* duc de Saint-Simon; *L'Illustre Compiègne, lettre à Madame*** où l'on rapporte ce qui s'est passé de considérable sous les règnes de chacun des rois de France et l'ordre de bataille de l'armée du roi commantée par Monseigneur le duc de Bourgogne; au camp d Coudun, près de cette ville,* par M. Fleury de Frémicourt; *Correspondance de* Madame, duchesse d'Orléans; *Correspondance générale de* Madame de Maintenon; *La Rivale travestie ou les Avantures galantes arrivées au Camp de Compiègne. Avec tous les mouvements de l'Armée* [par Nodot]; *Mémoires de* Saint-Simon; *Mémoires du* marquis de Sourches *sur le règne de Louis XIV.*

La duchesse de Bourgogne et l'alliance savoyarde sous Louis XIV, par le comte d'Haussonville; *Les camps de Compiègne, notes historiques* par M. Georges de Juzancourt (Bulletin de la Société historique de Compiègne, tome V); *Histoire de Madame de Maintenon et des principaux événements du règne de Louis XIV,* par M. le duc de Noailles.

Voir aussi les pièces relatives au camp, surtout des Almanachs, contenues dans le t. LXXIII de la collection Hennin. (Bibliothèque nationale, cabinet des estampes).

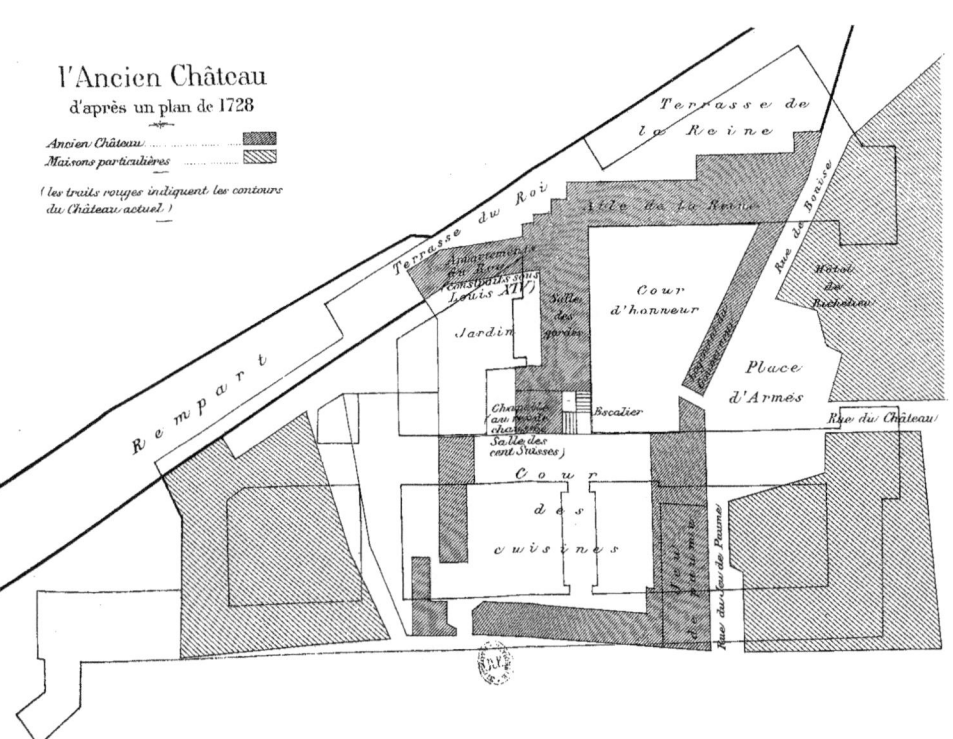

NAPOLÉON ET MARIE-LOUISE

Le château de Compiègne, que nous venons de voir, à la fin du dix-septième siècle, témoin de l'apogée du Roi-Soleil, va, au début du dix-neuvième, servir de cadre à l'événement qui couronnera l'incroyable fortune de Napoléon, quand celui-ci s'emparera, pour ainsi dire, de la fille des Césars germaniques, arrachée, à force de victoires, à la plus ancienne dynastie de l'Europe.

Mais, dans ces cent douze ans qui séparent le point culminant de l'ancienne monarchie et l'heure où le soldat de génie atteint au faîte de sa puissance, le vieux château modeste construit de pièces et de morceaux par les anciens rois a disparu complètement et a fait place à un palais nouveau, triple de l'ancien, où les architectes de Louis XV se sont efforcés, malgré les difficultés du terrain, de faire revivre l'harmonie majestueuse qu'ils ont héritée du grand siècle.

C'est en 1738, après quelques travaux préliminaires, que le Roi se résolut à une transformation radicale, et approuva les plans de Jacques Gabriel qui, pour créer un édifice quelque peu régulier, exigeaient la destruction de l'ancien château presque tout entier. A comparer en effet les dispositions, les dimensions et jusqu'à l'orientation de ce dernier avec celles du palais actuel (dont nous avons esquissé les contours en pointillé sur le croquis annexé à cet ouvrage), on s'aperçoit vite que les deux constructions gardent bien peu de points communs. Presque seul, le bâtiment qui ferme le fond de la cour d'honneur et qui contient la salle des gardes, a survécu; encore est-il aujourd'hui plus profond qu'autrefois et a-t-il complètement changé d'aspect, tant dans sa décoration intérieure que dans sa façade extérieure; il a été, en outre, profondément modifié par la suppression de l'ancien escalier, construit par Louis XIV à l'extrémité gauche du vestibule d'entrée, et par la construction, en son milieu, du vaste escalier d'honneur, à double révolution, que rendaient nécessaire l'importance et le caractère grandiose des nouvelles constructions. (Encore Louis XVI, le déclara-t-il « manqué », la première fois qu'il le vit.)

Les constructions élevées par Louis XIV le long de la terrasse ont échappé également à une destruction complète, mais ont, elles aussi, absolument changé d'aspect; elles ont dû être, d'un côté, agrandies jusqu'à la cour de la chapelle et, de l'autre, être portées jusqu'à l'alignement du nouvel avant-corps, à laquelle d'ailleurs elles n'étaient autrefois parallèles qu'en partie. Par contre, les bâtiments qui entouraient l'ancienne cour des cuisines disparurent nécessairement en leur entier, ainsi que celui qui fermait en biais la cour d'honneur du côté de la place d'armes. Quant à l'aile de la Reine, qui se trouvait border, comme aujourd'hui, la partie gauche de cette cour d'honneur (nous emploierons ces termes de droite et de gauche en supposant toujours, pour les différentes façades, un spectateur tournant le dos au château), la transformation complète de ses dispositions intérieures et les développements considérables qu'elle reçut dans les nouvelles constructions furent cause qu'on la rasa jusqu'aux fondations.

Jacques Gabriel et, après lui, son fils, procédèrent donc moins à l'agrandissement et à l'embellissement d'une ancienne demeure, qu'à la reconstruction, sur le même emplacement, d'un palais de conception tout à fait nouvelle et de style absolument différent : il s'agissait, pour eux, en négligeant absolument les vieilles bâtisses, bonnes tout au plus à abriter le Roi pendant les travaux, de lui construire un palais moderne et grandiose, qui fût digne de lui. Ils mirent près de cinquante ans à élever un vaste édifice, qui couvre plus de deux hectares de terrain et dont la plus grande façade, tournée vers la forêt, ne compte pas moins de quarante-neuf fenêtres, occupant une longueur de 193 mètres.

Durant cette longue période, nécessaire pour mener à bonne fin une aussi vaste entreprise, souvent ralentie d'ailleurs par la pénurie d'argent, la Cour continua de venir fréquemment à Compiègne ; aussi procéda-t-on par étapes dans les travaux, et ne démolit-on les anciens bâtiments que le jour où la famille royale put trouver abri dans les nouveaux. On commença donc, sans rien détruire du château existant, par l'agrandir vers le nord, c'est-à-dire vers la gauche si l'on regarde la forêt, et par créer notamment, en 1740, ces petits appartements, *luxueusement décorés, qui se reliaient à ceux du Roi autour de la cour de la Chapelle, et restèrent célèbres dans la chronique scandaleuse. On acheta également très cher, dans les années qui suivirent, les maisons qui séparaient le palais de la Porte-Chapelle, et l'on bâtit toute cette partie nord que l'on termina par un jeu de paume (le petit théâtre actuel). C'est seulement en 1764, semble-t-il, qu'on s'attaqua au côté opposé et que l'on entreprit de tracer la nouvelle cour d'honneur, en faisant disparaître l'ancienne façade sur la ville, qui l'eût coupée de biais; en même temps, on commençait à exproprier et à démolir les maisons particulières, à l'emplacement desquelles devait apparaître la nouvelle place d'armes.*

Il y eut ensuite certainement, entre 1755 et 1763, une sorte de période d'abandon, où le Roi négligea Compiègne, et, n'y venant plus, laissa sommeiller les travaux, pour lesquels il ne chercha plus d'argent. Ceux-ci furent repris et poursuivis assez lentement, mais sans trop d'interruptions, à partir de 1764; on continua l'aile droite de la cour d'honneur, on agrandit notablement, en 1766-1767, la chambre du Roi (l'actuel salon de famille, au centre de l'avant-corps regardant les Beaux Monts), mais sans toucher encore au milieu de l'ancienne façade, du côté de la terrasse, toujours en retrait sur l'alignement actuel.

A partir de 1768 enfin, on commença à démolir l'aile de la Reine, que devait remplacer la construction triangulaire dont une face constitue l'aile droite du palais, du côté des jardins, et dont une autre face forme un des côtés de la cour d'honneur. Ces travaux de démolition et de reconstruction se prolongèrent dans les années qui suivirent et n'avancèrent que fort lentement : le Roi ordonnait bien de les activer, mais il n'envoyait point d'argent, et le malheureux architecte Bellicard, chargé de faire exécuter les plans de Jacques-Ange Gabriel, avait beau « encourager les entrepreneurs du château en leur donnant de quinzaine en quinzaine des espérances », ces derniers se trouvaient eux-mêmes « à bout de tous emprunts » et menaçaient sans cesse de congédier leurs ouvriers.

Au moment où, en 1770, Marie-Antoinette rencontra pour la première fois, à Compiègne, le Dauphin Louis, devenu son mari, toute une partie du château présentait donc l'aspect d'un chantier de constructions. La Cour d'honneur n'était bâtie que sur deux de ses côtés et s'ouvrait, béante, sur la place d'armes, encore irrégulière et encombrée de maisons qu'on devait démolir ; quant à la façade sur le parc, l'aile droite tout entière manquait, et, à sa place, on n'apercevait que les démolitions des anciens appartements de la Reine; et, tandis que l'aile gauche, terminée et habitée depuis un certain temps déjà, dressait sa façade de pierre percée de hautes fenêtres et couronnée de balustres, le centre, où restaient intactes les constructions anciennes, formait toujours un amas irrégulier de bâtiments juxtaposés, probablement brique et pierre, qui se reliaient tant bien que mal, et plutôt mal que bien, à la partie neuve; la moitié environ, qui comprenait la salle à manger des petits appartements (aujourd'hui la bibliothèque), le grand cabinet du roi (chambre à coucher de Napoléon) et le cabinet du Conseil, était orientée comme la façade nouvelle, mais formait deux échelons successifs, tous deux sensiblement en arrière de l'alignement central actuel; l'autre moitié, par contre, où se trouvaient la chambre du roi, le vaste cabinet des honneurs (devenu le salon des cartes ou des aides de camp), et l'antichambre du roi, à l'extrémité de la salle des gardes, était, elle, orientée sensiblement plus à gauche, comme l'ancien château, et se trouvait par conséquent, tout à fait de travers. On n'avait point encore touché à la terrasse, qui restait une section du rempart, étranglée par endroits, au pied de laquelle courait toujours un fossé.

La construction de la nouvelle aile de la Reine, entre cette terrasse et la cour d'honneur, occupa les dernières années du règne de Louis XV ; elle fut achevée au début de celui de son successeur, et l'on meubla, pour Marie-Antoinette, les jolis appartements que nous admirons encore. Enfin, à partir de 1780, on s'attaqua à la partie centrale de la façade sur le parc. Il fallut d'abord procéder à des travaux de terrassement très considérables ; l'ancien rempart en effet, déjà irrégulier et beaucoup trop étroit en avant des deux ailes, eût été complètement occupé par l'avant-corps du milieu ; on dut donc combler totalement le fossé, pour élever à sa place la large terrasse actuelle, ouverte en son milieu sur le jardin et communiquant avec lui. Enfin, dans les années qui suivirent, la façade elle-même fut entreprise, et menée à bonne fin, et, quand le grand escalier eut été construit au fond de la cour d'honneur, le nouveau château de Compiègne put être considéré comme complètement terminé, en 1786.

Un seul complément lui manquait, que prévoyaient les plans de Gabriel et qui eût certainement été fort heureux : la création, devant le palais, d'une grande place régulière, carrée, fermée, sur chacune de ses faces, par une colonnade double, absolument semblable à celle qui clôt la cour d'honneur et qui en eût constitué d'ailleurs un des côtés ; les deux pavillons du château en eussent fermé les angles, et deux pavillons semblables, servant d'hôtels aux ministres, leur auraient fait pendant, de l'autre côté de la place. Ce projet reçut un commencement d'exécution, et, quand on construisit le pavillon de droite de la cour d'honneur, on y amorça le début d'un portique ; mais des raisons financières sans doute en ajournèrent l'exécution, et on laissa tomber peu à peu en ruines ces premières arches qui ne devaient pas être continuées.

Tel qu'il est resté, le château fut assez sévèrement jugé par les contemporains : « Les bâtiments en sont irréguliers et comme entassés les uns sur les autres », écrivait vers 1780 un voyageur qui semble bien refléter l'opinion générale. Le plan presque triangulaire de l'ensemble, les deux façades orientées si différemment, l'une vers la ville, l'autre vers la forêt, les efforts pour apporter une symétrie artificielle là où elle n'existe pas naturellement, la forme irrégulière et presque bizarre imposée à certains bâtiments par la nécessité de raccorder des perspectives contradictoires, attirèrent des critiques nombreuses : on comparait Compiègne à Versailles, et l'on déclarait naturellement que le premier des deux palais n'était pas « beau » ; d'Argenson ne le défendait qu'en le déclarant « commode ».

Par contre, un autre voyageur s'extasiait sur la « beauté » et la « magnificence » des jardins, qui devaient en effet être fort imposants, si les plans de Gabriel, actuellement conservés aux Archives, ont été exécutés; il n'en reste aujourd'hui que les fossés et les murs d'enceinte, ainsi que les quinconces de tilleuls qui s'allongent de chaque côté, sur presque toute la longueur. Encadrée par ces quinconces et par des bosquets, la partie centrale, telle que l'avait dessinée Gabriel, était occupée par un grand jardin à la française; trois terrasses successives, encadrées de buis taillé et semées d'escaliers nombreux, descendaient jusqu'à un parterre très en longueur, sorte de double tapis vert que décoraient des mosaïques de fleurs en forme de larges ornements; à l'extrémité, une pièce d'eau, qui ne fut jamais creusée, devait terminer cette longue descente, commencée en escaliers, et terminée en pente douce; un mur d'enceinte et un fossé, semblables à ceux qui subsistent sur les côtés, fermaient en fer à cheval l'extrémité du jardin, que des champs cultivés séparaient encore de la forêt; les hauteurs boisées des Beaux-Monts, que nulle percée ne trouait encore, bornaient enfin l'horizon. Cette perspective allongée de terrasses, de pelouses et d'eau, entre des futaies verdoyantes, appelle immédiatement la comparaison avec Versailles, et c'est bien à un jardin de Versailles, moins grandiose évidemment, moins profond, aux terrasses moins élevées comme à la vue moins étendue, que celui-ci ressemblait en effet.

La Révolution malheureusement devait amener une ère de dévastations pour les jardins, aussi bien que pour le château lui-même; les meubles, les glaces, les boiseries, le plomb des couvertures furent enlevés presque en totalité et vendus; le corps même du château, à peine terminé, fut un moment soumissionné par des démolisseurs; il servit ensuite de caserne en l'an VI; puis, laissé à l'abandon, à la fin du Directoire, il se dégrada peu à peu, en même temps qu'on volait jusqu'au plomb des tuyaux. En l'an VIII, une section du Prytanée, institution destinée aux enfants des soldats tués à l'ennemi et des fonctionnaires victimes de leurs fonctions, y fut installée, et près de cinq cents élèves y habitèrent. Ils n'en devaient occuper qu'une partie, mais Le Breton, qui succéda à Crouzet comme directeur, traita quelque peu le palais en pays conquis; il l'envahit tout entier: les appartements de Marie-Antoinette devinrent les classes d'histoire naturelle, ceux du roi, les classes de grammaire; la pièce qui contient aujourd'hui la bibliothèque servait de dortoir, ainsi que les chambres voisines et une partie de l'aile gauche; en même temps, le jardin était loué et cultivé, et les arbres des quinconces si sauvagement élagués, que les habitants s'émurent et se plaignirent au ministre. Puis, lorsqu'en l'an XII, Labatte eut remplacé Le Breton, il se produisit des désordres dont le château ne se tira pas sans dommages; et quand, en décembre 1806, les élèves du Prytanée quittèrent enfin Compiègne pour Châlons-sur-Marne, ils profitèrent de leur dernier jour pour tout dévaster, et en particulier pour briser tous les carreaux, laissant derrière eux l'ancienne demeure royale dans un état lamentable.

Napoléon qui, pendant le Consulat et tout au début de l'Empire, avait fait trois courtes apparitions à Compiègne, pensait, à cette date de 1806, faire du palais une de ses résidences impériales. Après l'avoir délivré du Prytanée, il y envoya Percier et Fontaine, chargés d'y décider les réparations et les transformations nécessaires; et les travaux furent immédiatement poussés avec beaucoup d'activité, d'après leurs plans, par l'architecte du château, Berthault, dans les trois ans qui précédèrent le second mariage de l'Empereur.

Presque tout était à refaire à l'intérieur, à l'exception peut-être des anciens appartements de Marie-Antoinette, qui, construits plus récemment, avaient sans doute mieux résisté, et dont la décoration primitive existe encore en grande partie: c'est eux qu'en 1808 le roi d'Espagne, Charles IV, contraint d'abdiquer et relégué loin de ses États, vint habiter pendant quelques mois avec la Reine, son plus jeune fils et son favori Godoy, prince de la Paix. Partout ailleurs, les dégradations étaient extrêmes; presque toutes les gouttières avaient disparu, et, par les toits mal entretenus, l'eau coulait souvent dans les appartements; il fallut même reprendre plusieurs gros murs, dont la solidité se trouvait compromise. En même temps d'ailleurs qu'on réparait, on transformait et l'on améliorait: « tout l'intérieur était embelli et décoré à la moderne », et la grande galerie des fêtes remplaçait une partie des petits appartements, dont, racontait-on, Napoléon voulait faire disparaître les souvenirs honteux.

Les jardins également étaient complètement transformés; on respecta les quinconces de tilleuls, alors dans la force de l'âge, mais, au milieu, à la place du grand parterre à la française, on dessina un parc anglais, vers lequel on fit descendre en pente douce la terrasse, par la rampe qui existe toujours aujourd'hui. Le but de Berthault, qui trouvait l'ancien jardin resserré et insuffisant pour l'importance du château, fut de « le fondre avec la forêt », qu'il s'annexa ainsi en quelque sorte: il y parvint en abattant le mur et le fossé qui fermaient l'extrémité, et qu'il remplaça par une grille de fer, légère et ne coupant point la perspective; puis, surtout, en obtenant de faire acheter et planter les champs qui séparaient encore les dépendances du château des premiers arbres de la forêt: ce fut l'origine du grand parc, grâce auquel, depuis la terrasse jusqu'aux Beaux-Monts, il n'y eut plus qu'une mer ininterrompue de verdure.

On se préoccupa également de la place qui précédait la cour d'honneur; le projet d'avant-cour fut abandonné et remplacé par celui d'une place d'armes entourée d'arbres, fermée par une grille de fer, et ornée d'une fontaine jaillissante en son milieu: c'est la conception qui a prévalu de nos jours, mais seuls les tilleuls furent plantés, et la place resta ouverte, ainsi que déserte et nue.

A l'intérieur, respectant à l'aile droite les pièces décorées pour Marie-Antoinette,

Napoléon établit ses appartements particuliers à gauche de l'avant-corps, et ceux de l'Impératrice dans l'aile gauche du palais, où la Reine avait elle-même habité pendant la période de construction, quand l'autre extrémité du palais était en proie aux ouvriers. Berthault en dirigea la décoration, dont Girodet, Dubois et Redouté peignirent les motifs, dont Jacob exécuta l'ébénisterie et dont l'ameublement fut confié à Darrac, tapissier à Paris. Escuyer dit aussi que des tableaux de grand prix y avaient été apportés, qui furent en 1815 restitués au Louvre, pour combler les vides creusés par les reprises des Alliés.

La chambre à coucher de l'Empereur, tendue et meublée toute en damas cramoisi broché d'or, a conservé son aspect primitif, avec le lit en forme de tente « surmonté au milieu d'un aigle dans une couronne, tenant un foudre dans ses serres » (l'aigle qui l'orne aujourd'hui a dû être restitué sous le second Empire); le socle était semé d'N. L'ameublement, composé de sièges en bois doré, recouverts de damas cramoisi, presque tous existants encore, comprenait en son entier un lit de repos, deux bergères, deux fauteuils, huit chaises, un grand fauteuil de repos « forme de confessionnal », un paravent à six feuilles, et un écran de bois doré, recouverts de même étoffe; puis une commode, un guéridon, un somno, avec une armoire dans le bas, deux encoignures, tous meubles acajou et bronzes; enfin une pendule à secondes, carrée, en cuivre doré, signée Lepaute, deux vases, un pot à eau et une cuvette en porcelaine de Sèvres bleue ; et nous savons même que le pot de chambre était blanc à filets or. Le tout a coûté 100 000 francs.

Près de la chambre, d'un côté, « le grand cabinet, entièrement tendu et meublé en tapisseries des Gobelins, orné de tableaux précieux et de candélabres très riches, présente le coup d'œil le plus imposant ». De l'autre côté, on entre dans la bibliothèque qui sert en réalité de cabinet de travail à Napoléon. Jacob a fait, « en bois français imitant l'acajou », les grands panneaux remplis de livres que nous voyons encore autour de la pièce. Sur deux consoles, de chaque côté de la cheminée, on avait placé « les statues en pied des quatre auteurs les plus distingués du siècle de Louis XIV ». Napoléon écrivait à un bureau mécanique d'acajou, orné de bronzes représentant des chevaux marins, muni de trois tiroirs, et tapissé à l'intérieur de velours vert; il se servait d'un encrier rond, à trois godets, en porcelaine de Sèvres bleue, à filets or.

Mais les appartements de Marie-Louise surtout sont luxueux : la chambre seule a coûté 143 410 francs, et le petit boudoir voisin plus de 44 000. Elle est accompagnée de deux salons, très riches également : « Le premier salon, le salon des fleurs, dit un journal du temps, offre, dans les plafonds et dans les attiques, des camées gris sur gris du plus bel effet. Huit tableaux occupant les divers panneaux du salon sont une imitation parfaite des fleurs les plus variées et les plus pittoresques soit indigènes, soit étrangères. Le meuble sur fond lilas est semé de fleurs dont les nuances charment les yeux et sont en parfaite harmonie avec les tableaux. » Le grand salon, aux ornements de stuc imitant l'agate, est décoré de grands tableaux représentant les quatre saisons, et meublé de sièges recouverts de soie verte.

La chambre à coucher a conservé jusqu'à nous sa tenture et ses sièges en satin nacarat broché or ; mais le lit, très riche dans sa lourdeur, a disparu. Il était formé de quatre grosses cornes d'abondance, en bois doré, remplies de fleurs et de fruits, reposant sur des pieds à griffes. Le ciel de lit représentait une couronne de fleurs, au milieu de laquelle apparaissait le chiffre de Marie-Louise ; des rideaux de reps blanc, ornés de galons et de franges d'or, s'en échappaient, soutenus par deux statues de bois doré, hautes d'un mètre cinquante ; des panaches blancs, de plumes d'autruche, surmontaient le tout, et, derrière le lit, retombait une draperie droite, en soie nacarat, comme celle des sièges, semée de pavots d'or. Le bois seul était estimé 16 000 francs, et les draperies plus encore.

Le mobilier de la chambre comprenait en outre, au temps où Marie-Louise l'habitait, un canapé, deux méridiennes, deux bergères, quatre fauteuils, six chaises, un grand fauteuil « forme confessionnal », un écran et deux corbeilles en bois doré, garnis de soie brochée or, tels que nous les voyons encore ; puis, en acajou orné de bronzes, trois commodes, une table en X, un vide-poche, un serre-lettres, un « miroir pour poser sur les genoux » formant le dessus d'un coffre, « une petite table pour servir le déjeuner de Sa Majesté lorsqu'elle est au lit », et un somno. Les bronzes comprenaient deux lustres de dix-huit lumières, quatre girandoles, quatre bras de cheminée à cinq lumières, quatre flambeaux, un guéridon, deux cassolettes pour mettre des fleurs coupées, et une pendule « représentant un socle à trois faces supporté par quatre chimères ; sur le socle sont trois aigles en bronze doré, supportant un globe dans lequel le mouvement de la pendule est renfermé ; cadran en émail tournant sur pivot ; l'heure est marquée par une Diane qui est au-dessus du globe, et qui tient une flèche à la main ; couverte de sa cage en verre bombé, le socle en bois noirci » ajoute l'inventaire, qui en fixe la valeur à 2 406 francs. (Elle se trouve aujourd'hui dans la chambre de l'Empereur.) Ajoutons enfin, pour être complets, quatre vases de porcelaine, une veilleuse en Sèvres, un pot à eau dans une cuvette, et une petite pendule « pour la nuit et pour le voyage » sonnant les heures et les quarts à répétition.

A côté de la chambre à coucher, c'est le délicieux boudoir rond, éclairé par le haut, qui est peut-être la plus jolie pièce du château. La tenture, de taffetas blanc plissé, a été remplacée depuis, mais nous y admirons encore aujourd'hui tout un ensemble de meubles précieux : lit de repos, fauteuils « en forme gondole, pieds étrusques », tabourets, écran, tous recouverts en soie bleue, de ton délicat, aux reflets argentés; guéridon, console, et cette jolie commode sous une console, qui coûta 2 500 francs, cette toilette-psyché en racine d'if, aux pieds en forme de lyre, en bronze ciselé, aux candélabres fixés au-dessus de la tablette de marbre, qui est estimée 5 000 francs; et les lustres, les girandoles, les flambeaux, les nombreuses porcelaines, sans oublier, dans un renfoncement garni de glaces, la baignoire, cachée sous un divan...

Nous pouvons donc encore, grâce à ces quelques pièces restées en grande partie intactes, dont la décoration et parfois l'ameublement ont été respectés, nous rendre compte du cadre, digne de la nouvelle Impératrice, dans lequel Napoléon, le 27 mars 1810, introduisit Marie-Louise.

*
* *

« L'archiduchesse Marie-Louise, aux premières paroles qui lui furent portées de son union projetée avec Napoléon, se regarda presque comme une victime dévouée au Minotaure. » La comparaison de Méneval ne s'impose-t-elle pas en effet? Aux yeux de tous ses concitoyens, à ses propres yeux surtout, pouvait-elle, quand elle quitta son père pour s'en aller toute seule rejoindre, au milieu du peuple qui avait fait le plus de mal aux siens, l'ogre — l'ogre de Corse – devenu son époux, pouvait-elle apparaître sous un autre aspect que celui d'une vierge livrée au monstre pour sauver son pays?

Essayons, en effet, d'imaginer quels sentiments pouvait éprouver cette petite princesse autrichienne de dix-huit ans à l'égard des Français en général, et de Napoléon en particulier : dès sa plus tendre enfance, elle n'a entendu parler que de guerres atroces et désastreuses, que de démembrements de sa patrie, que de spoliations de sa famille, et ce sont toujours ces mêmes vainqueurs, qui arrachent successivement à son père des provinces, des millions, et jusqu'à la couronne impériale du Saint-Empire; si elle a eu longtemps une grande-maîtresse d'origine française, la comtesse de Colloredo, elle n'a pu apprendre d'elle que la haine de la Révolution; ne se sait-elle pas d'ailleurs elle-même la nièce de Marie-Antoinette, et le récit de son horrible martyre, encore tout récent, ne fut-il pas un des premiers qui frappèrent ses oreilles, dès l'âge où elle commença à comprendre? Elle avait huit ans au moment de Marengo; elle avait treize ans quand elle dut fuir de Vienne, errer de ville en ville, anxieuse, espérant toujours une victoire, pour apprendre enfin le désastre irréparable d'Austerlitz. Qu'on se rappelle l'adoration admirative qu'elle éprouvait envers son père François, et l'on comprendra quelle haine du vainqueur durent enraciner dans son cœur les humiliations qu'elle lui vit subir.

Ce ne sont point, d'ailleurs, sans doute, ces sentiments, d'un ordre pour même dire politique, qui émeuvent le plus sa petite âme d'enfant : mais, sans cesse, à cette fillette sage et pieuse, facile à émouvoir, on raconte les cruautés, les sacrilèges, les abominations commises par ces vrais démons, déchaînés par Satan lui-même, qui se font un jeu horrible de profaner les églises, de massacrer et de torturer les pauvres sujets de son père. Elle les croit, ces récits dans lesquels l'ennemi est toujours fourbe ou atroce, jamais généreux, jamais glorieux; elle les croit et s'en nourrit, comme elle se nourrit des légendes qui représentent sous les plus noires couleurs *Buonaparte* lui-même, le *Corsicain*, l'*Usurpateur*, le chef des brigands, qui sait? peut-être même l'Antéchrist en personne. Nombreuses sont les anecdotes, et souvent répétées devant elle, qui racontent ses injustices, son impiété, ses violences, sa lâcheté même : chacun sait comment, en Égypte par exemple, pour sauver sa vie, il s'est fait mulsulman et s'est enfui, abandonnant son armée. Qui ne connaît aussi son caractère épouvantable, ses colères atroces et constantes, la manière dont il bat ses domestiques, dont il brutalise ses ministres et ses généraux? Peut-être est-il l'homme au monde qu'elle hait le plus pour le mal qu'il a fait, et qu'elle craint le plus pour les excès dont elle le croit capable.

« Les jeux habituels de son frère et de ses sœurs, raconte Méneval, consistaient à ranger en ligne une troupe de petites statuettes en bois ou en cire qui représentaient l'armée française, à la tête de laquelle ils avaient soin de mettre la figure la plus noire et la plus rébarbative Ils la lardaient à coups d'épingles et l'accablaient d'outrages, se vengeant ainsi sur ce chef inoffensif des tourments que faisait éprouver à leur famille le chef redouté... »

Elle grandit, et ces sentiments ne peuvent que se fortifier ; son père s'est remarié, et sa jeune belle-mère, Maria Ludovica, avec qui elle vit en grande intimité, qui appartient elle-même à une famille dépouillée par Napoléon, ne rêve que vengeance et pousse l'empereur François à une nouvelle guerre; cette guerre éclate en 1809 ; Marie-Louise maintenant a dix-sept ans et demi ; elle a pleine conscience des revers qu'éprouve une fois de plus son pays ; elle prend sa large part des émotions, des espoirs, des douleurs que la campagne apporte tour à tour ; puis, c'est la nouvelle fuite devant les vainqueurs, une fois encore entrés à Vienne, c'est le nouveau récit de leurs atrocités ; ce sont de nouveau les souhaits ardents pour la mort de leur chef détesté.

La paix signée, elle ne craint alors rien tant que de rencontrer Napoléon :
« Je souhaite seulement, écrit-elle, qu'il soit éloigné de l'endroit où maman et moi nous séjournerons, car je craindrais alors une visite et je vous assure que, de voir cette personne, me serait un supplice pire que tous les martyres. »

Nous sommes alors à la veille de la paix de Vienne, en octobre 1809 : dès le mois suivant, les diplomates commençaient à comploter un mariage entre elle et celui qu'elle redoutait tant de seulement apercevoir ; Metternich sondait le terrain ; Napoléon et sa famille comparaient le projet russe et le projet autrichien ; en février enfin, moins de quatre mois après, l'Empereur se décidait brusquement, envoyait le prince Eugène chez l'ambassadeur Schwarzenberg lui annoncer, à six heures du soir, qu'il voulait que le contrat fût immédiatement signé, et il l'était, en effet, le lendemain à midi. C'est à peine si la fiancée — si la victime — avait été avertie de son sort.

Au mois de décembre précédent, quand, après le divorce de Joséphine, les bruits d'un nouveau mariage de Napoléon avaient pris quelque consistance, et qu'on avait commencé à prononcer le nom de Marie-Louise, elle-même n'en avait pas été fort effrayée : les princes sont habitués à voir leurs noms mêlés à tant de récits controuvés ; l'ennemi, d'ailleurs, ne se hasarderait pas à demander sa main ; il aurait bien trop peur d'un refus ; et puis, en tout cas, son bon père, qui l'aimait tant, ne la contraindrait jamais à un pareil sacrifice. Elle plaint « la pauvre princesse qu'il épousera », comme elle l'écrit elle-même, heureuse au fond que, vraiment, ce ne puisse pas être elle...

Mais bientôt ces craintes vagues, écartées en souriant, se précisent : il n'est plus possible de douter qu'on ne parle d'elle sérieusement ; les diplomates s'occupent certainement de son sort, et ils pensent bien peu à ce qu'elle-même peut désirer ou éprouver ; M. de Metternich est plus énigmatique que jamais, et fort inquiétant ; l'Empereur François lui-même semble bien se résigner à livrer sa fille, s'il le faut : et c'est qu'alors vraiment il le faudra, que le sacrifice sera indispensable à l'État, au pays, à la *maison*, à ce bien suprême auquel, depuis leur plus jeune âge, les princesses de sa famille sont pliées à immoler sans se plaindre leurs plaisirs, leurs goûts, leurs personnes... Marie-Louise s'inclinera comme les autres, avec une angoisse un peu plus aiguë, un dévouement un peu plus méritoire, car l'épreuve est bien dure, mais elle sait qu'elle ne doit pas même hésiter, si son père lui dit qu'il le faut et qu'il le veut... N'est-elle pas touchante, vraiment, dans son héroïsme simple et comme ingénu, cette enfant qui ne sait rien de la vie, sinon que les princesses sont faites pour obéir... et pour souffrir ?

« Je remets mon sort entre les mains de la divine Providence, écrit-elle à la fin de janvier. Elle seule sait ce qui peut nous rendre heureux. Mais si le malheur voulait, je suis prête à sacrifier mon bonheur particulier au bien de l'État, persuadée que l'on ne trouve la vraie félicité que dans l'accomplissement de ses devoirs, même au préjudice de ses inclinations. Je ne veux plus y penser, mais ma résolution est prise, quoique ce serait un double et pénible sacrifice. Priez que cela ne soit pas ! »

Peu de jours après arrivait de Paris la nouvelle que le contrat était signé :

« Je plains la princesse, écrivait l'ambassadeur au ministre en lui en faisant part, mais qu'elle n'oublie pas cependant qu'il est bien beau de rendre la paix à de si bons peuples et de s'établir le garant de la tranquillité et du repos général. »

Marie-Louise était d'avance résignée : quand Metternich vint la pressentir, son premier mot, son seul mot fut :

— Quelle est la volonté de mon père?

Dès lors les choses se précipitent, elle est comme emportée par un courant d'événements supérieurs à sa volonté, et à peine a-t-elle le temps de se reconnaître, de réfléchir, de pleurer sa séparation d'avec les siens et de craindre l'avenir. C'est comme un tourbillon qui l'enveloppe, et qui l'empêche de penser : le 15 février au soir est arrivée la nouvelle que Napoléon s'est décidé; huit jours après, Berthier, prince de Neufchâtel, quitte Paris avec sa suite; le 4 mars, il arrive à Vienne; le 5, il est reçu par l'Empereur François; le 8, dans une audience solennelle, Marie-Louise reçoit officiellement la demande, faite par l'envoyé de l'Empereur, au nom de celui-ci, et y répond par son consentement; sa grande-maîtresse, Mme de Lazansky, attache sur sa poitrine le portrait de Napoléon entouré de douze gros brillants, comme, quarante ans auparavant, la grande-maîtresse de Marie-Antoinette avait attaché sur la sienne le portrait du dauphin Louis; le 9, le traité de mariage est signé, copié également sur celui de la fille de Marie-Thérèse; le 11, le mariage par procuration est célébré, et l'oncle de l'épousée, l'archiduc Charles, y tient la place du grand capitaine dont, presque seul, il a parfois tenu la fortune en échec; le 13, Marie-Louise quitte Vienne, et le 16 mars, laissant sa suite autrichienne, elle est *remise* entre les mains étrangères qui doivent la conduire vers ce mari glorieux qu'elle n'a jamais vu et qu'elle n'a guère connu jusque-là que par le mal qu'il a fait aux siens et par les malédictions que son nom seul soulevait autour d'elle il y a quelques semaines à peine...

.*.

Heureusement pour elle sans doute, l'archiduchesse Marie-Louise, à dix-huit ans et demi, est encore, selon l'expression de M. Frédéric Masson, « une bonne petite fille, très simple, très naïve, et d'une intelligence ordinaire ». Son éducation a été d'une très grande simplicité, un peu solitaire, loin de la Cour, au milieu de serviteurs traités avec familiarité, sous la direction d'abord de Mme de Colloredo, une Française, qu'elle a beaucoup aimée, puis de Mme de Lazansky; éducation d'une très grande pureté aussi, où elle fut tenue dans une ignorance virginale très complète; Méneval a raconté l'histoire des livres où des pages, des lignes, des mots mêmes étaient soigneusement coupés, a noté le bruit d'après lequel les animaux mâles étaient rigoureusement bannis de la présence de la jeune princesse; mais ces excès de pudibonderie sont du domaine de la légende et il semble que Marie-Louise fut simplement une jeune fille très bien élevée, et restée naturellement très candide.

Elle fut également une jeune fille sérieusement instruite, parlant plusieurs langues, l'allemand, l'anglais, le français, l'espagnol, l'italien, le tchèque, connaissant même un peu de latin et sachant quelques mots de turc. Elle était musicienne et jouait notamment de la harpe; elle dessinait aussi, avait même essayé un peu de peinture à l'huile; elle s'y intéressait, et Prudhon lui donnera des leçons.

Au physique, c'est, dit encore M. Frédéric Masson, « une gentille fille, blonde, très fraîche, avec de belles couleurs, une peau rose et blanche, des yeux d'un bleu de faïence clair », un peu écartés, à fleur de tête, sous un front « bas et très large »; elle a le nez un peu aplati, la bouche un peu grosse avec la lippe autrichienne, des dents blanches légèrement en avant; ses cheveux, châtain très clair, abondants et fins, encadrent et accompagnent sa figure pleine qui respire la jeunesse et la santé. Elle est grande, assez grosse à cette époque, avec une jolie taille, une gorge ferme et pleine, des épaules fortes et tombantes, des bras plus maigres et un peu rouges, des mains et des pieds qui resteront célèbres pour leur extrême petitesse. D'ailleurs elle ne montre aucune coquetterie, mais au contraire beaucoup de simplicité mêlée à une assez grande timidité. En résumé, elle est très jeune et elle a de la jeunesse la fraîcheur physique comme la candeur morale.

Elle a quitté Vienne au son joyeux des cloches, au bruit des salves d'artillerie; des drapeaux tricolores pavoisaient les fenêtres; les musiques militaires jouaient des airs français en l'honneur de la nouvelle Impératrice;

mais la pauvre petite princesse est bien triste, dans ce décor de fête, et le peuple viennois, dans les jours qui suivront, s'assemblera, lui aussi, pour la plaindre et pour reprocher à son père de l'avoir livrée, et l'on devra disperser par la force ses rassemblements tumultueux.

Aux séparations cependant succèdent pour Marie-Louise les séparations : sa famille l'a rejointe, le soir de la première étape, pour lui faire des adieux plus intimes, plus émus : il faut, hélas ! la quitter enfin... pour combien de temps ? nul ne le sait. Moment bien pénible pour le père et pour la fille, victimes de l'impitoyable raison d'État !

Puis, c'est Braunau, et la cérémonie de la remise a lieu avec la solennité d'usage, dans le pavillon où de chaque côté sont rangées les deux suites, celle qui va quitter la princesse, celle qui va l'emmener, les dames de l'aristocratie autrichienne tenant à distance les parvenues ou les transfuges de la noblesse impériale française... Le déchirement est grand pour Marie-Louise : c'est le jour où, de façon brutale, elle doit rompre avec tout le passé, laisser s'éloigner toutes les figures amies, se confier tout entière, jusqu'en son intimité la plus complète, à des inconnues, à des étrangères — « Oh! Dieu! si différentes des dames viennoises ! » s'écrie-t elle, — à ces Françaises qu'elle a entendu si souvent mal juger, et dont les parfums, trop violents, à eux seuls l'incommodent. Il lui a même fallu se déshabiller complètement, pour obéir aux usages, « endurer une toilette de deux heures » qui ne laissera rien sur elle d'autrichien. Pénibles instants, où, pour la première fois peut-être, elle se sent vraiment abandonnée, seule, perdue... « Un frisson glacial m'envahissait, écrit-elle à son père, j'étais si troublée que le prince de Neufchâtel en eut les larmes au yeux... Dieu m'a donné la force de supporter heureusement ce dernier choc, ajoute-t-elle. En lui seul j'ai mis toute ma confiance. Il m'aidera et me donnera du courage, et je trouverai du calme dans la résolution de remplir mon devoir envers vous, puisque je vous ai fait mon sacrifice... »

Une importante mission est venue recevoir Marie-Louise à Braunau, et la propre sœur de Napoléon, Caroline, femme de Murat et reine de Naples, a été placée à sa tête par l'Empereur. La duchesse de Montebello, veuve du maréchal Lannes, a été nommée dame d'honneur de la nouvelle Impératrice, la comtesse de Luçay dame d'atours, la duchesse de Bassano, les comtesses de Montmorency, de Mortemart et de Bouillé, dames du palais; Mgr Jauffret, évêque de Metz, aumônier; le comte de Beauharnais, chevalier d'honneur; le prince Aldobrandini Borghèse, premier écuyer; les comtes d'Aubusson, de Béarn, d'Angosse et de Barol, chambellans; Philippe de Ségur, maréchal des logis du palais; les barons de Saluces et d'Audenarde, écuyers; le comte de Seyssel, maître des cérémonies; de Bausset, préfet du palais. La suite comprend en outre, sans compter le comte de Laborde, secrétaire de la remise, quatre pages, deux premières femmes de chambre, quatre femmes de garde-robe, un coiffeur et ses deux garçons; seize hommes pour le service de bouche, dirigés par un sous-contrôleur; douze valets de pied et coureurs; pour l'appartement, six huissiers et valets de chambre, plus deux valets de chambre tapissiers; quatorze hommes pour l'écurie; le service de santé, etc. La Reine de Naples, elle aussi, a une suite, de sorte que le cortège, en trois convois, compte dix-neuf voitures et nécessite cent vingt-deux chevaux.

Au milieu de cette foule, Marie-Louise se sent seule, seule avec sa grande-maîtresse Mme de Lazanski, qu'elle a obtenu de l'Empereur l'autorisation d'emmener et de conserver auprès d'elle pendant un an. Caroline, cependant, dès qu'elle l'a aperçue, est venue à elle, l'a serrée dans ses bras, lui a témoigné « une étonnante tendresse »; mais la nouvelle Impératrice est restée sur ses gardes : « elle ne croit pas que le seul désir de lui être utile guide dans ce voyage sa nouvelle belle-sœur ». Caroline, qui porte d'ailleurs le titre de reine des Deux-Siciles, dont elle a dépouillé la propre grand'mère de Marie-Louise, ne tarde pas, en effet, par ses façons autoritaires, à s'attirer l'antipathie de cette dernière; elle a trouvé en elle une jeune fille fort timide, pleine de bonne volonté, ne demandant qu'à s'instruire des usages et à se laisser guider; elle a pris sa timidité pour de la faiblesse, son embarras pour de la gaucherie; elle a cru qu'elle la dominerait facilement en se montrant énergique avec elle, en la brusquant même : elle ne réussit qu'à se l'aliéner.

Bientôt — on vient à peine de quitter Braunau et d'arriver à Munich — elle prête son appui à une sorte de cabale des dames de l'Impératrice, qui redoutent l'influence de Mme de Lazanski sur son ancienne élève; la reine de Naples, d'ailleurs, éprouve la première ce sentiment : si bien qu'elle excipe de prétendus ordres de l'Empereur, pour obtenir qu'on la renvoie; si l'on invoque la volonté de Napoléon, Marie-Louise, prête à devenir une épouse soumise comme elle a été une fille obéissante, s'inclinera, quelque serrement de cœur qu'elle puisse éprouver : Mme de Lazanski la quitte, emmenant avec elle jusqu'au petit chien favori de l'archiduchesse, un loulou viennois que le maître ne tolérerait pas, a affirmé Caroline, car il n'a jamais pu supporter ceux de Joséphine : le dernier lien qui rattachait la jeune femme à son enfance et à son pays se trouve ainsi brisé; elle est désormais toute seule...

Dans cette solitude, au milieu de ces étrangères qui ne lui sont pas sympathiques, entre Caroline, autoritaire, et la duchesse de Montebello, sévère dans sa dignité, la pensée de Marie-Louise se tourne vers Napoléon, comme vers l'espoir, vers le bonheur possible après tout. C'est le fiancé, c'est l'époux plutôt, et un grand désir lui vient de connaître cet homme qu'il est de son devoir d'aimer et qu'elle est prête à aimer, comme une petite fille sage et docile, comme une jeune fiancée aussi, émue au seuil de ce mystère qu'elle va bientôt connaître, et qui est, qui ne peut être qu'un mystère heureux ; elle n'est pas impunément une jeune Allemande de dix-huit ans, sans renfermer, dans son âme bien close, une grande réserve de sentimentalité ; et cette sentimentalité, Napoléon s'en trouve déjà l'objet, le bénéficiaire.

« Puisqu'il m'a fallu vous quitter, écrivait-elle de Braunau à son père, j'aimerais mieux être avec lui plutôt que de voyager avec toutes ces dames ». A Braunau encore, elle a eu une déception de ne point trouver une lettre de lui, et le froid de la solitude, qui alors l'a saisie, s'en est trouvé accru. Elle désire tant le connaître, savoir comment il est véritablement ; à l'image atroce de l'Ogre barbare, qui a terrorisé son enfance et sa jeunesse, une autre est en voie de se substituer dans son esprit ; depuis que le mariage est décidé, les imprécations contre le vainqueur brutal se sont subitement changées en louanges du guerrier glorieux et magnanime ; jadis on le dépeignait comme un tyran qui brutalisait ses domestiques et jusqu'à ses parents : il est tout à coup devenu un homme doux et plein d'affection dans sa vie privée, et l'on n'a plus parlé à la fiancée que de l'attendrissant bonheur conjugal de Joséphine, auquel va succéder son propre bonheur à elle. Joséphine ? N'en est-elle pas déjà un peu jalouse?

Elle voudrait connaître vraiment cet homme extraordinaire dont elle va devenir la femme, dont elle est déjà la femme... Est-ce la vertu du sacrement, mais l'antipathie a déjà disparu; peu s'en faut qu'elle ne fasse place à la tendresse, véritable besoin de ce cœur adolescent. Une phrase heureuse dans une lettre y suffira; elle ne demande qu'à se laisser prendre au premier témoignage, au premier simulacre d'amour.

Quand elle quitte Vienne, quand elle quitte même Braunau, la fiancée n'a, pour les relire et les presser sur son sein, que les messages officiels et nécessairement bien froids que le comte de Lauriston, à la fin de février, et le prince de Neufchâtel, au début de mars, lui ont remis de la part de leur souverain. Le premier accompagnait la demande en mariage adressée à son père; il était, comme celle-ci, écrit de la main de Napoléon, et peu lisible par conséquent, bien que, seule fois peut-être dans sa vie, l'Empereur se fût appliqué beaucoup pour écrire convenablement, et que, derrière lui, son secrétaire Méneval eût soigneusement refermé les e et mis les points sur les i.

PLANCHE IX

Première entrevue de l'empereur Napoléon et de l'archiduchesse Marie-Louise d'Autriche, aux environs de Compiègne.

(D'après une estampe populaire.)

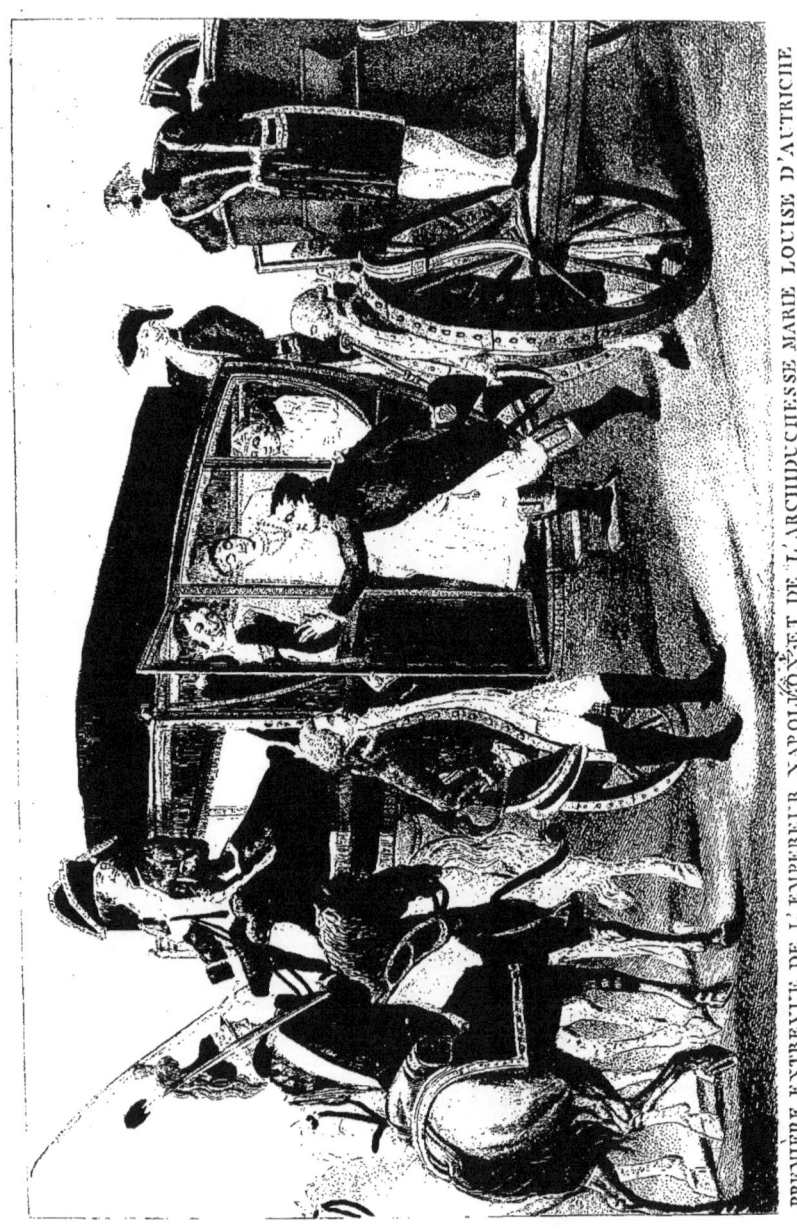

PREMIÈRE ENTREVUE DE L'EMPEREUR NAPOLÉON ET DE L'ARCHIDUCHESSE MARIE LOUISE D'AUTRICHE

« Ma Cousine, y lisait-on, les brillantes qualités qui distinguent votre personne nous ont inspiré le désir de la servir et honorer. En nous adressant à l'Empereur votre père pour le prier de nous confier le bonheur de Votre Altesse Impériale, pouvons-nous espérer qu'elle agréera les sentiments qui nous portent à cette démarche? Pouvons-nous nous flatter qu'elle ne sera pas déterminée uniquement par le devoir de l'obéissance à ses parents? Pour peu que les sentiments de Votre Altesse Impériale aient de la partialité pour nous, nous voulons les cultiver avec tant de soins, et prendre à tâche si constamment de lui complaire en tout, que nous nous flattons de réussir à lui être agréable un jour : c'est le but où nous voulons arriver et pour lequel nous prions Votre Altesse de nous être favorable. »

La seconde lettre semblait témoigner d'une réelle satisfaction de voir le mariage décidé :

« Madame ma Sœur, le succès de la demande que j'ai faite à Sa Majesté l'Empereur, votre père, pour m'unir avec vous en mariage, est une marque bien précieuse de l'estime et de la considération qu'il m'accorde. Je suis extrêmement sensible au consentement que vous donnez vous-même à une union qui me comble de la joie la plus vraie et doit embellir toute ma vie. J'attends avec une impatience bien vive le moment qui doit en accélérer la conclusion. J'apprécie surtout dans cette alliance les soins que je veux prendre pour vous rendre heureuse. Mes vœux à cet égard sont d'autant plus sincères que mon propre bonheur sera essentiellement lié au vôtre. J'ai chargé le prince de Neufchâtel, mon ambassadeur extraordinaire et plénipotentiaire, de vous remettre mon portrait. Je vous prie de le recevoir comme un gage des sentiments qui sont gravés dans mon cœur et qui seront inaltérables.

« Napoléon. »

Dans cette lettre, où les formules protocolaires et les promesses d'affection conjugale se mêlaient, comment discerner ce qui était littérature officielle, et ce qui était sentiment? Y avait-il même autre chose que de la politesse banale? Marie-Louise ne demandait qu'à le croire ; elle attendait surtout d'autres messages plus intimes, sur lesquels elle pourrait échafauder des projets de bonheur, et dont elle pourrait nourrir son besoin de tendresse. A Munich, elle trouva le premier billet de ce genre, et en éprouva une grande joie ; et dès lors, chaque matin, à son lever, elle en reçut un ; elle le lisait avec empressement et y répondait de suite ; le messager remportait la réponse ; parfois c'était un page, le plus souvent, un personnage important : le prince de Beauveau ou M. de Bondy, le prince Corsini ou le maréchal Bessières ; un jour elle reçut trois faisans, tués pour elle par l'Empereur lui-même ; « on remarqua, dit la générale Durand, que Marie-Louise lisait chaque fois avec plus d'intérêt les billets qui lui étaient remis. Elle les attendait avec impatience, et si quelque circonstance retardait l'arrivée du courrier, elle demandait à plusieurs reprises s'il n'était pas encore venu, et quel obstacle probable avait pu l'arrêter. »

Déjà ce n'est plus une victime qui se sacrifie, c'est bien une fiancée que presse le désir de voir se rapprocher le bonheur espéré : « Je suis étonnée d'être heureuse, écrit-elle à son père. Je désirerais que vous puissiez lire les lettres que m'écrit l'Empereur Napoléon. » Un peu d'anxiété de l'inconnu, mêlée au sentiment du devoir à accomplir, subsiste cependant encore :

« Je vous prie, très bon papa, ajoute-t-elle, priez sérieusement pour moi. Vous pouvez être assuré que j'emploierai toutes mes forces pour vous causer la consolation que vous attendez de moi. »

Cependant les villes succèdent aux villes, et elle les traverse en « une ovation non interrompue » : Munich, Augsbourg, Ulm, Stuttgard, Carlsruhe ; puis les villes françaises, Strasbourg, Nancy, Vitry, Châlons... Elle y entre au son des cloches et du canon, entre les troupes en haie ou encadrée d'une garde d'honneur, en passant sous des arcs de triomphe, de fleurs et de feuillages, que couronnent des chiffres entrelacés ou des inscriptions :

Puissent de ces Epoux les descendans nombreux
De l'Alcide français perpétuer la gloire !
Que les fils de leurs fils soient chers à nos neveux
Aussi longtemps que sa mémoire !

Elle passe dans les rues ornées de guirlandes de fleurs et de longues lignes de lampions, entre les maisons que décorent des feuillages et des tapisseries ; puis ce sont les réceptions des autorités, les harangues, les jeunes filles vêtues de blanc, les défilés des corporations, des corps constitués, des élèves des écoles ; le soir, les villes s'illuminent, les feux d'artifice éclatent, les transparents s'éclairent ; la joie bruyante de la foule, rassasiée de distributions de vin, retentit longuement autour de l'hôtel de ville ou de l'évêché qui lui sert de demeure. Cependant Marie-Louise est lasse, elle est enrhumée, et il lui faut néanmoins recevoir les compliments, admirer les feux d'artifice, paraître aux fêtes, et partir à l'aube : « Je suis fatiguée au delà de toute expression », écrit-elle le 24 mars.

Elle refait ainsi l'itinéraire qu'a suivi, dans une apothéose semblable, sa tante Marie-Antoinette, qu'attendait aussi à Compiègne son mari, le dauphin Louis. Mais l'adolescent timide et renfrogné, qui, au pont de Berne, effleura la joue de la dauphine d'un baiser embarrassé, ne ressemblait guère au conquérant, tout bouillant d'impatience, qui arpentait le château ou courait la forêt, pour essayer de calmer la fièvre de l'attente.

∗ ∗

Peut-être faut-il voir précisément, dans la volonté manifestée par l'Empereur de recevoir sa nouvelle épouse à Compiègne, une réminiscence de cet accueil fait par Louis XV, entouré de sa famille, à la jeune princesse venue de Vienne. Napoléon en effet, si souvent désireux de faire revivre à son profit les traditions du cérémonial monarchique, s'en montrait particulièrement soucieux au moment où son mariage introduisait sa dynastie nouvelle au sein des plus anciennes familles régnantes. Il tenait donc à conformer les cérémonies de son mariage aux précédents créés par la royauté; il avait fait consulter M. de Dreux-Brézé, dernier maître des cérémonies de l'ancien régime, et compulser, dans les archives, les pièces relatives aux unions de Louis XIV, de Louis XV, du Grand Dauphin, de Louis XVI; la dernière surtout devait lui servir de modèle; les circonstances en étaient presque semblables, une princesse autrichienne, dans les deux cas, venant à la rencontre de son époux à travers l'Allemagne et la France, après l'avoir épousé à Vienne par procuration.

Et, de fait, l'ambassade extraordinaire du prince de Neufchâtel avait suivi le plus exactement possible les traces de celles du comte de Noailles; les cérémonies, dans la capitale autrichienne, s'étaient déroulées de façon identique; on avait procédé à la *remise* dans des conditions semblables, et Marie-Louise se dirigeait vers Paris par la même route à peu près que Marie-Antoinette, route ornée et illuminée de façon fort analogue, où les fêtes et les discours se succédaient de même, sans que la génération nouvelle eût apporté de bien sensibles innovations dans l'art de souhaiter la bienvenue à une souveraine.

Napoléon devait donc, comme Louis XVI, faire la connaissance de sa nouvelle épouse à une journée de Paris, dans le château de Compiègne. Nous avons vu plus haut de quelle façon il avait voulu qu'on le meublât à neuf, et qu'on le décorât; le 3 mars, le duc de Frioul, grand maréchal du palais, accompagné du comte Daru, intendant général de la liste civile, et de Costaz, intendant des bâtiments, avait été visiter les nouveaux arrangements et en avait paru « très satisfait », à en croire les journaux. L'Empereur vint bientôt y jeter le coup d'œil du maître... et aussi essayer d'y tromper son impatience, qu'il avait peine à contenir depuis que lui arrivaient les nouvelles des cérémonies de Vienne.

Parti de Paris le 20 mars, après avoir présidé le Conseil des ministres et le Conseil d'État, Napoléon arriva à Compiègne vers sept heures; il passa sous un arc de triomphe que la municipalité avait fait ériger en son honneur à la porte de la ville, et parvint au château à travers les rues tout ornées de guirlandes et d'ifs; il dîna rapidement, suivant son habitude, et voulut parcourir immédiatement les appartements, que lui montrèrent le duc de Frioul et Berthault, l'architecte du palais; il en parut content. Les jours suivants, il y mit lui-même la dernière main, et fit disparaître, par exemple, les tableaux qui représentaient des défaites autrichiennes...

Mais bientôt son impatience devint fébrile. Qu'on se représente, en effet, cet homme ardent, qui s'est déshabitué d'attendre, tant ses désirs sont toujours immédiatement obéis, cet homme dont l'activité fabuleuse fait l'admiration, presque l'effroi de ceux qui l'entourent, et qui se voit condamné à compter les heures et les minutes dans ce vaste palais de Compiègne, pendant que sa nouvelle épouse arrive lentement vers lui, à petites étapes, écoutant au passage tant de discours, tant de bavardages importuns. Cependant, il se sait marié : cette inconnue, qu'il n'a jamais vue, à qui il n'a jamais parlé, dont il ne connaît les traits, la taille, le caractère, que par des portraits peut-être trompeurs et par des récits peut-être mensongers, cette inconnue, c'est sa femme, c'est l'Impératrice qui va partager son trône, c'est la compagne qui va partager sa couche, comme elle va partager sa vie, unie à lui par le lien le plus intime qui soit au monde. Et il ignore d'elle à peu près tout.... Ce qu'il attend à Compiègne avec tant d'impatience, c'est moins encore la minute de l'apothéose la plus complète qu'ait pu rêver son orgueil, c'est moins l'instant triomphal où, uni solennellement à la petite-fille de Charles-Quint, il reliera au passé sa dynastie neuve, en même temps qu'il lui assurera l'avenir par l'espoir d'un héritier prochain, ce qui le trouble et l'étreint d'une anxiété de plus en plus grande, c'est le désir, le besoin de voir et de posséder cette femme, qui est sa femme.

Alors, il trompe ce désir et ce besoin par un surcroît fébrile d'activité physique; il expédie bien sa besogne courante de chef d'État, il signe bien en outre les décrets qui doivent marquer son mariage de quelques mesures de bienfaisance : amnisties, mise en liberté de condamnés, payement de dettes, dots pour six mille soldats, constitutions de majorats; il reçoit bien les autorités de Compiègne, dont le maire, Delmas, lui apporte les clefs de la ville le lendemain de son arrivée; mais surtout il essaie de briser, à grand renfort de fatigue physique, ses nerfs surexcités par l'attente ; ce sont des promenades qu'il prolonge, une seule fois en calèche, tous les jours au contraire à cheval, des galopades effrénées, des chasses à courre surtout, dans une desquelles il poursuit un cerf jusqu'à vingt lieues de Compiègne, avant de le prendre dans l'Aisne.

Il chasse à tir aussi, dans les taillis qui bordent la forêt, et où le gibier, refoulé par des battues successives, vient s'entasser dans des *fermés* entourés de poteaux et de filets. Avant que n'arrive l'Empereur, on y a tracé trois *trottins* ou layons sablés ; il prend celui du milieu, plaçant d'habitude le grand veneur à sa droite, et un invité à sa gauche ; mais, cette fois, le grand veneur, qui est le prince de Neufchâtel, est absorbé par un rôle bien autrement considérable ; sans doute le comte de Girardin, capitaine des chasses à tir, le remplace-t-il ; peut-être aussi, ce jour-là, l'Empereur chasse-t-il seul, et, pour tuer les quelques faisans qu'il enverra à Marie-Louise, n'a-t-il pas eu besoin de ces rabatteurs, qu'on reconnaît à leurs hautes guêtres de buffle qui leur montent au-dessus du genou et à la plaque qu'ils portent au bras gauche. D'ordinaire, Napoléon se sert de petits fusils à un coup, très légers, à canon court, qui ont appartenu à Louis XVI, et auxquels, raconte-t-on, le roi serrurier a lui-même travaillé. Ils sont chargés par des armuriers de la garde, ou par des piqueurs, ou encore par le fidèle Roustam, en présence du lieutenant porte-arquebuse, M. de Beauterne, qui les remet de sa main au premier page, prêt lui-même à les passer à Napoléon. « L'Empereur tirait mal, raconte Marco de Saint-Hilaire, parce qu'il se donnait à peine le temps d'ajuster, et qu'il n'appuyait pas bien la crosse à l'épaule. Or, comme il voulait que ses fusils fussent fortement chargés et bourrés, il arrivait quelquefois qu'après la chasse, il avait l'épaule, le bras, et quelquefois les mains meurtries. »

Ce jour-là, Napoléon devait encore moins que d'habitude se donner la peine de viser : c'était l'avant-veille de l'arrivée de Marie-Louise. Il n'en revint pas moins de la chasse, tenant lui-même à la main plusieurs faisans qu'il avait tués ; à peine au château, il appelait un page :

« — Dans dix minutes, soyez prêt à monter en voiture, lui dit-il. Vous y trouverez cet envoi, que vous remettrez de votre main à Sa Majesté l'Impératrice, avec la lettre que voici. Et surtout n'épargnez pas les chevaux ; allez train de page et ne craignez rien. M. le duc de Vicence n'aura rien à vous dire. » Le duc de Vicence en effet, qui remplissait les fonctions de grand écuyer, se montrait intraitable pour qui fatiguait les chevaux et n'épargnait pas ses observations à l'Empereur lui-même.

Celui-ci cependant avait maintenant en quelque sorte sa vie suspendue à l'attente des courriers qui lui apportaient des nouvelles de Marie-Louise. « Les premières lettres de l'Impératrice, à en croire Constant, étaient fort courtes et probablement assez froides, car l'Empereur n'en disait rien. Mais les autres s'allongèrent et s'échauffèrent peu à peu, et l'Empereur les lisait avec des transports de plaisir. Il était dans l'enchantement des réponses qu'il recevait à ses lettres. Ces réponses étaient en bon français, et les sentiments qui y étaient exprimés, l'étaient avec délicatesse et mesure », dit de son côté Méneval ; il eût pu ajouter : avec quelque banalité. Telles quelles, elles suffisaient à entretenir et à exalter les sentiments d'impatience et de tendresse que l'Empereur se découvrait chaque jour plus vifs. « Il attendait l'arrivée de cette correspondance avec l'impatience d'un amoureux de vingt ans, et trouvait toujours que les courriers ne marchaient pas, quoique ceux-ci crevassent leurs chevaux. »

C'est bien un Napoléon nouveau, un Napoléon épris de sa femme inconnue, rempli d'attentions, de prévenances, même d'enfantillages amoureux, que nous dévoile cette attente de Compiègne. Non seulement il lui écrit tous les jours, il lui envoie des bouquets magnifiques, qui sans doute arriveront fanés, ou du gibier « qu'il a tué lui-même », et que les dîners officiels ne lui laisseront guère le loisir de goûter; mais ses familiers nous rapportent encore des anecdotes qui prouvent sa joie exubérante, son désir de plaire à la jeune fille, dont il essaie d'imaginer les goûts, son impatience qui ne se contient plus. Constant raconte que, recevant de Vienne les modèles des souliers nécessaires au trousseau, il en avait pris un, et en donnant un coup léger sur la joue de son valet de chambre, il s'était écrié :

— Voyez, Constant; voilà un soulier de bon augure. Avez-vous vu beaucoup de pieds comme celui là ? C'est à prendre dans la main.

Ainsi le retrouve-t-on sans cesse à Compiègne. Le général Lejeune a décrit une scène qui peint sur le vif l'état d'esprit et la manière d'être de l'Empereur pendant ces jours d'attente. Lejeune arrivait de Vienne, où il avait assisté à toutes les cérémonies, et où, pendant la représentation de gala, il avait esquissé rapidement le profil de la future Impératrice. Chargé par Caroline de porter un message à Napoléon, il était arrivé à Compiègne en compagnie du prince de Beauveau, porteur lui-même d'une lettre de Marie-Louise. L'Empereur reçut le prince dans un salon, puis entraîna Lejeune dans son cabinet :

« Là, raconte ce dernier, il perdit son air majestueux, et se livrant à la gaieté la plus vive, il me fit raconter toutes les fêtes de Vienne, de Munich, de Stuttgard. Il se fit apporter le portrait de l'Impératrice, et me questionna sur toutes les parties de la ressemblance. Je lui montrai alors le profil que j'avais dessiné, et, de suite, il s'écria :

— Ah ! c'est bien la lèvre autrichienne des Habsbourg ! dont il me montra les médailles ; puis il me fit placer à côté de lui, et se penchant sur la table où était la lampe, il se prit à examiner ce portrait dont il paraissait être amoureux. Il me demanda si je le trouvais ressemblant, s'il n'était pas flatté ?

— Et les yeux sont-ils comme cela ? de quel bleu ? Le nez n'est-il pas plus petit ?

Il répéta :

— C'est bien la lèvre autrichienne, n'est-ce pas ? en avançant lui-même un peu les lèvres.

— Plaît-elle au premier abord ? Son sourire est-il spirituel ? Est-elle bien grande comme cela ? en portant la main à sa hauteur.

— A-t-elle de cela ?... et de cela ? dites, dites, dites tout.

— Mais oui, Sire.

Etc. etc.

Alors, après s'être frotté les mains comme un homme heureux :

— Comment étaient les fêtes de Vienne ? J'espère que celles que nous lui donnerons lui plairont davantage... Ce sera neuf pour elle. Nous avons de quoi la surprendre. Ah ! il n'y a que la France pour le bon goût !... Le mariage paraît donc leur faire grand plaisir en Allemagne ? »

Passant ainsi d'une idée à une autre, il accablait le général de questions précipitées. Il fallut l'annonce d'un incendie, qui consuma deux planchers dans une aile du château, pour lui faire cesser cet interrogatoire. Il le reprenait avec tous ceux qui avaient approché Marie-Louise.

Enfin, avec le désir de plaire coûte que coûte à sa jeune femme, on vit paraître chez Napoléon cette chose imprévue : la coquetterie.

« L'Empereur, raconte Méneval, à la sollicitation de la princesse Pauline, sa sœur, dont l'opinion, en fait de goût et d'élégance, était d'un grand poids, avait consenti à se faire faire par Léger, tailleur alors à la mode, un habit de fantaisie orné d'une broderie ; il l'essaya mais il s'y trouva gêné. Cette coupe d'habit et une cravate blanche lui ôtaient en effet sa distinction et son aisance ordinaires ; l'uniforme qu'il portait habituellement et la cravate noire seuls lui allaient bien ; peut-être l'habitude de ne le voir que sous ce costume militaire produisait-elle cet effet. Quoi qu'il en soit, l'Empereur ne porta qu'une fois l'habit de la princesse Pauline ; il reprit son habit bleu à revers blancs, qu'il portait le dimanche et dans les jours de réception, réservant son habit vert de chasseur à cheval de sa garde pour les jours ordinaires. »

Constant enfin, plus indiscret encore, à son ordinaire, a raconté une autre anecdote dans un ordre d'idées analogue :

« Un jour que l'Empereur était seul avec la reine Hortense et la princesse Stéphanie, celle-ci lui demanda malicieusement s'il savait valser : Sa Majesté répondit qu'elle n'avait jamais pu aller au delà d'une première leçon, et qu'au bout de deux ou trois tours, il lui prenait un éblouissement qui l'empêchait de continuer :

— Quand j'étais à l'École militaire, ajouta l'Empereur, j'ai essayé, je ne sais combien de fois, de surmonter les éblouissements que la valse me causait, sans pouvoir y parvenir. Notre maître de danse nous avait conseillé de prendre, pour valser, une chaise entre nos bras, en guise de dame. Je ne manquais jamais de tomber avec la chaise que je serrais amoureusement, et de la briser. Les chaises de ma chambre et celles de deux ou trois de mes camarades y passèrent l'une après l'autre. »

Ce récit, fait on ne peut plus gaiement par Sa Majesté, excita des éclats de rire de la part des deux princesses. Cet accès d'hilarité s'étant un peu calmé, la princesse Stéphanie revint à la charge, et dit à l'Empereur :

— Il est fâcheux, vraiment, que Votre Majesté ne sache pas valser : les Allemandes sont folles de la valse ; et l'Impératrice doit nécessairement partager le goût de ses compatriotes. Elle ne pourra avoir d'autre cavalier que l'Empereur et se trouvera ainsi privée d'un grand plaisir par la faute de Votre Majesté.

— Vous avez raison, repartit l'Empereur. Eh bien ! donnez-moi une leçon. Vous allez voir un échantillon de mon savoir-faire.

Il se leva là-dessus, et fit quelques pas avec la princesse Stéphanie, en fredonnant lui-même l'air de la reine de Prusse. Mais il ne put faire plus de deux ou trois tours, et encore s'y prit-il d'une manière si gauche qu'il redoubla la gaieté de ces dames. La princesse de Bade l'arrêta en disant :

— Sire, en voilà bien assez pour me convaincre que vous ne serez jamais qu'un mauvais écolier. Vous êtes fait pour donner des leçons, mais non pour en recevoir.

Qui saisit-on ainsi sur le vif, dans ce récit familier? Le maître de l'Europe, le souverain qui a ressuscité les pompes monarchiques et qui commence à s'isoler comme un demi-dieu, l'Empereur, déjà un peu alourdi et assombri par l'âge et le tracas incessant des affaires? Ou bien plutôt, malgré les formules respectueuses et les flatteries, le jeune général tout amoureux de Joséphine, ou le consul alerte et gai qui jouait à cache-cache dans le jardin de la Malmaison? Et vraiment, c'est bien celui-ci qui ressuscite, avec son ardeur juvénile, son impatience, son activité débordante, sa gaieté familière, qui s'est épris de l'inconnue dont la politique a fait son épouse, et qui sent chaque jour son désir flamber plus fort en pensant à celle qui doit partager sa couche et son trône, et qu'il n'a jamais vue...

*
* *

« C'est aujourd'hui 28, peut-on lire dans le *Journal de l'Empire*, que Leurs Majestés l'Empereur et l'Impératrice doivent avoir leur première entrevue sous les magnifiques tentes qui ont été disposées à cet effet à deux lieues de Soissons. Ces tentes sont au nombre de trois, comme on l'a dit. La première est destinée à l'Empereur et à la famille impériale ; la deuxième, qui est celle du milieu, est la tente de l'entrevue (on n'y a placé que deux fauteuils); la troisième est celle de l'Impératrice. Au moment convenu, S. M. l'Empereur entrera d'un côté dans la tente du milieu, et S. M. l'Impératrice y entrera de l'autre. Elle s'agenouillera devant l'Empereur qui, en relevant sur-le-champ son auguste épouse, lui présentera un fauteuil et Leurs Majestés s'assiéront. Ensuite l'Empereur donnera la main à l'Impératrice et la conduira dans la première tente, pour la présenter à la famille impériale réunie. En sortant de la tente, l'Empereur montera dans la voiture par une portière, lorsqu'en même temps l'Impératrice montera par l'autre portière. La famille impériale et tout le cortège suivront Leurs Majestés à Compiègne, où il y aura un dîner de famille. »

Et le *Journal de Paris* ne craignit pas d'affirmer à son tour, le 29 mars 1810 :

« Ce fut hier que se fit, sous des tentes, à un myriamètre de Soissons, l'entrevue de Leurs Majestés... Au moment convenu, l'Empereur... est entré d'un côté dans cette tente et l'Impératrice de l'autre. L'Impératrice s'est agenouillée un moment..., etc. »

En sorte que les fidèles sujets de Napoléon, anxieux de connaître comment s'était passé cet événement mémorable, purent avoir les détails les plus circonstanciés sur une cérémonie... qui n'avait pas eu lieu. En réalité, les tentes étaient bien dressées, et l'on avait bien préparé jusqu'au carreau sur lequel Marie-Louise devait faire le geste de tomber à genoux tandis que l'Empereur se précipiterait vers elle pour l'arrêter, la relever et l'embrasser; le carrosse à six places qui devait ramener à Compiègne les augustes époux ainsi que les princesses de la famille impériale, était tout prêt ; le cérémonial était arrêté jusqu'en ses moindres détails... Mais quand Napoléon, le 27 au soir, sut que sa femme allait coucher à Soissons, à moins de cinquante kilomètres de lui, il ne put supporter encore vingt-quatre heures d'attente ; et, devant le désir subit et violent du maître, ni le cérémonial, ni les tentes, ni le carrosse, ni l'opinion européenne ne comptèrent.

Dans l'itinéraire primitivement fixé, Marie-Louise en effet, partant de Vitry le 27 au matin, devait déjeuner à Châlons et coucher à Reims, d'où, le lendemain, elle gagnerait le lieu fixé pour l'entrevue; mais le programme fut changé au dernier moment; il fut décidé que l'Impératrice déjeunerait à Sillery, chez le comte de Valence, et, repartant de bonne heure, ne ferait que traverser Reims pour venir coucher à Soissons. Le 27 donc, Napoléon, qui venait de recevoir des nouvelles toutes fraîches par l'ambassadeur d'Autriche, prince de Schwarzenberg, et par la comtesse de Metternich, arrivés directement de Vitry, se promenait dans le jardin de Compiègne et examinait les plantations nouvelles, quand, peu après midi, on lui apporta une lettre de l'Impératrice, dont il apprit ainsi la prochaine arrivée à Soissons.

On le vit alors revenir aussitôt vers le château, presque courant :

— Ohé! ho ! Constant! Commandez une voiture sans livrée et venez m'habiller !

En même temps, Murat était prévenu que l'Empereur partait sur-le-champ, et l'emmenait seul avec lui.

Et, tout heureux de courir enfin incognito au-devant de celle qu'il avait tant attendue, ravi de la surprise qu'il lui ménageait, riant d'avance « comme un enfant », de l'étonnement qu'elle éprouverait en le voyant apparaître tout à coup sur la route, il soignait sa toilette, et, « par une coquetterie de gloire », endossait sa fameuse redingote grise.

Puis, seul avec le roi de Naples, dans une calèche sans armoiries, précédé d'un unique piqueur, il disparut joyeusement sans avoir prévenu personne que son secrétaire Méneval, auquel il donna ses dernières instructions et recommanda le plus grand secret.

La voiture de l'Empereur avait déjà dépassé Soissons et roulait depuis quelque temps vers Reims, quand, au relais de Courcelles, il aperçut enfin un des courriers qui précédaient l'Impératrice. L'homme lui apprit que l'auguste voyageuse le suivait à quelques minutes ; il résolut alors d'attendre, et, toujours accompagné de Murat, s'abrita tant bien que mal sous le porche de l'église, car une pluie torrentielle tombait sans discontinuer.

L'attente ne fut pas longue : la voiture apparut bientôt dans le fracas des roues et des chevaux lancés à bonne allure. S'élançant sous l'averse, Napoléon arrêta les postillons d'un geste impérieux. L'écuyer qui escortait l'Impératrice eut à peine le temps de se précipiter et d'abaisser le marchepied en criant :

— L'Empereur !

Napoléon, dont la main ouvrait déjà la portière, esquissa un geste de mécontentement en s'entendant nommer, puis, tout mouillé, bondit dans la voiture, où le suivit Murat.

Marie-Louise avait eu un mouvement de surprise et d'étonnement :
— Ce ne peut être que l'Empereur ! fit-elle.
« Pour toute réponse, il se fit connaître en l'embrassant. »

Tout ceci s'était passé en moins d'un instant. La voiture repartit. Napoléon dévorait des yeux l'Impératrice, sans rien dire. Le roi et la reine de Naples, un peu gênés, se taisaient. Il y eut entre les quatre personnages de cette scène étrange « un moment d'examen et de silence ».

Au bout de quelques instants, ce fut la timide Marie-Louise qui le rompit :
— Sire, dit-elle, en rougissant, votre portrait n'est pas flatté.

Elle parlait de celui que lui avait apporté le prince de Neufchâtel.

« Il l'était pourtant, avoue la générale Durand ; mais déjà, ajoute-t-elle aussitôt, l'amour exerçait sa douce influence et elle voyait l'Empereur avec des yeux prévenus. »

Celui-ci, cependant, aspirait au tête-à-tête ; sur son ordre, la voiture brûla Soissons et roula vers Compiègne ; l'étape était déjà longue pour Marie-Louise, partie le matin de Vitry ; mais l'impatience tyrannique de Napoléon ne permit pas même un arrêt pour goûter, à Soissons, au dîner magnifique qu'on y avait préparé. La voiture déposa Marie-Louise, fatiguée et affamée, au perron du château, à dix heures du soir ; sa suite n'y parvint qu'à minuit.

Compiègne voulait magnifiquement accueillir la nouvelle souveraine que l'Empereur venait recevoir dans ses murs ; mais l'imagination de la municipalité ne dépassa point, à vrai dire, celle qu'on dépensa dans les autres villes, et, pour toute nouveauté, elle s'en tint aux arcs de triomphe, illuminations, salves d'artillerie, revues de troupes et députations de jeunes filles, que Marie-Louise avait trouvés partout sur sa route jusqu'à en être rassasiée : le tout complété par les habituelles distributions de vin et de vivres et les danses ordinaires en plein air.

On achevait le 27 les préparatifs destinés au lendemain, quand tout à coup, au milieu de l'après-midi, le bruit se répandit que l'Impératrice arriverait le soir même, à neuf heures. Les gens bien informés ajoutaient que l'Empereur, accompagné des princes et princesses du sang et des grands officiers de la couronne, se disposait à se rendre au-devant d'elle, pour la recevoir à plusieurs lieues de la ville. Aussitôt une vive agitation se manifeste partout ; on court allumer les lampions garnissant la grande avenue qui aboutit à la place d'armes, et par laquelle, dit-on, vont arriver les souverains ; les troupes vont se placer en bataille à l'entrée, où l'on a dressé un arc de triomphe de feuillage ; des canons sont dissimulés dans une allée voisine pour tonner à l'arrivée du cortège, et les autorités constituées ainsi que les seize jeunes filles choisies parmi « les familles les plus distinguées de la ville », vêtues de blanc et portant des corbeilles de fleurs, s'apprêtent à aller complimenter l'Impératrice à l'extrémité de la même avenue, qu'on a fait sabler tout exprès.

Mais lorsque la nuit tomba, les rafales de pluie et de vent, loin de cesser, redoublèrent ; les lampions, noyés par l'eau, s'éteignirent les uns après les autres. Les autorités et les jeunes filles durent renoncer à affronter les éléments, et abandonner l'idée d'une entrée solennelle aux flambeaux. Il fallut se rabattre sur une réception dans l'intérieur même du château, où neuf cents personnes, auxquelles des cartes spéciales avaient été distribuées, se groupèrent autour des membres présents de la famille impériale, aussi surpris qu'elles de la fugue de leur auguste frère, et d'ailleurs fort peu satisfaits. La foule des curieux, malgré la tempête, s'entassa dans la cour ou se porta dans l'avenue au-devant du cortège attendu.

Le temps passe cependant, et, dans la nuit noire, le vent et la pluie s'entendent seuls. Tout à coup, vers dix heures, le canon tonne enfin ; mais l'Empereur et l'Impératrice arrivent, seuls dans leur voiture close, et au lieu de tourner à gauche pour prendre l'avenue où il sont attendus, ils continuent à suivre à toute allure la route pavée de Soissons, vers la Porte-Chapelle. Aussitôt, grand brouhaha ; à peine a-t-on le temps de porter quelques flambeaux sous la longue voûte, pendant qu'on rapporte aussi pêle-mêle, dans la cour d'honneur, les débris lamentables des illuminations : la voiture y pénètre, tourne, s'arrête, et l'Empereur présente enfin sa femme à sa famille réunie à l'entrée du grand vestibule : il n'y a là, d'ailleurs, que Louis, roi de Hollande, et la reine Hortense, Elisa, princesse de Lucques, le prince Borghèse, dont la femme, la belle Pauline, souffrante, n'a pas quitté ses appartements, et le cardinal Fesch ; Madame Mère n'est pas venue, et Julie est malade. Par contre, derrière eux, parmi la Cour assemblée, Marie-Louise peut apercevoir des figures de connaissance : son oncle, le grand-duc de Wurtzbourg, le prince de Schwarzenberg, ambassadeur de son père, et Mme de Metternich.

Les présentations sont rapides, et Napoléon hâte le cérémonial ; tandis que, dans le vestibule où les soldats de la garde rendent les honneurs, la musique de la chapelle impériale joue en sourdine « des airs nationaux », les souverains montent le grand escalier, précédés des pages, des huissiers de la Chambre, des officiers de la Maison, et suivis de la famille impériale, derrière laquelle se groupe peu à peu la Cour entière. Ils traversent la salle des gardes, où les saluent trois cents personnes, choisies parmi les notabilités de la ville, puis entrent dans la salle des fêtes, toute brillante de ses dorures neuves. Les dames de Compiègne y sont réunies ; en avant d'elles se détache un groupe de jeunes filles, vêtues de blanc, tenant des fleurs blanches entre leurs bras ; elles vont à Marie-Louise dès qu'elle entre, et l'une d'elles, Adèle Pottier, nièce du maire, choisie pour « adresser à l'Impératrice les vœux de la ville », débite avec assez d'assurance quelques vers de circonstance :

> Quand partout, sur votre passage
> Vous avez embelli le tableau des grandeurs,
> Vous daignerez peut-être, indulgente à notre âge,
> Accueillir ce tribut de fleurs ;
> Vous accepterez notre hommage
> Doux comme vos vertus et pur comme nos cœurs.

> A peine vous touchez la France,
> Et partout le plaisir s'unit à la splendeur :
> On n'a jamais vu l'espérance
> Ressembler autant au bonheur.

> Au bonheur aujourd'hui qui pourrait ne pas croire ?
> Vous devez, dans l'hymen que le ciel va bénir,
> D'heureux gages à l'avenir,
> Et des rejettons à la gloire.

> Deux grands peuples, par vous à présent confondus,
> Garantissent la paix du couchant à l'aurore ;
> Tous les deux cependant se disputent encore,
> Mais c'est à qui vous aimera le plus.

Aussitôt, toutes les jeunes filles ensemble offrent leurs fleurs. Marie-Louise, qui paraît, dit le *Journal de l'Empire*, « pénétrée d'une douce émotion », répond en français quelques mots aimables, et suit Napoléon qui la mène immédiatement à ses appartements. Après une courte visite à Pauline souffrante, ils peuvent enfin souper avec Caroline, que Napoléon conserve en tiers pendant le repas. « L'Impératrice, dit Peyrusse, était muette d'étonnement », de fatigue aussi sans doute...

Un appartement avait été préparé pour l'Empereur à l'hôtel de la Chancellerie, conformément au cérémonial observé par Louis XVI, qui, en 1770, n'avait point couché à Compiègne sous le même toit que Marie-Antoinette. On vit bien en effet, sur le tard, le carrosse impérial, escorté de gardes, quitter le palais à la lueur des torches et se diriger vers l'hôtel en question ; mais le bruit ne tarda pas à se répandre que la voiture était vide, et l'attitude de Napoléon, le lendemain, ne tarda pas à le confirmer.

L'Empereur, en effet, n'avait point manqué, après le dîner, de demander au cardinal Fesch, devant Marie-Louise :

— N'est-ce pas vrai, mon oncle, que nous sommes bien mariés ?

— Oui, Sire, ...d'après les lois civiles, avait répondu Fesch prudemment.

Napoléon avait retenu l'affirmation, sans vouloir entendre la restriction. Il avait encore demandé à sa nouvelle femme :

— Quelles instructions avez-vous reçues de vos parents ?

— D'être à vous tout à fait et de vous obéir en toute chose, avait-elle répondu, avec une soumission naïve.

Il avait souri ; et, quand elle fut couchée, pendant que le carrosse quittait à grand bruit le palais, lui rentrait dans sa chambre, appelait Constant, se déshabillait, se parfumait d'eau de Cologne, puis, vêtu de sa robe de chambre, reprenait doucement le chemin des appartements de l'Impératrice...

Le lendemain, il demandait à son valet de chambre si l'on s'était aperçu de l'entorse donnée au protocole ; celui-ci, naturellement, lui répondit que non ; mais déjà l'on en jasait beaucoup ; les érudits rappelaient l'exemple donné par Henri IV ; d'autres racontèrent sérieusement qu' « un évêque leur avait donné à Compiègne la bénédiction nuptiale dans la chapelle » et qu'ils n'étaient « venus la renouveler solennellement à Paris que pour la forme, pour la pompe et pour contenter l'avide curiosité du public ». Napoléon, au reste, ne craignait point, bien au contraire, la comparaison avec le Vert-Galant, et se cacha assez peu de cette nuit de noces dont il parut fort satisfait d'ailleurs, puisque le lendemain, devant Constant qui l'a rapporté, il disait à l'un de ses familiers :

— Épousez une Allemande, mon cher : ce sont les meilleures femmes du monde, bonnes, naïves, et fraîches comme des roses.

*
* *

L'Empereur, le lendemain de cette journée historique, déjeuna au chevet de sa femme ; elle était fatiguée, elle toussait un peu : il exigea tendrement qu'elle ne se levât que dans l'après-midi. Au reste, pendant les deux jours qu'il lui accorda à Compiègne pour se remettre d'un voyage éprouvant avant les cérémonies du mariage, il débarrassa sa vie le plus qu'il put de toutes les exigences du protocole : il n'y eut ni lever, ni coucher, ni cercle, ni spectacle préparé : on attendit le bon plaisir du maître, uniquement préoccupé de l'agrément ou de la santé de sa nouvelle épouse ; au milieu de la cour brillante qu'il avait amenée, il s'isola dans une intimité de jeune marié, que tous durent respecter, ses frères et sœurs comme les autres ; et, comme les autres, ils durent attendre les ordres qu'il pouvait lui plaire de donner, les cérémonies qu'il pouvait brusquement ordonner, et dans lesquelles il exigeait qu'ils tinssent leur place.

Ce despotisme de l'Empereur vis-à-vis de tous, et particulièrement de sa famille, n'était supporté qu'avec peine, d'ailleurs, par les membres de celle-ci, qui se montraient fort irrités de sa désinvolture à leur égard, tout en n'osant point transgresser ses volontés. Seule, Caroline était reçue dans les appartements où s'enfermaient Napoléon et Marie-Louise. Les autres devaient se morfondre et prendre patience ; M. Frédéric Masson a peint un tableau pittoresque de cette réunion qui, dit-il, « manque de cordialité », et où la désunion des ménages achève de rendre odieuse cette attente commune ; c'est Louis, qui trouve son appartement trop proche de celui d'Hortense, et Hortense, qui, sans sa mère, sans son frère, sans sa belle-sœur, et ne trouvant qu'une cause de chagrin de plus dans la présence de son mari, ressent terriblement sa solitude dans un moment aussi pénible pour une Beauharnais, et retient avec peine ses larmes ; ce sont Borghèse et Pauline, qui, « étonnés d'être ensemble quelque part, ne se parlent point ». Tous espèrent en vain « un mot, un sourire, un regard. Les portes restent closes ; Louis, qui s'occupe à versifier, ne s'en plaint pas ; mais Pauline enrage, Hortense pleure, Catherine s'indigne, et Jérôme, exaspéré, veut partir. Quant à Murat, tout fier d'avoir été pris pour compagnon d'averse à Courcelles et de voir sa femme si fort en faveur, il est le seul, pour le moment, à se trouver satisfait. »

Napoléon, cependant, ne s'en souciait nullement, et ne songeait qu'à sa femme, pour laquelle sa tendresse ne cessait d'augmenter. Il lui faisait visiter le château, et l'introduisait d'abord dans son cabinet : « L'avertissait-il par là, se demande Méneval, qu'il l'initiait dans toute sa confiance, ou jugeait-il que son cabinet était la pièce capitale de sa maison ? » Sans doute, en réalité, commençait-il tout simplement la visite par cette pièce, parce que c'était la plus proche des appartements de l'Impératrice, auxquels elle touchait... Puis ce furent des promenades à deux dans le jardin, Marie-Louise appuyée au bras de son nouvel époux, tandis que, sur la place d'armes, noire de monde, une foule compacte épiait impatiemment le moment d'apercevoir le couple impérial.

A Compiègne, d'ailleurs, c'était grande fête ; toutes les boutiques fermées, les habitants se livraient aux réjouissances préparées, que le temps, devenu plus clément, permettait maintenant. La musique jouait plusieurs fois par jour devant les grilles du château, et le soir on dansait dans les avenues, où des orchestres étaient dressés. Les décorations et les illuminations, rétablies après la bourrasque, égayaient l'entrée de la forêt; suivant l'usage, on n'avait point oublié les transparents allégoriques, et l'un d'eux représentait une rose s'ouvrant aux rayons du soleil, au-dessus de l'inscription : *sub sole florescit*.

Les deux nouveaux époux cependant paraissaient pleinement heureux à ceux qui les approchaient, et Escuyer, l'historien de Compiègne, a noté la « satisfaction » que témoignait Marie-Louise. Elle écrivait d'ailleurs à son père une lettre qui devait, semble-t-il, le rassurer pleinement sur le sort de sa fille, livrée au vainqueur avec un tel serrement de cœur. Ce ne sont point, en effet des phrases officielles, que celles-ci :

« Depuis mon arrivée, je suis presque perpétuellement avec lui, et il m'aime extrêmement. Je lui suis aussi très reconnaissante, et je réponds sincèrement à son amour. Je trouve qu'il gagne beaucoup quand on le connaît de plus près : il a quelque chose de très prenant et de très empressé à quoi il est impossible de résister. Ma santé continue à être meilleure : je suis tout à fait reposée du voyage et entièrement guérie de mon catarrhe. Je vous assure, cher papa, que l'Empereur surveille encore plus sévèrement que vous l'absorption minutieuse des médicaments, et il n'a pas permis, tant que j'ai toussé, que je me levasse avant deux heures. »

Et n'y a-t-il pas aussi autre chose que des assurances banales ou de l'orgueil satisfait, dans ce billet de Napoléon à l'empereur François, dont la brusquerie même prouve la spontanéité et la sincérité :

« Monsieur mon Frère et Beau-père, lui écrit-il le 29 mars, la fille de Votre Majesté est depuis deux jours ici. Elle remplit toutes mes espérances, et, depuis deux jours, je n'ai cessé de lui donner et d'en recevoir des preuves des tendres sentiments qui nous unissent. Nous nous convenons parfaitement. Je ferai son bonheur et je devrai à Votre Majesté le mien. Qu'elle permette donc que je la remercie du beau présent qu'elle m'a fait, et que son cœur paternel jouisse des assurances du bonheur de son enfant chérie... »

Napoléon, d'ailleurs, se montrait très gai et très enjoué, et paraissait pleinement heureux ; il choyait le grand-duc de Wurtzbourg, oncle de Marie-Louise ; il s'ingéniait à plaire à celle-ci ; il faisait même pour elle des frais de toilette, et endossait, une seule fois d'ailleurs, le fameux habit de Léger pour dîner avec elle. L'ogre de Corse se révélait mari jeune et tendre, et du mariage si redouté et accepté dans les larmes, sortait la lune de miel de deux amoureux.

PLANCHE X

Réception de Marie-Louise à Compiègne (28 mars 1810)

(*D'après Mme Auzou.*)

(Photographie Neurdein.)

*
* *

Napoléon avait brisé l'étiquette et gardé aux premiers instants de son mariage plus d'intimité que les souverains d'ordinaire n'en peuvent espérer ; mais, dès le surlendemain de l'enlèvement de Courcelles, les devoirs de représentation les ressaisirent, Marie-Louise et lui ; ce fut d'abord, le 29, la longue série des cérémonies nécessaires : présentation et serment des officiers et des dames de la maison impériale, présentation des généraux, des colonels, des grands officiers, présentation des ministres, présentation des dames « nommées pour être du voyage de Compiègne », audiences multiples auxquelles, inévitablement, pendant des semaines, allaient, pour la nouvelle Impératrice, succéder d'autres audiences et d'autres présentations...

Puis, le 30, à midi, c'est le départ pour Saint-Cloud et Paris, et, les jours suivants, le mariage civil, le mariage religieux dans le salon carré du Louvre, enfin le retour à Compiègne, où les deux nouveaux époux, oubliant leurs couronnes, vont essayer de jouir quelque peu de leur réel bonheur.

Ils y restent environ un mois, et ce séjour est très brillant. « La ville regorge de monde, et on s'arrache les galetas. Ce n'est pas seulement la Cour, c'est tout Paris qui, par ordre, envahit chaque soir la petite ville pour les présentations. » Les chambres coûtent des prix énormes, et les plus riches s'en passent parfois ; on voit des gens, parmi les plus considérables, coucher dans leurs voitures. Les frères et sœurs présents de Napoléon, c'est-à-dire le roi et la reine de Westphalie, Caroline, Élisa et Pauline Borghèse (car Louis et Hortense sont partis bientôt chacun de leur côté), se font remarquer par leurs dépenses considérables ; Jérôme a une suite de vingt-six personnes, Élisa de quatorze ; Pauline a apporté une foule de meubles dans un grand appartement qu'elle a loué, et dépense, en quinze jours, 7 000 francs pour sa table...

Le samedi surtout, la ville s'emplit d'équipages, et les grands personnages affluent ; les uns, comme les ministres, et Fouché en particulier, pour rendre compte à l'Empereur de l'accomplissement de leurs fonctions, les autres pour assister aux présentations du lendemain ; tous les jours, d'ailleurs, Marie-Louise voit défiler devant elle, par fournées d'une quinzaine de personnes, les principaux de ses nouveaux sujets ; mais le dimanche surtout, avant et après la messe en musique célébrée dans la chapelle du palais, ce sont les grandes audiences et les réceptions des membres du corps diplomatique. Le public, admis dans certaines parties du château, peut y voir passer l'Impératrice et

Napoléon, qui porte, remarque-t-on, des ordres étrangers sur son uniforme.

En outre, si l'Empereur reste beaucoup avec sa femme et n'aime point qu'on le dérange pour lui parler affaires, il tient cependant à ce que le lendemain de son mariage soit marqué par des fêtes, des spectacles, des divertissements brillants. Ainsi, plusieurs fois par semaine, il prend part à des chasses à tir ou à courre ; il suivait autrefois celles-ci à cheval, vêtu comme un simple piqueur, coiffé d'un chapeau ordinaire tout uni; maintenant, il préfère accompagner l'Impératrice dans sa calèche à six chevaux ; au rendez-vous fixé à l'avance, la foule est grande des curieux accourus pour les voir et les acclamer. A l'une de ces chasses, un accident se produit, qui eût pu devenir grave ; en passant l'Aisne dans un bac, à Francport, pour gagner la forêt de Laigue, les chevaux de la voiture impériale prennent peur et tombent à l'eau : à peine a-t-on le temps de couper les traits pour éviter une catastrophe. Napoléon, dans les années qui suivirent, fit remplacer ce bac par un pont de bois de cinq arches, qui fut brûlé en 1814.

Le soir, il y avait des représentations dans la grande galerie des fêtes nouvellement construite, où l'on avait dressé une scène ; les bourgeois de Compiègne, invités par des cartes spéciales, admiraient la splendeur de la réunion, étincelante de toilettes et de diamants, et la parfaite organisation du service ; on passait des glaces pendant les entr'actes. La Comédie-Française et l'Opéra-Comique faisaient les frais des soirées. Napoléon marquait, là comme toujours, sa préférence pour le classique : on joua *le Cid*, *Phèdre*, *Tartufe*, etc ; un jour, l'Empereur demanda *Britannicus*, mais certains vers y prêtaient à des allusions si visibles que Talma se troubla en les récitant :

> Non que pour Octavie un reste de tendresse
> M'attache à son hymen et plaigne sa jeunesse ;

ou bien encore :

> D'aucun gage, Narcisse, ils n'honorent ma couche.
> L'Empire vainement attend un héritier.

Un froid de glace tomba sur l'assistance dont les regards se portèrent involontairement sur Napoléon, qui feignait de dormir.

Ces allusions étaient relevées avec d'autant plus d'attention que le souvenir et le regret de Joséphine, à peine disparue aux regards depuis quelques mois, restaient très vivants, et rendaient à celle qui lui succédait la tâche fort délicate :

« On fait ici des histoires sur la Cour et sur la vie que vous menez là-bas, écrivait de Paris Mme de Rémusat à son mari. En général, toutes ces inventions sont peu bienveillantes ; elles tendent toutes à démontrer la hauteur des manières de l'Impératrice et la sécheresse de son caractère, et puis on rappelle *l'autre* après, et tout cela rendra sa situation difficile... »

Difficile, elle l'est en effet pour cette très jeune femme, transportée brusquement dans un milieu si différent du sien, où, d'une part, on lui marque assez peu de sympathie, et où, d'autre part, bien des choses la choquent. Elle va y être jugée du premier coup, sans indulgence et sans appel : « Il convient, observe M. Frédéric Masson, qu'à tout instant elle surveille ses mots comme ses gestes, ses pas comme ses regards, et cette perpétuelle contrainte, jointe à sa timidité naturelle, la met au supplice. Ce n'est pas à dire que cette timidité aille sans hauteur et qu'à ce moment surtout où elle n'a pu encore prendre goût à nulle des choses qui plus tard lui sembleront agréables, elle ne se sente étourdie et confuse du saut prodigieux qu'elle fait dans la boue. Elle, archiduchesse d'Autriche, fille aînée de Sa Sacrée Majesté Impériale, princesse royale de Hongrie et de Bohême, tomber dans cette famille de bourgeois corses, y donner à chacun du « maman », du « ma sœur », du « mon frère », quelle surprise et comment s'en remettre ? »

Cette famille en outre la boude en ce moment. Princes et princesses, tous, à l'exception de Caroline, tenus à l'écart par Napoléon, qui exige leur présence aux fêtes, mais se montre trop absorbé dans sa tendresse conjugale pour leur adresser la parole, trouvent insupportable ce séjour où ils ne récoltent que des froissements d'amour-propre, en échange de leur fastidieuse et coûteuse représentation. Aussi accueillent-ils leur belle-sœur sans grande cordialité et sans aucun abandon. Quant à la reine de Naples, instituée le mentor de Marie-Louise depuis Braunau, grâce à son tact insuffisant, à son attitude excédée, à son ton autoritaire, à sa prétention de régenter la nouvelle Impératrice et à ses conseils déplacés, elle a réussi à se rendre parfaitement insupportable.

Ces relations avec la famille impériale, avec la Cour, avec les dignitaires, les présentations, les audiences, les soirées, les apparitions en public, ne prennent heureusement qu'une partie relativement restreinte de l'existence de Marie-Louise. Elle est une souveraine, et même pendant les jours qui suivent son mariage et qu'elle voudrait consacrer à un mari que, décidément, elle aime, elle doit subir les exigences qu'impose une couronne à celle qui la porte ; mais Napoléon a su réduire ces exigences au minimum ; il s'est réservé une intimité aussi complète et aussi prolongée que possible chaque jour, et il n'admet pas que personne, fût-ce pour les affaires de l'État, vienne la troubler en dehors des moments qu'il juge indispensable de donner à la représentation.

« L'Empereur, dit encore M. Frédéric Masson, à qui il faut toujours en revenir et à qui nous empruntons maint détail, l'Empereur est invisible même pour sa famille et l'Impératrice ne reçoit chez elle que la Reine de Naples. Toutes les autres sœurs et belles-sœurs ne sont pas admises. » Napoléon ne répond à aucune demande d'audience; en sept jours, Jérôme ne peut le voir qu'une fois, et Murat, qui se hasarde à insister et à vouloir lui parler d'affaires sérieuses, essuie une violente colère, qui, désormais, le fait tenir coi.

C'est une transformation soudaine, et qui stupéfie ceux qui l'approchent, que celle de cet homme à l'esprit toujours si tendu, qui, véritablement, savait tout et dirigeait tout dans son immense empire, et dont la prodigieuse puissance de travail ne se ralentissait jamais. Maintenant, au contraire, il paraît se désintéresser des affaires publiques, de la crise espagnole, si préoccupante pourtant, de tout ce qui était sa vie et comme sa raison d'exister ; une seule chose désormais semble compter pour lui, Marie-Louise : l'Empereur est décidément amoureux de sa femme.

« Pendant les trois premiers mois qui suivirent son mariage, raconte la générale Durand, l'Empereur passa auprès de l'Impératrice les jours et les nuits ; les affaires les plus urgentes pouvaient à peine l'en arracher quelques instants ; lui, qui aimait passionnément le travail, qui s'occupait quelquefois avec ses ministres huit ou dix heures de suite sans être fatigué, qui lassait successivement plusieurs secrétaires, convoquait maintenant des conseils où ils n'arrivait que deux heures après qu'ils étaient assemblés. »

Même changement d'ailleurs dans son intimité : les coups d'œil indiscrets qu'on peut y jeter montrent le maître autoritaire et redouté mué en un amoureux parfois un peu intimidé, ou en un « mari bourgeois » épris de sa femme, selon une expression encore de M. Frédéric Masson : « Il fait montre de cette familiarité du tutoiement, des petits mots gentils, il y porte même quelque affectation, et, si l'on fait mine de s'en apercevoir, il ne s'en fâche pas. » « Je l'ai vu, raconte la générale Durand, assistant à la toilette de l'Impératrice, la tourmenter, lui pincer le cou et la joue. Si elle se fâchait, il la prenait dans ses bras, l'embrassait, l'appelait grosse bête, et la paix était faite. »

Ce sont des enfantillages perpétuels, c'est aussi une condescendance aux moindres volontés de sa femme, une patience qui étonnent chez cet homme qu'on est accoutumé de voir si différent. « Il déjeûnait seul, sur un guéridon, à la minute libre, rapporte l'historien de Marie-Louise, expédiant en cinq minutes les deux plats, les hors-d'œuvre et le dessert tout ensemble ; il déjeûne avec sa femme, à heure fixe, avec l'apparat nécessaire, et on lui sert, car elle est gourmande, un potage, le bœuf, trois entrées, un rôti, deux entremets, quatre hors-d'œuvre, du fromage, quatre assiettes de dessert ; il reste à table tant qu'elle y reste, et ne semble point impatient. Après il lui demande si elle entend se promener, et il prend son heure ; à cette heure dite, il est prêt, il attend, sifflant, chantonnant, ou, de sa cravache, fouettant le gravier. »

Il affectionne les promenades en calèche, dans lesquelles il gagne la forêt à travers la ville, ce qui est sa manière de montrer leur nouvelle souveraine aux habitants de Compiègne ; il goûte avec elle, il dîne, il passe la soirée seul avec elle quand le théâtre ne les réclame pas. Il la gâte de toutes manières : quand elle revient au château, elle trouve son boudoir « drapé avec une profusion de cachemires d'un prix inestimable, qu'elle fit détendre plus tard. Ces riches draperies, ajoute Méneval, n'avaient été placées là que pour lui être offertes, et servir ensuite à son usage. »

« Ce serait une entreprise inutile, écrivait à la même époque le cardinal Maury à la duchesse d'Abrantès, que de vous faire comprendre combien l'empereur aime notre charmante impératrice. C'est de l'amour, mais de l'amour de bon aloi, cette fois-ci. Il est amoureux, vous dis-je, et amoureux comme il ne l'a jamais été de Joséphine, car, après tout, il ne l'a jamais connue jeune. Elle avait au delà de trente ans quand ils se sont mariés. Au lieu que celle-ci est jeune et fraîche comme le printemps... »

Napoléon s'est transformé pour conquérir sa femme, et il semble bien qu'il y ait réussi. Metternich, qu'il reçoit « avec des marques visibles de satisfaction » et des démonstrations d'amitié, peut écrire à l'empereur François, non seulement que Napoléon paraît « on ne peut plus flatté » d'être devenu son gendre, mais encore que lui-même possède « la conviction que les premiers moments que l'Empereur avait passés avec l'auguste fille de Votre Majesté Impériale lui paraissaient un gage assuré de son bonheur intérieur ».

Épouse choyée, gâtée, entourée de marques de tendresse si spontanées et si joyeuses de la part de l'homme sur qui l'Europe entière a les yeux fixés, Marie-Louise, en effet, n'est pas seulement satisfaite de sa conquête et rassurée sur son avenir, elle sent vraiment ces premières heures de vie commune réaliser ses rêves de jeune fille sentimentale : « Je suis aussi heureuse qu'il est possible de l'être, écrit-elle à cette époque ; ce que mon père m'a dit souvent s'est vérifié, je trouve l'empereur extrêmement aimable. » Et, répondant à son amie la plus intime, le 24 avril, elle lui mande encore : « Je vous suis bien sincèrement reconnaissante pour les vœux que vous me faites dans votre lettre du 26 mars à l'occasion de mon mariage. Le Ciel les a exaucés, puissiez-vous jouir bientôt d'un bonheur pareil à celui que j'éprouve..... »

*
* *

> Aux lauriers de la gloire
> Mêle roses d'amour,
> Ta plus belle victoire
> Est celle de ce jour.
> Charmant dieu d'hyménée,
> Tu dis tout bas :
> Adieu la renommée,
> Plus de combats.

avait écrit, au moment du mariage de Napoléon, une « charmante Compiégnoise », dont Escuyer a conservé les vers. Le vœu qu'elle exprimait était celui de tous, et l'Europe entière espérait la paix du mariage de l'Empereur. Et, de fait, si l'on se battait toujours contre les guérillas de l'autre côté des Pyrénées, et si l'Angleterre n'avait pas désarmé, pour la première fois du moins depuis si longtemps, une année entière s'était écoulée sans qu'eût retenti le fracas d'un grand choc européen, lorsqu'en 1811 Napoléon revint faire un nouveau séjour à Compiègne après le baptême du roi de Rome.

Le château, et surtout le jardin, avaient dans l'intervalle reçu des améliorations et des embellissements importants. Napoléon semblait avoir pris définitivement en affection ce lieu où il avait rencontré l'Impératrice ; il songeait sans doute à l'habiter plus souvent, maintenant que la période des longues absences nécessitées par les guerres semblait close, et il y méditait des projets grandioses. Il voulait y créer une salle du trône majestueuse, et il discutait avec les architectes s'il mettrait ou non à ce trône des colonnes de marbre vert. Il entrait dans les détails, marquait par exemple sa préférence pour les cheminées hautes, plutôt que pour les cheminées plus basses surmontées de glaces : en effet, écrivait Berthault, architecte du palais, qui traduisait la pensée du maître, « ce genre de cheminée réunit la dignité, la magnificence et la majesté qui doivent régner dans la principale pièce d'un Palais Impérial ». Pendant le même hiver également fut peint le beau plafond de la grande galerie des fêtes ; on achetait aussi des statues, copies d'antiques pour la plupart, destinées à orner le château et le jardin ; et, sur la demande de l'Impératrice, on organisait dans ses appartements un petit autel portatif consacré à ses dévotions.

Mais c'est surtout sur le parc que portèrent les transformations ; les deux principales furent dues à deux désirs de Marie-Louise, que l'Empereur fit aussitôt satisfaire, afin qu'elle ne pût rien souhaiter qui ne fût immédiatement accompli. La première est la percée de la grande avenue des Beaux-Monts, que la légende voudrait avoir été faite en une nuit, à l'étonnement ravi de l'Impératrice; elle fut en réalité accomplie, très rapidement d'ailleurs, pendant les mois d'hiver; elle prit le nom d'avenue Napoléon, et, dans les projets de l'Empereur, elle dut être terminée, au sommet de la colline, au point où la perspective s'achève, par un palais qu'il eût nommé : palais d'Iéna.

L'autre souhait de Marie-Louise avait eu pour objet une vaste treille, où, pendant sa jeunesse, elle s'était plu à se promener à Schœnbrunn : elle trouva, à son retour, en 1811, un vaste berceau tout pareil, « couvert de toutes sortes de fleurs », et qui, sur 1 400 mètres de long, se prolongeait jusque dans le grand parc; on l'avait fait assez large pour que les souverains y pussent revenir en voiture de leurs promenades ou de leurs chasses. A l'entrée, le *Philoctète*, de Dupaty, y faisait face à une *Vénus sortant de l'onde*. Ce berceau avait coûté 200 000 francs à établir : il fut, le 10 novembre 1810, à peine terminé, démoli en grande partie par un ouragan, et dut recevoir pour 20 000 francs de réparations. En cette première année d'ailleurs, et malgré la profusion de fleurs qu'on y avait plantées, l'immense carcasse métallique n'était point, en somme, d'un très bel effet, car les feuillages, trop jeunes, ne l'avaient point encore recouverte.

Le jardin lui-même, à peine achevé, et auquel on continua de travailler dans l'hiver 1810-1811, présentait encore l'aspect un peu ingrat d'une création récente, avec ses arbres trop jeunes disséminés sur les pelouses. Par contre, la grande percée sur les Beaux-Monts, encadrée dès le bas de la terrasse par les quinconces qu'on avait respectés, commandait désormais le château de façon grandiose. Napoléon, d'ailleurs, remuait encore de multiples projets : la construction d'une orangerie, où l'on pourrait rentrer l'hiver les arbres que, pendant les séjours des souverains, on disposait, avec des tentes, sur la terrasse; la création d'une grande place d'armes fermée par une grille, devant la cour d'honneur; l'établissement d'un théâtre que l'on construirait sur la cour des cuisines, et surtout le percement d'un canal, qui suivrait tout le jardin en son milieu, depuis les terrasses jusqu'à la forêt, et sur lequel « Leurs Majestés pourraient se promener en bateau, depuis leur sortie du palais jusqu'au premier rendez-vous de chasse ». Une pompe à feu, remplaçant la machine hydraulique, autrefois édifiée au-dessus de la Porte-Chapelle et détruite pendant la Révolution, devait alimenter cette véritable rivière artificielle qui, en raison de la pente du terrain, coulerait vers un large bassin, creusé à son extrémité : c'était reprendre de façon grandiose une idée de Gabriel, mais le difficile n'était point tant de creuser canal ou bassin que d'amener, en quantité suffisante, une eau toujours courante ; le devis, que demanda l'Empereur, montait à plus de deux millions et demi : il trouva la fantaisie trop coûteuse et y renonça.

Une légende enfin voulait qu'en outre de ces travaux multiples, Napoléon eût, à une époque antérieure et d'ailleurs indéterminée, fait somptueusement installer, pour un usage clandestin, plusieurs pièces du palais. La générale Durand s'est fait l'écho de ce bruit, et y a même apporté l'autorité d'un témoin oculaire : « Le fait est, raconte-t-elle, que le château de Compiègne était disposé de manière qu'un appartement secret se trouvait au milieu du corridor destiné au logement des dames ; qu'il ne paraissait point en faire partie et qu'une seule petite porte, semblable à une porte de dégagement, s'ouvrait sur ce corridor, sans pouvoir y être remarquée. Ce logement, composé de plusieurs pièces charmantes, donnait sur le parc ; il avait une vue délicieuse et fort étendue ; il était meublé avec goût, et le luxe et l'élégance s'étaient disputés le soin de l'embellir. Enfin, quoique très éloigné de l'appartement de l'Empereur, il communiquait par un escalier dérobé. J'ai vu cet appartement depuis le second mariage de Napoléon. Il était devenu inutile, et on ne le cachait plus avec autant de soin. »

Une seule observation réduit à peu de chose ce récit, où nous saisissons une légende en flagrant délit de formation : c'est qu'avant les deux séjours où l'accompagna Marie-Louise, en 1810 et 1811, et qui sont hors de cause, Napoléon n'en a fait aucun à Compiègne : à peine traversa-t-il la ville trois fois, deux fois pendant le Consulat, une fois tout au début de l'Empire, sans s'y arrêter plus d'une journée, et à une époque où le château avait une tout autre destination que celle de résidence impériale. On ne voit donc guère à quel moment eût pu être « utile » à l'Empereur cette retraite si soigneusement dissimulée. Quant à cet appartement même, que la générale Durand l'ait vu, rien n'est plus sûr, et d'autres, avant 1811, l'avaient vu également ; car le signalement qu'elle en donne répond fort exactement à celui de l'ancien logis de Marie-Antoinette, fort « charmant » en effet, jouissant d'une jolie vue sur le parc, et resté sans doute inoccupé depuis le départ de Charles IV d'Espagne et la création des appartements impériaux à l'autre extrémité du palais. La générale a même pu voir l'escalier dérobé, car il existait parfaitement, et il communiquait même directement, par un couloir pratiqué dans le sous-sol, avec un autre escalier, également dérobé, qui ouvrait dans les appartements de l'Empereur. Les plans de ces escaliers et de ce couloir souterrain sont même encore

PLANCHE XI

Louis XVIII, le Bien-Aimé, roi de France et de Navarre.

(*D'après Jazet.*)

conservés aux Archives nationales ; mais, à vrai dire, ils sont de la main de Gabriel et il s'agit d'un passage permettant au roi Louis XVI de se rendre chez la Reine sans avoir à traverser une partie du palais : on voit donc que le but de ces escaliers « dérobés » demeurait parfaitement légitime et qu'il faut décharger Napoléon, qui n'y songea certes guère, de la responsabilité de leur construction.

En août et septembre 1811, Napoléon et Marie-Louise, qui emmenèrent le petit roi de Rome à Compiègne, y furent accompagnés par une suite nombreuse : presque toute la Maison fut du voyage ; par contre, aucun membre de la famille de l'Empereur ne vint. D'ailleurs, ce second séjour fut infiniment moins brillant que le premier, et le temps accordé à la représentation par les souverains, encore plus strictement mesuré : il n'y eut point en particulier de spectacles publics et somptueux dans la salle des fêtes, mais seulement des représentations intimes pour les personnes de la Cour, sur un théâtre improvisé dans la salle du couvert (la salle à manger de famille, où l'on joua également les charades du Second Empire). Par contre, il y eut de nombreuses chasses à courre, que suivait volontiers l'Impératrice ; elle aimait monter à cheval, quoiqu'un peu souffrante depuis la naissance du roi de Rome, maigrie et souvent fiévreuse.

A part ces chasses et la comédie, auxquelles il faut joindre, le dimanche, des cercles, où ont lieu les présentations, les deux souverains paraissent très peu en public, et défendent jalousement leur intimité, grâce à une étiquette très sévère : c'est ainsi que, le soir, ils ne quittent point le deuxième salon, où ils jouent et causent jusqu'à dix heures avec les dames et les grands officiers qui ont reçu la faveur d'être invités au jeu ; les autres restent dans le premier salon, où Napoléon et Marie-Louise ne paraissent point.

L'Empereur d'ailleurs ne parle plus à personne et devient « inaccessible » : « On raconte même, dit Escuyer, qu'une femme, ne pouvant parvenir à lui présenter une pétition, s'était rendue à la grande faisanderie, où chassait l'Empereur, et qu'au tournant d'une route, elle s'était présentée à lui si soudainement, qu'il en avait eu peur, qu'il l'avait repoussée rudement, et s'était emporté contre les gardes de ce qu'ils l'avaient laissée approcher. »

Napoléon semblait donc s'isoler et s'assombrir ; par contre, la présence de son fils le déridait toujours ; « il le prenait dans ses bras toutes les fois qu'il le voyait, le caressait, le contrariait, le portait devant une glace et lui faisait beaucoup de grimaces ; lorsqu'il déjeunait, il le mettait sur ses genoux, trempait un doigt dans la sauce, le lui faisait sucer, et lui en barbouillait le visage ; il lui prenait quelquefois la fantaisie de lui faire boire du vin, ce qui fâchait beaucoup la nourrice, et plus encore la gouvernante, Mme de Montesquiou, que l'enfant (plus tard) appelait Maman Quiou. L'Empereur riait, et le prince, presque toujours de bonne humeur, paraissait recevoir avec plaisir les caresses bruyantes de son père. »

Les habitants de Compiègne, qui mouraient d'envie de voir le petit roi de Rome, épiaient ses promenades fréquentes sur la terrasse, où, raconte Escuyer, « l'on voyait sa nourrice, dont le visage était brillant de santé, et le corps d'embonpoint, d'humeur très joviale, faire beaucoup de folies pour l'amuser ». A l'arrivée comme au départ, elle « montrait avec complaisance le petit prince au public qui couvrait les rues, et qui ne cessait de faire entendre de joyeuses acclamations ».

Dans cet enfant, les habitants de Compiègne, avec toute la France, saluaient l'avenir... Et cependant c'était la dernière et l'unique fois qu'ils devaient l'apercevoir dans ce palais, où chaque été semblait pourtant devoir le ramener. Lorsque sa mère elle-même y reparaîtra, en octobre 1813, ce ne sera que pour quelques heures, à son retour de Mayence, où elle a quitté l'Empereur, peu de jours avant Leipzig; et les habitants de Compiègne garderont de Marie-Louise le souvenir d'une vision muette, « enfoncée dans sa voiture, abîmée dans sa douleur, ne voulant ni être vue ni voir personne, et ne faisant nulle attention aux acclamations qui faisaient retentir l'air sur son passage »... Moins de six mois après, les balles et les boulets ennemis briseront les vitres de cette bibliothèque où, tout joyeux, Napoléon amenait sa femme au lendemain de son arrivée, balaieront cette terrasse où la nourrice du roi de Rome faisait rire l'enfant blond...

SOURCES

Manuscrits. — *Histoire de Compiègne et des environs*, par GASPARD ESCUYER (Compiègne, bibliothèque du palais, ms. 1-6).
Inventaire du mobilier du palais de Compiègne (Archives nationales, O² 640-652). *Correspondance générale* relative au château de Compiègne, et plans (*Ibid.* O¹ 1384-1390, O¹ 1408-1416, O² 288-291).

Imprimés. — *Correspondance* de MARIE-LOUISE *(1799-1847), lettres intimes et inédites à la comtesse de Colloredo et à Mlle de Pontet, depuis 1810 comtesse de Crenneville; Correspondance* de Napoléon Ier, publiée par ordre de l'Empereur Napoléon III; Lettres inédites de Napoléon Ier, publiées par Léon Lecestre; Lettres de Madame de Rémusat, publiées par son petit-fils Paul de Rémusat.

Mémoires de Madame la duchesse d'Abrantès ; Mémoires anecdotiques sur l'intérieur du palais et sur quelques événements de l'Empire depuis 1805 jusqu'au 1er mai 1814 pour servir à l'histoire de Napoléon, par L.-F.-J. de Bausset, ancien préfet du Palais Impérial; Mémoires de Constant, premier valet de chambre de l'Empereur, sur la vie privée de Napoléon, sa famille et sa cour; Mémoires sur Napoléon, l'impératrice Marie-Louise et la cour des Tuileries, avec des notes critiques faites par le prisonnier de Sainte-Hélène, par Mme Vve du général Durand, première dame de l'impératrice Marie-Louise; Trente ans de ma vie (de 1795 à 1826) ou Mémoires politiques et littéraires de M. de Labouisse-Rochefort : Mémoires du général Lejeune, publiés par M. Germain Bapst; les chasses de l'Empereur, par Émile Marco de Saint-Hilaire (Souvenirs de la vie privée de Napoléon); Napoléon et Marie-Louise, souvenirs historiques de M. le baron Méneval; Mémoires, documents et écrits divers laissés par le prince de Metternich.

Le Moniteur; le Journal de Paris.

Les Femmes des Tuileries. Les Beaux Jours de l'Impératrice Marie-Louise, par Imbert de Saint-Amand ; Frédéric Masson, l'Impératrice Marie-Louise, et Napoléon et sa famille.

LE RETOUR DES LYS

Dès le début de janvier 1814, Compiègne commença à vivre de la vie fiévreuse des pays envahis ; ce furent d'abord, « tous les jours et souvent pendant les nuits, de longs convois de prisonniers, qu'il fallait se hâter d'envoyer dans l'intérieur, et des barques chargées de malades, de mourants et même de morts, qu'on ne pouvait conduire par terre. L'humanité, ajoute Escuyer, exigeait qu'on leur donnât des secours, et la prudence qu'on les éloignât au plus vite, car ils portaient la peste... Il y eut peu de ces malheureux convois qui ne laissassent à Compiègne un certain nombre de morts. »

Les habitants assistaient avec un serrement de cœur mêlé d'effroi à ce spectacle lugubre. La ville était triste et le palais plus désert encore d'avoir abrité pendant deux mois le roi Jérôme de Westphalie, chassé de ses États : le 15 janvier, au moment où les Alliés franchissaient les frontières, il venait de quitter Compiègne avec sa Cour pour se rendre au château de Stains.

L'inquiétude s'accrut dans la ville quand, aux blessés, aux prisonniers, aux *impedimenta* évacués par les armées, succédèrent, à la fin du mois, sous la neige et par les routes défoncées, les troupes elles-mêmes, en retraite, dans un pêle-mêle douloureux qui sentait la défaite. « C'étaient de longues files de chariots chargés de blessés, dont les plaies n'étaient et ne pouvaient être pansées, des soldats éclopés pouvant à peine porter leurs armes, des chevaux estropiés, et, de temps en temps, une faible escorte, cuirassiers, dragons et chasseurs de tout uniforme, accompagnant de nombreux convois de voitures chargées d'effets militaires ou de canons... » Les débris du corps polonais, gardes d'honneur, lanciers, fantassins, sapeurs ou artilleurs, séjournèrent à Compiègne jusqu'au milieu de février ; les dépôts de plusieurs régiments, chassés des villes frontières par l'invasion, vinrent s'y établir, jusqu'au jour où l'approche de l'ennemi les contraignit à repartir pour chercher un nouvel abri, plus loin dans l'intérieur. Lourde charge pour la ville que ces passages et ces séjours de troupes mal payées et mal nourries, qui épuisaient peu à peu la bonne volonté et les ressources des habitants, tandis que, de jour en jour, grandissait la crainte de l'ennemi, qu'on savait de plus en plus proche.

La première alerte eut lieu le 6 février : le bruit se répandit brusquement que les Alliés avaient pris Châlons et Reims, qu'ils étaient aux portes de Soissons... Allait-on les voir apparaître le lendemain à la lisière de la forêt ? L'émotion persista plusieurs jours, au bout desquels on apprit les victoires de Champaubert et de Montmirail. On respira un peu ; mais il y avait plutôt arrêt dans la marche du péril qu'éloignement véritable : si l'ennemi avait été refoulé par Napoléon sur Château-Thierry, il n'en restait pas moins menaçant pour toute la région au nord-ouest de cette ville, que ne couvraient pas l'armée et le génie de l'Empereur ; d'un autre côté, il fallait s'attendre à l'offensive de nouveaux corps des Alliés dans la vallée de l'Aisne... La situation paraissait en somme si peu rassurante pour Compiègne que l'Empereur lui-même écrivait le 9 au roi Joseph de faire enlever du château l'argenterie et les portraits des membres de la famille impériale ou des ministres, pour que les envahisseurs ne s'en fissent pas des trophées.

A peine, d'ailleurs, les habitants de la ville, le 13 février au soir, commencent-ils à se réjouir en recevant la nouvelle de Montmirail, que le canon se fait entendre au loin, vers l'est : c'est à Soissons qu'on se bat ; en même temps, on apprend que l'ennemi avance partout vers le Nord et commence à décrire un vaste cercle menaçant dont Compiègne est le centre : Laon est pris, Vervins est pris, la Capelle est prise, Guise est pris... Mais ce qui effraie surtout, c'est l'attaque de Soissons, que dix lieues à peine séparent de la vallée de l'Oise.

Or, toute la journée et toute la nuit du lendemain 14, on voit arriver les fuyards, de plus en plus nombreux ; bientôt on apprend que l'avant-garde russe a donné à la ville un vigoureux assaut, que les gardes nationaux ont lâché pied, que le général Rusca s'est fait tuer, et que la place est prise. Vers le soir, deux généraux et quelques gendarmes, avec une pièce de canon, arrivent seuls, racontent la défaite, la fuite au grand galop devant l'ennemi qui les poursuit...

Ces nouvelles alarmantes, l'apparition, les récits des fuyards, jettent la panique dans Compiègne. Chacun croit voir surgir les premiers cosaques ; les bruits les plus affolants circulent : les cavaliers ennemis sont à Trosly, à l'entrée de la forêt ; il sont à Vieux-Moulin ; ils ont pris Francport ; ils arrivent par toutes les routes... Le soir, à sept heures, on bat la générale ; les bourgeois qui ont des fusils se réunissent sur la place d'armes, devant le château : il y a bien eu un décret, en décembre, prescrivant la création de milices urbaines, mais rien, ou presque rien n'a encore été organisé. De troupes régulières, la ville contient quelques centaines d'hommes à peine : soldats du régiment de la Vistule et du 136e de ligne, éclaireurs, canonniers, officiers et gardes d'honneur polonais. Le général Sokolnicki, qui commande, essaie d'en tirer quelque parti ; pendant que « les habitants, effrayés, s'empressent de cacher et d'enfouir ce qu'ils ont de plus précieux », et que les bourgeois font des patrouilles dans les rues, il place des avant-postes aux débouchés de la forêt, et envoie quelques reconnaissances sur la route de Soissons. Dès la veille, on a ramené ou coulé tous les bateaux ou bacs pouvant servir à l'ennemi, au cas où il arriverait par la rive droite de l'Aisne, et l'on a barricadé et mis hors d'usage le pont de Francport.

La nuit, fort agitée, se passe néanmoins sans alerte sérieuse ; quelques patrouilles ennemies se sont retirées en apercevant les premiers postes, un parti de cavalerie a bien poussé jusqu'à Trosly et a bien réquisitionné des vivres à Jaulzy, où il a couché, mais aucune attaque ne se dessine, aucune force sérieuse n'apparaît sur la route de Soissons. Le calme commence à renaître dans la ville quand, au petit jour, le régiment de la Vistule va s'établir au carrefour d'Aumont, et que les reconnaissances qu'il envoie vers l'est reviennent sans être inquiétées.

Ce n'est décidément qu'une alerte ; la journée du 15 se passe sans incident ; le canon, qu'on entend de nouveau vers Soissons, donne même un peu d'espoir : serait-ce déjà celui de Napoléon, qui, raconte-t-on, a donné des ordres pour reprendre la place ? En réalité, ce sont les Russes qui honorent, par des salves, le courage malheureux du général Rusca, tué en défendant la ville que l'Empereur lui avait confiée. Mais, le 17 au matin, après une seconde journée d'attente, on apprend, de source sûre cette fois, que les Russes ont évacué Soissons la veille au soir, qu'ils battent en retraite vers le nord-est, et que déjà, les éclaireurs français du duc de Trévise, débouchant de la forêt de Villers-Cotterets, ont poussé des pointes jusque dans les rues de la ville... Compiègne est donc sauvé ; et même, le soir, le bruit court d'une nouvelle victoire de l'Empereur, du côté de Nangis. Le danger semble s'éloigner, et l'on se félicite maintenant d'y avoir échappé.

Compiègne respire, mais c'est pour peu de temps : à peine les Russes ont-ils disparu vers l'est, qu'on annonce des Suédois vers le nord, du côté d'Anizy, puis du côté de la Fère. Le 25, on signale, entre Soissons et Laon, la marche d'une forte colonne ennemie se dirigeant vers Reims. Jusqu'ici, cependant, le danger n'a paru exister que vers l'est et le nord-est ; du moment que Soissons n'est pas sérieusement menacé de nouveau, on se sent à Compiègne dans une sécurité relative. Aussi l'alarme est-elle vive quand, le 26, on apprend que cinq à six cents cosaques ou uhlans viennent d'enlever Noyon la nuit précédente ; ils sont donc à six lieues à peine, et sans doute va-t-on, dans la journée, les voir apparaître sur les hauteurs de Clairoix. On prépare aussitôt la défense : la garnison de la ville comprend maintenant un bataillon de la Jeune Garde, qui a remplacé les Polonais et qui compte environ six cents hommes ; il faut y ajouter cent cinquante combattants tirés des dépôts des 14ᵉ et 136ᵉ de ligne ; mais les cartouches manquent et l'on n'a pas quarante coups à tirer par tête. On se prépare cependant à la défense ; on culbute des charrettes en travers du pont de l'Oise ; on coupe des arbres dans la forêt pour barricader les différentes portes de la ville ; on fabrique des palissades. Heureusement on apprend bientôt que le corps de cavalerie ennemi a repris la route de Chauny, mais ses patrouilles infestent toujours la rive droite de l'Oise, et poussent même jusqu'à Pont-Sainte-Maxence. Il faut établir des postes de gendarmes, à Blincourt et à Estrées-Saint-Denis, pour garder les communications.

Le danger, d'ailleurs, ne s'éloigne guère : le 26, une vive échauffourée a eu lieu à Chauny, où les cavaliers russes ont tout saccagé ; en même temps, toute la journée du 27, on entend gronder le canon vers le nord, et, le lendemain soir, on apprend que La Fère a capitulé, après avoir été canonnée pendant une journée. Le 1ᵉʳ mars, on voit passer la garnison, 400 canonniers, qui regagnent Paris, humiliés et furieux de s'être rendus aussi vite.

Ce ne sont donc plus seulement des partis de cavalerie qu'il faut craindre, et l'ennemi avance partout en force. Le même jour, on annonce qu'une colonne comptant, paraît-il, 2 000 hommes, sous les ordres du colonel von Geismar est rentrée à Noyon. Le lendemain se passe anxieusement, tout le monde sous les armes, derrière les portes barricadées. Il y a plusieurs alertes : on entend des coups de feu rapprochés, sur la route de Noyon ; une grande émotion est causée par des femmes et des enfants, qui, allant chercher du bois mort en forêt, ont rencontré une patrouille, et, pris de peur, sont rentrés dans la ville en criant : « Voilà l'ennemi ! » Enfin, dans l'après-midi, on voit paraître des cosaques qui occupent Janville et envoient des éclaireurs sur Clairoix. Un gendarme, en vedette sur la grand'route, leur tire un coup de carabine ; ils se retirent aussitôt, et on ne les revoit plus. Le soir, on apprend que des partis ennemis ont reconnu les passages de l'Aisne à Rethondes et à Francport.

Le 3, cependant, l'ennemi ne reparaît plus du côté du nord, mais par contre, on entend une vive canonnade vers l'est : puis, le lendemain, à quatre heures du matin, on voit arriver, par la grande route, une importante colonne française, avec six canons : c'est la garnison de Soissons, qui a capitulé la veille et qui traverse Compiègne pour regagner Paris : il s'agit de la désastreuse reddition du général Moreau, qui a sauvé l'armée de Blücher poursuivie par Napoléon et qui a empêché les victoires successives de l'Empereur entre la Seine et l'Aisne de devenir décisives. Les mauvaises nouvelles et les bonnes se succèdent donc à Compiègne et s'entre-croisent. Que croire et qu'espérer? Du 4 au 8, on vit en alertes perpétuelles; la cavalerie des Alliés sillonne les environs : la rive gauche de l'Aisne reste libre assez loin, mais on aperçoit nettement tous les postes ennemis établis sur la rive nord depuis Soissons ; il y en a un à Vic-sur-Aisne, et les postes de Cosaques traversent sans cesse Attichy, Rethondes, même Choisy; sur la rive droite de l'Oise, ils poussent de temps en temps jusqu'à Clairoix; le 6, une patrouille de quinze hommes passe l'Aisne dans un bachot, à Francport, dont le pont vient d'être détruit, et manque d'enlever, tout près de la ville, un commandant et deux habitants... Enfin, après mille émotions, les 6 et 7, après des nouvelles contradictoires sur l'arrivée de Napoléon, victorieux, dit-on, entre Villers-Cotterets et Soissons, on apprend, le 8, que les Alliés ont, une seconde fois, évacué cette dernière ville.

Pendant quatre ou cinq jours, la poussée vigoureuse de Napoléon, marquée par la bataille de Craonne, dégage quelque peu Compiègne, et lui permet de respirer. Mais c'est une éclaircie de peu de durée : l'Empereur subit un échec devant Laon, et le cercle se referme sur la ville. Noyon, abandonné par l'ennemi pendant deux ou trois jours, est réoccupé par lui le 11 ou le 12 ; on annonce, le 13 au matin, qu'un détachement de hussards de la Mort marche sur Compiègne ; à deux heures, on signale l'ennemi sur la route de Clairoix; il y a un moment de panique; des hommes courent en criant que les cosaques sont sur le Cours. C'est une fausse alerte et aucune force ennemie ne paraît. Cependant, ce même jour, le canon recommence à tonner du côté de Soissons; le soir, des voyageurs et des gendarmes annoncent qu'on se bat à Crouy, que l'Empereur repart vers le sud, que les ennemis avancent. Les fuyards recommencent à paraître; on en arrête aux portes de la ville; un convoi de sept à huit cents blessés arrive par eau sur l'Aisne. Puis ce sont les éclaireurs ennemis qui reparaissent tout le long de la rive droite de cette rivière, à Fontenoy, à Bitry, à Attichy. Cette fois, le danger est sérieux : ils précèdent des forces importantes, dont on voit les feux, la nuit, tant dans la direction de Soissons, à Morsain, à Nouvion, qu'à Ribécourt, à trois lieues sur la route de Noyon. L'attaque n'est plus qu'une question d'heures, et la journée du 14 se passe dans l'anxiété et les préparatifs.

PLANCHE XII

Les Maréchaux de France au château de Compiègne.

(D'après une lithographie de l'époque.)

La place, heureusement, est commandée par un homme énergique et un excellent officier, le major Otenin, qui appartient au dépôt du 136ᵉ de ligne et est arrivé le 28 janvier; c'est d'ailleurs par hasard qu'il va diriger une défense qui illustrera son nom, car il devrait être à Châlons, en train d'organiser les gardes nationales de la Marne ; c'est au désarroi d'un pays devenu un champ de bataille que Compiègne doit de le conserver. Otenin est décidé à tenir vaillamment, mais il est à peu près sans ressources ; le bataillon de la garde envoyé pour défendre le château, qui constituait la seule force un peu sérieuse, vient de recevoir l'ordre de partir pour Soissons et quitte la ville le 13, au moment même où le danger devient imminent : il ne reste au malheureux commandant d'armes que 38 hommes du dépôt du 14ᵉ de ligne, 66 gendarmes à cheval, et 9 officiers de la Garde d'honneur polonaise ; ce n'est même pas de quoi assurer le service des postes. Il y a bien encore la garde urbaine, composée des bourgeois de la ville, auxquels le maire vient de renouveler un chaleureux appel ; Otenin essaie de l'organiser, lui fait distribuer quelques mauvais fusils dont il dispose encore ; mais en réalité il n'ose compter sur elle, et les incidents mêmes de cette journée du 14 sembleront prouver qu'il a raison ; en attendant, il peut constater que « la plus grande partie des habitants, notamment les plus aisés, marquent de la mauvaise volonté » ; à l'heure du péril, peut-être surgira-t-il des héros, mais combien faudra-t-il compter de défections? « La garde urbaine fait assez bien le service de jour, écrit-il lui-même ; de nuit, il ne serait pas prudent de s'y fier, non plus que pour un coup de main pour repousser une attaque. » En attendant, il doit y prélever 50 hommes pour assurer le service des postes, auquel ne suffit pas la troupe régulière.

Telle est donc, pendant cette journée du 14 mars, la situation critique du commandant de Compiègne, à la tête d'une centaine de soldats dépareillés, et d'une milice bourgeoise à peine organisée, sans esprit militaire et sans discipline ; et cependant les rapports qu'il reçoit lui signalent, tout autour de lui, la présence de forces ennemies nombreuses, dont Compiègne, en raison de son importance comme ville et comme position stratégique, ne peut manquer de devenir l'objectif. On lui a bien annoncé officiellement, de Paris, le départ d'un nouveau bataillon d'infanterie de la Jeune Garde, spécialement chargé d'assurer la défense du château, mais ce bataillon arrivera-t-il à temps? En tous cas, Otenin achève de mettre la ville en état de défense ; les portes sont barricadées avec d'énormes troncs d'arbres, maintenus par des traverses et précédés d'un fossé ; la Porte-Chapelle est bouchée par de solides vantaux ; la terrasse reçoit, à son extrémité, du côté de la rivière, les deux pièces dont on dispose ; une tranchée relie l'Oise au Grand canal ; des trous de tirailleurs sont creusés tout le long de la rive gauche jusqu'à l'Aisne ; on obstrue le gué de la Baraque blanche en y coulant un bateau chargé de pierres. De l'autre côté du pont, on a élevé une énorme barricade de terre, tenue par des palissades, que protègent des abatis coupant les routes de Noyon et d'Amiens ; un barrage a fait déborder l'Aronde, qui a inondé la plaine ; enfin, sur le pont même, on a édifié trois énormes bûchers, l'un derrière l'autre, qu'on allumera successivement et qui, espère-t-on, retiendront les assaillants pendant plusieurs heures. Sur la rive gauche de l'Aisne et sur l'Oise, du côté de Verberie, on fait garder les passages par les gardes nationales des communes rurales. En même temps, par des stratagèmes variés, faux canons faits de roues de voitures disposés sur le rempart, batteries de tambours, grands feux la nuit, jusqu'à une lettre qu'il fait volontairement intercepter par l'ennemi, le commandant d'armes s'efforce de masquer la pénurie des moyens de défense.

Cependant, la matinée du 14 est calme et se passe dans une attente anxieuse ; puis, vers une heure et demie après midi, une vingtaine de hussards prussiens apparaissent sur la route de Noyon et s'avancent délibérément jusqu'à moins d'un kilomètre des premières maisons du faubourg. On les prend aussitôt pour la pointe d'avant-garde d'un corps important ; quelques canonniers courent aux pièces en batterie à l'extrémité de la terrasse du château, les braquent par-dessus l'Oise, et, sans attendre d'ordres, un sergent fait tirer trois coups. Déjà, dans la ville, on crie :

— Voilà les cosaques !

Aussitôt c'est une agitation qu'achèvent de tourner en désarroi les détonations parties des remparts. Les fenêtres et les portes se ferment comme par enchantement ; une partie des habitants court à l'hôtel de ville demander des armes ; d'autres y rapportent piteusement leurs fusils en déclarant qu'ils ne savent pas s'en servir et demandent à rentrer chez eux. Quant aux gardes urbains qui se trouvent en sentinelle ou de garde aux issues, la plupart n'ont rien de plus pressé que d'abandonner leurs postes, « pour aller chez eux rassurer leurs familles. Celui du palais entre autres, dit Escuyer, fut si bien déserté que le chef, Charlet, militaire décoré, resté seul au poste, fut obligé de prendre le fusil du factionnaire ». Heureusement les quelques « cosaques », cause de tout ce branle-bas, n'étaient point suivis ; aux coups de canon ils s'arrêtèrent, puis, voyant quelques gendarmes traverser le pont pour leur courir sus, ils tournèrent bride. L'émotion s'apaisa, et, une heure après, la plupart des braves miliciens, ayant rassuré leurs familles, avaient repris leur poste ; mais ce ne fut pas néanmoins sans un vif soulagement qu'après toute une soirée d'attente anxieuse, Otenin, vers une heure du matin, vit apparaître un officier chargé de lui annoncer l'arrivée imminente des renforts si impatiemment attendus. A deux heures enfin, le commandant Le Comte entrait dans la ville à la tête de son bataillon, que les habitants, un peu rassurés, accueillirent avec enthousiasme.

Il était temps, et les malheureux soldats ne purent même pas prendre un repos sérieux après leur longue marche forcée, car, le 15, dès six heures et demie, des masses ennemies débouchent de Janville et se déploient de chaque côté de la route de Noyon ; leur artillerie, composée d'un obusier et de trois canons, prend position derrière le remblai de la chaussée. Aussitôt les deux pièces en batterie à l'extrémité de la terrasse commencent le feu et ont la satisfaction d'éteindre bientôt celui d'un canon ennemi. Mais le duel d'artillerie est court : un peu avant dix heures, un officier paraît à cheval sur la route, agitant un mouchoir blanc ; un trompette l'accompagne. Le feu cesse ; le parlementaire, un colonel polonais au service de la Prusse, exige la capitulation de la ville. On refuse de lui répondre. Le feu recommence, mais pour peu de temps encore, car bientôt l'assaillant cesse le sien, et une trêve tacite s'établit pendant plus de deux heures.

Dans la ville, un bel élan a succédé, en face d'un vrai danger, au flottement de la veille. Des habitants viennent réclamer des armes et demandent à se battre ; « quantité de bourgeois » vont faire le coup de feu aux avant-postes. Trois d'entre eux s'aventurent même assez imprudemment pour se faire cerner et prendre par la cavalerie ennemie sur les bords de l'Oise. En même temps, Otenin a fait sonner le tocsin, et de tous les villages voisins, les paysans sont accourus ; ils sont plus de deux mille qui, un peu partout, entourent l'ennemi, à distance, sur les hauteurs ; beaucoup n'ont que des piques ; d'autres tiraillent dans les vignes de Margny contre l'avant-garde prussienne, avec laquelle les gendarmes et les gardes d'honneur polonais conservent également le contact.

Vers une heure et quart cependant, le feu recommence et l'ennemi paraît prononcer une offensive plus résolue ; on voit de l'infanterie déboucher de Clairoix en masses profondes, pendant que les boulets arrivent de nouveau sur la ville, brisant des fenêtres, trouant des toits, atteignant la pompe à feu et le palais. Mais, vers deux heures, nouvelle accalmie et nouveau parlementaire, auquel le commandant Le Comte, qui se trouve en ce moment aux avant-postes, répond, avec une belle simplicité, « que l'intention du commandant était de ne rendre la ville que lorsque S. M. l'Empereur en donnerait l'ordre ».

L'ennemi avait sans doute voulu user d'intimidation et n'osait pas s'engager à fond, car, à ce second envoi de parlementaire, on vit presque aussitôt succéder chez lui un mouvement de retraite. L'infanterie reprit, unité par unité, la route de Noyon, poursuivie jusqu'à Janville par les coups de feu des partisans cachés sur les pentes, tandis que l'artillerie, reculant elle aussi, et prenant position plus en arrière, couvrait le mouvement par un dernier bombardement qui ne fit pas grand mal. A trois heures, tout était fini, et les habitants de Compiègne, pleins d'ardeur, se congratulaient de leur succès : il n'y avait dans la ville que deux blessés, l'un par accident, l'autre atteint par un boulet : on estimait les pertes des Prussiens à vingt-cinq hommes hors de combat.

L'ennemi a été repoussé une première fois, mais désormais on craint à chaque instant de le voir reparaître. Le 16, le général Grouvel, envoyé par le duc de Trévise, est venu à Compiègne avec quatre cents cavaliers ; mais il est reparti au bout d'une journée, laissant toujours la ville sous la menace des forces qui occupent Noyon. Ces forces, que sont-elles? On ne le sait guère et les bruits les plus divers se contredisent : tantôt on annonce que les Prussiens, en retraite sur Chauny et La Fère, n'y ont laissé qu'une centaine de cavaliers ; tantôt, au contraire, on raconte que plus de vingt mille hommes y sont concentrés, et que leur avant-garde est déjà à Clairoix.

Près de quinze jours se passent ainsi, marqués sans cesse par des alertes. Le 19 mars, on accueille à coups de fusil sept cavaliers qui arrivent à Clairoix ; le 20, on a vent d'une attaque dirigée de Clermont ou de Montdidier et l'on fortifie fiévreusement la chaussée de Venette ; le 23, un détachement d'une vingtaine d'hommes culbute quelques hussards prussiens près de Janville ; le même jour, on entend de nouveau, avec effroi, une violente canonnade du côté de Soissons ; le 24, Otenin envoie un petit détachement de trois cents hommes collaborer à une opération tentée de Beauvais par le général Avice contre les Prussiens entrés à Montdidier ; le détachement rentre après avoir intercepté un convoi, mais sans avoir combattu. Le 24, une reconnaissance ennemie traverse Janville ; le 25, on entend des coups de feu vers Clairoix, puis c'est une alerte sans cause sur la route de Soissons ; enfin le tocsin sonne dans toute la région, depuis Venette jusqu'à Estrées-Saint-Denis. Trois jours après, le canon recommence à tonner vers Soissons et le bruit court que la ville est reprise. Les apparitions d'éclaireurs ennemis sont maintenant quotidiennes aussi bien du côté de Venette que de celui de Clairoix.

C'est vers l'ouest cette fois qu'apparaissent de nouveaux assaillants. Dès le matin du 29, des forces importantes ont été signalées à Monchy-Humières ;

bientôt les uhlans de Geismar arrivent à la ferme de Corbeaulieu ; le tocsin sonne ; la garnison court aux armes ; on se prépare à subir un bombardement. Vers onze heures, après un court engagement, au cours duquel la cavalerie ennemie rejette dans la vallée les éclaireurs français et une soixantaine d'habitants de Venette qui ont essayé de résister, les hauteurs de Margny sont enlevées. Puis une cinquantaine de uhlans arrivent au galop dans le village de Venette, sabrent tout ce qu'ils rencontrent, tuent les hommes, les femmes, les vieillards, les enfants, dont un n'a que trois mois, en tout trente-quatre personnes, pillent le château, saccagent et brisent tout, et pour finir parcourent les rues en secouant des bottes de paille enflammées au bout de leurs lances et en incendiant ainsi les maisons, dont ils brûlent une soixantaine. Une tentative analogue est faite sur Margny, où quelques habitations seulement sont détruites. « Le vent, raconte Escuyer, portait les tourbillons d'une fumée épaisse, noire et infecte sur notre ville, qui en fut couverte comme d'un crêpe. Du haut de la tour de l'hôtel commun, on comptait les maisons du village par les flots de flammes qui s'échappaient de chacune... »

Après cet acte de sauvagerie, Geismar se retira vers Montdidier. Il avait voulu épouvanter les paysans, qui commençaient à tirailler en partisans contre ses troupes, et empêcher par la terreur la levée en masse. « Il chargea un voiturier qu'il rencontra de dire au commandant de Compiègne que, chaque fois qu'il ferait sonner le tocsin, il en coûterait quelques villages à la France. » Il atteignit son but, car, dit Escuyer, « on résolut dès lors de laisser les militaires se faire la guerre entre eux ». Les habitants de Compiègne, consternés, sentaient, en voyant les tourbillons de fumée se rabattre sur leur ville, qu'après les escarmouches plus bruyantes que meurtrières, les heures vraiment mauvaises allaient commencer...

Dès le lendemain, en effet, la cavalerie ennemie reparut en force tout autour de la ville ; on en vit, comme la veille, des partis importants occuper les hauteurs de Margny, et une reconnaissance vint pousser une nouvelle pointe jusque dans Venette. Un détachement d'une cinquantaine d'hommes se montra en outre sur la grand'route de Soissons et vint explorer les alentours du parc : c'était la première fois qu'une troupe ennemie s'avançait aussi loin sur la rive gauche de l'Aisne; sans doute fallait-il y voir l'avant-garde d'un corps important qui venait coopérer au siège avec les troupes parties de Noyon, dont Otenin apprenait, à la même heure, le mouvement convergent sur Compiègne. Il fit battre la générale, et la garnison prit ses positions de combat, en partie sur la rive droite de l'Oise, à la tête du pont, en partie face aux nouveaux arrivants, sur la route de Soissons. Ces derniers n'essayèrent point d'ailleurs de pousser plus avant : ils se contentèrent, le soir, au lieu de se replier, de s'établir au carrefour d'Aumont, où ils bivouaquèrent, surveillés par des postes de la garde.

Dans la ville, les craintes étaient grandes : on redoutait pour le lendemain un assaut meurtrier, et l'on n'avait point tort. L'état-major général des Alliés, arrivé sous Paris, avait en effet décidé d'enlever Compiègne, pour assurer ses communications par la vallée de l'Oise, et, sur ses ordres, deux fortes colonnes de toutes armes se préparaient à attaquer simultanément la place sur chacune de ses faces ; l'une, que commandait le colonel von Sydow, et avec laquelle coopéraient les cavaliers de Geismar, les incendiaires de Venette, devait venir de Noyon et forcer le passage de l'Oise ; l'autre, une brigade entière détachée de Soissons, sous le général von Krafft, suivrait la rive gauche de l'Aisne, et aborderait la ville par la forêt et le château. Pour résister, Otenin disposait du bataillon de la Jeune Garde (un peu plus de quatre cents fantassins, avec quarante artilleurs) établi au palais ; d'une centaine d'hommes fournis tant par le dépôt du 14ᵉ de ligne que par une compagnie du 6ᵉ régiment d'artillerie ; de deux bataillons de la garde nationale de la Loire-Inférieure, réunissant ensemble près de huit cents hommes aguerris, qu'on lui avait heureusement envoyés le 21 mars ; enfin, de l'appoint des quelques habitants de bonne volonté enrôlés dans la garde urbaine. C'était peu pour repousser une attaque déterminée effectuée par des forces très supérieures ; mais Otenin était décidé à faire tout son devoir et à tenir jusqu'au bout...

Le 31, dès l'aube, la fusillade commence sur les pentes de Margny : c'est le corps de Geismar qui engage l'action ; en même temps, des fractions de cavalerie, débouchant par Venette, font des démonstrations en aval du pont. Les deux bataillons de gardes nationaux, établis sur les routes aboutissant aux faubourgs, tiennent facilement l'ennemi en échec, car celui-ci ne s'engage pas sérieusement : Geismar ne peut rien entreprendre sans l'infanterie et l'artillerie de Sydow, qui n'arrivera à Margny que le soir. Il doit se borner à canonner les défenses du pont avec quatre pièces de petit calibre, du haut de la *montagne* de Margny, sans grand résultat. Près du château, la garde impériale ne fait qu'échanger quelques coups de fusils avec des cavaliers : de ce côté-là aussi, von Krafft est arrivé trop tard pour agir le jour même et ne dépasse pas la lisière de la forêt.

L'attaque n'a donc lieu que le lendemain 1ᵉʳ avril ; mais, dès le matin, elle se prononce, très violente, sur les deux rives. De l'autre côté de l'Oise, les pièces de Geismar recommencent à tonner des hauteurs de Margny ; elles sont appuyées par l'artillerie de von Sydow, qui prend position derrière le remblai de la route de Noyon, comme au 15 mars ; elles préparent l'attaque du faubourg en foudroyant les maisons et les barricades, mais n'arrivent pas à faire brèche. Deux pièces essaient de leur tenir tête, en batterie sur les chaussées, tandis que, de la terrasse du bord de l'eau, deux autres canons, braqués au-dessus de l'Oise ne peuvent que tirer à poudre, faute de munitions. Le combat d'artillerie se prolonge longtemps, puis von Sydow fait donner l'assaut à la barricade qui couvre le pont ; un bataillon de la Loire-Inférieure la défend, sous les ordres du commandant Baudry : il réussit à briser, par trois fois, en chargeant à la baïonnette, l'élan de l'ennemi, qui finit par renoncer à forcer le passage.

Aussi bien cet engagement sur la rive droite de l'Oise est-il surtout une diversion : l'attaque principale est dirigée du côté de la forêt par la brigade von Krafft et c'est de ce côté aussi qu'Otenin s'est porté de sa personne et a concentré toutes ses forces, à l'exception de l'unique bataillon qui défend le pont.

Von Krafft fait porter son effort de deux côtés à la fois. Il dirige d'abord, par la route de Soissons, deux bataillons qui se déploient entre la rivière et le parc et se portent vers l'Oise et le Cours, appuyés par la cavalerie, et soutenus par une nombreuse artillerie. La lutte est surtout vive au pied de la terrasse du bord de l'eau ; douze voltigeurs, sous le sergent Delecaille, qui ont crénelé une maison, à 200 mètres en avant de là, tiennent quelque temps les assaillants en échec par leur feu, puis, près de manquer de munitions, se replient vivement sur la forte barricade qui coupe la route au bord de l'Oise. Cette barricade elle-même est très vivement attaquée alors à la fois par l'infanterie et la cavalerie ; le combat y devient un moment très vif et très meurtrier ; les défenseurs ont peine à tenir contre des forces très supérieures, quand les trente hommes du 15ᵉ de ligne, auxquels se joignent les voltigeurs de Delecaille, tentent une contre-attaque désespérée ; dix tambours, qui les accompagnent, font un bruit formidable : l'ennemi croit à l'arrivée d'une forte colonne de renfort et lâche pied ; le bord de l'eau est dégagé. Une autre attaque, sur la Porte-Chapelle est facilement repoussée.

Mais ce n'est pas là encore qu'est dirigé l'effort principal : c'est sur le palais abordable par la rampe en pente douce qui descend de la terrasse aux jardins et qui paraît le seul endroit vulnérable des remparts. Tandis que la colonne, dont nous venons de parler, occupe les défenseurs entre la Porte-Chapelle et l'Oise, une forte batterie, installée dans l'avenue des Beaux-Monts, canonne vigoureusement le château de face, et trois bataillons, dissimulés par les bois, traversent le grand parc pour déboucher à la lisière du petit parc, près du jardin fleuriste. L'entrée de la place d'armes est fortement barricadée et défendue ; les Prussiens ne peuvent l'enlever, mais pendant qu'elle est, elle aussi, canonnée et attaquée par une partie d'entre eux, deux compagnies de chasseurs et une fraction de fusiliers réussissent à pénétrer dans le petit parc, soit par le pont qui franchit le fossé de clôture, soit à travers la grille latérale que les boulets ont enfoncée. On tiraille quelque temps dans le jardin, tandis que les projectiles de la batterie des Beaux-Monts balaient la terrasse et la rampe ; puis, vers deux heures, l'ennemi, qui s'est concentré sous les quinconces de tilleuls, débouche, en colonne compacte, sur la grande pelouse, et se lance au pas de charge vers la rampe qui monte à la terrasse.

Aussitôt la façade du château, qu'occupe la Jeune Garde, s'illumine de coups de feu, qui portent dans les rangs serrés des assaillants ; puis, brusquement, deux pièces, dissimulées derrière des statues, en haut de la rampe, crachent sur eux leurs volées de mitraille, presque à bout portant. La masse des Prussiens tourbillonne un moment sous la rafale, puis lâche pied, laissant des monceaux de morts et de blessés ; la foule des fuyards court sous les balles jusqu'au bout du petit parc, se heurte à la grille, l'enfonce d'une poussée irrésistible, et se disperse dans les bois.

La fusillade continue, mais l'élan ennemi est brisé ; Otenin, qui commande en personne au château, ordonne une sortie par la porte latérale, pour dégager la barricade de la place d'armes. Presque aussitôt, il est frappé d'une balle au front près de la statue de Philoctète, suivant le récit d'Escuyer, tandis que d'autres le représentent atteint en pleine poitrine au moment où, sur le rempart de la Porte-Chapelle, il montre à un jeune soldat comment il doit se servir de son arme. L'énergique commandant de Compiègne, qu'on a transporté chez lui dans la ville, meurt pendant la nuit en héros et en vainqueur :

— Que sont devenues les barricades? demande-t-il.

— Elles sont intactes.

Sa figure s'éclaire.

— L'ennemi est-il entré ?

— Non, mon commandant.

— J'avais toujours bien dit qu'il n'entrerait pas !

Comme, vers minuit et demi, on lui répète que les Prussiens battent en retraite, il crie :

— Vive l'Empereur !

Et il expire.

Vers quatre heures du soir, en effet, les assaillants, tant du côté de la forêt que du côté de Margny, ont cessé peu à peu le feu et peu à peu ont disparu. On dit qu'ils ont perdu 600 hommes ; la garnison en compte 150 à peine hors de combat. Mais, tandis que les combattants prennent un peu de repos et que les habitants s'empressent de leur porter des vivres, le maire, le conseil municipal, les notables, profitant de l'accalmie, se réunissent à l'hôtel de ville. Ils sont profondément émus du sang répandu et des dégâts causés par la canonnade ; ils s'effrayent, en pensant qu'on ne pourra repousser plusieurs assauts comme celui-là, et qu'à résister plus longtemps on expose la ville aux horreurs d'une place prise de vive force : l'honneur est sauf, et le vrai devoir de la municipalité, affirment-ils, est de sauvegarder la vie et les biens des habitants, qu'on sacrifierait inutilement dans une lutte inégale, pour ne pas dire impossible. Il faut donc capituler... On convoque les deux chefs de corps, le major Guillemin, qui commande un bataillon de la garde nationale, et Le Comte : ils avouent qu'ils n'y a plus que deux mille cinq cents cartouches et cent cinquante coups de canon à tirer, mais ils refusent de se rendre. Le Comte déclare qu'il défendra le palais tant qu'il lui restera un homme. Les notables insistent : il s'emporte et on doit renoncer à le faire céder. Cependant vers trois heures du matin, une députation revient le trouver chez lui : cette fois, le commandant, dont l'exaltation est tombée, finit par céder. On décide d'envoyer au petit jour deux parlementaires, l'un vers Margny, l'autre sur la route de Soissons : l'un et l'autre reviennent sans avoir rencontré âme qui vive ; la surprise est encore plus vive que la joie à Compiègne ; on envoie alors plus loin des reconnaissances, qui rapportent la même nouvelle : l'ennemi a bien complètement disparu.

Alors ce fut, raconte Escuyer, « un jour de repos et de bonheur, après de si cruelles alarmes. On se visitait les uns les autres. On se félicitait d'en être quittes pour quelques dégâts dans les maisons ; il y en avait peu qui n'eussent été atteintes par quelque boulet ou quelque obus ; mais l'on regarda comme une sorte de prodige qu'au milieu de tant de fracas, pas un seul habitant... n'eût été blessé. Depuis plusieurs jours, on n'avait osé sortir de la ville ; on ne le permettait même que pour les besoins pressants. On commençait enfin à se répandre au dehors, à considérer les positions qu'avaient occupées les ennemis, les ravages qu'ils avaient faits, le sang qu'ils avaient répandu, à recueillir les balles et les biscaïens dont les arbres des avenues et des grands chemins étaient criblés », et dont plusieurs avaient atteint les livres et le fauteuil de l'Empereur, dans la bibliothèque du château.

La majorité des habitants, cependant, semble fort anxieuse de ne pas s'exposer aux horreurs d'un nouvel assaut. Aussi, le lendemain 3 avril, la réapparition de cavaliers ennemis, un peu partout dans les environs, provoque-t-elle une vive émotion, et l'apparition d'un parlementaire sur la route de Clairoix suscite-t-elle sans doute bien des espérances encore inavouées. La foule « se précipite vers le pont, pour voir passer cet officier, qui est fort jeune, d'une figure intéressante, et monté sur un superbe cheval », les yeux bandés ainsi que le trompette qui l'accompagne : cette foule se sent remplie de sympathie pour l'homme qui va peut-être lui épargner de nouveaux périls. A l'hôtel de ville, les principaux habitants se sont réunis : ils attendent avec anxiété l'issue de l'entrevue de l'officier russe avec le major Guillemin, qui commande maintenant, et qui le reçoit à l'hôtel du *Lyon d'argent*. Cette entrevue se prolonge deux heures : sans doute le major refuse-t-il de capituler : va-t-on réentendre le canon et la fusillade, voir passer les morts et les blessés, écouter les boulets fracasser les maisons? Enfin les deux officiers réapparaissent, suivis d'une foule attentive; le Ruses fait un temps de galop sur la chaussée pour faire admirer son cheval, revient, et prend congé « fort civilement ».

Un adjudant se présente alors à l'hôtel de ville et annonce de la part du commandant « qu'on a stipulé tout ce que l'honneur français, les circonstances et l'intérêt des habitants pouvaient exiger ». Compiègne respire en apprenant que le danger n'est pas imminent, d'autant plus que, vers le soir, commencent à courir des bruits qui laisseraient croire à une fin prochaine de la guerre.

Le parlementaire russe est en effet venu annoncer que Paris a capitulé et demander la reddition de Compiègne. Guillemin, très ferme, a répondu que le sort des deux villes n'était nullement lié et qu'il résisterait jusqu'au bout. Cependant, se rendant bien compte que la situation était changée, il a demandé à envoyer un officier, muni d'un sauf-conduit, vérifier la nouvelle et prendre des ordres supérieurs. Le 4, le général prussien fait dire qu'il consent; mais, à l'heure où ce nouveau parlementaire arrive, on a reçu de Paris des renseignements très détaillés, et Guillemin est maintenant persuadé qu'il n'a plus qu'à rendre la ville; Baudry, l'autre chef de bataillon, va débattre à Vic-sur-Aisne, avec le général prussien Borstell, les termes d'une capitulation honorable.

Cependant, à Compiègne, « on se peindrait difficilement la joie de toute la population », qui, dans la chute de Napoléon et le retour prochain des Bourbons, ne voit que le début d'une ère de paix. Les Alliés eux-mêmes cessent d'être des ennemis : ils deviennent presque des libérateurs; il est vrai que quelques jours d'occupation prussienne se chargeront de modifier ces sentiments. En attendant, dès le 4 avril à midi, le Conseil municipal, réuni sous la présidence du maire, de Lancry, envoie une adresse enthousiaste au gouvernement provisoire, et deux de ses membres, Poulletier et Guibout, partent le même jour en poste pour la porter à Paris :

« Il est impossible, y lit-on, de passer de la tyrannie la plus odieuse et la plus désordonnée à un gouvernement paternel et désiré de tous, avec plus d'unanimité, de noblesse et de calme. Nous adhérons de cœur et d'âme à tout ce que vous avez fait, et nous attendrons avec confiance le résultat des délibérations du Sénat et des intentions nobles et généreuses des souverains alliés. »

Le 12 octobre précédent, le même Conseil municipal avait fait porter à Marie-Louise, par le même Lancry et le même Poulletier, « l'expression du respect et du dévouement sans bornes de ses fidèles sujets de Compiègne »; et il lui écrivait encore quelques jours après :

« ... Certes, aucune cité ne l'emportera jamais, en sentiments patriotiques et en amour pour ses Augustes Maîtres, sur celle de Compiègne... Votre Majesté, Madame, peut donc compter sur l'entier dévouement des Compiégnois. Les plus grandes privations peuvent-elles leur coûter, quand ils supportent, sans se plaindre, celle de ses heureux voyages auxquels vos bontés les avaient accoutumés? Ah! Madame, les sacrifices du cœur sont les seuls incalculables! ... »

Mais pouvons-nous être sévères pour ces magistrats municipaux, quand nous serons bientôt obligés de dépeindre l'attitude des maréchaux de l'Empire?

Nous allons en attendant voir la population de la ville recevoir les Alliés, contre lesquels, quelques jours avant, bien des bourgeois ont fait vaillamment le coup de feu, avec une cordialité analogue à celle que leur témoigne Paris. D'après la capitulation, signée le 4, la place ne doit leur être remise que le 6; mais, le 5, à midi, 300 hussards prussiens se rangent en bataille sur les hauteurs de Margny, et, sur l'invitation de la municipalité et du commandant, descendent la côte en sonnant joyeusement de la trompette. La foule court à leur rencontre : on fraternise, on distribue des cocardes blanches...

Le lendemain, à huit heures du matin, les 1 300 hommes de la garnison, en grande tenue, s'alignent sur la place d'armes; puis le général von Borstell entre, par la Porte-Chapelle, à la tête d'une longue colonne précédée de uhlans. Les Prussiens se rangent en face de la garnison; celle-ci alors se met en mouvement, défile, avec armes et bagages, tambours battant, mèches allumées, ses canons au milieu d'elle, et prend la route de Paris; à deux cents pas de la porte, elle remet ses pièces à l'ennemi, puis s'éloigne. Le soir, les blessés français ont été également évacués par eau ou par terre, et la ville reste au pouvoir de 4 000 Prussiens.

La population se montre d'ailleurs avec eux dans les meilleurs termes; le 8 avril, qui est le Vendredi saint, les curieux se pressent pour assister à un grand service religieux, célébré par un pasteur luthérien, devant les troupes en grande tenue, qui défilent ensuite au pas de parade devant le général; le

10, jour de Pâques, la municipalité donne un concert fort brillant au bénéfice des incendiés de Venette; Borstell y assiste et prête même les musiques prussiennes qui jouent avec des amateurs de la ville; le lendemain, la ville offre un bal aux officiers prussiens, mais Escuyer avoue que « l'absence de la plupart de nos dames et le défaut d'habillement et de parures pour celles qui étaient restées privèrent le bal de son plus bel ornement ».

Cependant Compiègne commençait à trouver lourde la charge que lui imposaient le logement et la nourriture des troupes d'occupation, et les plaintes augmentaient de jour en jour. « La nécessité de nourrir des hommes trop exigeants, l'absence d'un grand nombre de bourgeois que la peur avait fait sortir de la ville et abandonner leurs maisons, le haut prix de la nourriture en étaient les principales causes; des malheureux qui n'avaient pas de pain pour eux étaient obligés de fournir à leurs soldats le pain, la viande et le vin. Plusieurs désertèrent leurs habitations et allèrent se réfugier dans les bois. On sentit la nécessité de fabriquer du pain de munition et de distribuer de la viande, mais les militaires ne voulaient pas de ce pain; les habitants étaient obligés de le garder pour eux et d'en acheter pour les soldats. »

Ce fut bien pis quand, à partir du 12, commencèrent à passer des corps d'armée entiers, celui de Bulow, celui de Bernadotte, qui coucha au château; toutes les forces alliées qui voulaient franchir l'Oise se servaient du pont de Compiègne, les autres étant détruits, de sorte que les malheureux habitants « n'avaient presque de repos ni jour ni nuit. Cette pauvre ville se voyait dévorer continuellement sans avoir un seul jour pour respirer. Toutes les denrées commençaient à manquer. Le beurre, qui s'y vendait 15 sous, s'y était élevé à 50 sous et l'on ne pouvait plus s'en procurer. Tout le reste suivait la même proportion. On crut soulager un peu la ville en faisant partir un bataillon de 600 hommes pour Grandfresnoy; mais la commission des logements mit tant de négligence, ou rencontra tant de difficultés dans la distribution des billets de logement, le dimanche 17, pour un changement demandé par les Prussiens, et il en résulta un si grand désordre, que les habitants désignés pour loger 4 militaires en reçurent jusqu'à 16 et 20, sans pouvoir rectifier les erreurs au bureau, ni se faire entendre des officiers qui ne voulaient écouter aucune raison; loin d'éprouver quelque soulagement du départ des 600 hommes, une grande partie des habitants se trouva rongée jusqu'aux os... »

Quand, le 25 avril, on annonça presque simultanément que Louis XVIII, arrivant d'Angleterre, allait s'arrêter à Compiègne, et que les Prussiens quitteraient la ville le lendemain, toute la population témoigna son allégresse, mais sans doute la seconde nouvelle y contribua-t-elle encore plus que la première.

⁂

Le 25 avril, un premier gouverneur de Compiègne, désigné par le gouvernement provisoire, le général baron Curial, arriva au palais, pour y faire préparer les appartements du Roi et de sa famille; le lendemain, le vicomte de Montmorency, se prétendant titulaire de la même fonction, en vertu d'un droit de survivance qu'il tenait de son père, et que lui restituait *ipso facto*, disait-il, le retour du Roi légitime, s'y présenta dans la même intention; deux jours après, enfin, un troisième gouverneur, le général Laborde, nommé par Napoléon, et non révoqué, vint leur contester à tous deux leur titre. Il fut convenu que Louis XVIII lui-même trancherait cette question (il se décida, par la suite, en faveur de Montmorency), et son appartement n'en fut pas moins préparé dans l'aile droite du château, autrefois décorée pour Marie-Antoinette.

La population de Compiègne, toute joyeuse du départ des Prussiens, montrait en outre beaucoup d'enthousiasme pour la Monarchie légitime et s'apprêtait à accueillir par de grandes démonstrations d'attachement le « descendant de saint Louis ». Les jeunes gens de la ville formèrent une garde d'honneur, que le maréchal Ney passa en revue sur la place d'armes; la foule accueillit aussi avec joie trois cents Suisses de la garde royale, qui arrivèrent en voiture le 26, et les quelques troupes, grenadiers de la garde impériale ou gardes nationaux, qui, portant encore les traces des récents combats, arrivèrent de Paris et de Soissons, pour rendre les honneurs à Louis XVIII.

Celui-ci, qui avait couché à Amiens le 28, était attendu le lendemain, avec impatience. Pendant de longues heures, la foule se pressa, ou bien à l'entrée de la ville, anxieuse de voir le cortège apparaître sur les hauteurs de Margny, ou bien sur la place d'armes, ne se lassant pas de regarder, dans la cour d'honneur, les Suisses, les lanciers, les grenadiers ou les gardes nationaux de la ville, sanglés dans leurs écharpes d'un blanc éclatant. D'heure en heure des courriers ravivent l'attention des curieux, en annonçant l'approche du royal voyageur. Le soir est presque arrivé cependant, quand, enfin, les tambours battent aux champs; une voiture, seule, arrive au trot, s'arrête devant le perron; un vieillard en descend, que soutient un homme plus jeune : ce n'est pas Louis XVIII, mais c'est le vieux prince de Condé, qu'accompagne le duc de Bourbon. Ce nom, à l'ancienne gloire duquel le sort tragique et récent du duc d'Enghien ajoute comme l'auréole du martyre, court de bouche en bouche. On s'élance, on s'écrase autour du prince. De vieux serviteurs de la maison de Condé se jettent en pleurant à ses pieds, embrassent ses mains, ses vêtements. L'attendrissement redouble quand il avise un officier, lui demande son nom :

— Ah oui ! le comte de Lostanges ! vous étiez colonel de mon régiment d'Enghien !

Il l'embrasse, aux applaudissements discrets de la foule. Et les deux descendants du grand Condé, appuyés au bras l'un de l'autre, gravissent lentement le grand escalier du palais ; de chaque côté, des grenadiers de la garde leur présentent les armes ; à leurs hauts bonnets à poil, la cocarde des Bourbons met un large point blanc, mais sur leurs uniformes, tachés par les combats, la Légion d'honneur de l'*Autre* met une tache rouge, et les larmes qui, parfois, coulent sur leurs visages de bronze aux cicatrices toutes fraîches, ce ne sont pas des larmes de joie, ce sont des larmes de rage impuissante...

Le prince de Condé ne précède Louis XVIII que de peu. Le Roi a été arrêté, à hauteur de Monchy, par Ney. Marmont et les autres maréchaux, venus à sa rencontre à la tête d'un nombreux état-major, et escortés par la garde nationale à cheval de Paris : Ney l'assure du dévouement de l'armée :

— Je compte, répond Louis, sur vos sentiments d'amour et de fidélité ; et d'ailleurs, ajoute-t-il en montrant sa tête où se dresse « un petit plumet blanc de héron », voilà le panache de Henri IV : il sera toujours à mon chapeau.

Sur ce premier mot historique, qui d'ailleurs fait un peu long feu, le cortège, grossi des maréchaux, reprend sa marche. Quand on l'aperçoit en haut de la montagne de Margny, une fusée signale son approche, et le canon tonne une première fois : ses coups espacés ne cesseront plus avant que le Roi soit au palais, accompagnés bientôt de toutes les cloches de la ville, sonnant à toute volée. La voiture royale, une berline de voyage très simple, dans laquelle, avec Louis XVIII, sont assises la duchesse d'Angoulême et l'ancienne gouvernante des Enfants de France, Mme de Tourzel, traverse la ville au pas de ses six chevaux, après avoir franchi un arc de triomphe élevé sur le pont. Quelques cavaliers de la garde nationale parisienne, un peloton de gendarmes la précèdent ; les maréchaux la suivent en groupe, accompagnés de chasseurs de la garde et de gardes d'honneur. Le cortège avance lentement, au milieu d'une foule pressée, entre les maisons toutes tapissées de verdure, sur les fleurs et les branches d'arbres dont on a semé les rues. Il s'arrête un instant devant l'église Saint-Jacques, où le clergé, rassemblé tout entier, donne l'eau bénite au Roi, qui ne descend pas de voiture.

Il est six heures passées quand, appuyé sur la duchesse d'Angoulême, il met pied à terre péniblement, au perron du château. Sur la foule immense, qui a envahi la cour, un grand silence règne, que rompent seulement quelques cris :

— Vive le Roi ! Vive notre père !

Quelques assistants pleurent.

Dans le peuple, il y a beaucoup de respect, de l'émotion sincère, quelque désappointement aussi. Le roi légitime est un homme âgé, très gros, presque impotent, tant il paraît marcher difficilement : il porte un habit bleu, tout simple, aux boutons d'or fleurdelysés, avec de grosses épaulettes en or, à graines d'épinards, sur lesquelles des couronnes sont brodées ; sur la poitrine, à gauche, plusieurs plaques, et, à sa boutonnière, des décorations ; un vaste gilet blanc, qui tombe presque jusqu'aux genoux, est barré d'un cordon bleu de ciel, celui du Saint-Esprit. Des jambes très grosses, enflées, sont serrées dans des guêtres rouges bordées d'un liséré d'or, à la mode, paraît-il, en Angleterre. Le Roi, qui a l'épée au côté, s'appuie sur une canne.

La figure grasse, qui ne manque pas de noblesse, avec le nez aquilin, le front large, « un peu trop déprimé en arrière », que semble éclairer le regard très intelligent, très vif, très pénétrant, est encadrée par une coiffure à l'ancienne mode : cheveux poudrés, relevés sur le devant de la tête, « coupés en vergettes », et, par derrière, « rattachés par un ruban de queue ».

La duchesse d'Angoulême porte une robe blanche unie, très simple, trop simple, et un petit chapeau blanc « à l'anglaise », sans aucun ornement. Le plus partial des chroniqueurs doit avouer que ses vêtements paraissent « un peu étrangers ». C'est une femme qui, à trente-cinq ans, paraît âgée, point jolie, mais très digne, d'une affabilité froide, au visage empreint d'une persistante tristesse.

Quelle que soit l'émotion sincère qui étreint les sujets de Louis XVIII, assistant au retour d'un auguste exilé, quel que soit le respect qu'inspire la duchesse, quelles que soient la dignité et même la majesté réelles des deux acteurs principaux de cette scène, ce vieillard podagre qui descend lourdement de voiture, appuyé sur cette vieille dame, aux vêtements démodés et presque pauvres, ont quelque peine à symboliser aux Français le retour triomphal de la Monarchie légitime.

« Je craignais l'effet de l'apparition de Louis XVIII, a avoué Chateaubriand. Qu'allait-on penser à l'aspect de l'invalide royal, remplaçant le cavalier qui avait pu dire comme Attila : « L'herbe ne croît plus où mon cheval a passé » ? Sans mission et sans goût, j'entrepris (on m'avait jeté un sort) une tâche assez difficile, celle de peindre *l'arrivée à Compiègne*, de faire voir le fils de Saint-Louis tel que je l'idéalisai à l'aide des Muses. »

Voici donc comment il apparaît, ainsi idéalisé par la plume d'un grand écrivain, dans une lettre que publie le *Journal des Débats* :

« Il marche difficilement, mais d'une manière noble et touchante; sa taille n'a rien d'extraordinaire; sa tête est superbe; son regard est à la fois celui d'un roi et d'un homme de génie. Quand il est assis dans son fauteuil, avec ses guêtres à l'antique, tenant sa canne entre ses genoux, on croirait voir Louis XIV à cinquante ans. »

Escuyer, de son côté, peint avec attendrissement cette pénible entrée du Roi dans le palais, et laisse deviner la surprise émue peut-être, mais à coup sûr désappointée de la foule : « Une touchante inquiétude, dit-il, se peignait sur tous les visages, en voyant ce bon prince tourmenté par la goutte mettre avec peine pied à terre, monter le grand escalier et traverser les salles avec beaucoup de lenteur, soutenu par les bras des princes; enfin il semblait que tous les spectateurs étaient atteints des mêmes douleurs. Un attendrissement général, étouffant les cris de la joie, les rendait plus sourds, mais en même temps plus touchants... »

Accompagné des maréchaux et des autorités du département, entouré et suivi d'une foule compacte à travers le palais, Louis XVIII arrive à ses appartements, qui sont également envahis. Il s'assied enfin, les maréchaux se groupent autour de lui, et Berthier, prince de Neufchâtel, que nous avons vu ambassadeur extraordinaire à Vienne, et chargé par Napoléon de demander la main de Marie-Louise, Berthier prend la parole en leur nom :

— Sire, dit-il...

Un religieux silence s'établit.

— Sire, après vingt-cinq ans d'incertitudes et d'orages, le peuple français a remis de nouveau le soin de son bonheur à cette dynastie que huit siècles de gloire ont consacrée dans l'histoire du monde comme la plus ancienne qui ait existé. Comme guerriers et comme citoyens, les maréchaux de France ont été portés par tous les mouvements de leur âme à seconder cet élan de la volonté nationale.

« Confiance absolue dans l'avenir, admiration pour la grandeur dans l'infortune, tout, jusqu'aux antiques souvenirs, concourt à exciter dans nos guerriers, constans soutiens de l'éclat des armes françaises, ces transports que Votre Majesté a vu éclater sur son passage.

« Déjà, Sire, les accens de leur reconnaissance vous avaient précédé. Comment peindre l'émotion dont ils furent pénétrés, en apprenant avec quel tou-

PLANCHE XIII

Louise de Belgique.

(D'après Winterhalter.)

(Photographie Neurdein.)

chant intérêt Votre Majesté, oubliant ses propres malheurs, ne semblait depuis longtemps occupée que de ceux des prisonniers français : — Peu importe, disait-elle au magnanime Alexandre, sous quels drapeaux ces cent cinquante mille prisonniers ont servi ; ils sont malheureux : je ne vois parmi eux que mes enfants! A ces paroles mémorables que le soldat redit au soldat, quel Français pourrait méconnaître le sang du Grand Henri qui nourrissait Paris assiégé? Comme lui, son illustre fils vient réunir tous les Français en une seule famille. Vos armées, Sire, dont les maréchaux sont aujourd'hui l'organe, se trouvent heureuses d'être appelées par leur dévouement et leur fidélité à seconder d'aussi généreux efforts.

— Je vois avec plaisir Messieurs les maréchaux de France, répondit Louis XVIII, avec une majesté tempérée par un vif désir de plaire. Je compte sur les sentiments d'amour et de fidélité qu'ils expriment au nom des armées françaises.

Point n'était besoin des réelles qualités d'intelligence du nouveau Roi pour sentir la nécessité urgente qui s'imposait à lui de conquérir sans retard les chefs de l'armée : appuyé sur eux, il pouvait beaucoup ; il pouvait en particulier sortir avec avantage du conflit qui, nous le verrons, se dessinait entre lui et le Sénat sur la question constitutionnelle: il y avait en tous cas un intérêt capital de première sécurité à se concilier ces hommes, desquels dépendait la force militaire du pays, et qui ne devaient jusqu'ici éprouver que des sentiments fort tièdes à l'égard d'un Bourbon.

Louis XVIII voulut donc les accabler de prévenances, et, pour leur plaire, il sut changer sa majesté, toujours exquise de politesse, mais parfois un peu hautaine, en une sorte de bonhomie qui devenait familière tout en gardant les distances. Quand Berthier eut achevé de prononcer son adresse officielle, il se fit présenter les maréchaux les uns après les autres, trouvant pour chacun d'eux un mot aimable et flatteur. Puis, faisant effort pour se lever, il écarta les officiers de sa Maison qui s'élançaient pour le soutenir, et saisit les bras des deux maréchaux qui se trouvaient près de lui :

— C'est sur vous, Messieurs les maréchaux, déclara-t-il, que je veux m'appuyer. Approchez et entourez-moi ; vous avez été continuellement bons Français ; j'espère que la France n'aura plus besoin de votre épée. Si jamais, ce que Dieu ne veuille, on nous forçait à la tirer, tout goutteux que je suis, ajouta-t-il en se mettant debout, je marcherais avec vous.

Les maréchaux, qui ne demandaient qu'à se laisser séduire, furent du coup électrisés. Ils éclatèrent en protestations de dévouement, de fidélité :

— Sire, que Votre Majesté nous considère comme les colonnes de son trône, nous voulons en être le plus ferme appui.

Et Louis XVIII, satisfait de son succès et désireux de se reposer, fend le groupe des maréchaux, fend la foule qui l'entoure, au milieu des cris répétés et enthousiastes de :

— Vive le Roi !

C'est alors à la duchesse d'Angoulême, aux princes de Condé, que l'on présente les anciens compagnons d'armes de Napoléon. La duchesse, au milieu des dames de Compiègne, rit et pleure à la fois, répétant :

— Que je suis heureuse d'être au milieu des bons Français.

A la présentation et aux discours des maréchaux succédèrent bientôt, pour Louis XVIII, la présentation et les discours des membres du Corps législatif ; le Sénat, se tenant sur la réserve, n'avait point envoyé de députation. Celle qui se présenta à Compiègne comprenait vingt-cinq députés, conduits par leur président : on plaisanta l'orateur qui prit la parole en leur nom, parce que s'adressant à Louis XVIII, il s'écria :

— Venez, *descendant* de tant de rois, *montez* sur ce trône où nos pères, placèrent autrefois votre illustre famille et que nous sommes si heureux de vous voir occuper aujourd'hui.

Mais le Corps législatif, en venant rendre hommage au nouveau souverain, tint à manifester ses convictions libérales, et, au milieu des compliments, une phrase, assez contournée, vint rappeler au successeur de Louis XIV que, pour régner, il lui fallait devenir souverain constitutionnel :

— Tout ce que, vainement, nous avions espéré loin de vous, Votre Majesté nous l'apporte ; elle vient sécher toutes les larmes, guérir toutes les blessures. Nous lui devrons plus encore : par elle vont être cimentées les bases d'un gouvernement sage et prudemment balancé. Votre Majesté ne veut rentrer que dans l'exercice des droits qui suffisent à l'autorité royale, et l'exercice de la volonté générale, confié à ses paternelles mains, n'en deviendra que plus respectable et plus assuré.

« Sire, affirmaient en terminant les membres du Corps législatif, jamais les représentants de la nation ne s'estimèrent plus heureux d'être ses organes, que dans ces moments d'allégresse. Ils mettent à vos pieds le tribut de leur dévouement et de leur amour.

— Messieurs du Corps législatif, répondit simplement le Roi, je reçois avec la plus vive satisfaction l'assurance de vos sentiments. Ils me sont d'autant plus précieux que j'y vois le gage d'une union parfaite entre moi et les représentants de la nation. De cette union seule peuvent naître la stabilité du gouvernement et la félicité publique, unique objet de mes vœux et de ma constante sollicitude.

Les députés allèrent ensuite présenter leurs hommages à la duchesse d'Angoulême, qu'ils appelèrent « précieux rejeton d'une longue suite de monarques, objet constant des soins de la Providence, l'orgueil de son sexe et l'un des plus beaux ornements de notre siècle », et enfin « l'espoir des générations ».

Louis XVIII avait reçu également une députation du Conseil général de l'Oise quand, à huit heures, on servit le dîner. Quarante couverts étaient dressés ; à côté du Roi, de la duchesse et des princes de Condé, prirent place les maréchaux, les généraux, les gentilshommes de service, les dames de la duchesse, et quelques personnes de distinction parmi lesquelles on remarquait Mme de Montboissier, fille de Malesherbes. On laissait circuler autour de la table la foule qui n'avait point cessé de parcourir le palais depuis l'arrivée des princes, et elle était si grande que l'on pouvait à peine servir.

Pendant le dîner, Louis XVIII, continuant sa politique de séduction à l'égard des représentants de l'armée, s'écria :

— Messieurs les maréchaux, je vous envoie du vermouth. Je veux boire avec vous aux armées françaises.

Et il leva son verre, imité par tous.

Le repas fini, on regagna le salon, où il voulut qu'ils prissent place à sa droite.

— Messieurs, répétait-il, je suis heureux de me trouver au milieu de vous, …heureux et fier !

Chacun eut son mot personnel, dont il fut ravi : Lefebvre marchait difficilement, et le roi goutteux de s'écrier :

— Eh bien ! maréchal, est-ce que vous êtes des nôtres ?

Il prenait à part Mortier :

— Maréchal, lui disait-il d'un ton ému, lorsque nous n'étions pas amis, vous avez eu pour la Reine, ma femme, des égards qu'elle ne m'a pas laissé ignorer, et je m'en souviens aujourd'hui.

Ou bien, s'adressant à Marmont :

— Vous avez été blessé en Espagne ? Vous avez failli perdre un bras ?

— Oui, Sire, répondait le duc de Raguse, mais je l'ai retrouvé pour le service de Votre Majesté.

Tous, Macdonald, Ney, Moncey, Serrurier, Brune, Berthier, recevaient ainsi, à tour de rôle, un mot affectueux, une parole d'intérêt, une attention personnelle. Le Roi, dit Vitrolles « avait pour tout le monde des paroles gracieuses et élégantes, et si bien étudiées qu'elles paraissaient naturelles... Les maréchaux n'avaient jamais été aussi bien flattés ; la gloire militaire de la France, que nous accumulions sur leur tête, n'avait jamais été rappelée en termes si choisis : ils furent séduits jusqu'à l'enthousiasme ».

Cette journée, journée heureuse pour la Restauration, se termina, pour Compiègne, par des chants et des danses sur la place d'armes, qui ne cessèrent que fort tard dans la nuit. La ville entière, pavoisée de drapeaux blancs fleurdelysés, s'était subitement illuminée. Des transparents symboliques étaient naturellement apparus, et l'on remarquait surtout celui qu'avait composé le bibliothécaire du château, homme lettré : une couronne de fleurs de lys appuyée sur deux branches de laurier et d'olivier, au-dessus d'une inscription latine : « *Stat clarissima tandem soboles — fortunae sapientia victrix.* »

La soirée du 29 avril n'avait donc été pour Louis XVIII que félicitations, attendrissements, adulations et succès personnels. Le lendemain les difficultés allaient commencer ; le Roi, revenant lentement de son exil d'Angleterre, avait décidé de s'arrêter quelque temps à Compiègne, pour s'y rendre compte des choses et prendre contact avec les hommes, avant d'aller aux Tuileries saisir effectivement la direction des affaires. Dès six heures du matin, le comte d'Artois, à Paris depuis le 12, et officiellement chef du gouvernement depuis le 14, avec le titre de lieutenant général du royaume, arriva de la capitale, accompagné de son fils, le duc de Berry ; il travailla avec son frère jusqu'à onze heures du matin, le mettant au courant de la situation et examinant avec lui les difficultés qu'il pouvait rencontrer.

La grosse question, qui allait peser sur tout ce séjour de Compiègne, était celle de la constitution votée par le Sénat et présentée par lui à Louis XVIII comme condition de son retour sur le trône. Ce corps politique, seule autorité existante à Paris au moment de l'entrée des Alliés, avait prononcé la déchéance de Napoléon et institué un gouvernement provisoire ; il se considérait comme le représentant du pays, et, malgré le courant de plus en plus vif en faveur des Bourbons, il prétendait ne pas leur remettre le pouvoir sans exiger des garanties tant pour lui même que pour la France révolutionnaire et impériale dont il était issu : ces garanties, il les trouvait dans une constitution libérale qu'il avait rédigée, qui stipulait d'ailleurs pour ses propres membres d'importants avantages, et à laquelle il désirait que le nouveau souverain adhérât et prêtât serment.

Rien n'était au contraire plus éloigné de l'esprit de Louis XVIII, qui, sous sa politesse parfaite, sous l'aisance aimable de sa conversation, sous la grâce de son accueil, cachait un esprit très net et des idées très arrêtées. Il avait conscience de son droit divin et l'exil n'avait pas fléchi la rigueur de ses convictions ; il considérait comme une chose indiscutable qu'il n'était point rappelé sur le trône par le choix du peuple français, mais qu'il y remontait en vertu d'un principe absolu, et par la seule volonté divine ; un tel principe, par cela même qu'il était absolu, ne pouvait donc être soumis à des conditions : Louis XVIII pouvait bien, s'il le jugeait opportun, octroyer à ses sujets tels ou tels droits constitutionnels, par un acte libre de sa volonté royale ; mais son autorité ne pouvait trouver ni son origine ni sa limite dans une constitution à elle imposée.

En réalité le comte de Provence, pour devenir Louis XVIII en fait, et non plus seulement en droit, eût sans doute consenti, s'il lui avait paru inévitable d'en passer par là, à voir l'exercice de sa souveraineté recevoir des restrictions, quitte d'ailleurs à considérer toujours cette souveraineté comme théoriquement intangible et ces restrictions comme non fondées en droit. Sans doute même, à Hartwell, était-il décidé à accepter, s'il le fallait, la constitution exigée ; mais quand, débarquant en France, il eut appris que le Sénat avait consenti à son frère le titre de lieutenant général, en échange de quelques promesses vagues qui ne le liaient guère ; quand il eut vu les populations courir à sa rencontre et pleurer d'attendrissement sur son passage ; quand il eut séduit et conquis les chefs de l'armée à Compiègne même, il sentit, avec une netteté parfaite, que son retour sur le trône était devenu inévitable et pouvait être inconditionnel : nul pouvoir n'arrêterait maintenant le flot qui le portait, et le Sénat, s'il persistait à bouder à l'écart, resterait impuissant à rien empêcher. Louis XVIII, conscient de la valeur de son droit et de la possibilité de l'exercer, tint à affirmer devant tous qu'il était roi légitime et roi absolu : il *octroierait* peut-être une charte, il ne se laisserait jamais imposer une constitution émanée d'un autre pouvoir que le sien.

Telles étaient ses décisions arrêtées, quand, au sortir de son long entretien avec son frère, il se rendit à la chapelle du palais de Compiègne, accompagné du comte d'Artois, du duc de Berry, des princes de Condé et de la duchesse d'Angoulême, toujours très simplement vêtue d'une robe de soie blanche, et coiffée maintenant d'une guirlande de fleurs qui retenait un voile de dentelle. La salle des gardes était remplie d'une foule d'officiers et de députations de toute espèce ; la famille royale fut accueillie par des démonstrations enthousiastes et par de grands cris de :

— Vive le Roi!

Quand Louis XVIII sortit de la messe, les dames de la Halle lui offrirent un bouquet, avec une couronne faite de lys et de fleurs d'oranger.

L'après-midi, pendant que le comte d'Artois, le duc de Berry et la duchesse d'Angoulême se promenaient dans le parc et « accueillaient avec grâce » les nombreux curieux qui avaient envahi les dépendances du château comme le château lui-même, Louis XVIII, assis dans son fauteuil, vêtu du même uniforme bleu que la veille, recevait députations, autorités, corps constitués, personnages officiels, que lui présentait son premier gentilhomme de la chambre, le duc de Duras, et qui lui affirmaient à l'envi, pour emprunter les expressions de la députation de Lyon, que « fidèles à la Royauté…, ils avaient su, dans ces jours de troubles et d'espérance, aiguiser contre la tyrannie les armes tombées en leurs mains ». Mais, au milieu de tous ces comparses, apparut bientôt un des acteurs principaux du drame, sinon le principal : M. de Talleyrand.

Talleyrand, depuis la chute de Napoléon, était devenu le personnage le plus considérable du gouvernement français : c'est à lui que les souverains alliés s'étaient adressés à leur entrée dans Paris, c'est lui qui avait été la cheville ouvrière de tout ce qui s'était passé ; il était considéré comme l'homme indispensable en même temps que comme l'homme le plus habile du moment. Quand, au Sénat, chez les anciens serviteurs de l'Empire, parmi les esprits libéraux, on avait commencé à s'inquiéter des tendances de Louis XVIII, quand, à divers symptômes, on avait cru découvrir chez celui-ci des intentions hostiles à la constitution proposée, c'est à Talleyrand qu'on songea naturellement pour aller « s'emparer de l'esprit » du Roi et le persuader de la nécessité de donner des gages. On le pressa même de courir à Calais, mais il trouva de sa dignité d'attendre que le nouveau souverain fût arrivé à Compiègne pour se rendre au-devant de lui.

On ignorait tout de Louis XVIII, mais on ne doutait point du succès de Talleyrand, car personne, pensait-on, n'était de taille à lui résister : on espérait donc de cette entrevue « quelque chose de péremptoire ». Le prince de Bénévent, de son côté, « se préparait à une grande conversation avec le Roi, qui ne pouvait manquer d'être désireux d'apprendre une quantité de faits et de renseignements qu'il était seul en état de donner. Il se promettait de faire naître dans l'esprit du Roi quantité d'idées importantes, dont le développement viendrait plus tard. Il comptait poser les premières bases du programme politique qui devait être suivi tant à l'intérieur qu'à l'extérieur. Je ne puis douter, dit Pasquier, par le peu qu'il m'a dit à ce sujet, que son plan ne fût très étendu ; il se croyait tellement sûr de l'influence qu'il allait exercer, qu'il avait questionné chacune des personnes de son intimité sur ce qu'elles désiraient faire arriver jusqu'au Roi. »

A Compiègne, par contre, « on était curieux de voir comment il se présenterait, comment il serait reçu ». Les royalistes, se préparant à jouir de l'embarras du plus illustre des transfuges de l'ancienne noblesse, s'attendaient à le voir, sinon humble et repentant, du moins « souple, adroit, flatteur et caressant ; mais, raconte Vitrolles, il choisit un rôle tout contraire. Il arriva froid, sérieux, ne faisant d'avances à personne, comme un homme qui n'avait rien à se faire pardonner, et qui n'avait besoin d'aucun suffrage. Ce rôle de suffisance fut poussé si loin que M. de Talleyrand, au lieu d'aller au-devant de son oncle, le cardinal de Périgord, grand aumônier de France, revenant à la suite et dans la faveur du Roi, attendit l'auguste vieillard qui, dans son empressement à l'absoudre, fit les premiers pas vers ce neveu si insolent dans son habileté. »

Mais si l'attitude hautaine de Talleyrand déçut les émigrés, l'attitude de Louis XVIII ne déçut pas moins Talleyrand. Il s'attendait à être accueilli presque triomphalement : il dut, mêlé à la foule des courtisans, attendre deux ou trois heures avant d'être reçu, et même recourir à M. de Blacas pour se faire donner audience. Le duc de Duras l'introduisit enfin dans le cabinet de son maître :

— M. le prince de Bénévent, je suis charmé de vous revoir, dit le Roi en lui tendant la main. Il s'est passé bien des choses depuis que nous nous sommes quittés. Vous le voyez : nous avons été les plus habiles. Si c'eût été vous, vous me diriez : Asseyons-nous et causons ; et moi je vous dis : Asseyez-vous et causons.

Il y avait de tout, dans ce début ambigu : une « exquise politesse », une manière admirable de rendre de l'aisance à une situation difficile, et une ironie parfaitement délicate, que M. de Talleyrand était trop fin pour ne point sentir et trop fin aussi pour ne point paraître ignorer.

La conversation continua sur ce ton, faite « d'agaceries d'esprit, parfois malignes d'un côté, toujours respectueuses de l'autre »; entre gens aussi spirituels, il est facile de parler longtemps de façon charmante, sans se rien dire : c'est ce qui arriva, et quand le Roi, après une longue audience, où il se montra parfaitement aimable, congédia le prince de Bénévent, celui-ci n'avait pu aborder sérieusement une seule question importante. Il était éconduit, emportant avec lui les espoirs des partisans de la Constitution. L'homme le plus habile et le plus spirituel de l'Europe avait trouvé son maître dans ce prince inconnu que le hasard faisait sortir d'un effacement presque complet. Il se garda bien, d'ailleurs, de l'avouer, affecta au contraire la plus entière satisfaction, se répandit en « phrases habiles sur le touchant spectacle qu'il venait de voir », et à qui lui demandait comment cette entrevue historique s'était passée, il répondait négligemment :

— Bien : nous nous sommes quittés contents l'un de l'autre.

A Beugnot, qui insista pour savoir si Louis XVIII s'était expliqué sur la question constitutionnelle, « il répondit que le Roi avait été bien, très bien pour le gouvernement provisoire ; qu'il lui avait exprimé, à lui-même, toute sa reconnaissance et qu'il ne doutait pas qu'il n'acceptât la constitution du Sénat ; ce qui voulait dire, conclut Beugnot, que le Roi avait, sinon refusé, au moins éludé de répondre ».

Le lendemain de cette entrevue historique, Louis XVIII reçut un autre visiteur bien autrement considérable encore : l'empereur de Russie en personne. Le « magnanime Alexandre », dont le succès à Paris était grand, qui éclipsait les autres souverains ses alliés, et qui s'était saisi du premier rôle dans la coalition, s'intéressait très vivement à la destinée intérieure de la France. Entièrement dominé alors par des sentiments libéraux, il ne prétendait à rien moins qu'à concourir au bonheur des Français en les dotant de sages institutions : il devenait donc pour le Sénat un allié puissant contre l'intransigeance de Louis XVIII, et il joua son rôle de protecteur des libertés constitutionnelles avec une telle conviction qu'il n'hésita pas à courir lui-même à Compiègne pour prodiguer ses conseils au nouveau roi de France.

Il partit le dimanche 1er mai à midi ; à Compiègne, la matinée avait été occupée en grande partie par les cérémonies religieuses, dans la chapelle du château, toujours rempli d'une foule avide de contempler les membres de la famille royale. Vers quatre heures, après les vêpres, un *Te Deum* solennel était chanté dans l'église paroissiale, pour remercier Dieu de l'heureux retour du Roi ; entre les versets, l'orgue jouait l'air connu : *Vive Henri IV*. Plusieurs maréchaux et les officiers supérieurs des différents corps y assistaient ; Louis XVIII, fatigué, était resté au château.

« Le cantique d'actions de grâce était à peine commencé, que trois postillons arrivèrent coup sur coup, annonçant l'empereur Alexandre ; bientôt après, on vit paraître une voiture très simple, attelée de six chevaux de poste, escortée seulement d'un grand nombre d'officiers de la garde nationale, qui avaient été à sa rencontre. » Quelques hussards suivaient. Dans la voiture, l'empereur était seul avec le général Tchernitcheff. Aussitôt la population de Compiègne, partagée entre le désir d'assister au *Te Deum* et celui d'apercevoir Alexandre, reflua en partie vers le château. « Lorsque, de cette voiture simple, on vit sortir ce grand homme, dit Escuyer, des cris longtemps prolongés firent retentir la cour d'honneur et le palais. Ces mots : « Vive l'empereur Alexandre ! » « Vive le pacificateur de l'Europe ! » étaient dans toutes les bouches. Il parut sensible à ce cri unanime. Il saluait tout le monde en souriant avec autant de grâce que de bonté. Il fut reçu sur le perron par le prince de Condé, qu'il embrassa très affectueusement. Il fut conduit dans l'appartement du Roi, qui, bien que marchant avec peine, vint le recevoir à la porte de son antichambre. » Les deux souverains s'embrassèrent « avec effusion », puis s'enfermèrent ensemble pour un long entretien.

Qui eût pu croire Louis XVIII capable d'être sinon intimidé, du moins ébranlé par cette démarche inattendue et presque étrange du souverain victorieux qui semblait faire la loi à l'Europe, se fût complètement trompé sur le caractère de ce prince. Il accepta l'hommage d'Alexandre comme une chose due, et ne laissa pas, avec la plus parfaite politesse d'ailleurs, de lui faire sentir qu'il se considérait moins comme son égal que comme son supérieur, tant par son âge que surtout par l'ancienneté de sa maison. Au point de vue politique, il l'éconduisit ni plus ni moins que Talleyrand, et de la même façon.

« Contrairement à tout ce que les historiens de cette époque ont inventé, affirme en effet Vitrolles, l'entrevue des souverains ne fut que grâces et compliments. Or, en ce genre, l'avantage resta certainement à Louis XVIII ; l'empereur de Russie avait trop le sentiment des convenances pour avoir l'air de donner des leçons au vieux Roi, et celui-ci trop de souplesse dans l'esprit et trop de facilité dans le caractère pour se mettre en contradiction avec le czar. Je ne sais si l'empereur Alexandre prit une grande confiance dans des dispositions si faciles et qui n'engageaient à rien ; mais elles étaient pour le moment ce que le plus habile politique aurait pu conseiller. »

Le soir, le czar dîna entre Louis XVIII et la duchesse d'Angoulême : un détail d'étiquette y fut symptomatique de l'état d'esprit des Bourbons à leur retour d'exil : l'empereur de Russie dut se contenter d'une chaise, tandis que le roi de France était seul assis dans un fauteuil :

— Que voulez-vous ? dit simplement Alexandre en souriant : le petit-fils de Catherine n'aurait peut-être pas assez de quartiers de noblesse pour monter dans les carrosses du Roi.

Il repartit pour Paris dans la nuit, ayant perdu beaucoup d'illusions. Le lendemain, Louis XVIII se dirigeait vers Saint-Ouen, où il allait promulguer la célèbre déclaration, dont le brouillon avait été jeté sur le papier à Compiègne, et par laquelle « le Roi de France et de Navarre », en la « 19e année de son règne », « octroyait » à ses sujets la promesse d'une charte : Louis XVIII n'avait pas transigé sur ses principes.

Il quitta Compiègne à dix heures et demie, escorté par une foule enthousiaste. « Il avait voulu, dit Escuyer, qu'on allât toujours au petit pas, afin de ne priver personne de la satisfaction de le voir, et les cris multipliés de : « Vive le Roi ! » semblaient encore ralentir sa marche. »

Ainsi s'acheminait vers sa capitale Louis-le-Désiré, après vingt-trois ans d'exil.

SOURCES

Manuscrits. — *Histoire de Compiègne et des environs* par GASPARD ESCUYER (ici témoin oculaire); *Archives historiques du ministère de la guerre, Campagne de France* (dont les documents intéressants ont été reproduits d'ailleurs par le lieutenant-colonel PALAT dans l'ouvrage très complet que nous citons plus bas); *Archives nationales*, O² 288.

Imprimés. — *Journal des Débats, politique et littéraire*; *Le Moniteur universel*; *Description des cérémonies, fêtes, entrées solennelles et honneurs rendus à Louis XVIII, en Angleterre et en France*; *Précis de ce qui s'est passé lors de la rentrée dans le royaume de France de S. M Louis XVIII, dit le Désiré, et des Princes et Princesses de la Famille Royale*; *Voyage de S. M. Louis XVIII, depuis son départ de Londres, jusqu'à son arrivée à Paris*.

Mémoires du COMTE BEUGNOT, *ancien ministre (1783-1815)*, publiés par le comte Albert Beugnot, son petit-fils; CHATEAUBRIAND, *Souvenirs d'outre-tombe*; *Mémoires du* MARÉCHAL MARMONT DUC DE RAGUSE; *Mémoires du* CHANCELIER PASQUIER; *Souvenirs du* LIEUTENANT GÉNÉRAL VICOMTE DE REISET; *Mémoires du* PRINCE DE TALLEYRAND; *Mémoires et relations politiques du* BARON DE VITROLLES.

EDM. CAILLETTE DE L'HERVILLIERS, *Le major Otenin et Compiègne en 1814*; *Histoire du gouvernement parlementaire en France*, par M. DUVERGIER DE HAURANNE; HENRY HOUSSAYE, *1814*; *Compiègne en 1814, d'après des documents inédits*, par le LIEUTENANT-COLONEL PALAT.

UN

MARIAGE ROYAL SOUS LOUIS-PHILIPPE

Au début d'août 1832, le *Moniteur* publiait la note officieuse suivante :
« Le 9 août verra s'accomplir le mariage de Sa Majesté le roi des Belges avec Son Altesse Royale la princesse Louise, Marie, Thérèse, Caroline, Isabelle d'Orléans. C'est un heureux anniversaire ; ce fut le jour de l'union du roi Louis-Philippe avec la France sous les auspices d'une Charte mutuellement jurée.

« L'Europe verra dans cette union un nouveau gage de paix et de sécurité, et ce mariage, si satisfaisant pour l'honneur français, ajoutera un nouvel éclat à la modération glorieuse de notre révolution et à celle de son auguste chef, qui a refusé pour un de ses fils cette même couronne à laquelle le roi Léopold associe aujourd'hui un autre de ses enfants. »

Ce mariage, en effet, s'il ne terminait point à vrai dire la crise belge, ouverte par l'insurrection victorieuse de Bruxelles contre la domination hollandaise, peut être considéré du moins comme l'épilogue des difficultés et des rivalités qu'avait fait naître entre les puissances européennes le choix du prince appelé à porter la nouvelle couronne. Louis-Philippe, pour ne point mécontenter l'Angleterre, avait décliné l'offre que les représentants de la Belgique avaient apportée à son propre fils, le duc de Nemours ; il avait consenti à voir proclamer à sa place le prince Léopold de Saxe-Cobourg-Gotha, candidat agréable à la cour britannique, mais il avait été décidé, pour rétablir l'équilibre en faveur de l'influence française, que le nouveau roi des Belges, veuf d'une princesse anglaise, deviendrait le gendre du roi des Français.

Mariage de raison donc, mariage diplomatique s'il en fut, que le mariage qui unissait la princesse Louise à cet inconnu de quarante ans, froid, sec, ambitieux, d'une remarquable intelligence d'ailleurs et d'une patiente habileté, qui ne le rendaient pas indigne de son beau-père ; mariage pénible pour la jeune fille douce, charmante, « angélique », disait sa mère, que la raison d'État arrachait à une famille très unie, très tendre, très intime, plus intime, dans sa légendaire simplicité bourgeoise, que ne le sont généralement celles des têtes couronnées ; mariage douloureux pour des parents dont elle est la préférée, et qui trouvent la séparation d'autant plus cruelle que le bonheur de leur enfant est plus incertain ; mariage accompli dans une atmosphère de tristesse, entre les larmes de l'épousée qui regrette les siens, et les préoccupations politiques de l'époux ; mariage très simple d'ailleurs, nullement royal, à peine princier, sans pompe, sans faste, sans cérémonies grandioses, mariage pour lequel il semble qu'on ait regardé à la dépense, et qui, entre le choléra achevant de dévaster Paris, et l'émeute qui vient de l'ensanglanter, passe à peu près inaperçu.

Il a été décidé à la fin de mai, quand Louis-Philippe et son futur gendre se sont rencontrés une première fois, à Compiègne déjà. Le premier, parti de Saint-Cloud le 28 au matin, était entré le soir dans la ville, à cheval, suivi de deux régiments de cuirassiers, qu'il venait de passer en revue sur la route. Les rues étaient pavoisées, mais l'abstention des légitimistes avait laissé de nombreux vides dans leur décoration. Le duc de Nemours accompagnait son père à cheval ; la Reine et Mme Adélaïde suivaient en voiture ; le reste de la famille royale était demeuré à Paris, mais le ministre des affaires étrangères avait précédé le roi, et devait être présent à son entrevue avec Léopold.

Celui-ci, arrivé le même jour à Quiévrain, où l'attendait M. de Choiseul, chargé de le recevoir au nom du Roi, coucha à Cambrai après avoir traversé Valenciennes sous des arcs de triomphe et subi de nombreux discours. « Triste et rêveur », il paraissait très inquiet de la situation politique, et il dit avec émotion au général de Castellane, qui commandait à la frontière, et qui l'a rapporté :

— Veillez sur les Belges. Je vous recommande les Belges.

A cette date, en effet, le roi Guillaume des Pays-Bas ne semblait pas avoir abandonné l'espoir de reconquérir le pays qui venait de secouer son autorité ; il tenait toujours solidement Anvers ; ses troupes, quelques mois auparavant, avaient reparu victorieusement jusqu'à Louvain, et il n'avait pas fallu moins que l'intervention rapide et énergique d'une armée française pour protéger Bruxelles et provoquer leur retraite ; la Belgique se sentait toujours sous le coup d'une nouvelle invasion ; on conçoit que son roi parût préoccupé au moment où il venait chercher, dans un mariage que les circonstances lui imposaient, la garantie de l'indépendance pour ses États.

Parti de Cambrai le 29 à sept heures du matin, Léopold s'était acheminé rapidement vers Compiègne, où il arriva vers cinq heures. Le duc de Nemours était venu à sa rencontre jusqu'à Monchy, était monté avec lui dans une calèche et l'avait amené jusqu'au palais; il y avait trouvé, sur le perron, Louis-Philippe qui l'attendait, et qui l'avait ensuite conduit auprès de sa femme et de sa sœur.

La journée du 30 avait été occupée par une revue des gardes nationaux de Compiègne et des environs, encadrés par deux bataillons d'infanterie, par un escadron d'artillerie et par deux régiments de cuirassiers; les deux rois s'étaient ensuite, l'après-midi, promenés ensemble dans la forêt. Le lendemain, une pluie persistante les avait contraints à rester dans les appartements du château; ils y avaient eu de longs entretiens, et, quand le 1er juin, ils se séparèrent, le mariage, déjà prévu avant cette rencontre, fut annoncé comme prochain par la presse des deux pays. Huit jours après, la nouvelle était officiellement confirmée et la date de la cérémonie fixée approximativement au mois de juillet; mais d'autres événements survinrent, qui portèrent violemment ailleurs les préoccupations du public : les progrès du choléra et le nombre croissant de ses victimes, les sanglantes journées insurrectionnelles qui suivirent les funérailles du général Lamarque, firent oublier les fiançailles de la princesse Louise. Ce fut seulement à la fin de juillet que la signature du contrat, le 25, puis, quelques jours plus tard, le départ de la Cour pour Compiègne, attirèrent de nouveau l'attention sur les cérémonies qui se préparaient.

Le mariage devait être très simplement célébré dans la chapelle du palais; on en donna comme raison que Mgr de Quélen s'était opposé à une solennelle bénédiction nuptiale donnée dans Notre-Dame, parce que la fille de Louis-Philippe épousait un protestant, et ce bruit fournit au *Constitutionnel* une occasion de donner libre cours à son indignation contre l'intransigeance cléricale et l'humiliation de la monarchie devant elle.

A Compiègne, on procéda à un aménagement sommaire du château : point n'était besoin de toucher aux appartements, qui avaient suffi à des Cours bien autrement nombreuses et à des fêtes bien autrement magnifiques; les décorations ordonnées par Napoléon n'avaient que vingt ans de date, et, entre 1814 et 1822, on avait encore orné les salons de nouveaux tableaux, parmi lesquels il faut citer la suite des *Don Quichotte* de Coypel. En 1832, on eut seulement à agrandir la chapelle et à y disposer des tribunes pouvant contenir un nombre suffisant de spectateurs. Nous verrons aussi qu'il fallut, au dernier moment, y édifier hâtivement une salle de spectacle.

On sent fort bien d'ailleurs, dans tous les préparatifs, la volonté très arrêtée de réduire au minimum les cérémonies elles-mêmes comme les fêtes qui les accompagnent nécessairement ; Louis-Philippe désire évidemment que le mariage de sa fille avec le souverain d'un pays voisin soit convenable, mais il ne désire pas qu'il paraisse magnifique : point de réceptions somptueuses donc, point de toilettes, point de luxe, point de cérémonies grandioses et le moins de représentation possible ; tout le temps qu'il pourra dérober aux obligations de son rang pour le consacrer aux derniers moments d'intimité avec une fille chérie, il l'arrachera aux curieux pour le donner à sa famille. Et puis, disons-le, il y a, dans cette monarchie bourgeoise, aux prises d'ailleurs avec les difficultés de débuts pénibles, un évident parti pris d'économie qui contraste d'autant plus avec la volonté manifestée par Napoléon, vingt ans auparavant, dans ce même palais, d'entourer les débuts de son mariage retentissant par tout le luxe d'une Cour à l'apogée de son éclat.

Comparerons-nous de même le trousseau de Marie-Louise, que l'Empereur a tenu à lui offrir, et qui a coûté 411 736 francs, sans compter les 4 millions et demi de bijoux, avec le trousseau de la fille de Louis-Philippe? Évidemment non ; mais ce dernier, très sérieux et très complet, représente pourtant une valeur de 108 302 fr. 05, et le coup d'œil indiscret que nous allons jeter sur ce qu'il contient, en même temps qu'il nous fournira quelques aperçus curieux sur les modes, les goûts et les prix de l'époque, prouvera que la future reine des Belges était loin de quitter la France dans un état de dénuement.

Dans ce trousseau, que vingt-sept caisses emportèrent à Bruxelles, le linge tient une place importante : il figure pour plus de 45 000 francs ; il comprend, entre autres choses, 30 douzaines de chemises, dont 20 pour le jour et 10 pour la nuit ; 2 douzaines de chemisettes ; 16 douzaines de mouchoirs ; 6 douzaines de jupons en percale et 8 jupons de flanelle ; 4 douzaines de robes de dessous ; 8 douzaines de camisoles, plus 2, « très belles », en mousseline brodée garnie de dentelles à 14 francs le mètre ; 6 douzaines de fichus de nuit ; 4 douzaines de serre-tête ; 6 douzaines de bonnets, plus 2 bonnets de tulle, garnis de « belle dentelle », et ornés de nœuds de ruban ; 6 douzaines de peignoirs ; 30 fichus ; 12 cols d'amazone ; 6 cravates en taffetas ; 2 douzaines de pantalons pour monter à cheval ; 1 douzaine de pelotes en batiste brodée, garnies de dentelles ; 8 corsets et 286 paires de bas (il y a pour 6 444 francs de bas). Les chaussures sont représentées par 12 douzaines de paires de souliers et 24 paires de bottines (dont le prix varie entre 20 et 44 francs la paire). Il y a 45 douzaines de gants, dont 3 douzaines de gants de toile. Les chapeaux entrent en ligne de compte pour 5 606 francs, et il faut y ajouter 10 couronnes ou coiffures en fleurs. Les robes ne paraissent pas fort coûteuses; il y en a 37 (« redingottes » et amazones comprises) et leur valeur maxima est de 330 francs. Par contre, les dentelles sont nombreuses et ont coûté 14 875 francs; les fourrures sont représentées par 20 peaux de zibelines, du prix total minime de 2 375 francs; mais, les châles (ou plutôt schalls) de cachemire tiennent une place fort importante : il y en a deux de 4 000 francs chacun, et un de 2 500 francs. Ajoutons pour terminer un millier de francs de rubans.

La princesse Louise, en outre, n'était point dépourvue de bijoux, puisqu'elle emportait un collier de cent perles, du prix de 57 754 francs, une « Sévigné » et une paire de boucles d'oreilles, perles fines et brillants, estimées 35 000 francs, un brillant de 7 550 francs, 3 bagues et 3 boîtes en or ornées de diamants, coûtant à elles six 22 200 francs, en tout, plus de 120 000 francs de bijoux...

*
* *

La famille royale quitte Saint-Cloud le 5 août au matin, quatre jours avant la date fixée pour la cérémonie; le 5 août également, et presque à la même heure, le roi Léopold franchit la frontière. Louis-Philippe est en voiture, ainsi que la reine, Madame Adélaïde, les princesses et les plus jeunes princes; les aînés, Orléans et Nemours, font la route à cheval. Sur le chemin, à Saint-Denis, à Gonesse, à Louvres, à Senlis, les gardes nationales sont rassemblées et acclament les souverains au passage. A Senlis, un arc de triomphe barre la route, orné de fleurs et de verdure, et portant l'inscription suivante :

> Louise, ton hymen de deux nations fières
> Va resserrer les fortunés liens.
> Tout Français applaudit à tes heureux destins :
> Ce n'est pas nous quitter que d'aller chez nos frères.

Un peu en avant de Compiègne, huit escadrons, tant de cuirassiers que de carabiniers, sont sortis au-devant du roi; avec trois bataillons du 11ᵉ léger et une compagnie du 8ᵉ d'artillerie, ils composent toute la garnison; on a jugé inutile de faire venir d'autres troupes; mais on compte que les gardes nationales des environs accourront en masse les jours suivants : c'est l'époque où tout l'édifice constitutionnel semble reposer sur cette *milice bourgeoise* et où Louis-Philippe ne cesse de lui prodiguer les marques de bienveillance et presque de déférence. Celle de Compiègne est sortie de la ville avec les troupes de la garnison, et, derrière ses faisceaux, elle s'échelonne, comme elle, sur la route.

Il pleut, et l'après-midi s'avance; mais on n'attend point encore tout de suite le Roi, que les dernières nouvelles laissent croire assez éloigné. Tout à coup un cavalier en uniforme de général arrive à l'extrémité de la ligne sans avoir été annoncé : c'est le duc d'Orléans ; il fait lui-même rompre les faisceaux; il parcourt la ligne au galop, accompagné de son frère Nemours ; presque aussitôt le tambour bat, et l'on voit paraître la voiture royale, dont le mauvais temps a fait hâter la course. Elle passe rapidement et, vers sept heures, dépose Louis-Philippe et sa famille au château. Compiègne est pavoisé et dans toutes les rues flottent des drapeaux ; mais la ville reste très calme et même peu animée; autour du palais seulement, quelques curieux ont salué le Roi.

Le lendemain doit arriver Léopold. Il a été reçu le 5 à Quiévrain par le duc de Choiseul, aide de camp de Louis-Philippe, qui déjà, en mai, avait été à sa rencontre. Choiseul l'a accueilli par un discours, auquel il a fait une réponse émue ; le préfet du Nord, à son tour, lui a souhaité la bienvenue ; puis il a parcouru le front des troupes que lui a présentées le général de Castellane. Continuant sa route, il a rencontré, à un kilomètre de Valenciennes, le maréchal Gérard, commandant l'armée du Nord, qui est venu au-devant de lui, escorté de son état-major. Il a pénétré dans la ville, sous la pluie, entre les troupes rangées en bataille, pendant que retentissait le canon, tirant par salves en son honneur ; il a été reçu à l'Hôtel de Ville, où on lui a présenté les autorités civiles et militaires et où il a dîné ; à six heures, il est reparti, accompagné du général Gérard, qui partage sa voiture, et a gagné Cambrai, où il a été reçu avec le même cérémonial ; il y est entré, à neuf heures du soir, par une nuit noire, à cheval, passant à la lueur des torches devant la garnison déployée ; il a terminé cette journée bien remplie à l'archevêché, où il a couché. Il est reparti, le lendemain, dès sept heures du matin, pour Saint-Quentin et Compiègne.

Dans cette dernière ville, la famille royale réunie a reçu à midi les autorités, qui n'avaient pu lui présenter leurs hommages la veille. A deux heures, le rappel est battu dans toutes les rues et les cloches sonnent à toute volée ; l'infanterie et la garde nationale se rassemblent sur la place d'armes, l'artillerie et les cuirassiers, sur la place de l'Hôtel de Ville. A trois heures, deux lanciers, détachés de l'escorte de Léopold, arrivent au galop, et annoncent que le roi des Belges est parvenu à Noyon. Les deux fils aînés de Louis-Philippe sortent alors à cheval du château, pour se rendre au-devant de lui ; le duc d'Orléans est en uniforme de lieutenant général, le duc de Nemours a revêtu le dolman rouge et or de colonel de lanciers. Les princes, qu'accompagnent

PLANCHE XIV

Le mariage de Léopold Iᵉʳ roi des Belges.

(*D'après Court.*)

(Photographie Neurdein.)

les généraux Baudrand et Marbot, le colonel Boyer et plusieurs autres officiers, passent en revue, sur la place d'armes, troupes et garde nationale. On crie longuement :

— Vive le Roi !

Ils descendent ensuite toute la ville pavoisée, suivis de leur escorte et de deux calèches vides, destinées au roi des Belges et à sa suite ; puis ils s'avancent sur la route de Noyon jusqu'à Janville, où ils mettent pied à terre, et attendent. Vers quatre heures et demie apparaît la voiture de Léopold Ier, conduite par des postillons aux chapeaux ornés de grands rubans tricolores qui claquent au vent, et escortée par un peloton de lanciers rouges, commandé par le colonel Bro. Six autres voitures de voyage, derrière celle du Roi, contiennent sa suite : elle ne comprend que huit personnages officiels seulement, auxquels il faut ajouter quatorze personnes pour le service. Du côté du roi des Belges, une extrême simplicité règne donc comme du côté français.

Dès que les ducs d'Orléans et de Nemours ont aperçu au loin le petit cortège, qui vient sur eux au grand trot, ils remontent à cheval, et galopent vers lui. Ils l'ont vite rencontré et, aussitôt, sautant à terre, ils courent au-devant de leur futur beau-frère ; lui aussi descend rapidement de sa voiture et les embrasse avec « une cordialité expressive ». C'est un homme grand et svelte, d'une dignité un peu triste, la figure rasée, assez sévère, encadrée dans d'épais favoris châtains ; châtains aussi sont les cheveux, sur les tempes et derrière la tête ; le haut du front est dégarni ; il est vêtu sobrement d'un habit bleu, sans broderies, que rehaussent seulement de grosses épaulettes d'or.

Sur la route, les trois princes échangent quelques paroles, respectueusement entourés, à quelque distance, par leurs suites. Puis ils remontent ensemble, dans l'une des deux calèches qui ont été spécialement préparées, tandis que, dans l'autre, le duc de Choiseul fait placer à côté de lui les principaux personnages belges. Le duc d'Orléans s'assied à la gauche du Roi, et son frère face à lui. Ils sont bientôt à l'entrée de Compiègne, sur la rive droite de l'Oise, où se dresse un grand arc de triomphe en feuilles de chêne ; des drapeaux belges et français le décorent, encadrant le coq gaulois à côté du lion des Flandres ; tout auprès, les chiffres de Léopold et de Louise s'entrelacent et deux grandes inscriptions accompagnent le tout ; sur le fronton :

LA VILLE DE COMPIÈGNE AU ROI DES BELGES

et, au-dessous :

A L'HEUREUSE ALLIANCE DE LA FRANCE ET DE LA BELGIQUE

Le sous-préfet, le maire, le conseil municipal attendent là le nouvel hôte de Compiègne. Le maire prononce un discours assez incolore ; le Roi répond « par quelques mots très obligeants », et continue sa route ; sur le pont, un second arc de triomphe l'arrête de nouveau : sur un cintre de feuillage sont tendues les couleurs des deux pays, et l'on peut y lire, en lettres d'or :

QUE DIEU PROTÈGE L'ALLIANCE DE S. A. R. LA PRINCESSE LOUISE-MARIE D'ORLÉANS

De petits bateaux y sont suspendus : ce sont en effet les ouvriers du port qui l'ont édifié, et qui viennent souhaiter la bienvenue au royal fiancé, vêtus des couleurs tricolores, veste bleue, ceinture rouge, pantalon blanc. Léopold leur distribue quelques pièces d'argent, puis sa voiture, escortée de lanciers, remonte la ville entre une double haie formée par le 11ᵉ léger et par la garde nationale.

Le cortège arrive au palais, au milieu des cris de :
— Vive le Roi ! Vive Léopold ! Vivent les Belges !

Louis-Philippe, entouré des officiers de sa maison, attend son futur gendre dans le grand vestibule ; il descend le perron à sa rencontre, l'embrasse affectueusement ; tous deux montent ensemble le grand escalier, en haut duquel les saluent les dames de la cour ; ils entrent dans le premier salon de réception (la galerie des Cartes) où les attend Madame Adélaïde avec les princesses Marie et Clémentine ; enfin ils pénètrent dans le salon de famille, et Léopold s'incline devant la Reine et devant sa fiancée. A sept heures, il y a grand couvert dans la galerie des Fêtes.

La journée du 7, à part quelques instants consacrés, vers midi, par le roi des Belges, à la réception des autorités civiles et militaires, est exempte des cérémonies officielles et réservée à des distractions ou à des conversations familiales. Le duc d'Orléans et le duc de Nemours, qui, le matin, entre sept et dix heures, ont fait faire l'exercice à feu à la compagnie d'artillerie sur le champ de manœuvres, organisent l'après-midi, avec leurs sœurs, une promenade en bateau sur l'Oise ; Louise ne les accompagne pas, mais les autres princesses, avec une dame de compagnie, quelques aides de camp en civil et le général de Rumigny, montent dans une barque où flotte un grand drapeau tricolore, et descendent l'Oise pendant une lieue environ.

De leur côté, les deux rois sortent en calèche à deux heures et demie, accompagnés de leurs suites respectives ; il y a six voitures en tout, escortées d'officiers à cheval, qui se dirigent vers l'abbaye de Saint-Jean-au-Bois ; de là, quand Louis-Philippe a montré à Léopold le tombeau de la mère de Louis VII, il l'emmène au mont Saint-Pierre, où une collation est préparée auprès des ruines d'une ancienne église : une plaque de marbre y rappelle aujourd'hui encore la visite qu'ils y firent ; ils ne rentrent à Compiègne qu'à six heures du soir. Après le dîner, un bal intime est improvisé, auquel la musique du 11ᵉ léger sert d'orchestre. On observe que, pendant cette journée qui précède de si peu son mariage, Léopold « est toujours d'une tristesse remarquable » ; quant à la princesse Louise, elle pleure sans cesse en songeant à la séparation prochaine.

Dans Compiègne même, l'animation jusqu'ici n'avait pas encore été très grande ; on n'y rencontrait qu'assez peu d'étrangers et de curieux, malgré la présence de gardes nationaux à cheval venus de Paris avec le Roi, qui parcouraient volontiers les rues en grand uniforme, et aussi celle de quelques Belges, venus pour acclamer Léopold et leur nouvelle souveraine, et reconnaissables à leurs couleurs nationales qu'ils arborent à leur boutonnière. Le 8 août, au contraire, la ville s'emplit d'une foule de gardes nationaux accourus de tous les environs afin de prendre part à la grande revue annoncée pour l'après-midi. Il en débarque de toute espèce et de tout costume, car un fusil et un ceinturon figurent souvent tout l'uniforme, et c'est un assemblage curieux et amusant d'un appareil guerrier, fait de pièces et de morceaux qui, tant bien que mal, s'ajuste sur les vêtements les moins militaires. Dès le petit jour, le tambour a battu le rappel dans les rues de Compiègne et dans celles des communes voisines ; bientôt, des quatre points cardinaux, affluent, couvrant les routes, sous un beau soleil d'août, tous les membres de la « milice bourgeoise » qui ont préféré au labeur quotidien et à la moisson urgente la gloire de paraître sous les armes et de se voir passés en revue par deux rois ; il en arrive à pied, à cheval, en voiture, en carriole, en char à bancs ; de petites troupes, bien en ordre, font le chemin au pas, d'un air martial, au son du tambour et du clairon. Tout cela s'écoule vers la place de l'Hôtel de Ville, s'y concentre en une cohue pittoresque, où, peu à peu, les unités se forment et s'alignent, irrégulières, plus ou moins nombreuses, selon que ceux qui les composent ont mis plus ou moins de zèle à obéir au rappel, mais toujours regorgeant d'officiers si elles sont pauvres en soldats. Enfin on voit, spectacle bien typique, le sous-préfet et la municipalité se mettre à leur tête et diriger leur marche jusqu'au champ de manœuvres, à la lisière de la forêt. Là, après un nouveau brouhaha, la garde nationale finit par prendre position pour la revue. En face d'elle vient s'aligner la petite garnison : une compagnie d'artillerie, trois bataillons du 11ᵉ léger, six escadrons du 2ᵉ carabiniers et quatre escadrons du 9ᵉ cuirassiers; elle est peu nombreuse, mais, par contraste, elle semble merveilleuse de discipline et d'ensemble dans ses mouvements.

Mais laissons un instant la parole au correspondant du *Constitutionnel*, qui sait trouver des accents lyriques pour peindre le décor, les troupes et jusqu'au débraillé de la garde nationale, sur laquelle, se conformant au penchant de l'époque, il s'attendrit volontiers :

« C'était, écrit-il, un magnifique spectacle que ces cinq mille hommes ainsi disposés, au milieu d'une plaine étendue, couverte de moissons diverses, avec la ligne de l'Oise, le demi-cercle de la forêt, un horizon de belles collines, et les clochers de Compiègne, élevant leurs sommets d'architecture à la fois gothique, flamande et bourguignonne (!). Du côté des soldats de ligne, on admirait un ordre, une tenue, une régularité et une précision étonnantes; les armes étincelaient au loin; la garde nationale, avec ses uniformes variés et singuliers, ses bannières multipliées et rapprochées, le nombre de ses officiers, ses rangs appauvris par la saison des récoltes, qui retiennent la population agricole, et la bizarrerie même de ses blouses, de ses habits sans mode uniforme, présentait l'aspect le plus pittoresque. On aurait pu y voir une convocation de clans, car les blouses gauloises rappellent les costumes d'Écosse (!); mais on y retrouvait aussi un souvenir des grandes fêtes civiques, de cette fédération d'un peuple libre, dont les annales n'étaient point encore ensanglantées... »

Tout alentour, une foule nombreuse se presse, au milieu de laquelle se détachent quelques équipages élégants. A midi, des salves d'artillerie annoncent que les deux souverains ont quitté le palais; le tambour bat; on voit paraître, à cheval, Léopold, Louis-Philippe, le duc d'Orléans, le duc de Nemours, le prince de Joinville, suivis de tout l'état-major; derrière eux, dans des calèches découvertes, viennent la Reine, Madame Adélaïde, les trois princesses et les ducs d'Aumale et de Montpensier. Louis-Philippe porte l'uniforme de la garde nationale; Léopold a son habit d'officier général barré par le grand cordon de la Légion d'honneur.

Les deux rois se dirigent vers la garde nationale; Louis-Philippe présente au souverain belge « cette milice citoyenne », dans laquelle il voit le plus ferme appui de son trône; puis tous deux parcourent les lignes au pas. Ils se postent ensuite un peu en arrière et toutes les troupes défilent devant eux; la cavalerie et l'artillerie passent au galop, arrachant à la foule des cris d'admiration.

A trois heures, la famille royale est de retour au château, où elle s'enferme jusqu'au *grand couvert* de cent personnes, offert le soir dans la salle des Fêtes, et pendant lequel le public est admis à circuler autour de la table royale. Après le dîner, Léopold offre à sa future épouse son portrait, dans un médaillon enrichi de diamants. Au dehors commencent illuminations et réjouissances populaires, qui ne sortent point d'ailleurs de la banalité courante des danses, des lampions et des transparents.

Dès le lendemain matin cependant, la ville reprend une animation inaccoutumée ; des orchestres jouent dans les promenades ; on prépare un mât de cocagne ; de longues tables en plein air réunissent vers midi les gardes nationaux des communes voisines, et bientôt la gaieté, les toasts, le bruit emplissent les avenues. Compiègne maintenant regorge de monde, depuis que la revue de la veille et l'approche des cérémonies y ont fait affluer la population des environs, et que, de Paris, les personnages officiels sont arrivés. Le mariage ne doit avoir lieu que le soir, mais, dès onze heures du matin, les réceptions commencent au château. La Cour d'Amiens vient d'abord apporter ses félicitations à Louis-Philippe ; au discours d'usage du premier président, Cambon, le roi répond avec une émotion qui fait trembler sa voix :

— Aucun sacrifice, dit-il, ne m'a jamais coûté quand j'ai cru qu'il en résulterait quelque avantage pour la France. Celui que je fais en me séparant de ma fille...

Les larmes lui viennent aux yeux ; il est forcé de s'interrompre. Les assistants se sentent remués par ce chagrin sincère, qui déborde ainsi devant eux.

— ...Ma fille ! s'écrie le Roi, elle sera heureuse ! Le caractère et les vertus du roi Léopold en sont les sûrs garants...

Ayant recouvré son sang-froid, il ajoute quelques considérations politiques ; puis, lorsque le procureur général Pascalis a prononcé quelques mots à son tour, les magistrats sont conduits auprès de Léopold et reçus par lui.

Louis-Philippe cependant, tenant par la main le petit duc de Montpensier et accompagné de son fils aîné, descend l'escalier et se montre aux nombreuses délégations des gardes nationales, qui l'attendent en bas. Un grand enthousiasme éclate à sa vue et le vestibule retentit d'une grande clameur joyeuse :

— Vive le Roi ! Vive Orléans ! Vive la famille royale !

Le Roi parcourt les rangs des délégués, distribuant de ces paroles cordiales qu'il a toujours en réserve pour ses bons amis de la garde nationale. A deux heures, même cérémonie, dans le même endroit, pour recevoir, cette fois, les officiers de la garde nationale de Compiègne et le peloton des gardes à cheval de Paris qui l'ont accompagné.

Ce sont les seules apparitions de la famille royale en public. La journée se passe pour chacun à pleurer la fille, la sœur chérie qu'il va perdre. La plus désolée est peut-être la princesse Marie, qui, d'un an seulement plus jeune que Louise, élevée dans la même chambre qu'elle, partageant avec elle les mêmes jeux, les mêmes études, les mêmes plaisirs, ne peut se résoudre à la voir s'éloigner. Le matin du jour fatal, on la voit courir dans le parc, comme une enfant, puis tout à coup se jeter dans les bras de la personne qui l'accompagne en s'écriant :

— Je n'en puis plus, je suis bien malheureuse.

« Louise pleurait, et nous pleurions tous en l'embrassant, écrit dans son *journal* la reine Marie-Amélie. Le Roi et Chartres sanglotaient à faire pitié; il n'y avait pas jusqu'au petit Montpensier, qui pleurait à chaudes larmes. »

Le moment redouté arrive enfin, au soir de cette longue et pénible journée. Dès huit heures, la salle des gardes et les salons s'emplissent de personnages et d'invités qui attendent que le cortège passe devant eux pour se rendre à la chapelle. Pendant ce temps, la famille royale, après un dîner intime, se rend dans le grand cabinet du roi (ou salle du conseil), dans lequel le mariage civil va être célébré.

Au milieu de la vaste pièce, une table ronde est dressée, sur laquelle sont disposés les registres d'état civil de la maison royale. Quatre fauteuils s'alignent, devant lesquels prennent place, de gauche à droite, la princesse Louise, Louis-Philippe, Léopold et la reine Marie-Amélie; Pasquier, président de la Chambre des pairs, qui remplit les fonctions d'officier d'état civil, leur fait face; le garde des registres, Cauchy, se tient à sa gauche; immédiatement derrière eux, le général Sébastiani, ministre des affaires étrangères, se place debout, en face de Louis-Philippe, ayant à sa droite le garde des sceaux Barthe, et à sa gauche Le Hon, ministre plénipotentiaire belge, qui a déjà procédé quinze jours auparavant à la signature du contrat, au lieu et place de son roi. Les portes ensuite sont ouvertes, et derrière les souverains viennent se grouper les pairs, les députés, les généraux, les officiers et les dames des maisons des princes ainsi que les membres de la suite de Léopold.

Pasquier, alors, après s'être incliné devant le Roi pour prendre ses ordres, donne lecture de l'acte de mariage. Les journaux de l'opposition y critiquèrent vivement, quand il eut été rendu public, les expressions de « très haute et très puissante princesse Louise...; très haut, très puissant et très excellent prince Louis-Philippe...; très haute, très puissante et très excellente princesse Marie-Amélie », qui sentaient terriblement leur ancien régime, à une époque où les ministres, au bas de leurs rapports n'osaient plus se dire les « humbles et obéissants sujets » des princes en question... Quoi qu'il en soit, Pasquier, ayant terminé sa lecture sans incident, fit aux époux les demandes d'usage, et les déclara unis. Cauchy apporta les registres à Louis-Philippe, à Marie-Amélie, et aux deux époux, qui les signèrent; il les déposa ensuite sur la table, où les témoins vinrent apposer à leur tour leurs signatures. Ces témoins étaient, pour Léopold, le comte Félix de Mérode, ministre d'État et le comte d'Aerschot, grand-maréchal; pour Louise, quatre pairs : le marquis de Barbé-Marbois, le comte Portalis, le duc de Bassano, le duc de Choiseul, et quatre députés, Bérenger, Dupin, Delessert et le maréchal Gérard. Pendant la lecture de l'acte, les pairs, avec d'Aerschot, s'étaient tenus en arrière et à droite des souverains, les députés et le comte de Mérode, à gauche.

Il est neuf heures et quart quand le cortège, ayant traversé le palais, prend place dans la chapelle, très simplement décorée : quelques tentures de velours rouge, à crépines d'or, sans écussons, quelques lustres, deux rangs de chaises avec des prie-Dieu, sur un tapis rouge, et c'est tout. Au-dessus de la porte, dans la tribune du milieu qui n'est qu'un prolongement du salon attenant à la salle des gardes, se placent les dames, les officiers supérieurs, les grands fonctionnaires ; des tribunes latérales, l'une est réservée à la gouvernante des princesses et à d'autres dames de la maison royale, l'autre aux Belges de la suite de Léopold.

Celui-ci se tient debout devant l'autel, plaçant la princesse Louise à sa droite; il est vêtu d'un uniforme discrètement brodé, sur lequel tranchent le grand cordon de la Légion d'honneur et plusieurs plaques en diamants; la future reine des Belges, « étincelante de diamants », porte, sous un superbe voile de dentelles, « une robe très riche » en Malines, présent des manufactures belges ; cette robe n'est même arrivée que la veille et des couturières de Paris ont dû passer la nuit à la faire hâtivement. A droite de Louise sont Louis-Philippe et le duc d'Orléans, en uniformes de généraux : le duc de Nemours, en colonel de lanciers; le prince de Joinville, en aspirant de marine. La reine Marie-Amélie se tient à la gauche du roi des Belges ; puis viennent les princesses Marie et Clémentine, Madame Adélaïde ; les petits ducs d'Aumale et Montpensier s'agenouillent en avant, sur des coussins, en uniforme l'un de soldat de l'infanterie légère, l'autre d'artilleur.

Mgr Gallard, évêque de Meaux, officie. Il adresse une courte allocution aux futurs époux, bénit les anneaux, et déclare unis le roi Léopold et la princesse Louise, debout sous un poêle, où sont brodés, sur fond d'argent, les armes des deux pays : d'un côté, le lion avec la devise : *l'union fait la force* ; de l'autre, les nouvelles armes de France « à la charte », encadrées dans des drapeaux tricolores ; les deux écussons sont reliés, dans un encadrement rocaille, par un flambeau surmonté d'une couronne royale. Cette « simple et touchante cérémonie », comme la qualifie la presse officieuse, n'a guère duré plus de dix minutes. Au sortir de la chapelle, on remarque que Louis-Philippe « cède le pas aux nouveaux époux » ; mais la nouvelle reine des Belges, ne résistant plus à son émotion, se jette en pleurant dans les bras de son père, puis de tous les siens.

Le mariage protestant, qui succède immédiatement à la cérémonie catholique, est encore plus bref et plus simple : dans un salon, un autel surmonté d'un unique crucifix, un pupitre, quatre flambeaux, suffisent au pasteur Goepp pour bénir l'union du roi des Belges et de la fille du roi des Français. A dix heures et demie, tout est terminé, les assistants congédiés, et la famille royale, échappant aux importuns, réunie tout entière dans les appartements de Louis-Philippe.

« Le mariage du Roi des Belges et de la princesse Louise d'Orléans, écrivait avec satisfaction le *Journal des Débats*, n'a ressemblé en rien à ces pompes fastueuses et pleines d'ennui que depuis deux siècles les maisons des Rois étalent dans leurs alliances. Une simplicité noble a fait de cette union entre deux familles ou plutôt entre deux peuples quelque chose de singulier et de touchant à la fois. » A vrai dire, les habitants de Compiègne et les curieux accourus pour assister aux fêtes d'un mariage royal eussent préféré moins de simplicité et un peu plus de luxe et de représentation. Ils espéraient des défilés, des cortèges, de la solennité ; ils voulaient assister, fût-ce de loin, fût-ce même par ouï-dire, à un événement historique ; ils espéraient des réjouissances superbes et nouvelles. Or, pour tout spectacle, ils ont vu les souverains se promener dans des calèches entourées d'une maigre escorte ; quelques gardes nationaux seulement ont été reçus par le Roi et ont pu l'approcher ; le mariage a été célébré la nuit, en quelques instants, comme en cachette, dans le château bien clos, où les privilégiés du monde officiel seuls ont eu accès. Toutes les largesses se montent à 3 000 francs distribués aux pauvres par l'intermédiaire du maire, des curés ou des sœurs de l'hospice ; à 15 600 francs partagés entre les 2 600 hommes de la garnison ; à trois dots de 1 200 francs chacune accordées à trois jeunes filles de la ville. Toutes les réjouissances se réduisent à un spectacle gratuit, dans l'après-midi, à un mât de cocagne, aux danses ordinaires dans les avenues, aux illuminations et aux transparents d'usage. La foule se trouve déçue dans son attente et murmure.

Le correspondant du *Constitutionnel* se fait l'écho de ces plaintes : « Point de nouvelles de la Cour, écrit-il le soir du 9 ; le mystère et le secret règnent partout. On se ferait difficilement une idée du mécontentement de ceux que l'annonce des fêtes a attirés ici ; la garde nationale de Senlis a quitté Compiègne de fort mauvaise humeur ; on s'attendait à quelque pompe extérieure, ou du moins à un facile accès du château ; mais des consignes sévères sont rigoureusement observées ; elles ne permettent pas de pénétrer dans le palais ; au dehors il n'y a aucune manifestation. Le mât de cocagne, le spectacle gratis, les orchestres et les danses ont été froidement accueillis ; la ville a été pauvrement illuminée. » Cette simplicité, sur laquelle s'attendrissent les amis du gouvernement, semble à la masse surtout de la parcimonie : elle trouve que les fêtes ont été « d'un appareil mesquin », indignes d'un mariage princier, que dis-je ? d'un mariage royal...

La matinée du lendemain fut attristée par l'enterrement du colonel Jolly, commandant les cuirassiers, enlevé subitement par le choléra dans la nuit précédente. Vers neuf heures du matin, de lugubres sonneries de trompettes retentirent devant le château, où un détachement dut aller chercher l'étendard du régiment, avant d'accompagner son chef à sa dernière demeure ; puis le convoi traversa toute la ville, sur laquelle il jeta comme un voile de deuil.

La matinée et le déjeuner furent consacrés par la famille royale à l'intimité ; on avait eu la surprise d'apercevoir le roi Léopold se promener dans le parc de très bonne heure. A midi (c'était un dimanche), la messe fut célébrée par l'évêque de Meaux dans la chapelle du château. A une heure, le roi et la reine des Belges reçurent les hommages des témoins de leur mariage et des personnages de leurs suites. Puis une promenade en calèche fut résolue ; pour se montrer aux habitants, Louis-Philippe et Léopold, plaçant entre eux deux la reine Louise, commencèrent par parcourir les rues de la ville, précédés de gardes nationaux à cheval ; puis ils gagnèrent la forêt de Laigue. Ils en revinrent à cinq heures, par l'avenue des Beaux-Monts et le grand berceau de fer ; la foule, qu'on avait laissé pénétrer dans le parc, les salua de ses acclamations. Cependant le mécontentement ne s'en accentuait pas moins à Compiègne : les gardes nationaux des environs repartaient furieux de n'avoir point été tous reçus par le Roi, et les autorités municipales des communes voisines se montraient dépitées de n'avoir point été invitées au spectacle qu'on annonçait pour le soir.

On avait d'abord pensé à donner ce spectacle dans une des pièces du palais, comme sous Napoléon ; mais la grande salle des fêtes, qui leur était alors réservée, se trouvait occupée le même soir par un grand dîner de cent vingt couverts, et, de plus envahie par la foule, à laquelle on avait permis de circuler autour de la table pendant le service. Aucune autre pièce n'était assez vaste pour contenir scène et invités, car le roi désirait qu'un certain nombre d'habitants de Compiègne fussent conviés ; on songea alors à transformer l'ancien jeu de paume, situé tout à l'extrémité du palais : on se mit à l'œuvre aussitôt, sous la direction de l'architecte Nepveu et de l'inspecteur du mobilier de la couronne, d'Henneville. En vingt-quatre heures, tout fut fini : « Cette salle, qui, la veille encore, était à la disposition des joueurs de paume, présentait le lendemain un théâtre complet, et une salle décorée de riches tentures, avec deux galeries et un amphithéâtre capables de contenir six cents personnes. » Ce fut un vrai tour de force, et nous pouvons aujourd'hui encore constater que le petit théâtre rouge et or du palais de Compiègne n'est point mal réussi.

Le spectacle commença à neuf heures, après l'arrivée de la famille royale, que la salle accueillit par des applaudissements ; on joua *le Prisonnier ou la Ressemblance* et *Picaros et Diego* ; pendant les entr'actes, on passa des rafraîchissements et des glaces aux invités de marque de l'orchestre et de l'amphithéâtre, du punch aux soldats qui garnissaient les galeries supérieures. Le spectacle prit fin à onze heures. On remarqua que Léopold, revêtu d'un uniforme d'officier de l'infanterie légère française, semblait prendre plaisir au jeu des acteurs, et que, par contre, la reine sa femme, sur laquelle convergeaient tous les regards, paraissait assez intimidée.

Désormais, Compiègne se vide rapidement. Dès le 11, tous les ministres et les principaux fonctionnaires sont de retour à Paris. Ce même jour est consacré par la famille royale à une visite de Pierrefonds ; la plus grande partie de la Cour l'accompagne et lord Granville, ambassadeur d'Angleterre, arrivé la veille, se joint à elle. A l'entrée de la petite ville, un arc de triomphe de feuillages et de fleurs est dressé, sous lequel la municipalité attend ses hôtes ; le maire prononce un discours ; puis tout le monde monte à pied jusqu'au château, entre une haie de gardes nationaux, qui maintient une foule compacte de curieux. On a fait aux ruines féodales une toilette un peu indiscrète peut-être : on a bouché des oubliettes traîtresses, et l'on a construit un léger escalier, qui permet de monter le long des murs ; au centre de la cour d'honneur une tente est dressée, sous laquelle est préparée une collation ; à quatre heures, on goûte ; le roi invite les officiers de la garde nationale ; la musique « exécute des airs patriotiques » ; toutes les saillies des ruines sont garnies de curieux. Puis Louis-Philippe se lève, et, seul, s'en va au milieu de la foule, prendre du recul pour mieux voir le château ; il s'installe à quelque distance ; la Cour le suit ; on apporte des chaises ; on s'assied sans façon au milieu des curieux, qui sont enchantés de la familiarité royale : Louis-Philippe et Léopold seront populaires à Pierrefonds. On prolonge la journée, qui semble agréable; les deux nouveaux époux, aujourd'hui, paraissent plus gais. On rentre tard, à huit heures, après un accident de voiture; on soupe avec le comte d'Appony et le baron de Werther, ambassadeurs d'Autriche et de Prusse, qui viennent d'arriver à Compiègne; puis, dans les appartements, on écoute quelques instants un concert, que la fatigue générale fait écourter.

Les heures coulent vite cependant, et celle de la séparation approche. La journée du 12 se passe tout entière au château de Compiègne, où, vers midi, le maire amène des jeunes filles porteuses d'une corbeille de fleurs pour la reine Louise; le soir, grand couvert, puis spectacle. Et voici arrivé le jour du départ! La famille royale a peine à cacher son chagrin : « Je suis allée dans ma chambre, raconte Marie-Amélie, où ma bien aimée Louise s'est mise à genoux, et a voulu que je la bénisse. Je l'ai fait de tout mon cœur, implorant les bénédictions du ciel sur cette fille angélique, qui, dans les vingt ans de sa vie, ne nous a pas donné un seul instant de peine. Nous sommes ensuite retournées au salon... » A midi un quart, la voiture est là, qui doit emporter la jeune femme, pour combien de temps? vers quel avenir? Première séparation qui semble presque, qui est peut-être une séparation définitive. Louise fond en larmes ; son père, qui retient à peine les siennes, la serre une dernière fois dans ses bras, sur le perron; Léopold la fait monter dans la voiture, y monte derrière elle... Un coup de canon annonce qu'ils sont partis; les chevaux les emportent, tous les deux seuls, au milieu de l'escorte de lanciers, et la foule qui se presse pour les voir passer aperçoit, à côté de la figure sévère de Léopold, la figure tout en larmes de Louise...

« Nous avons, ajoute la reine Marie-Amélie dans son journal intime, nous avons vu s'éloigner le trésor et l'ange de notre famille. Après quoi, je me suis enfermée avec le roi dans son cabinet, et nous sommes restés à y pleurer ensemble »...

SOURCES

Manuscrits. — *Mandats de paiement. Mariage de la princesse Louise, 1832.* ARCHIVES NATIONALES O¹ 1439.

Imprimés. — *Le Moniteur universel*; *le Constitutionnel*; *le Journal des Débats, politique et littéraire.*

Journal du MARÉCHAL DE CASTELLANE: *Relation du voyage du Roi à Compiègne...* [par le BARON LAMBERT].

Les Femmes des Tuileries. Marie-Amélie et la Cour des Tuileries, par IMBERT DE SAINT-AMAND.

LES « SÉRIES » DU SECOND EMPIRE

Dans l'atmosphère grise d'une pluvieuse journée de décembre, le bourdon de l'Hôtel de Ville commence à répandre ses sons graves au-dessus de la ville, pleine d'une agitation inaccoutumée et fébrile, et les cloches de Saint-Jacques et de Saint-Antoine viennent égayer sa grosse voix sourde de leurs carillons argentins. Puis, en un tonnerre brusque, ce sont les canons de la garde nationale qui crachent leurs salves et, comme s'il n'attendait que ce signal, un rayon de soleil perce les nuages, illumine les rues et les toits de Compiègne tout luisants encore de pluie, éclaire les vêtements de fête de la foule joyeuse qu'il égaie encore, allume des éclairs aux baïonnettes des soldats qui se forment en haie depuis la gare jusqu'au palais, et vient saluer, à sa descente du train, le nouveau souverain que la France s'est donné quinze jours plus tôt : « Le soleil d'Austerlitz ! » murmurent les Compiégnois venus en foule au-devant de Napoléon III.

L'Empereur descend de son train spécial ; il trouve devant lui le maire Deverson, qui lui souhaite la bienvenue ; il pénètre ensuite dans la gare, où soixante jeunes filles vêtues de blanc, un large ruban de satin vert en sautoir, esquissent une révérence ; l'une d'elles, nièce du premier magistrat municipal, lui offre des fleurs, qu'elle accompagne d'un compliment ; la doyenne des dames de la Halle, Mme Lequin, s'avance à son tour, récite des vers ; puis le cortège se met en marche vers la ville entre une double haie de soldats : à droite gardes nationaux, à gauche troupes de la garnison.

Il franchit l'étroit pont de pierre, sur lequel a été dressé un arc de triomphe ; il monte la rue du Pont-Neuf, qui portera dans quelques années le nom victorieux de Solférino ; il traverse la place de l'Hôtel de Ville ; il s'arrête un moment à l'église Saint-Jacques, où l'évêque de Beauvais reçoit l'Empereur ; il débouche enfin sur la place du château, aux acclamations de la foule énorme qui s'y presse ; de vieux soldats du premier Empire, dont un prêtre, lui-même ancien sous-officier, l'abbé Sézille, vient de prendre le commandement, rendent, tout émus, les honneurs au neveu de l'*Autre* ; et le soir, Napoléon III repose dans le lit d'acajou dont les rideaux rouges, en forme de tente, ont abrité avant lui le premier Empereur.

La princesse Mathilde faisait les honneurs de ce premier séjour, auquel n'avaient été conviés que quelques intimes ; il ne devait, à l'origine, durer que quatre jours, mais le nouveau souverain le prolongea de toute une semaine ; et l'on peut supposer, sans être téméraire, que le charme d'une intimité très douce pour lui n'y fut pas étranger. Parmi les invités de Compiègne, il retrouvait en effet, accompagnée de sa mère, une jeune fille, appartenant à la haute noblesse des *grands* d'Espagne, et dont la beauté blonde l'avait frappé, puis peu à peu séduit, quand il l'avait aperçue à ses réceptions de l'Élysée, à celles de la princesse Mathilde, aux revues du Champ-de-Mars, du Carrousel ou de Satory, qu'elle suivait assidûment. Au mois d'octobre précédent, pendant le séjour que fit à Saint-Cloud le futur empereur, la comtesse de Montijo et sa fille avaient vu les invitations se faire de plus en plus fréquentes, et maintenant, à cette première *série* de Compiègne, qu'un rhume d'elle avait fait reculer de quelques jours, la comtesse Eugénie de Teba se voyait l'objet d'une assiduité respectueuse témoignant fort clairement du sentiment très vif inspiré par elle au nouveau souverain, sentiment qui, d'ailleurs, n'échappait pas à son entourage. A la chasse à courre, que la jeune fille, charmante dans l'uniforme vert et or du *bouton* récemment institué, suivait sous l'égide du comte de Galve, frère de son beau-frère le duc d'Albe, on voyait l'Empereur s'approcher d'elle, prolonger un peu la conversation, puis, pour détourner l'attention, repartir au grand galop et feindre pour la chasse un intérêt démesuré, visiblement factice ; à l'hallali, les honneurs du pied étaient pour elle ; chassait-on à tir, on lui offrait deux petits fusils à un coup, avec lesquels elle tuait quelques faisans ; à table, elle se trouvait toujours non loin du souverain.

Mlle de Montijo s'imposait par une beauté qui n'a été contestée par personne ; « elle frappait, écrivait de Mazade, par une sorte de grâce virile qui en eût aisément fait une héroïne de roman, et elle portait fièrement, avant de ceindre le bandeau impérial, cette couronne de cheveux dont un peintre vénitien eût aimé la couleur ». « Ses traits étaient réguliers, dit de son côté Mme Carette, et la ligne extrêmement délicate du profil avait la perfection d'une médaille antique, avec quelque chose d'intraduisible, un charme tout personnel, un peu étrange même, qui faisait qu'on ne pouvait la comparer à aucune autre femme. » Elle était plutôt grande, mince, avec une taille fine, ronde, souple, une démarche aisée et élégante, pleine d'une noblesse innée, des mains petites, et des pieds « plus petits que les pieds d'une enfant de douze ans ». De ses épaules, modelées comme celles d'une statue antique, à la peau blanche et transparente, son cou s'élançait, souple, un peu long, très gracieux, et elle avait une manière particulière et charmante de saluer de la tête. Son visage ovale, à la bouche mignonne, au nez mince et régulier, au front droit, s'éclairait, sous les sourcils châtains, longs et déliés, de « deux beaux yeux d'un bleu vif et profond enveloppés d'ombre, pleins d'âme, d'énergie et de douceur ». Et l'on conçoit que, dans tout l'épanouissement de ses vingt-cinq ans, elle ait rendu amoureux ce souverain qui songeait au mariage, et que la vue d'une jolie femme laissait rarement insensible.

De fait, presque chaque jour, cette passion croissante se montrait davantage; un soir, après une chasse à courre un peu dure, Mlle de Montijo avait manqué l'hallali et la retraite s'était effectuée tout entière sans qu'on l'eût vue reparaître; maintenant, la nuit noire tombait sur le château, et Napoléon, tout nerveux sous son masque habituel d'impassibilité, prolongeait indéfiniment sa promenade dans la salle des Gardes ; de son pas régulier il arpentait la vaste pièce, la tête tournée vers le dehors, épiant le pas d'un cheval, et de temps en temps il s'arrêtait, regardant par la fenêtre la cour d'honneur de plus en plus sombre, et le portique qui la commande, toujours désert et de moins en moins distinct, et le clocher noir de Saint-Jacques, autour duquel s'était éteinte depuis longtemps la dernière lueur du couchant. Enfin, des sabots de chevaux résonnent dans la cour, et, au pas, un petit groupe de cavaliers s'approche du perron. La jeune fille, dont la monture, harassée, boite, est accompagnée du capitaine de Toulongeon, du baron de Vidil et de M. de Maupas, le préfet de police, qui l'ont cherchée et rejointe. La figure de l'Empereur se détend, et sa promenade cesse; mais le lendemain, au lieu du cheval pris dans un manège, Mlle de Montijo montait une jolie bête que Fleury lui avait choisie dans les écuries impériales, et qui, peu de temps après, devenait la préférée de l'impératrice Eugénie.

Un autre jour, — c'était un matin cette fois, — Napoléon III se promenait dans le parc, accompagné seulement de quelques intimes, parmi lesquels figuraient la jeune fille et sa mère. Le temps s'était mis au beau et, sous le ciel d'un bleu pâle, mille gouttelettes d'eau transparentes et tremblotantes couvraient les pelouses de leurs scintillements. Mlle de Montijo, avec la joie d'une citadine qui retrouve et découvre à nouveau la nature, poussait des exclamations ravies devant cette véritable jonchée de diamants, que le soleil faisait miroiter sur le fond vert de l'herbe et qui lançaient des feux comme de véritables pierres précieuses :

— Regardez ce trèfle, Sire, n'est-ce pas un vrai bijou? Des brillants sur des émeraudes.

L'Empereur se penchait, souriait; la promenade continuait. Quand elle fut finie, il prit à part le comte Bacciocchi, et lui dit quelques mots ; par le premier train, le grand chambellan partait pour Paris, et, le lendemain, Napoléon III offrait à la future Impératrice un gros trèfle d'émeraude où des diamants imitaient les gouttes de rosée.

Le soir, elle le portait à son corsage, et elle ne le quitta plus désormais, quel que fût le reste de sa parure. La mort seule de l'Empereur, vingt ans plus tard, le lui fit quitter; mais elle avait fini par considérer ce cadeau de fiançailles comme une sorte de talisman, et, le jour du départ de son fils pour le Zululand, on le vit de nouveau sur elle : peut-être le trèfle des jours heureux ramènerait-il un peu de bonheur; peut-être au moins écarterait-il de la mère les heures douloureuses que venaient de traverser l'épouse et la souveraine; hélas! elle en connut bientôt de pires... Un jour, à Chislehurst, elle donna le bijou à la duchesse de Mouchy en lui disant :

— Je l'ai considéré longtemps comme un talisman heureux. C'est ma plus chère relique : je ne veux pas qu'il reste abandonné! Mettez-le chaque soir en souvenir de nous...

Un autre matin de ce mois de décembre 1852, l'Empereur se promenait encore sur la terrasse du château. Cette fois, il était seul avec Fleury, le brillant colonel des Guides, et, les yeux errant, sans les voir, sur les cimes des arbres que l'hiver dépouillait de leurs dernières feuilles d'or, il amenait la conversation sur Mlle de Montijo. Il éprouvait le besoin de parler d'elle, de s'épancher un instant avec un ami sûr, de dire, de répéter et de faire redire à un confident quels étaient son charme, et sa grâce, et son esprit... Tout à coup, il s'arrêta net, et, serrant le bras de Fleury :

— Ah! soupira-t-il, je suis bien amoureux d'elle!

— Je le comprends, Sire, et je vois bien que ce n'est pas d'aujourd'hui, repartit le colonel. Et il ajouta, sentant bien ce que Napoléon voulait lui faire dire :

— Mais alors, il n'y a qu'une chose à faire :... épousez-la.

Il y eut un moment de silence.

— J'y songe sérieusement, pensa tout haut l'Empereur.

Et la promenade reprit, silencieuse maintenant.

Quelques jours après, la nouvelle éclatait de « ce deuxième coup d'État qui faisait presque oublier le premier. — Ce trône décerné comme un prix de beauté, a dit Augustin Filon, cette couronne offerte à genoux par un souverain amoureux, avaient à la fois le charme d'une très ancienne chose et le prestige d'une chose très nouvelle. »

*
* *

L'impératrice Eugénie revit souvent ce château de Compiègne où s'était décidée sa vie. La Cour impériale en effet, qui passait généralement le début de l'automne à Biarritz et faisait ensuite un séjour à Saint-Cloud, venait presque tous les ans, avant de rentrer à Paris, terminer la saison dans cette résidence agréable, où s'étaient plu presque tous les souverains de la France ; la forêt proche permettait aussi bien les chasses à courre ou à tir que les longues promenades, auxquelles les ruines grandioses de Pierrefonds et les travaux de restauration entrepris par Viollet-le-Duc, offraient un but tout trouvé ; enfin la proximité de Paris permettait de multiplier les invitations et d'organiser chaque année, pendant le mois que les souverains y passaient, plusieurs de ces *séries* qui sont restées célèbres dans l'histoire mondaine du Second Empire.

Elles comprenaient d'abord naturellement le monde officiel : princes de la famille impériale, ministres, ambassadeurs, grands dignitaires, sénateurs, conseillers d'État, maréchaux ou amiraux ; représentants de la haute société, qui tenaient par quelque lien à la Cour impériale ; jeunes gens aussi, élèves de Saint-Cyr et de Polytechnique, ou débutant dans quelque carrière gouvernementale comme le Conseil d'État, et que Napoléon III, toujours en coquetterie avec l'opposition de droite, choisissait volontiers parmi ceux dont les familles étaient connues pour bouder le régime impérial. L'Impératrice ajoutait à ces représentants de la société officielle quelques célébrités des lettres, des arts et des sciences ; c'est ainsi qu'on vit à Compiègne des savants, comme Milne-Edwards, Chevreul, Claude Bernard, Leverrier, Cuvier, Pasteur ; des musiciens, comme Auber, Meyerbeer, Verdi, Gounod, Félicien David, Ambroise Thomas ; des artistes, nombreux, comme Cabanel, Flandrin, Gérôme, Guillaume, Fromentin, Carpeaux, Paul Dubois, Paul Baudry, Gustave Doré, Horace Vernet, Eugène Isabey, Couture, Bida, Meissonier, Pils, Léon Cogniet, Gustave Moreau, Eugène Lami, Viollet-le-Duc surtout, le restaurateur de Pierrefonds, l'invité de toutes les séries et l'âme de toutes les fêtes improvisées ; les hommes

PLANCHE XV

Eugénie, impératrice des Français.

(*D'après Winterhalter.*)

(Reproduction autorisée par Goupil et Cie, Paris.)

de lettres étaient peut-être encore les plus appréciés : ils se nommaient Emile Augier, Octave Feuillet, Alfred de Vigny, Jules Sandeau, Camille Doucet, Paul de Musset, Nisard, Arsène Houssaye, Gustave Flaubert, Alexandre Dumas, Paul Féval, Ponsard; Mérimée, qui avait fait sauter sur ses genoux l'Impératrice tout enfant, se laissait choyer; Edmond About et Sainte-Beuve se trouvaient parmi les plus fréquemment invités et parmi les plus entourés; « les femmes faisaient profession d'en raffoler ».

La composition des séries, où entraient tant d'éléments si divers, ne laissait pas que d'être un travail difficile; il s'agissait de les rendre *homogènes*, de tenir compte des sympathies… et des antipathies, de ménager les susceptibilités.

— C'est le problème du chou, de la chèvre et du loup, disait l'Impératrice, qui procédait elle-même à la confection des listes.

A la fin de l'Empire, d'ailleurs, dans l'espoir, bien vain, de faire moins de jaloux, on fit plus d'heureux et l'on étendit beaucoup les invitations.

Les mêmes difficultés se présentaient encore quand il s'agissait de distribuer les logements au château. L'Impératrice s'en préoccupait encore en personne, se donnait beaucoup de mal, et ne pouvait naturellement éviter qu'il y eût des mécontents. On a rapporté un mot bourru de Couture, répondant à la souveraine qui lui demandait s'il se trouvait bien à Compiègne :

— Je me trouve d'autant mieux, Madame, que ma chambre me rappelle la mansarde où j'ai fait mes débuts artistiques.

Plus spirituel s'était montré Nadaud, quand l'Empereur, pour le mettre à l'aise, lui avait dit :

— Eh bien ! Monsieur Nadaud, j'espère qu'on vous verra souvent. Considérez-vous ici comme chez vous.

— Ah, Sire ! répliqua le chansonnier, c'est que j'espérais bien me trouver ici beaucoup mieux que chez moi.

Cependant, au milieu de ces passants, plus ou moins illustres, plus ou moins solennels, un petit cercle d'intimes, groupés autour de la souveraine, formait en quelque sorte le cœur vivant de ces réunions; les dames d'honneur en constituaient naturellement le noyau : la princesse d'Essling, la duchesse de Bassano, la marquise de Las Marismas, la comtesse de Montebello, Mlle Bouvet, bientôt Mme Carette, la marquise de Latour-Maubourg, la baronne de Pierres, la comtesse de la Bédoyère. A elles se joignaient d'autres charmantes femmes : la duchesse d'Albe, sœur de l'Impératrice, qui mourut en 1865, la princesse Anna Murat, la duchesse de Malakoff, la comtesse Walewska, la baronne de Bourgoing, la duchesse de Morny, la duchesse de Persigny, la comtesse de Pourtalès, Mme Bartholoni, la comtesse de Mercy-

Argenteau, la marquise de Galliffet, la comtesse Fleury... Citerons-nous quelques noms parmi les hommes? le marquis de Caux, célèbre conducteur de cotillons, qui devait épouser la Patti, le marquis de Massa, le baron Lambert, boute-en-train incomparable, le général de Galliffet, le général Fleury, le prince de la Moskowa, le vicomte Aguado, le vicomte de Fitz-James, le comte Davilliers; puis, dans le corps diplomatique, les plus appréciés peut-être : le chevalier Nigra, jeune, élégant, lettré, à la voix un peu zézayante, à la tournure séduisante, très apprécié des femmes; le prince de Reuss, esprit aussi fin qu'homme du monde distingué, « grand favori des séjours de Compiègne », logé au besoin, après le départ de sa *série*, dans la maison du grand écuyer Fleury; le comte de Goltz, beau parleur, spirituel, gouailleur même, et cachant, sous sa bonhomie très en dehors, une grande finesse et une grande perspicacité de diplomate; le prince de Metternich, plein de rondeur, tenant sa place avec une distinction simple et aisée : énumération bien sommaire et nécessairement très incomplète de ces hôtes favoris qui se rencontrèrent ou se succédèrent au château de Compiègne pendant les dix-huit ans du Second Empire : mais il faut mettre hors de pair une femme, qui fut l'âme de ces réunions, et qui, par son originalité tapageuse et son extraordinaire entrain, excita autant d'enthousiasme que de critiques : j'ai nommé la princesse de Metternich. Cette jolie laide, très mince, assez grande, au nez retroussé, aux cheveux châtains dorés, à la bouche un peu forte, mais aux yeux si vivants et si spirituels, extrêmement élégante, d'une étonnante vivacité d'imagination, et d'une indifférence superbe au qu'en-dira-t-on, trouvait le moyen de rester grande dame, très grande dame même, en fumant de gros cigares, en lançant de terribles boutades, parfois fort risquées, et en affectant, dans sa mise comme dans ses manières, une originalité, une « certaine crânerie de façons », qui allaient volontiers jusqu'à l'excentricité. On lui a prêté un mot, qu'on lui a beaucoup reproché, et qui peut-être exprimait bien sa pensée : « A Paris, je me considère comme au cabaret. » Un autre, qu'on lui a attribué, doit être restitué à Dorval : « Je ne suis pas laide, je suis pire ! » Certains auteurs ont cherché à faire d'elle le mauvais génie de la Cour impériale : elle fut certainement de celles qui contribuèrent le plus à laisser de cette Cour le souvenir d'une société charmante et gaie.

※
※ ※

Un train spécial amenait chaque série ; une dizaine de wagons de première classe le composaient, dont six wagons-salons pour les invités, et les autres pour les domestiques ; on y ajoutait six fourgons pour les bagages, que les dames élégantes se chargeaient de remplir de leurs multiples colis. A la gare de Compiègne attendaient de grands breaks, attelés en poste, conduits par des cochers à livrée vert et or et des postillons coiffés de la perruque à marteau poudrée, ainsi qu'un coupé fermé, à quatre chevaux pour ceux des voyageurs qui craignaient trop le grand air. Sur le quai, l'aide de camp et l'écuyer de service s'élançaient pour offrir la main aux dames et les guider vers les voitures, celui-ci, jeune, empressé, papillonnant, celui-là bougonnant quelquefois tout bas, dans sa moustache grise de vieux soldat, contre toutes les malles, tous les *impedimenta* et toutes les manières des jolies voyageuses. Puis, tandis que les domestiques remplissaient des landaus, et que les bagages s'engouffraient dans de grands fourgons, les breaks brûlaient le pavé à travers la ville, franchissaient au grand trot la colonnade qui commande la cour d'honneur, et, tournant grand train sous les fenêtres du château, venaient s'arrêter net devant le perron.

En descendant de voiture, les hôtes de l'Empereur trouvaient le grand vestibule rempli d'un nombreux personnel, chargé de les recevoir ; les plus considérables se voyaient accueillis par un maréchal des logis du palais ; les autres, suivant leur importance, étaient guidés jusqu'à leur appartement par un huissier en habit marron, à la française, ouvert sur le gilet blanc à boutons de métal, ou par un valet de pied portant, sur le gilet et la culotte rouges, la livrée verte aux boutons d'or.

Tous, les uns derrière les autres, montaient par le large escalier d'honneur, jusqu'à la vaste salle des Gardes, imposante dans sa blancheur un peu nue, que ne parvenaient point à réchauffer les trophées d'armes, entre les colonnes ornées de piques ; puis ils se dispersaient, chacun suivant son guide, un peu troublés souvent dès ce premier contact, par la majesté simple de la demeure impériale. « Un de mes grands divertissements, raconte Mme Carette dans ses *Souvenirs intimes*, était d'aller guetter l'arrivée des invités par un petit passage intérieur, qui conduisait à une porte dissimulée dans la muraille du grand escalier : on pouvait, en entr'ouvrant cette porte, tout observer, sans être vu. On saisissait ainsi des petites scènes intimes fort réjouissantes : l'étonnement, l'embarras des nouveaux venus, les réflexions de chacun, l'inquiétude de ceux qui tremblaient pour leurs bagages, la hâte que l'on montrait à prendre possession de son appartement, l'agitation des femmes qui craignaient d'être en retard, si les caisses n'arrivaient pas à temps.

« De jolis fronts, que l'on était accoutumé à voir toujours souriants, se contractaient avec mauvaise humeur, si quelque détail de toilette avait manqué au dernier moment, ou bien si l'on ne reconnaissait pas dans la foule des arri vants, les amis de son choix. Certains maris, les mains chargées de menus bagages, nécessaires à bijoux, sacs et tartans, grommelaient d'un air maussade. Les dames mûres montaient avec accablement les hauts degrés de l'escalier d'honneur. De vieux messieurs, saisis par le grand air vif qu'on venait de respirer dans les chars à bancs, toussaient d'un air chagrin; d'autres affectaient au contraire une allure pimpante, ou bien se croyaient obligés, en franchissant le seuil de la demeure impériale, de prendre un air compassé et solennel. »

Bientôt chacun avait gagné sa chambre, confortable mais toujours très simple, la plupart du temps meublée d'un mobilier « du style le plus modeste », et tendue d'une perse « assez commune », avec, au lit et aux fenêtres, des rideaux unis d'étoffe pareille. Les hôtes de Compiègne amenaient d'habitude avec eux femme de chambre ou valet de chambre, qu'on logeait autant que possible à leur portée. Cet usage, inspiré par le souci de leur être agréable, ne laissait pas que de gêner parfois certains invités de fortune modeste et de personnel restreint; comme ils ne pouvaient pas tous, avec le sans-gêne de Sainte-Beuve, emprunter un domestique à la princesse Mathilde, il leur arrivait d'en louer un pour leur séjour. Et l'on a raconté l'histoire de ce savant qui, ayant engagé ainsi un *extra* sans l'avoir vu, aperçut dans sa chambre, une fois arrivé, un individu brun de peau, noir de cheveux, et possesseur d'un terrible accent étranger. — Un Italien! se dit aussitôt l'invité avec effroi; un complice d'Orsini, sans doute? que j'ai introduit à Compiègne, et qui médite certainement les projets les plus affreux? je vais être complice d'un horrible attentat! Et le pauvre homme, très mal à l'aise pendant tout son séjour, tremblant à chaque porte qui s'ouvrait, parut plus distrait encore qu'il n'est permis à un maître de la science, et s'embrouilla de façon lamentable dans une question de physique, absolument élémentaire, que l'Impératrice lui posait avec bienveillance.

Vers sept heures, tous les invités se trouvaient réunis dans la galerie des Cartes, vaste pièce rectangulaire, presque au centre du château, qui s'ouvrait sur la terrasse par cinq hautes portes-fenêtres, et dans laquelle on arrivait directement de la salle des Gardes, par le salon des Huissiers. On l'appelle généralement aujourd'hui salon des Aides de camp; sous l'Empire, elle devait son nom aux trois immenses cartes de la forêt de Compiègne qui en garnissaient les panneaux, face aux fenêtres, et que des tapisseries ont remplacées récemment. Les femmes étaient décolletées; elles portaient « des robes de bal ordinaires, mais toujours très fraîches, ce qui impliquait un minimum, pour une série de dix jours, de six robes entièrement différentes ». Les hommes revêtaient l'habit noir ou bleu foncé, avec la culotte courte et les bas de soie noire, ou bien le pantalon collant boutonné à la cheville.

En attendant les souverains, des groupes se formaient, des connaissances

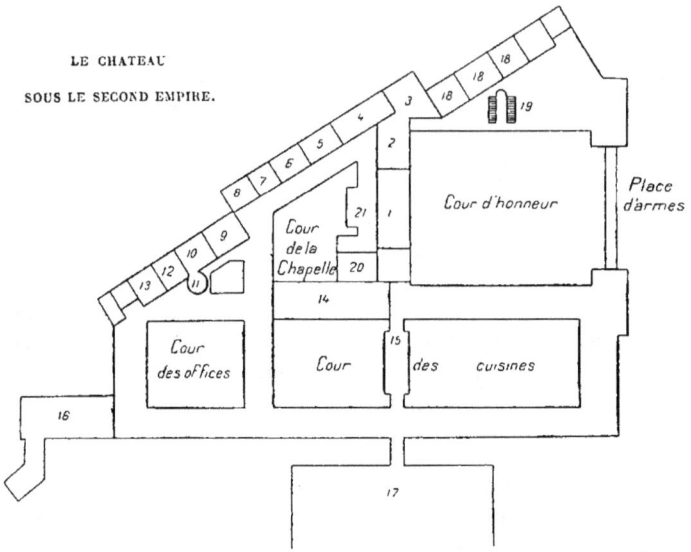

LE CHATEAU SOUS LE SECOND EMPIRE.

1. Salle des gardes.
2. Salon des huissiers (ancienne antichambre du roi).
3. Salle à manger intime (salle du couvert).
4. Salon des cartes (ou des aides-de-camp).
5. Salon de famille.
6. Salle du conseil.
7. Chambre de l'empereur.
8. Bibliothèque.
9. Salon de musique.
10. Chambre de l'impératrice.
11. Boudoir de l'impératrice.
12. Grand salon ou salon des dames.
13. Salon des fleurs.
14. Galerie des fêtes.
15. Galerie Natoire (construite sous Napoléon III).
16. Théâtre (ancien jeu de paume).
17. Nouveau théâtre, construit sous Napoléon III.
18. Anciens appartements de Marie-Antoinette.
19. Escalier d'Apollon.
20. Chapelle.
21. Escalier d'honneur.

se renouaient, les habitués procédaient à l'examen des nouveaux visages. Mme Carette raconte que Mme Rouher parut ainsi pour la première fois à la Cour à Compiègne, et que personne ne la connaissait, alors que son mari était déjà l'un des hommes les plus en vue du régime impérial ; et, désignant d'un regard cette jeune femme, qui, « petite et très brune, avait une physionomie agréable et piquante », la comtesse de la Bédoyère demanda, au milieu d'un groupe, où se trouvait précisément le ministre :

— Qui est donc ce petit pruneau ?

Et Rouher de répondre, avec un sourire :

— C'est ma femme, Madame.

Les souverains occupaient la partie nord du palais. L'Empereur couchait dans la chambre qu'il avait occupée dès son premier voyage, et que remplissait encore le souvenir de Napoléon Ier. A droite, en regardant le parc, elle était séparée de la galerie des Cartes par la salle du Conseil et par l'ancienne chambre de Louis XV, placée au centre du palais, et devenue le salon de famille ; à gauche, dans l'angle de l'avant-corps, se trouvait la bibliothèque, qui a conservé sa décoration du Premier Empire, et où Napoléon III réunissait aussi parfois ses ministres. L'impératrice Eugénie avait conservé les appartements de Marie-Louise, dans l'aile gauche du château ; elle avait laissé presque intacte la jolie chambre cerise si fraîche et le délicieux boudoir rond, tapissé de bleu gris un peu passé, orné de meubles légers d'acajou aux bronzes d'une finesse exquise ; elle s'était contentée, depuis qu'elle les habitait, de substituer çà et là son chiffre aux monogrammes ML qu'elle avait trouvés, et de changer le lit. Le salon de musique la séparait d'un côté du corps central du palais ; le salon des dames conduisait, de l'autre, à la chambre où le prince impérial, dans un petit lit d'acajou très simple, reposait au milieu des lis de formes et de couleurs variées dont Dubois père, cinquante ans auparavant, avait chargé les murs.

Un peu avant l'heure du dîner, l'Impératrice, une fois prête, allait chercher Napoléon III dans son appartement et entrait à son bras dans le salon voisin. Ils y trouvaient les princes de la famille impériale et les souverains étrangers leurs hôtes, et se rendaient avec eux jusqu'à la galerie des Cartes. Les invités les y attendaient, rangés près de la porte, les femmes d'un côté, les hommes de l'autre, les plus considérables d'entre eux se plaçant le plus près de l'entrée. Napoléon III, accompagné du grand chambellan ou du chambellan de service, passait devant les hommes, adressant la parole à chacun d'eux, se faisant présenter les nouveaux venus par son chambellan ; puis il remontait, de l'autre côté, la rangée des femmes en grande toilette, trouvant encore un mot aimable pour chacune d'elles. L'Impératrice, avec une égale affabilité, parcourait le même chemin en sens inverse, sa dame d'honneur lui nommant les femmes, et son chambellan les hommes. De préférence, le soir, elle portait des robes de tulle garnies de fleurs, de couleur claire et douce, blanches, gris perle, mauves, jaune-maïs ; elle ornait ses cheveux de guirlandes de fleurs pareilles, auxquelles elle mêlait des brillants ; elle affectionnait surtout deux grosses boules de diamant dont elle retenait sa coiffure basse, près de la nuque.

Bientôt l'adjudant de service, s'inclinant devant les souverains, annonçait le dîner. L'Empereur, s'il n'avait point d'hôte princier, prenait alors le bras de l'Impératrice, et se dirigeait, à travers l'imposante salle des Gardes, vers la grande salle des Fêtes, où le couvert était dressé. Dans cette immense pièce, de 45 mètres de long, ornée de lustres en cristaux, créée par Napoléon Ier sur l'emplacement des *petits appartements* de Louis XV, dont le plafond, à caissons, peint par Girodet, représentait des combats, les statues de marbre de Napoléon Ier et de Madame Mère, drapées à l'antique, d'une majesté un peu sévère (qu'on y voit encore aujourd'hui), dominaient à chaque extrémité une vaste table où se réunissaient près de cent convives. Des vases de Sèvres, remplis de fleurs, y alternaient avec des corbeilles et de grands candélabres d'argent ; un surtout, très finement exécuté, imitation de celui de Louis XV, reproduisait les principaux épisodes d'une chasse à courre. On servait dans de la vaisselle plate, et, pour le dessert, dans de la porcelaine de Sèvres.

A l'entrée de la salle à manger, l'Empereur et l'Impératrice se séparaient et gagnaient leurs sièges, chacun d'un côté de la table. Leurs voisins, désignés à l'avance, prenaient place à côté d'eux ; les autres convives s'asseyaient à volonté. Vingt maîtres d'hôtel, habit et culotte bleu de ciel, l'épée au côté, cinquante valets de pied, poudrés, vêtus de la grande livrée verte à la française, galonnée d'or sur les coutures, culotte rouge, bas de soie rose, assuraient le service ; les souverains étaient servis par leurs valets de chambre particuliers. Pendant tout le repas, qui durait au plus trois quarts d'heure, la musique de la garde, dans la galerie voisine, jouait en sourdine.

L'Empereur et l'Impératrice désignaient ceux des convives qui devaient se trouver à côté d'eux, et les changeaient à chaque repas. Les autres avaient liberté de choisir leur place et leurs voisins ; mais, d'après un usage constant, les femmes priaient à l'avance un cavalier de leur offrir le bras. Le comte de Maugny raconte qu'un jour Mlle de Heeckeren rencontrant Sainte-Beuve, qui ignorait cette pratique, lui dit, selon la formule consacrée :

— Monsieur Sainte-Beuve, voulez-vous me mener dîner demain ?

L'illustre critique, que son physique ne semblait pas désigner pour les bonnes fortunes, mais qui, dans cet ordre d'idées, n'en laissait pas moins percer une certaine fatuité, ne douta pas un instant que son interlocutrice, perdant toute réserve sous l'empire de sa séduction, lui proposait un souper en tête-à-tête. Mais la satisfaction intime ne tarda pas à faire place à une cruelle anxiété : pouvait-il accepter? et pouvait-il refuser? pouvait-il compromettre une jeune fille? pouvait-il risquer un affreux scandale? d'ailleurs, où aller, dans Compiègne qu'il ne connaissait pas? Après toutes sortes d'angoisses, il finit par s'en ouvrir à la princesse Mathilde... qui, d'un éclat de rire, coupa court à ses scrupules et à ses illusions en lui donnant la clef de l'énigme.

Le dîner terminé, l'on revenait dans la galerie des Cartes avec le même cérémonial et par le même chemin. L'on y servait le café ; la tasse de l'Empereur lui était présentée sur un plateau de vermeil par le préfet du palais. Les souverains parcouraient alors les groupes qui commençaient à se former, adressant la parole aux uns et aux autres indistinctement, mettant à l'aise les nouveaux venus, les jeunes gens, et les plaçant de suite sur le pied d' « intimité respectueuse » qui caractérisait ces séjours de Compiègne. L'Impératrice, comme autrefois Marie-Louise, se tenait de préférence dans le salon voisin (le salon de famille), entourée de ses intimes, auprès d'une grande table, où des jeux variés étaient préparés : solitaire, patiences, dames, échecs, etc. On n'en franchissait point le seuil, d'ordinaire, sans en avoir été spécialement prié, mais la souveraine ne s'y confinait pas, et passait fréquemment, par la porte ouverte, de l'une à l'autre pièce, toujours causant avec les uns ou les autres.

Au bout de la galerie des Cartes, d'autres jeux se trouvaient également disposés : billard anglais, toupie hollandaise, etc., et l'Empereur engageait familièrement ses hôtes à s'y mesurer. Lui-même les provoquait de préférence aux palets, où, joueur redoutable, il lui arrivait fréquemment de laisser gagner volontairement ses concurrents ; en réalité, il n'y rencontrait qu'un seul adversaire digne de lui : c'était la princesse Anna Murat. Souvent aussi l'on dansait ; pour tout orchestre, on ne possédait qu'un piano mécanique, dont des jeunes gens de bonne volonté tournaient la manivelle, à tour de rôle, et qui ne savait jouer que trois airs, toujours les mêmes : une polka, une mazurka, une valse. Mais cette simplicité elle-même était un élément de gaieté, et les souverains, prenant part aux danses, leur communiquaient de l'entrain et de l'animation par le sans-façon et la simplicité mêmes qu'ils y apportaient. L'Empereur aimait parfois diriger lui-même une *boulangère* et s'y montrait infatigable : « Ce sont alors, écrit Dhormoys, d'immenses ronds, des lignes de danseurs qui serpentent et courent à travers tous les salons, au grand plaisir de l'Impératrice, qui n'est jamais si gaie que lorsqu'elle voit tous ses invités joyeux. Les gens graves sont relégués dans les coins, et M. Mérimée a bien de la peine à continuer sa partie d'échecs avec sa partenaire habituelle, Mme la duchesse de Bassano. »

Un des plaisirs favoris de l'Impératrice, dans son petit cercle, était de jouer aux jeux d'esprit, et elle mettait volontiers sur la sellette les hommes de lettres qu'elle avait fait inviter dans la *série*. On s'efforçait, d'ailleurs, d'apporter à ces soirées à la fois toute la variété et toute la simplicité possibles : un soir, quelqu'un proposa malicieusement une dictée, pour mettre à l'épreuve l'orthographe des grands personnages et des souverains eux-mêmes, qui se prêtèrent de bonne grâce à cet amusement imprévu et d'ailleurs dangereux ; il paraît, en effet, que la Cour n'y brilla pas extrêmement, mais on nous a heureusement, à sa décharge, conservé le texte fameux, aussi bourré de pièges que d'ailleurs dépourvu de sens ; nous le transcrivons ici (sous réserve naturellement de nos propres fautes d'orthographe) :

« Pour parler sans ambiguïté, ce dîner à Sainte-Adresse, près du Havre, malgré les effluves embaumés de la mer, malgré les vins de très bons crus, les cuisseaux de veau et les cuissots de chevreuil prodigués par l'amphitryon, fut un vrai guêpier.

« Quelles que soient, quelque exiguës qu'aient pu paraître, à côté de la somme due, les arrhes qu'étaient censés avoir données la douairière et le marguillier, il était infâme d'en vouloir pour cela à ces fusiliers jumeaux, et mal bâtis, et de leur infliger une raclée, alors qu'ils ne songeaient qu'à prendre des rafraîchissements avec leurs coreligionnaires. Quoi qu'il en soit, c'est bien à tort que la douairière, par un contresens exorbitant, s'est laissé entraîner à prendre un râteau et qu'elle s'est crue obligée à frapper l'exigeant marguillier sur son omoplate vieillie.

« Deux alvéoles furent brisés, une dysenterie se déclara, suivie d'une phtisie.

« — Par saint Martin, quelle hémorragie ! s'écria ce bélître.

« A cet événement, saisissant son goupillon, ridicule excédent de bagage, il la poursuit dans l'église tout entière. »

Ce fut, paraît-il, le prince de Metternich qui commit le moins de fautes...

Ainsi se passaient, à ces jeux innocents, les soirées de Compiègne, lorsqu'elles n'étaient point consacrées aux représentations théâtrales, très en honneur, et sur lesquelles nous reviendrons, soit qu'une des troupes parisiennes vînt interpréter sur la scène du petit théâtre une des pièces en vogue, soit que, dans l'intimité d'un salon du château, les invités eux-mêmes vinssent improviser des charades ou des tableaux vivants.

D'ailleurs, chacun restait libre de causer, de jouer ou... de flirter. Aux jeux d'esprit l'Empereur, pour sa part, « préférait habituellement la conversation et faisait sa cour aux femmes les plus jolies et les plus spirituelles. Il allait s'asseoir successivement à côté de chacune d'elles, et, tout en causant avec sa voisine, il interpellait par-ci par-là celles qui passaient ou qui se trouvaient à portée de son regard et de sa voix. Rien d'amusant, dit M. de Maugny, comme le petit manège des grandes coquettes pour attirer son attention. J'en ai vu qui changeaient de place dix fois en cinq minutes et qui le suivaient du coin de l'œil des heures entières pour arriver à temps sur son passage. Assez souvent distrait, Napoléon III se trompait parfois de nom, ce qui ne plaisait pas toujours à l'objet de cette méprise. »

Entre onze heures et minuit, on servait le thé dans le salon où se tenait l'Impératrice; peu après, elle se levait et, tout en causant, se dirigeait vers la porte qui conduisait aux appartements impériaux. Elle se retournait alors, esquissait une révérence que lui rendait l'assemblée, et se retirait. L'Empereur l'accompagnait d'ordinaire, quand il n'était pas déjà parti travailler dans son cabinet. Certains invités d'ailleurs prolongeaient parfois assez tard la soirée après le départ des souverains, en causant et en fumant; d'autres préféraient au contraire remonter ensemble et la finir chez l'un d'eux.

* *

Par la manière dont les hôtes de Compiègne occupaient leurs après-dîners il est facile de se rendre compte du genre de vie que Napoléon III cherchait à y acclimater : une existence large, sans contrainte, où les souverains s'efforçaient de mettre leurs invités complètement à leur aise en les traitant sur un pied de cordiale égalité, et où l'étiquette n'intervenait que pour arrêter l'intimité à sa juste limite; une période de détente, de ce laisser aller qu'autorise la campagne, de gaieté franche et complète, sans faux respect humain, avant de retrouver à Paris le souci des affaires et les entraves dorées d'une vie de Cour toute de représentation. L'Empereur, qui avait vécu en Angleterre, cherchait certainement à réaliser cette hospitalité des châteaux britanniques, où la liberté très grande et le confortable absolu se marient si heureusement.

Aussi laissait-il à ses invités une indépendance très complète : seule, en somme, l'assistance au dîner et à la soirée était de stricte obligation, et encore pouvait-on, une fois par hasard, s'en dispenser en prévenant le chambellan de service. Par contre, les matinées et les après-midi restaient livrées à la fantaisie de chacun. Chaque jour, au déjeuner, pris à midi, on indiquait bien le programme de la journée, mais il ne liait personne : en principe, il y avait, pour chaque série, deux chasses à courre, sans compter les chasses à tir pour lesquelles les privilégiés recevaient des invitations spéciales, une promenade en forêt, une visite à Pierrefonds. Les amateurs de spectacles cynégétiques, sur leur seule demande, avaient leur place réservée dans les voitures, à moins qu'ils ne préférassent suivre les chiens sur leurs propres chevaux, qu'on logeait alors dans les écuries impériales; il suffisait aussi de prévenir à l'avance, pour pouvoir accompagner les souverains à Pierrefonds par exemple, ou trouver une voiture qui vous emmenait dans la forêt; de leur côté, les amateurs de promenades à pied, solitaires ou non, conservaient toute liberté d'excursionner à leur gré, et ceux qui préféraient paresser dans leur chambre, munis d'un bon livre, étaient certains de ne pas encourir de reproches, mais tout au plus des plaisanteries.

L'Empereur aimait la gaieté, les rires, autour de lui; il les encourageait, les provoquait parfois; il aimait les conversations familières, d'où la gêne officielle était bannie; surtout il savait merveilleusement écouter, — ou paraître écouter, — supportant les pires bavards avec une bonne grâce inlassable, ses yeux perdus dans le vague et ne donnant jamais le moindre signe d'impatience. De temps en temps seulement, il glissait doucement, dans la conversation, sans paraître y toucher, une réflexion malicieuse, ou bien encore il contait une anecdote. A Compiègne surtout, il montrait une belle humeur constante, voire même une bonhomie souriante. Le général du Barail rapporte qu'un jour, n'étant point parti pour une chasse à courre, il avait voulu sortir et demandé sa voiture; or, l'on n'avait plus trouvé aucun cocher aux écuries. L'écuyer de service s'arrachait les cheveux, tandis qu'à côté de lui, Napoléon III, se promenant paisiblement sous le péristyle du château, lui disait très philosophiquement pour le consoler :

— Qu'est-ce que vous voulez? Ils sont allés voir la chasse : ça les amuse.

L'Impératrice adorait causer; elle s'intéressait à tout, se faisait tout expliquer, tout raconter, ravie surtout des histoires un peu piquantes qu'on lui rapportait. Elle-même parlait avec verve et abandon, et sa conversation, très vivante, très libre, très prime-sautière, avait beaucoup de charme. D'ailleurs, elles se trouvaient, elle et ses intimes, à Compiègne, pour se divertir, et elles entendaient s'amuser franchement.

Un jour, elles décidèrent d'abattre un arbre, et l'on vit, sous la direction de l'Impératrice, les mains fines de ces nouveaux bûcherons manier les cognées et les serpes avec une maladresse qui provoquait de grands éclats de gaieté. Est-il besoin de dire que, lorsqu'elles s'assirent, avec de grandes démonstrations de fatigue, l'arbre n'était guère entamé?

Elles s'amusaient aussi parfois à des rallye-papers soit à cheval, soit à pied dans le parc : un jeune homme de bonne volonté remplissait le rôle de la *bête;* et, un jour, raconte M. de la Ruë, plusieurs ministres, qui se promenaient, voient avec étonnement passer le comte de R..., « courant, s'arrêtant, l'air inquiet, laissant tomber des morceaux de papier sur son chemin »; ils l'appellent : il s'enfuit à toutes jambes, bondit dans un fourré et disparaît. Le soir, Delangle disait à Napoléon III, d'un ton apitoyé :

— C'est vraiment dommage, Sire, un si charmant jeune homme? Pauvre de R..., perdre la tête si jeune, quel affreux malheur !

Plus amusants peut-être encore et à coup sûr plus pittoresques étaient les rallye-papers montés, qui duraient parfois jusqu'à trois grandes heures, « l'Impératrice, à cheval, conduisait cette guerre de vingt ou vingt-cinq femmes contre un homme ». La *bête* rejointe, on chantait joyeusement l'hallali. « L'intérêt, disait un témoin ironique, est tout entier dans le spectacle de toutes les riches amazones montant de superbes pur sang, et n'évitant souvent une chute humiliante qu'au prix des gesticulations et des contorsions les plus étranges. »

Entre cinq heures et cinq heures et demie, l'Impératrice prenait le thé dans le salon de musique, entre sa chambre à coucher et le cabinet de l'Empereur : c'était une vaste pièce, à la décoration de laquelle elle avait elle-même présidé, et qui était surtout remarquable par ses grands bahuts en laque de Coromandel, et par ses tapisseries, représentant la vie d'Esther, encadrées dans les boiseries claires (ces pièces merveilleuses se trouvent actuellement dans l'aile gauche du château, dans les anciens appartements des ministres et des maréchaux). A cette réception intime de cinq heures figuraient seuls les hôtes de Compiègne, cinq ou six au plus, qu'avaient spécialement prévenus le matin Mlle Bouvet (avant son mariage), Mlle Marion (la future comtesse Clary), ou Mlle de Lerminat. C'est là surtout que l'Impératrice aimait réunir les littérateurs, les artistes ou les savants, qu'elle les interrogeait avidement et prolongeait leur conversation, qui souvent la captivait, jusqu'à l'heure du dîner; c'est là qu'un jour, passionnée par les révélations de Pasteur sur la circulation du sang, elle se piqua le doigt pour pouvoir en examiner une goutte au microscope.

A en croire Mme Carette, Pasteur préféra, pour continuer ses expériences, de simples grenouilles; on lui en fit prendre le soir même tout un lot, pour lui permettre de continuer sa leçon le lendemain; mais le lendemain, on pensait à tout autre chose, et les grenouilles restèrent au fond d'un tiroir dans la chambre du grand physiologue. Le hasard voulut qu'à la série suivante il cût pour successeur, dans le même appartement, une jeune femme très élégante, dont la femme de chambre, trouvant, dans une commode, un grand sac humide, le jeta simplement sous le lit pour s'en débarrasser. La nuit suivante, la jeune femme est réveillée par un bruit étrange, inquiétant, une sorte de crépitement tout à fait insolite. Intriguée, elle allume une bougie et saute à bas de son lit : ses pieds nus rencontrent un corps froid et visqueux ; elle pousse un cri, se baisse... et se voit entourée d'une légion de grenouilles que la chaleur avait ranimées et que le sac, dénoué, avait laissé échapper...

*
* *

La chasse tenait naturellement, à Compiègne, une grande place dans la vie de Napoléon III, comme elle en avait tenu une dans celle des rois ses prédécesseurs. Dès 1852, il avait fait réorganiser les chasses à courre par Edgar Ney et le marquis de Toulongeon, et trente personnes avaient alors reçu le nouveau *bouton*, copié de très près sur celui de Louis XV. Cet uniforme si recherché, qui donna bientôt lieu à tant d'intrigues et à tant de jalousies, se composait d'un habit à la française, vert, au col rabattu de velours rouge uni, habit orné sur les bords d'un galon de vénerie, qui soulignait aussi les poches en triangle ; les manches étaient terminées par des parements de velours rouge, également galonnés. Du col droit d'un long gilet Louis XV, de velours rouge, bordé d'un galon plus petit, sortait la cravate blanche nouée d'un double tour. La culotte était de velours vert pour les chasses ordinaires, de daim blanc pour celles de l'Empereur ; les bas blancs formaient manchettes au-dessus des bottes aux éperons d'argent ; la ceinture de vénerie, où l'on passait le fouet et le couteau, les gants de peau blanche achevaient le costume ; pour la coiffure, le tricorne Louis XV galonné, dit *lampion* qui, pour l'Empereur, l'Impératrice et plus tard le Prince impérial, était orné de plumes blanches.

Les femmes portaient une grande jaquette de même couleur que l'habit des chasseurs, avec les mêmes parements rouges et le même galon la bordant tout autour ; elles la boutonnaient sur la poitrine, sous des galons en brandebourg ; une cravate de dentelle s'en échappait ; la jupe était du même vert ; le même lampion les coiffait, orné par derrière d'un gros nœud de taffetas noir.

La tenue de l'équipage rappelait le bouton : pour les piqueurs à cheval, l'habit vert à la française galonné d'argent, le gilet et les parements rouges, la culotte de drap rouge galonnée d'or et d'argent sur la couture, les grandes bottes à l'écuyère ; pour les valets de chiens à pied, la veste courte à basques, toujours verte et galonnée, la culotte rouge, les grands bas blancs couvrant le genou, et les souliers noirs à boucle d'argent; pour les uns comme pour les autres, au lieu du lampion, le bicorne en bataille, à cocarde tricolore, galonné d'argent.

A la fin de 1852, Napoléon III avait rétabli la charge de grand veneur au profit du maréchal Magnan. En réalité, Edgar Ney (devenu prince de la Moskowa en 1857), avec le titre de premier veneur, était le vrai chef de la vénerie; il succéda d'ailleurs au maréchal à la mort de celui-ci, en 1865. Le marquis de Toulongeon était commandant des chasses à tir; il remplaça le prince de la Moskowa comme premier veneur en 1865; à sa mort, survenue en 1868, il ne reçut pas de successeur. Les lieutenants de vénerie étaient le baron Lambert et le marquis de Latour-Maubourg. Le baron de Lage remplissait la fonction de lieutenant des chasses à tir.

L'équipage de la vénerie impériale chassait en principe tous les cinq jours. Les invités du château de Compiègne arrivaient au grand trot, dans des chars à bancs, au rendez-vous où quarante chiens, tenus par les valets en grande livrée, les attendaient. L'Empereur les y rejoignait, dans sa voiture, attelée de deux pur sang. « Un rendez-vous de chasse au Puits-du-Roi, écrit Dhormoys, est certainement un des tableaux les plus pittoresques que l'on puisse apercevoir. C'est un vaste carrefour auquel aboutissent de larges avenues qui se perdent dans les profondeurs de la forêt. D'un côté se trouve la meute silencieuse, sous la garde des valets de chiens à livrée éclatante; de l'autre, et formant demi-cercle, se rangent les voitures venues d'alentour; au centre, les invités ayant le bouton. C'est un pêle-mêle de monde, de toilettes et de couleurs qu'encadrent les hautes futaies des arbres déjà à demi dépouillés, et qui semblent laisser tomber à regret les feuilles que l'automne avait empourprées et dorées. »

Les souverains suivaient souvent la chasse, que l'Impératrice paraissait aimer beaucoup, quoique la mort du cerf l'émût souvent de façon pénible. Une fois chacun à cheval, « ils avançaient au pas, précédés de la meute et suivis à très courte distance d'une nombreuse calvacade de chasseurs en uniforme, d'officiers et de quelques dames. Puis les voitures suivaient, celles de la Cour d'abord, formant une longue file ». Tout le monde, en effet, pouvait accompagner les chasseurs, mais l'on évitait de dépasser les voitures de la Cour ou les veneurs portant le bouton.

La chasse suivait alors ses péripéties habituelles, plus ou moins longue, plus ou moins difficile, plus ou moins passionnante. L'Empereur, d'ailleurs, lorsqu'il avait suivi sérieusement pendant quelque temps après le lancer, se mettait généralement au pas, et causait, laissant la voix des chiens s'éloigner et se perdre parfois au loin. Il ne restait plus à l'officier de vénerie attaché à sa personne, anxieux de ne point lui laisser manquer l'hallali, que de l'acheminer doucement vers l'étang de Sainte-Périne où trois sur quatre des animaux se faisaient prendre...

Le soir, la curée froide avait lieu aux flambeaux dans la cour d'honneur du château, sous les yeux des souverains et de leurs invités, qui y assistaient des fenêtres de la salle des gardes. Nous laisserons encore la parole à Dhormoys, qui décrit ce spectacle vraiment très impressionnant :

« A huit heures, les hommes de la vénerie apportent le cerf, ou du moins ce qui doit être livré aux chiens. On recouvre les débris de la nappe du cerf, c'est-à-dire de la peau de l'animal qu'on a levée sans la séparer de la tête.

« Des valets de pied en grande livrée, culotte courte et cheveux poudrés, sortent du vestibule, portant chacun une longue pique surmontée d'une petite corbeille de fer, dans laquelle brûlent des étoupes imbibées d'esprit-de-vin. Un sel de cuivre mêlé au liquide donne à la flamme des reflets verdâtres. Ils s'échelonnent depuis le vestibule jusqu'à la grille, en deux longues files, laissant entre elles un espace d'environ 25 à 30 mètres. La foule, à laquelle on a ouvert les grilles, se précipite et s'entasse des deux côtés.

« Bientôt arrive la meute, précédée de Firmin, le maître d'équipage, des piqueurs, et escortée des valets de chiens portant des torches. Elle s'arrête à l'entrée de la cour et se range en bataille comme un bataillon, aspirant la proie qui l'attend à l'autre extrémité.

« Voici que les fenêtres du premier étage au fond du palais s'ouvrent, et l'Empereur paraît au balcon. Les piqueurs sonnent la *Royale*; les chiens, tout à l'heure silencieux, poussent de longs aboiements. C'est à qui donnera le plus de gorge et fera le plus de bruit dans ce concert de hurlements...

« Un valet a pris la tête du cerf par les bois, et, la balançant devant lui, la montre à la meute exaspérée.

« Tout à coup, Firmin, qui s'est placé à côté du cerf, abaisse son fouet, et la meute s'élance au galop comme un escadron de cavalerie ; mais, à un mètre de la dépouille du cerf, elle s'arrête hurlante et frémissante.

« Firmin a relevé son fouet et il faut retourner à l'entrée de la cour et se replacer en bataille. Deux fois ils s'élancent et reviennent ainsi ; mais à la troisième, le fouet reste baissé : le valet de pied se sauve au plus vite, emportant la tête et la peau du cerf, et la masse hurlante se précipite sur sa pâture.

« On n'entend plus alors que de sourds grognements et le craquement des os sous ces robustes mâchoires. C'est une masse énorme, noire et blanche, qui s'agite et se tord, s'élargit et se contracte. Quelquefois, un point blanc se détache : c'est un chien qui, mécontent de sa place, se retire un peu de côté, puis prend son élan, décrit une parabole et retombe la tête la première et les pattes en l'air au milieu de la mêlée.

« D'autres fois, c'est un faux frère qui a saisi un bon morceau et prend sa course à travers la foule pour aller le manger tout seul, loin des camarades. Mais il a été aperçu ; un ou deux, indignés d'un pareil procédé, se mettent à sa poursuite, un combat est imminent; mais le fouet d'un piqueur vient mettre le holà et ramène les délinquants à leur place.

« Tout cela, au milieu des fanfares, des lueurs de torches et des flammes de Bengale, est véritablement un tableau fantastique.

« En moins de dix minutes, tout est dévoré ; les trompes sonnent la retraite prise, les croisées se referment, la foule s'écoule, et la meute rentre au chenil. »

***

Napoléon III, excellent fusil, appréciait certainement plus les chasses à tir que les chasses à courre. Il en faisait d'admirables dans les *tirés* de Compiègne, qu'avait réorganisés le vicomte de la Panouze. L'Empereur et ses invités, triés sur le volet parmi les personnages considérables ou les fusils hors ligne, chassaient devant eux, dans un taillis de chênes et de genêts, récépés à hauteur d'appui, et coupé d'allées de quarante mètres en quarante mètres ; perpendiculairement à ces allées, neuf layons étaient tracés, celui du milieu, un peu plus large, étant réservé au souverain. Des soldats de la garnison, commandés par des sous-officiers, marchaient dans le bois, entre les tireurs, et servaient de rabatteurs.

Après le déjeuner, ce jour-là pris à part par les chasseurs, parfois au tiré même, le grand veneur conduisait l'Empereur à sa place ; le premier veneur faisait de même pour les invités, dont les noms se trouvaient d'ailleurs indiqués à l'entrée de chaque layon. On se mettait alors en marche ; la fusillade commençait aussitôt et se continuait sans relâche, chaque tireur brûlant en moyenne près de trois cartouches à la minute. Napoléon III, accompagné du baron de Lage, lieutenant des chasses à tir, qui lui servait de chargeur, était en outre suivi de huit sous-officiers, porteurs d'armes toutes prêtes et de son arquebusier, Gastinne-Renette, qui examinait les armes. L'Empereur se servit jusqu'en 1867 de fusils à baguette, calibre 16, et ne consentit qu'alors à adopter des fusils plus modernes ; comme plomb, il employait presque

PLANCHE XVI

Réception à Compiègne.

(*D'après un dessin de Carpeaux.*)

uniquement du 6 ; il tirait d'ailleurs très loin, essayant souvent des coups de longueur, seuls intéressants, à vrai dire, dans ce massacre. En effet, dit un témoin, « les faisans s'envolent lourdement au-dessus de ce bois pour rire, et le chasseur le moins exercé serait un *monstre* de ne pas les tuer. Les lapins filent droit dans les allées au hasard, et le plomb leur fait voler le poil et leur casse les oreilles à merci. Les chevreuils sont plus malins et nous offrent un spectacle plus curieux. Ils sont d'une agilité extrême, et avant de se faire assassiner, ils caracolent et sautillent par-dessus les touffes au grand ébahissement des spectateurs.

A l'extrémité du tiré, on arrêtait la marche en avant ; les rabatteurs enveloppaient la partie encore intacte du taillis où la masse du gibier s'était réfugiée, puis repoussaient celui-ci sur les chasseurs qui, cette fois, tiraient en battue : c'était le *bouquet*, où faisans, lapins, lièvres, chevreuils même s'enfuyaient ou s'envolaient en fusées de tous côtés, ne laissant même pas aux tireurs le temps de changer de fusil. L'Impératrice et les dames arrivaient souvent pour assister à ce spectacle vraiment unique ; le total des pièces ramassées, pour neuf fusils, atteignait parfois jusqu'à près de 2 500 pièces.

On faisait ensuite le tableau, où s'alignaient par catégories ces quantités de victimes, devant lesquelles chacun s'extasiait. Tout le gibier était étendu sur une vaste pelouse, enveloppé par une haie de gardes et par les soldats de la garnison qui avaient servi de rabatteurs. L'Empereur le considérait, en fumant son éternelle cigarette, et, raconte M. de la Ruë, quand il apercevait une jolie bécasse ou un beau perdreau, il se baissait, le ramassait et le mettait dans sa poche pour l'Impératrice ; ou bien, prenant un coq faisan de chaque main, il les donnait à des enfants de troupe en train d'écarquiller les yeux devant cette hécatombe.

Ces grandes chasses dans les tirés, qui ne mobilisaient pas moins de deux cent quatre-vingts personnes, ne permettaient cependant que huit invitations chaque fois. A côté d'elles, Napoléon III autorisa, dans d'autres parties de la forêt, dans celle de Laigue surtout, de petites chasses auxquelles il ne dédaignait point parfois de prendre part. Les chasseurs partaient alors vers neuf heures du matin, sous la direction d'un officier de la vénerie, généralement de M. de Latour-Maubourg, et déjeunaient à dix heures dans une maison de garde ; on faisait ensuite des battues, auxquelles certains, qu'on laissait aller à leur gré, préféraient la chasse devant eux, au chien d'arrêt. On parvenait ainsi à de *petits* tableaux de 150 ou 200 pièces.

Les anecdotes ne manquent pas, naturellement, sur ces chasses de Compiègne : nous emprunterons au marquis de Massa celle de ce jeune secrétaire de l'ambassade d'Italie qui manquait régulièrement tout ce qui passait à sa portée, mais dont le chargeur, ancien bersaglieri, arrêtait de loin, avec le deuxième fusil, le gibier que son maître avait salué de ses deux coups.

Et comme le marquis de Toulongeon essayait de lui faire comprendre ce que ce procédé avait de bizarre :

— Mais, répondit naïvement le jeune diplomate, mon chargeur ne se permet pas de tirer sur le gibier des autres : il ne fait qu'assurer mon coup.

*
* *

Pour chacune des *séries*, une troupe parisienne venait jouer à Compiègne sur le petit théâtre que le roi Louis-Philippe avait fait construire à l'extrémité du château pour le mariage de sa fille, et qui avait conservé intacte sa décoration rouge et or. La salle tenait huit cents personnes avant l'invention de la crinoline : la vogue de celle-ci réduisit, bon gré, mal gré, le nombre des spectateurs à cinq cents environ. Napoléon III trouvait insuffisant, et comme contenance et comme scène, ce théâtre improvisé dans un jeu de paume vingt ans auparavant, tout au bout du palais, et il en fit construire un nouveau, plus vaste, non point en prolongation de la salle des Gardes, sur la cour des cuisines, comme l'avait projeté Gabriel dans les plans primitifs du château, mais en dehors complètement des corps de bâtiments, de l'autre côté de la rue d'Ulm. Un pont, qui enjamba cette rue, le rattacha au palais, et une galerie, jetée au-dessus de la cour des cuisines, et décorée par la série des *Don Quichotte* de Natoire, le relia à la salle des Fêtes et à la salle des Gardes. Ce nouveau théâtre était à peu près terminé en 1870 ; il ne fut jamais inauguré, et toutes les pièces jouées à Compiègne, sous le Second Empire, le furent sur l'ancienne petite scène.

On compta quarante-neuf représentations entre 1852 et 1869 ; elles comprirent une très grande variété de pièces, depuis le classique jusqu'au vaudeville et au drame. Les auteurs s'appelaient Molière, Marivaux, Racine, Alfred de Musset, Émile Augier, Scribe, Anicet Bourgeois, Théodore Barrière, George Sand, Théodore de Banville, Octave Feuillet, Meilhac, Labiche, Adolphe Belot, Maquet, Laya, Léon Gozlan, Sardou, Decourcelle, Legouvé, Sandeau, d'Ennery, Louis Bouilhet, Gondinet, Picard et le duc de Morny, sous le pseudonyme de Saint-Rémy.

Citerons-nous quelques noms de pièces : *l'Avare, le Jeu de l'Amour et du Hasard, les Plaideurs, Gringoire, François le Champi, les Caprices de Marianne,*

On ne badine pas avec l'amour, Il faut qu'une porte soit ouverte ou fermée, Philiberte, la Famille Benoîton, le Testament de César Girodot, Bataille de dames, le Verre d'eau, Nos intimes, les Ganaches, le Bossu, le Duc Job (deux fois), *le Roman d'un jeune homme pauvre*, etc. En 1863, la *première* de la *Maison de Pénarvan*, de Sandeau, y fut donnée ; mais le public parisien, qui n'eut cette fois qu'une *seconde*, se vengea en sifflant la pièce, de parti pris.

Les troupes les plus diverses, Français, Odéon, Gymnase, Variétés, Vaudeville, Porte-Saint-Martin, Déjazet, Ambigu, Cluny, vinrent jouer sur la petite scène de Compiègne, qui vit les meilleurs acteurs de l'époque : Bressant, Lafontaine, Lesueur, Dupuis, Geoffroy, Dieudonné, les deux Coquelin, Saint-Germain, Monrose, Lafont, Delaunay, Provost, Samson, Got, Febvre, Mélingue, Prudhon, Laroche, Francès, Brasseur, Lhéritier, Berton, Leroux, Derval, Numa, Regnier, Ferville, Arnal, Lassagne, Fechter, Kime, Félix Barré, Landrol, Talbot, avec Mmes Favart, Déjazet, Rose Chéri, Jane Essler, Rosa Didier, Mélanie, Pierson, Arnould-Plessy, Augustine et Madeleine Brohan, Delphine Lix, Émilie Dubois, Fargueil, Marie Laurent, Céline Montaland, Jouassain, Barretta, Agar, Magnier, etc.

Il paraît d'ailleurs, que sur cette scène étroite, devant ce public brillant, mais froid, ces artistes ne conservaient pas toujours tous leurs moyens et manquaient assez souvent leurs effets. Il fallait, en outre, attendre des souverains le signal des applaudissements, ce qui ne contribuait pas à réchauffer une salle naturellement un peu glacée, bien que l'Empereur rît de bon cœur à toutes les plaisanteries des vaudevilles ou du répertoire du Palais-Royal, et que l'Impératrice adorât les drames, où elle pleurait avec infiniment de facilité.

Les jours de représentation, les convives ne retournaient pas après le dîner dans la galerie des Cartes ; ils prenaient le café à table, puis Napoléon, offrant le bras à l'Impératrice, se dirigeait, suivi de tous, à travers les longs corridors du château, vers la salle de spectacle. Il s'arrêtait un peu avant d'arriver au théâtre, et se retirait avec elle dans le petit salon qui se trouve à gauche, en attendant que chacun fût placé.

Les dames, conduites par le chambellan de service, descendaient dans l'amphithéâtre, réservé à la Cour, et s'asseyaient aux places qu'il leur désignait. Les hommes entraient ensuite et se plaçaient à volonté. Les galeries qui continuent l'amphithéâtre étaient occupées par les femmes des notables du pays, toutes naturellement décolletées et en grande toilette ; elles se réunissaient chez le gouverneur du Palais, et se rendaient au théâtre par l'intérieur du château ; les autres invités de la ville entraient immédiatement dans la salle par une petite porte ouvrant directement sur la rue d'Ulm.

Au parterre se pressaient les officiers et les fonctionnaires, tous en tenue; les premières loges étaient réservées aux autres notabilités qui ne portaient point d'uniforme; les employés occupaient les secondes loges, et les domestiques le dernier étage; ceux-ci, tout comme leurs maîtres, devaient être en habit, et les femmes de chambre en robes ouvertes, avaient des fleurs dans les cheveux. Cette disposition du parterre rempli d'uniformes et de l'amphithéâtre qui présentait une véritable corbeille de femmes décolletées et parées, offrait un ensemble particulièrement brillant.

Dans un espace libre, réservé au centre de l'amphithéâtre, deux fauteuils attendaient les souverains; on en ajoutait au besoin d'autres pour leurs hôtes princiers. Quand tout était prêt, vers neuf heures, un huissier criait :

— L'Empereur!

L'assistance se levait tout entière, se retournait, et saluait les souverains; ceux-ci, après avoir rendu le salut, venaient prendre leurs places, et la représentation commençait.

Pendant les entr'actes, tout le monde se retournait, de façon à leur faire face, tandis que l'on passait des rafraîchissements. Quand le spectacle était terminé, le chambellan de service, après avoir pris les ordres de l'Empereur, allait, en son nom, remercier les artistes; les sociétaires des Français avaient le privilège de se rendre dans le petit salon, où les souverains les félicitaient eux-mêmes.

Cet honneur spécial fut accordé, le 25 novembre 1862, à Déjazet qui, à soixante-trois ans, venait d'interpréter, en travesti, le rôle du prince de Conti dans le *Pré Saint-Gervais*, de Sardou. M. Ch. Gailly de Taurines a raconté qu'elle n'avait point vu Napoléon III depuis que, quinze ans auparavant, elle avait été lui rendre visite au château de Ham; à cette époque, elle n'avait pu que l'apercevoir à sa fenêtre, mais touchée de son malheur, elle lui avait fait parvenir une petite médaille d'or qu'elle considérait comme un porte-bonheur. Était-ce au talisman qu'il fallait attribuer la prodigieuse carrière du pauvre prisonnier d'alors? Déjazet le croyait peut-être un peu, et « elle crut pouvoir, bien timidement, faire devant le souverain une allusion discrète à la petite médaille d'autrefois. Elle balbutia sans doute, car l'Empereur ne comprit point...

— La médaille! disait la pauvre comédienne dépitée en racontant le fait à une de ses amies; la médaille!... peut-être aura-t-il cru que je voulais, pauvre vieille, lui demander celle de Sainte-Hélène!...

« Peut-être, ajoute l'auteur auquel nous empruntons cette anecdote, Napoléon III n'était-il pas, ce soir-là, si oublieux qu'il voulait le paraître. Trois ans plus tard, un don de 10 000 francs sur sa cassette personnelle, envoyé à l'artiste tombée presque dans la misère, semble prouver que l'ancien captif de Ham avait, au fond du cœur, conservé quelque reconnaissance secrète pour sa providentielle visiteuse. »

Après la représentation, la troupe qui venait de jouer soupait dans la salle à manger des officiers de service, souper généralement très gai, auquel les hommes de lettres invités venaient parfois prendre part. Un train spécial la ramenait ensuite à Paris.

On raconte qu'au séjour que fit à Compiègne Napoléon III, tout au début de son règne, en 1853, on venait de jouer avec beaucoup de succès *Philiberte*, d'Émile Augier; et l'Empereur, ayant fait venir l'auteur, lui demanda, après l'avoir complimenté, ce qu'il fallait faire pour les lettres :

— C'est bien simple, Sire, répondit Augier : il faut les aimer.

*
* *

Ce n'est certainement pas de ces soirées, très brillantes en vérité, mais un peu trop officielles, que les intimes de Compiègne ont gardé le meilleur souvenir : c'est assurément des représentations qu'ils ont organisées eux-mêmes avec une gaieté sans façon qui n'excluait pas d'ailleurs le luxe de la mise en scène. La comédie de salon fait partie intégrante de la vie de château : l'improvisation d'une charade ou d'une petite pièce satirique sans méchanceté, où l'on raille mutuellement entre soi des travers sans gravité, que seul l'auditoire restreint connaît, et dont il rit avec délices, la confection de costumes, où l'ingéniosité et l'originalité de chacun peuvent se donner libre carrière, les répétitions, avec tout ce qu'elles comportent d'imprévu, d'incidents comiques, de laisser aller et d'entrain, la représentation elle-même, où les gens du monde connaissent à la fois successivement les terreurs paniques avant d'entrer en scène et les applaudissements qu'ils ont si souvent enviés aux comédiens, cet attrait enfin de la vie factice et intense de la rampe, qui laisse bien peu de gens insensibles et qu'ils peuvent ici satisfaire à bon compte, tout cela réuni fait sans doute le succès de ce théâtre à côté, qui tint une si grande place dans la vie de Compiègne.

Les tableaux vivants sont le premier degré en cet ordre d'idées : ils sont aisés à concevoir, peu difficiles à organiser, permettent aux jolies femmes de se faire voir sous un aspect nouveau et avantageux, et donnent le plaisir d'inventer des costumes, sans infliger une trop grosse épreuve à la timidité d'acteurs improvisés. Ils furent d'ailleurs surtout à la mode à Paris, vers la fin du

Second Empire, et, à Compiègne, on ne paraît pas en avoir abusé : cependant, en 1868, ceux qu'y organisèrent Cabanel et Viollet-le-Duc remportèrent un vif succès ; trois scènes y étaient représentées : Esther aux pieds d'Assuérus, où figuraient la duchesse de Mouchy et le marquis de Las Marismas ; Jacob et Rebecca, incarnés par le vicomte Aguado et la comtesse de Mercy-Argenteau ; enfin la marquise de Las Marismas en Ophélie.

Les charades tinrent au contraire une grande place dans les divertissements de Compiègne ; on demandait aux littérateurs en vogue d'en improviser, et on les montait ensuite, avec le concours de Viollet-le-Duc, passé grand maître de la mise en scène ; presque tous les ans, en particulier, pour la fête de l'Impératrice, on en jouait une sur le petit théâtre, très complet, avec décors et draperies rouges à crépines d'or, dressé dans la grande salle qui servait de salle à manger intime à la famille impériale : on le plaçait dans l'angle de la pièce opposé à l'entrée de la galerie des Cartes, devant la porte des anciens appartements de Marie-Antoinette, qui servaient de coulisses.

Legouvé, Émile Augier, Ponsard furent ainsi mis à contribution. La charade de Legouvé était intitulée « Anniversaire » ; le marquis de Massa raconte qu'au cours des répétitions, la duchesse de Tarente ayant perdu l'un de ses souliers, l'auteur se précipita, et le rendit à sa belle interprète, en improvisant le quatrain suivant :

> Vénus perdit un jour son soulier amarante,
> Si petit, si coquet, qu'il était à croquer.
> — Qui donc, demanda-t-elle, osa me l'escroquer ?
> L'Amour lui répondit : « Madame de Tarente ! »

En 1863, c'était au tour de Ponsard, qui, sur la demande de l'Impératrice, écrivit une piécette du même genre en trois tableaux : *Harmonie*. Au premier acte (*Arme*), la duchesse de Morny, habillée en page, étaient armée chevalier par le comte de Nieuwerkerke, « dont on admirait la superbe prestance sous son armure », en présence de la *marraine*, Mme Fleury, et de trois autres chevaliers, qui s'appelaient le marquis de Latour-Maubourg, le marquis de Trévise et le baron Morio de l'Isle. La néophyte, brandissant son épée avec un bel enthousiasme, s'écriait en grossissant sa voix :

> Ça, félons, montrez-vous !
> Seul, avec Dieu pour moi, je vous provoque tous.

Au second tableau, quatre nymphes, Mme Raimbaux, la baronne de

Souancé, la baronne de Vatry et Mme E. de Girardin, surprenaient l'Amour *au nid*, et le capturaient avec un filet à papillon. La scène débutait par des vers fort agréables :

— Déjà, disait l'une des nymphes,

> Déjà les brises plus chaudes
> Ont fondu les froids glaçons,
> Et semé des émeraudes
> Sur la pointe des buissons ;
> Les Alpes, longtemps muettes,
> Retentissent de clochettes ;
> L'air se peuple d'alouettes
> Et la forêt de pinsons :
>
> Boutons d'or et primevères
> Tendent au moineau mutin
> Leurs calices, légers verres
> Pleins des larmes du matin ;
> Au fond du muguet qu'il penche
> Il boit une perle blanche,
> Un saphyr dans la pervenche,
> L'améthyste dans le thym....

Puis les nymphes cherchent l'Amour :

> — Ma bonne, pourriez-vous me dire
> Où l'amour se trouve niché?

demandent-elles à une vieille paysanne. Et celle-ci (la princesse de Bauffremont), de répondre :

> — Je vous dirais plutôt ma belle,
> Où l'Amour ne niche jamais :
> Les rides chassent l'infidèle.
> Hélas ! Où sont ceux que j'aimais !
>
> Il n'est pas dans une cassette,
> Ni dans le char d'une Phryné ;
> Il ne se vend ni ne s'achète ;
> On ne peut l'avoir, que donné.
>
> Dans le pays du mariage
> Il n'habite guère non plus ;
> Les notaires l'en ont exclus ;
> La dot y règne sans partage.

Puis, sur l'insistance des nymphes, elle ajoute :

> Quand on le cherche il est bien loin
> Quand on le fuit on le rencontre
> . . . .
> Sous les fleurons qui sont au cou
> De la marguerite, il se cache,
> Et c'est lui qui répond : *beaucoup*!
> Lorsque la vierge les détache.
>
> C'est lui, quand, par les nuits de mai,
> Le chant du rossignol éclate,
> Qui d'un soupir mal comprimé
> Gonfle le sein qui se dilate;
>
> Tapi dans l'aubépine en fleur,
> Il parle aux filles à voix basse,
> Et guette, furtif oiseleur,
> Le couple nocturne qui passe.
> . . . .
> Lorsqu'on le tient, il nous désole,
> Il nous fait pleurer, on le hait;
> Mais qu'on voudrait, dès qu'il s'envole,
> Pleurer encor comme on pleurait!...

Et l'Amour, qu'elles découvrent sous un buisson de roses, c'est le Prince Impérial, âgé de sept ans :

> ...... Enfant d'une déesse,
> Ce n'est plus l'âpre enfant de la folle Vénus ;
> Si sa mère n'est pas moins belle,
> Si les Grâces sont autour d'elle,
> Autour d'elle sont les vertus.
> Son père est maître de la foudre
> Qui dort, terrible et calme, en sa prudente main.
> Et le monde, attentif à ce qu'il va résoudre,
> S'en repose sur lui de l'avenir humain.

Après cette allusion au couple impérial, la charade se terminait par une apothéose et par un *chœur*, que la princesse de Caraman-Chimay accompagnait au piano...

En 1865, Émile Augier avait composé une dernière charade, intitulée : *Portrait*. Le Prince Impérial y avait cette fois à réciter une vingtaine de vers ; le grand jour arrivé, la mémoire lui fit défaut au milieu de son rôle :

— **Eh bien, Louis ?** lui demanda l'Empereur de sa place. Tu ne sais plus ?

— C'est qu'il n'y a pas de souffleur ! répondit vivement le prince, qui avait neuf ans. Puis il recommença, et, cette fois, arriva à bon port.

Cette charade d'Augier, comme beaucoup d'autres, fut jouée à l'occasion de la fête de l'Impératrice. Ce jour-là, tous les ans, à l'issue de la représentation, les acteurs descendaient de la scène, par un petit escalier, tenant à la main des fleurs, qu'ils offraient à la souveraine. Aussitôt, tous les invités, sortant de la pièce par la galerie des Cartes, faisaient le tour par la salle des Gardes, et apparaissaient successivement sur la scène, un bouquet à la main. Une montagne de fleurs s'élevait bientôt autour de l'Impératrice souriante.

Mme Carette narre qu'un soir où cet océan parfumé débordait dans les salons, Carpeaux, le grand sculpteur, s'apercevant soudain que tout le monde portait une fleur à la boutonnière, tira subrepticement, d'une grande corbeille de violettes de Parme, une petite touffe, dont il orna incontinent le revers de son habit. Par malheur, le jonc qui liait le bouquet était resté attaché aux fleurs, et, sans qu'il s'en aperçût, pendait ostensiblement sur sa poitrine. L'Impératrice l'aperçut, sourit, puis, l'esprit traversé d'une pensée charmante, s'approcha à son tour des violettes, en réunit quelques-unes dans sa main, et s'approchant de Carpeaux :

— Je vois que vous aimez mes fleurs favorites, lui dit-elle. Voulez-vous que nous changions de bouquet ?

Et, ayant délivré le grand artiste du jonc malencontreux, elle le laissa ravi d'une attention dont il ignora toujours la cause.

La journée, que des salves d'artillerie avaient commencée, s'achevait par un superbe feu d'artifice, que l'on tirait dans le jardin, devant la terrasse, et que l'Empereur souvent allait allumer lui-même, en fendant la foule, qu'on avait laissé envahir les pelouses, et qui l'acclamait...

Le petit théâtre de salon ne vit pas que des tableaux vivants ou d'inoffensives charades, comme celle que nous avons voulu analyser, à titre d'exemple : on y joua aussi une pièce d'Octave Feuillet, écrite par lui, sur la demande de l'Impératrice, qui brûlait de l'envie de monter à son tour sur la scène. Cette œuvre, sans grand intérêt d'ailleurs, s'appelait les *Portraits de la marquise*, et elle y parut en compagnie du comte de Talleyrand et du comte d'Andlau. On y joua aussi une comédie du duc de Morny, *la Succession Bonnet*, une de Dhormoys, *le Piège*, et surtout, à la fin de l'Empire, deux sortes de *revues* assez satiriques, qui eurent le plus vif succès.

La première, intitulée *la Corde sensible* ou les *Dadas favoris*, avait été écrite par le duc de Morny et Mérimée, auxquels l'Impératrice avait donné comme tâche celle de railler spirituellement... et légèrement, les petites manies des hôtes de Compiègne, sans épargner les siennes ni celles de l'Empereur. Les auteurs, aussitôt, de plaisanter la façon dont elle changeait continuellement les meubles de place, et de comparer l'Empereur, passionné alors par les fouilles gallo-romaines et par son *Histoire de César*, à l'antiquaire de la pièce de Labiche, la *Grammaire*.

On y voyait Mérimée, dans le rôle d'un personnage « boudeur et hostile au gouvernement » :

— C'est vrai, lui disait Morny, qui lui aussi jouait sa pièce. Vous êtes passé à l'opposition... Et peut-on savoir à la suite de quel froissement?

— Oh! je ne m'en cache pas...

— Eh bien! dites...

— Voilà : j'habite, au boulevard Haussmann, le premier étage d'une grande maison de rapport, dont tous les locataires sont décorés, excepté moi, qui paie pourtant les plus fortes contributions. Alors, vous comprenez, n'est-ce pas?

— Oui, c'est humiliant! Mais quels étaient d'ailleurs vos titres à la croix?

— Mon Dieu!... je l'avais demandée.

On y voyait encore, sous les traits d'Edouard Delessert, le « Monsieur bien informé », qui colportait les nouvelles les plus extraordinaires, par exemple... celle de l'invention d'un fiacre à vapeur; et aussi un antiquaire, représenté par Saulcy, qui répétait :

— Moi, mon héros préféré, c'est Vercingétorix...

— Allons bon! s'écriait tout le monde, le voilà parti sur son dada favori. Aussitôt le dialogue s'enchaînait :

— Pourquoi pas? demandait le monsieur bien informé. Est-ce que tout le monde n'a pas son dada, ici-bas, même l'Empereur?

— L'Empereur aussi? s'écriait l'opposant boudeur. Ah! tant mieux! Je ne serais pas fâché de savoir lequel.

— Il est bien connu, répliquait Morny. Ainsi, vous, par exemple, il vous plairait de vous réconcilier et de causer avec lui de politique transcendante? Sans doute, l'Empereur vous entendrait par devoir professionnel, mais sans passion. Tandis que si vous lui apportiez quelque vieux morceau de fer rouillé, soi-disant trouvé dans une fouille quelconque, oh! alors, sa physionomie s'éclairerait aussitôt, ses yeux pétilleraient d'aise, et il vous écouterait avec une bonté gallo-romaine qui achèverait de vous désarmer tout à fait.

— Vraiment? Et si, une fois la paix faite, il me proposait de me présenter à l'Impératrice, que me conseilleriez-vous de lui dire, à elle, pour flatter son dada?

— Si vous lui disiez qu'elle est belle, spirituelle, charitable, il est probable qu'elle ne vous répondrait même pas.

— Bon. J'aurais soin de m'en abstenir...

— Mais si vous lui juriez que pas un tapissier ne s'y entend comme elle pour choisir des meubles, assortir des étoffes et décorer un salon...

— Elle me ferait peut-être décorer aussi ? S'il en était ainsi, je n'hésiterais pas à me rallier à l'instant même.

Les *Dadas favoris* eurent un gros succès de rire, dont les souverains les premiers donnèrent le signal, mais l'événement, dans cet ordre d'idées, événement dont on parla longtemps avant... et après, ce furent les *Commentaires de César*, joués en 1865, au lendemain de la publication par Napoléon III de son *Histoire de Jules César*, et dont le succès fut tel qu'on les joua deux fois de suite à Compiègne.

L'idée en appartenait à l'Impératrice qui, à l'un des lundis des Tuileries, avait dit à la princesse de Metternich :

— Vous devriez demander à Massa de nous faire, pour Compiègne, une pièce dans laquelle vous auriez le principal rôle.

« Durant tout l'été de 1865, raconte M. de Maugny, le marquis de Massa travailla sans relâche aux *Commentaires de César*, et, au fur et à mesure qu'il faisait des couplets pour la princesse de Metternich, l'étoile de sa troupe, il les lui envoyait, tantôt au Johannisberg, tantôt en Bohême, où elle résidait alternativement pendant la belle saison.

« Si bien qu'au commencement de novembre, la revue était complètement terminée. On répéta d'abord à l'ambassade d'Autriche, et, en arrivant à Compiègne, tout le monde savait son rôle. Il ne restait plus qu'à étudier l'ensemble, et c'est ce qu'on fit d'arrache-pied dès le début de la série.

« Les comédiens improvisés faisaient bande à part. Ils suivaient les chasses dans des chars à bancs spéciaux, et, lorsque l'animal n'était pas pris à l'heure dite, ils tournaient bride et rentraient au château pour reprendre le cours des répétitions. »

La simple énumération de la *distribution* donnera une idée du nombre des rôles et de ceux qui les interprétaient :

L'Industrie.	Marquise DE GALLIFFET.
La cantinière, le cocher, la chanson...	Princesse DE METTERNICH.
L'hôtel des ventes, la France.	Comtesse DE POURTALÈS.
Trouville, l'Angleterre.	Mme BARTHOLONI.
Deauville, l'*Africaine*.	Baronne DE POILLY.
Un grenadier.	Le PRINCE IMPÉRIAL.
Prudhomme	Le baron LAMBERT.

Le marchand de coco, Robin des Bois, un jockey. .	Le comte DE SOLMS.
Premier commissionnaire, la Réclame.	Le comte DAVILLIERS.
Cocodès	Le marquis DE CAUX.
Mollusquo	Le vicomte AGUADO.
La diva	A. BLOUNT.
Boxman, premier badaud.	Le marquis DE LAS MARISMAS.
Un invalide.	Le général MELLINET.
Un fantassin	Le marquis DE GALLIFFET.
Deuxième commissionnaire, deuxième badaud. . . .	Le vicomte D'ESPEUILLES.
Un matelot, un garçon de café.	Le vicomte DE FITZ-JAMES.
Une marchande de plaisirs.	Louis CONNEAU.

Le piano était tenu par le prince de Metternich, et le souffleur était Viollet-le-Duc.

Les allusions aux événements politiques se mêlaient aux parodies des pièces en vogue. Parmi les premières, il faut citer surtout le tableau de l'*entente cordiale*, où la France (Mme de Pourtalès) tendait la main à l'Angleterre (Mme Bartholoni). La beauté de Mme de Pourtalès, le casque en tête, vêtue d'une cuirasse aux écailles d'or et d'argent, et enveloppée dans un long manteau de velours vert semé d'abeilles, y fit sensation; elle était accompagnée d'un jeune soldat (Galliffet) et d'un invalide (Mellinet). Ces deux derniers furent les héros d'une scène amusante qu'a racontée le comte de Maugny, auquel nous ferons ce second emprunt :

« Pendant l'entr'acte, l'Empereur alla dans les coulisses, et apercevant, en entrant au foyer, le général Mellinet et le colonel de Galliffet, qui ne devaient paraître qu'au dernier acte, et qu'il prit pour deux véritables troupiers, il demanda à Philippe de Massa ce que ces deux militaires faisaient là :

« — Sire, ce sont deux figurants. L'un est un fantassin du 99ᵉ.

« — Ah !... du bataillon en garnison à Compiègne ? Et l'autre, l'invalide ?

« — On l'a fait venir exprès de l'Esplanade de Paris.

« Et voilà le bon Empereur qui, avec sa bienveillance habituelle, se dirige, en se dandinant comme toujours, vers ces braves gens pour leur adresser quelques bonnes paroles.

« Le fantassin, qui lui tournait le dos et qui avait vu dans la glace ce qui venait de se passer, le laisse arriver tout près de lui, et se retournant brusquement, comme s'il croyait être interpellé par un camarade :

« — Qu'est-ce qu'il y a ? s'écrie-t-il d'un ton bourru.

« Et il se trouve nez à nez avec le souverain...

« Feignant alors de ne l'avoir reconnu qu'à l'instant même, jouant la confusion, et prenant une pose à la Paulin Ménier :

« — Pardon, excuse, Sire !...

« Stupéfaction de l'Empereur, qui n'en revient pas d'étonnement et de saisissement :

« — Oh !... oh !... oh !... oh !... c'est Galliffet !

« On passe à l'invalide ; surprise croissante de Sa Majesté :

« — Oh !... oh !... oh !... c'est le brave Mellinet !

« Et de rire aux larmes. Mais, au bout d'un instant, la physionomie de Napoléon III devient tout à coup sérieuse, et, regardant la balafre éloquente du vieux guerrier, il ajoute avec une visible émotion :

« — Je vous fais mon compliment, Massa ; vous choisissez bien vos figurants ! »

La parodie théâtrale était consacrée à *l'Africaine*, le grand succès du jour. La baronne de Poilly, incarnant Sélika, chantait sur l'air d'*Un mari sage*, de la *Belle Hélène* :

> Sur le rivage
> A fait naufrage
> Un nommé Vasco de Gama.
> On veut le pendre
> Mais moi, plus tendre,
> Je l'épouse devant Brahma.
> Il m'abandonne,
> Je l'empoisonne
> Sous un arbre peu fréquenté.
>
> — Et voilà comme
> Un galant homme
> Passe à la postérité !

concluait Mollusquo (Nelusko), représenté par le vicomte Aguado.

Un mulet rétif, que son propriétaire présentait tous les soirs au cirque des Champs-Élysées, en offrant une prime de 100 francs à qui parviendrait à le monter, avait inspiré une scène bouffonne qui fit rire l'Empereur aux larmes : M. Prudhomme, représenté par le baron Lambert, en habit marron et pantalon nankin, coiffé d'un chapeau à larges bords et le nez agrémenté d'énormes lunettes, s'efforçait d'enfourcher le mulet Rigolo, carcasse en carton que faisaient mouvoir les deux jeunes amis du Prince impérial, Pierre de Bourgoing et Conneau. Il chantait :

> — Les condamnés de la cité romaine
> Étaient jadis livrés aux animaux ;
> Ils pénétraient gravement dans l'arène,
> Et prononçaient en latin quelques mots.
> Bravant ici cette féroce bête,
> Je puis comme eux, dès lors, en faire autant.

Puis, enfourchant le mulet et se tournant vers Napoléon III.

> Et sur son dos m'écrier à tue-tête :
> *Morituri, Caesar, te salutant!*

Mais la triomphatrice de la soirée fut la princesse de Metternich, dont la désinvolture, la fantaisie et le charme, sous ses divers costumes, déchaînèrent les acclamations. Elle apparut une première fois en cocher de fiacre, enveloppée dans un immense carrick jaune, qui tombait sur de longues guêtres, coiffée d'un haut de forme de feutre à cocarde noire et galon d'argent, et elle lança avec crânerie les couplets suivants, qui eurent grand succès :

> — D'un bout à l'autre de Paris,
> En voiturant jusqu'à leurs portes
> Un tas de gens de toutes sortes,
> J'observe et j'ai beaucoup appris !
> Primo, je vais prendre à la gare
> Les voyageurs et leurs colis :
> Les premiers, dans cette bagarre,
> Ne sont pas toujours très polis.
> Quand tout commence à s'animer
> J'ai déjà fait plus d'une course.
> A midi, je jette à la Bourse
> Les pigeons qui s'y font plumer ;
> Parfois, en modeste toilette,
> Je conduis d'assez grand matin
> De belles dames en cachette
> Dont le but paraît incertain...
> N'allez pas, ce serait fâcheux,
> N'allez pas autrement l'entendre :
> Ce sont des dames qui vont rendre
> Visite à quelque malheureux...
> Tantôt sur la place on m'arrête
> Et je charge un couple amoureux.
> La dame a la jambe bien faite ;
> Le monsieur paraît fort heureux :
> — Monsieur, Madame, à quel endroit ?
> Du coin de l'œil on se concerte :
> — Allons où la campagne est verte ;
> Allons où la fougère croît !...
> Le soir, c'est quelque bon ménage
> Qu'on mène au bal, et quelquefois,
> Pour ne pas déranger la cage
> Le serin monte auprès de moi.

Et après cette allusion applaudie à la crinoline et aux supplices qu'elle infligeait aux maris, la charmante *cochère* continuait :

> Le samedi survient et, crac !
> Pour la noce il faut que j'attelle,
> Et nous allons en ribambelle
> Faire trois fois le tour du lac.
> En rentrant j'ouvre la portière,
> Et souvent, dans l'intérieur,
> J'ai retrouvé la jarretière
> De la demoiselle d'honneur.
> Mais avec moi rien n'est perdu
> Et chaque objet que l'on égare,
> Pourvu du moins qu'on le déclare,
> Sera fidèlement rendu.
> Sans que l'ambition m'assiège,
> Haut placé, je suis fort content :
> Combien d'autres qui, sur leur siège,
> En devraient savoir faire autant.
> Vous voyez que, dans tout Paris,
> En voiturant jusqu'à leurs portes
> Un tas de gens de toutes sortes,
> J'ai beaucoup vu, beaucoup appris.

Ce passage, inspiré par une récente grève des cochers, obtint un très vif succès. La princesse en remporta un autre, non moins éclatant, quand elle revint, personnifiant la Chanson française et se lamentant (déjà !) sur sa décadence et sur le triomphe des « trivialités à la mode » qui prenaient sa place sans la remplacer. Son costume, en outre, parut original et charmant : son buste, moulé dans un corsage de velours noir, sur lequel brillaient des diamants, émergeait d'une jupe toute blanche, seulement bordée dans le bas de lignes noires figurant une portée semée de notes, de clefs de *sol* et de clefs de *fa* ; une seconde jupe de tulle, parsemée d'étoiles, la recouvrait ; pour coiffure, deux roses et une aigrette.

On nous pardonnera de citer encore, dans leur entier, les jolis vers qu'elle récitait, et qui furent extrêmement applaudis :

> Moi, la Chanson, sœur du gai Vaudeville,
> Enfants tous deux du Français né malin,
> Moi qui régnais sur la Cour et la ville,
> Pauvre Chanson, je touche à mon déclin.
> Mon art se meurt, et la muse grossière
> Chante à grands cris sur un rythme nouveau ;
> Tous mes élus reposent sous la pierre,
> Et j'ai perdu la clef de leur caveau.

Aux temps heureux de la chevalerie,
Je n'inspirais que d'humbles troubadours,
Qui s'en allaient, par la plaine fleurie,
En célébrant la gloire, ou les amours.
Mais las bientôt de chanter pour les dames,
Les carrousels, les jeux et les tournois,
L'esprit français créa les épigrammes,
Et me voici dans le palais des rois.
Sous Mazarin, lorsque le canon gronde,
Vous entendez mes quatrains, mes couplets ;
La souveraine en guerre avec la Fronde
A bien plus peur des vers que des boulets.
Sous Louis quatorze il a fallu me taire :
On flatte, on tremble à l'ombre du Grand Roi ;
Et puis, d'ailleurs, La Fontaine et Molière
N'avaient-ils pas bien plus d'esprit que moi ?
Vient la Régence ; ah diable ! on me réveille.
Grâce à Collé, la morale aux abois
A succombé sous le poids de la treille,
Et mon refrain devient des plus... grivois.
Mais à mon tour je flétris à mon aise
Les favoris, les filles et le vin ;
Tout en riant, ma belle Bourbonnaise
Déjà dénote un orage prochain.
Sûre de moi, la liberté française
Trouve une sœur au moment du danger.
Mon nom devient,... Souffrez que je le taise,
Car la terreur m'empêche d'y songer.
Enfin je mets mon bonnet de grisette,
Car tour à tour il faut savoir changer.
Regardez-moi, c'est moi, je suis Lisette
Qui pleure ici notre vieux Béranger !
Pauvre Chanson, sœur du gai Vaudeville,
Enfants tous deux du Français né malin,
Moi qui régnais sur la Cour et la ville,
Pauvre Chanson, j'arrive à mon déclin!

Et elle ajoutait, répondant à ceux qui voulaient la retenir :

— Je suis capable de tout, c'est vrai... excepté pourtant de chanter les trivialités à la mode devant vos cinq cents buveurs de bière ! Autrefois, à la bonne heure, j'étais gaie, j'étais folle ; mais banale, jamais ! Tout m'était permis à condition d'avoir de l'esprit, et comme j'en avais beaucoup, je ne ménageais pas grand'chose.

— Pas même la politique ?

— Chut, ne parlons pas de ça ! »

Le succès des *Commentaires de César* fut si franc qu'il fut rejoué une

PLANCHE XVII

La princesse de Metternich

(*D'après Winterhalter.*)

(Photographie Kühn.)

seconde fois le lendemain, et accueilli avec autant de plaisir. Dans l'intervalle, un capitaine de grenadiers de la garde avait composé une série de strophes que le Prince Impérial, habillé en grenadier, vint réciter à la fin, et qui, pour chaque acteur... et pour l'auteur, réclamèrent des applaudissements qu'on ne marchanda pas. Voici celle qu'il avait consacrée à la princesse de Metternich, la triomphatrice du jour :

>Pour celle aussi qui, ce soir, deux fois femme,
>Nous a rendu la joyeuse Chanson,
>Et pour Lisette et pour la grande dame
>Je vous demande une double moisson ;
>Esprit, gaieté, verve, grâce, finesse,
>De la chanson ont gagné le procès ;
>Mais, entre nous, de la croire je cesse
>Quand elle dit que l'esprit est français.

Cette soirée, où l'on avait ri de bon cœur et sans arrière-pensée, s'acheva sur une note émue, quand le Petit Prince entama le dernier couplet :

>A des lauriers si je ne puis prétendre
>Et demander à vos mains d'applaudir,
>C'est qu'aujourd'hui mon nom me dit d'attendre
>Car vous savez qu'on m'appelle *Avenir* ;
>Mais en voyant le si noble visage
>Du vieux soldat et son front sillonné,
>J'aime à penser aussi qu'à mon courage
>Pareil honneur un jour sera donné.

Les applaudissements redoublèrent, tandis que, ne pouvant maîtriser son émotion, le général Mellinet saisissait le Prince dans ses bras et l'embrassait les larmes aux yeux... Cependant qu'au milieu de sa Cour en fête l'Empereur, alors au plus haut de sa puissance, songeait au jour où, sur la tête de cet enfant blond, descendrait la couronne que ses armées de Crimée et d'Italie avaient faite la première de l'Europe, et ne découvrait que des promesses dans cet avenir que tous, autour de lui, acclamaient à l'avance, tant il se sentaient sûrs du lendemain !

* *

Les événements qui marquèrent les séjours de la Cour à Compiègne furent surtout des visites princières ou royales. La première fut celle du brillant roi de Sardaigne, Victor-Emmanuel, au lendemain de la guerre de Crimée ; le futur roi d'Italie ne resta d'ailleurs que très peu de temps et affecta de ne donner à sa venue aucune allure politique; mais il n'est pas téméraire sans doute d'y soupçonner cependant l'habile et discrète continuation de l'œuvre amorcée par Cavour au congrès de Paris, et de voir, dans la chasse à courre que les deux souverains suivirent en causant, le début de ces conversations dont la conclusion fut la guerre d'Italie, deux ans et demi plus tard.

Les héros de ce séjour de 1856 avaient été les officiers qui revenaient de Crimée : l'Empereur les conviait à sa table, au théâtre; l'Impératrice leur accordait des valses. 1859 vit fêter ceux de la campagne d'Italie; Compiègne, d'ailleurs, avait voulu recevoir dignement le vainqueur de Magenta et de Solférino ; elle avait donné le nom de cette dernière victoire à sa rue principale, que commandait un arc de triomphe élevé à quelques mètres en avant du pont, et qu'ornaient, derrière la haie formée par les troupes, des mâts reliés par des guirlandes de fleurs et de feuillage; sur la place du château, toute ornée d'oriflammes, les dames de la Halle avaient offert, en même temps qu'un bouquet à la souveraine, une branche de laurier à l'Empereur.

L'année 1861 lui apporta une nouvelle satisfaction d'amour-propre : la visite du roi Guillaume de Prusse. Il arriva directement de la frontière, où avaient été le recevoir à Jeumont, de la part de l'Empereur, le général Frossard, le comte de Riencourt et le baron de Bourgoing. Napoléon III vint le chercher à la gare, et les habitants de Compiègne virent revenir, dans une calèche découverte, à côté de lui, et comme lui en habit de ville, un homme de haute taille, de belle prestance et de grand air, aux moustaches et aux favoris d'un blond grisonnant, chez qui une bienveillance visible n'excluait pas une majesté tranquille. Guillaume, salué devant le château par la musique des zouaves, encadrée de sapeurs et d'enfants de troupe, trouva l'Impératrice au bas du grand escalier, tout garni de Cent-Gardes, formant la haie de chaque côté. Il s'inclina et, galamment, lui baisa la main, puis, lui offrant le bras, monta avec elle jusqu'à la salle des Gardes. Napoléon III le conduisit ensuite à ses appartements, dans l'aile droite du château, et le roi de Prusse coucha dans la chambre de Marie-Antoinette, toute blanche, avec ses murs tendus de soie claire et ornés de peintures Louis XVI.

La vénerie avait chassé toute la journée : le soir, on offrit à l'hôte royal le superbe spectacle d'une curée froide, à laquelle il assista des fenêtres de la salle des Gardes. Le lendemain et le surlendemain on lui offrit une chasse dans les tirés, où l'on compta sept cent soixante pièces au tableau, les souverains en ayant abattu chacun une centaine pour leur part en très peu de temps; il fit également une visite à Pierrefonds, où la musique des guides joua dans la cour du château; il assista à une parade militaire, où défilèrent les zouaves et les guides ; puis, le soir, après un dîner de gala, ce fut le théâtre, où le Roi, entre Napoléon à sa droite et l'Impératrice à sa gauche, vit jouer par Delaunay, Bressant, Régnier, Provost, Mmes Arnould-Plessy et Augustine Brohan, *le Bougeoir* de Caraguel et *le Jeu de l'Amour et du Hasard* de Marivaux.

Il trouva encore le temps de faire de longues promenades à pied avec l'Empereur ; il se montra charmant, amical, très naturel et très simple, causant bras dessus bras dessous avec Napoléon III à la chasse, dans le même layon ; il conquit tout le monde par sa bonne grâce, trouvant un compliment pour chaque femme et un mot aimable pour tous les officiers ; avec l'Impératrice, il se montra galant et empressé, rempli d'attentions délicates : à la revue qu'on lui fit passer, le Prince impérial défila, en caporal des grenadiers de la garde, à la tête des enfants de troupe ; à ce moment, le Roi, se penchant, baisa sans mot dire la main de la souveraine, tout émue de cet hommage.

Il repartit le troisième jour, à midi. L'Empereur le reconduisit, dans sa calèche attelée à la daumont ; à la gare, dans le wagon-salon, les adieux furent très cordiaux. Les souverains se quittèrent en se disant joyeusement :

— A l'année prochaine !

Le roi de Prusse était venu du 6 au 8 octobre ; le 4 novembre arrivaient les frères du roi de Portugal, le duc d'Oporto et le duc de Béja, jeunes et élégants ; mais, dès le lendemain, la nouvelle de la maladie de leur autre frère don Fernando, les rappelait ; et l'on apprenait presque immédiatement sa mort, suivie bientôt de celle du roi Pedro V lui-même.

Puis on vit Napoléon III, en uniforme de général de division, venir au-devant de Guillaume III de Hollande. Ils arrivèrent au palais entre une haie formée successivement par les Cent-Gardes à cheval et par les zouaves ; au bas de l'escalier, les attendaient l'Impératrice, en robe mauve, le Prince Impérial en costume écossais, la princesse Mathilde et la princesse Anna Murat. Le lendemain, on visita Pierrefonds, et, le soir, le roi vit jouer *les Caprices de Marianne*, de Musset, et *la Pluie et le Beau Temps* de Léon Gozlan : les acteurs étaient Provost, Got, Delaunay, Bressant, Coquelin, Mmes Favart, Nathalie, Arnould-Plessy, Rosa Didier. Puis, il eut le spectacle d'une chasse à courre, que le Prince Impérial suivit pour la première fois, sur son poney, salué d'une ovation de la foule, quand elle le vit paraître avec l'habit vert, le gilet rouge, la culotte blanche et le tricorne aux plumes de cygne...

Le dernier souverain étranger que vit Compiègne fut le roi des Belges, en 1865 ; il habita, comme tous les hôtes royaux, les appartements de l'aile droite du château ; mais il ne coucha pas dans le lit de Marie-Antoinette : suivant son usage constant, il avait apporté le sien...

En 1869, Napoléon III ne vint à Compiègne que pour ne pas priver son fils d'un séjour qu'il aimait beaucoup : l'Impératrice accomplissait alors en Orient son voyage triomphal vers le canal de Suez, que venait d'ouvrir celui qu'on appelait le *Grand Français*. Il n'y eut qu'une seule série, fort simple, dont la princesse Mathilde fit les honneurs ; elle fut attristée, en outre de l'absence de la souveraine, par la nouvelle de la mort de Sainte-Beuve.

C'est pendant ce séjour qu'eut lieu la conversation suivante entre l'Empereur et un ancien révolutionnaire de 1848, qui achevait de se rallier. Le baron Morio de L'Isle, qui avait ménagé le rapprochement, ayant fait la présentation :

— Voilà bien longtemps que je ne vous ai pas vu, dit Napoléon.

— En effet, Sire, répliqua l'autre, pas depuis que vous m'avez fait mettre en prison.

— Mon Dieu, repartit sans se troubler l'ancien prisonnier de Ham avec un sourire, nous avons tous plus ou moins passé par là...

Le 15 novembre, on fêta tout de même la sainte Eugénie, malgré l'absence de l'Impératrice, à laquelle l'Empereur et le petit prince envoyèrent une longue dépêche ; on tira le feu d'artifice traditionnel, puis l'on dansa, et Napoléon III, quoique déjà malade, dirigea, à travers tous les salons, infatigable, une *boulangère* joyeuse qu'il prolongea indéfiniment...

Les beaux jours de Compiègne et de l'Empire étaient passés !...

SOURCES

Manuscrit : *Lettres inédites* écrites de Compiègne, en décembre 1863 par QUENTIN BAUCHART président de la section du contentieux au Conseil d'État

Imprimés : GÉNÉRAL DU BARAIL, *Mes Souvenirs*; *Souvenirs intimes de la Cour des Tuileries* (3 séries), par MME CARETTE, née BOUVET; D. [HORMOYS], *La Cour à Compiègne, confidences d'un valet de chambre*; *Souvenirs* du GÉNÉRAL COMTE DE FLEURY; MARQUIS PHILIPPE DE MASSA, *Souvenirs et impressions*; COMTE DE MAUGNY, *Souvenirs du Second Empire, la fin d'une société*; *Mémoires sur le Second Empire*, par M. DE MAUPAS, ancien ministre; COMTESSE STÉPHANIE DE TASCHER DE LA PAGERIE, *Mon séjour aux Tuileries*.

Maison de l'Empereur : *la vénerie*, texte et dessins de EMM. JADIN; ALPHONSE LEVEAUX, *Le théâtre de la Cour à Compiègne pendant le règne de Napoléon III*; *Harmonie*, charade en trois tableaux, par M. PONSARD (plaquette imprimée uniquement pour les invités de la série); *Les chasses du Second Empire*, par A. DE LA RUE; SYLVANECTE, *Souvenirs contemporains : la Cour impériale à Compiègne*.

AUGUSTIN FILON, *Mérimée et ses amis*; *Les Souverains russes en France : notes sur Compiègne*, par le COMTE FLEURY; *Louis-Napoléon et Mademoiselle de Montijo*, par IMBERT DE SAINT-AMAND; *Napoléon III et sa Cour*, par le même; *La Cour du Second Empire*, par le même; *La France et l'Italie*, par le même; *Le règne de Napoléon III, 1861*, par le même; *Napoléon III, 1862, 1863*, par le même; ERNEST QUENTIN-BAUCHART, *Ponsard aux fêtes de Compiègne*; *Napoléon III et Déjazet*, par CH. GAILLY DE TAURINES (*Monde Moderne* de septembre 1906).

TABLES

TABLE DES CHAPITRES

I. — Les infortunes de Marie de Médicis.	1
II. — Au temps de la Fronde.	37
III. — Un camp du Roi-Soleil.	92
IV. — Napoléon et Marie-Louise.	129
V. — Le retour des Lys.	173
VI. — Un mariage royal sous Louis-Philippe.	203
VII. — Les « Séries » du Second Empire.	222

TABLE DES ILLUSTRATIONS

I. — Portrait de Marie de Médicis.

II. — « Planche gravée à la gloire du Roy et du cardinal de Richelieu sur l'heureux succès de leurs armes. »

III. — Portrait de Louis XIV enfant.

IV. — « Les justes devoirs rendus au Roy et à la Reyne-Mère. »

V. — « La magnifique et somptueuse entrée faicte à Paris à leurs Majestés par les bourgeois et habitants de leur bonne ville. »

VI. — Le camp de Coudun près de Compiègne.

VII. — Marie-Adélaïde, duchesse de Bourgogne.

VIII. Plan de l'ancien château de Compiègne.

IX. — Première entrevue de l'empereur Napoléon et de l'archiduchesse Marie-Louise d'Autriche.

X. — Réception de Marie-Louise à Compiègne.

XI. — Louis XVIII le Bien-aimé, roy de France et de Navarre.

XII. — Les maréchaux de France au château de Compiègne.

XIII. — Le mariage de Léopold Ier.

XIV. — Louise de Belgique.

XV. — Eugénie, impératrice des Français

XVI. — Scène à Compiègne.

XVII. — La Princesse de Metternich.

PARIS

IMPRIMERIE DE J. DUMOULIN

5, RUE DES GRANDS-AUGUSTINS, 5

Prix : 12 francs.

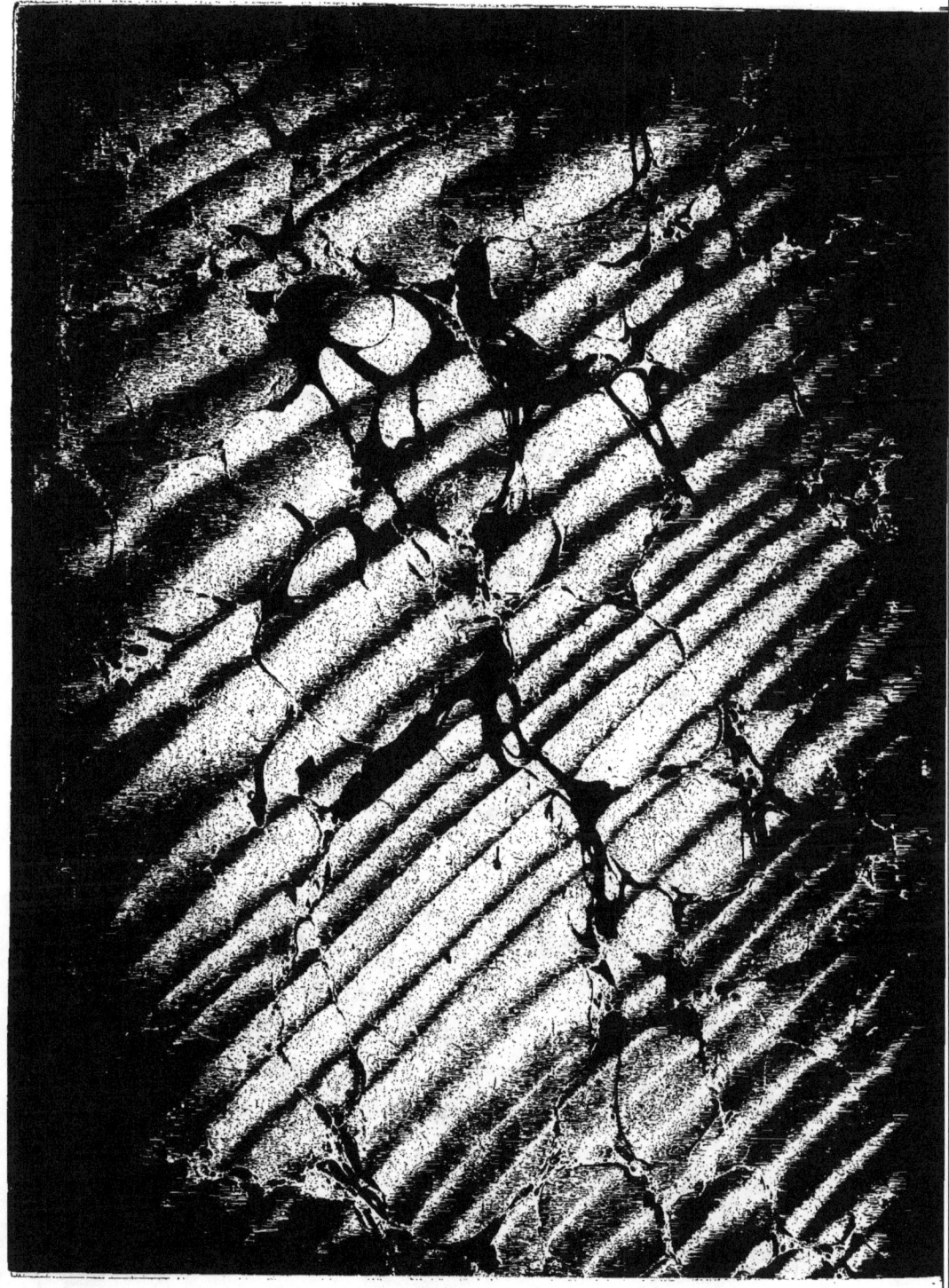

www.ingramcontent.com/pod-product-compliance
Lightning Source LLC
Chambersburg PA
CBHW060331170426
43202CB00014B/2748